UMA HISTÓRIA NATURAL DA CURIOSIDADE

ALBERTO MANGUEL

Uma história natural da curiosidade

Tradução
Paulo Geiger

1ª reimpressão

Copyright © 2015 by Alberto Manguel
c/o Guillermo Schavelzon & Asioc., Agencia Literaria
www. schavelzon.com

*Grafia atualizada segundo o Acordo Ortográfico da Língua
Portuguesa de 1990, que entrou em vigor no Brasil em 2009.*

Título original
Curiosity

Capa
Thiago Lacaz

Foto de capa
Canto 1 — Partida para a grande viagem, c. 1960, xilogravura de Salvador Dalí. Dallas,
Texas, Museu de Arte de Dallas. Cortesia de Lois e Howard B. Wolf. Bridgeman Images/
Keystone Brasil © Salvador Dalí, Fundação Gala-Salvador Dalí/ AUTVIS, Brasil, 2016.

Preparação
Frederico Ventura

Índice remissivo
Luciano Marchiori

Revisão
Angela das Neves
Marise Leal

Dados Internacionais de Catalogação na Publicação (CIP)
(Câmara Brasileira do Livro, SP, Brasil)

Manguel, Alberto
　　Uma história natural da curiosidade / Alberto Manguel :
tradução Paulo Geiger. — 1ª ed. — São Paulo : Companhia das
Letras, 2016.

　　Título original: Curiosity
　　ISBN 978-85-359-2770-2

　　1. Crítica literária 2. Literatura – Apreciação 3. Manguel,
Alberto – Livros e leitura I. Título.

16-04890   CDD-814

Índice para catálogo sistemático:
1. Ensaios : Literatura canadense em inglês 814

[2021]
Todos os direitos desta edição reservados à
EDITORA SCHWARCZ S.A.
Rua Bandeira Paulista, 702, cj. 32
04532-002 — São Paulo — SP
Telefone: (11) 3707-3500
www.companhiadasletras.com.br
www.blogdacompanhia.com.br
facebook.com/companhiadasletras
instagram.com/companhiadasletras
twitter.com/cialetras

Para Amelia que, assim como O filhote de elefante, *é tão cheia de insaciável curiosidade. Com todo o meu amor.*

Sumário

Introdução 11

1. O que é curiosidade? 25
2. O que queremos saber? 51
3. Como raciocinamos? 75
4. Como podemos ver o que pensamos? 95
5. Como nós perguntamos? 119
6. O que é linguagem? 151
7. Quem sou eu? 177
8. O que estamos fazendo aqui? 201
9. Qual é o nosso lugar? 223
10. Em que somos diferentes? 245
11. O que é um animal? 269
12. Quais são as consequências de nossas ações? 291
13. O que podemos possuir? 311
14. Como podemos pôr as coisas em ordem? 335

15. O que vem em seguida?. 359

16. Por que as coisas acontecem? 385

17. O que é verdade? 405

Agradecimentos 428

Notas 431

Índice remissivo 471

UMA HISTÓRIA NATURAL DA CURIOSIDADE

Virgílio explica a Dante que Beatriz o enviara para mostrar a ele o caminho correto. Xilogravura que ilustra o Canto II do Inferno, impresso em 1487 com comentário de Cristoforo Landino (Biblioteca Beinecke de Livros e Manuscritos Raros, Universidade Yale).

Introdução

Em seu leito de morte, Gertrude Stein ergueu a cabeça e perguntou: "Qual é a resposta?". Quando ninguém falou, ela sorriu e disse: "Neste caso, qual é a pergunta?".

Donald Sutherland, *Gertrude Stein: A Biography of Her Work*

Sou curioso quanto à curiosidade.

Uma das primeiras expressões que aprendemos quando crianças é *por quê*. Em parte porque queremos saber alguma coisa sobre o mundo misterioso no qual entramos sem que o quiséssemos, em parte porque queremos compreender como funcionam as coisas nesse mundo, e em parte porque sentimos uma necessidade ancestral de nos engajarmos com os outros habitantes desse mundo, e após nossos primeiros balbucios e arrulhos, começamos a perguntar: "Por quê?".[1] E nunca paramos. Logo descobrimos que essa curiosidade raramente é recompensada com respostas significativas ou satisfatórias, e sim com um desejo crescente de fazer mais perguntas e com o prazer de conversar com outras pessoas. Como sabe todo inquisidor, afirmações tendem a isolar; perguntas, a unir. A curiosidade é um meio de declarar nossa aliança com a comunidade humana.

Talvez toda curiosidade possa ser sintetizada na famosa pergunta de Michel de Montaigne "*Que sais-je?*", "Que sei eu?", que aparece no segundo livro de seus *Ensaios*. Referindo-se aos filósofos céticos, Montaigne observou que eles eram incapazes de expressar suas ideias gerais em qualquer modalidade discursiva, porque, segundo ele, "eles iriam precisar de uma nova língua". "Nossa língua", diz Montaigne, "é formada de proposições afirmativas, o que é o contrário de seu modo de pensar." E depois acrescenta: "Essa fantasia é mais bem concebida mediante a pergunta 'Que sei eu?', que trago comigo como um lema em um escudo". A origem dessa pergunta é, está claro, a frase socrática "Conhece-te a ti mesmo", mas em Montaigne isso se torna não uma assertiva existencialista da necessidade de saber quem somos, mas um estado de contínuo questionamento sobre o território através do qual nossa mente está avançando (ou já avançou) e sobre o terreno não mapeado mais adiante. No campo do pensamento de Montaigne, as proposições afirmativas da língua modificam-se elas mesmas e tornam-se perguntas.[2]

Minha amizade com Montaigne vem do tempo de minha adolescência, e seus *Ensaios*, desde então, têm sido para mim uma espécie de autobiografia, pois continuo encontrando em seus comentários minhas próprias preocupações e experiências traduzidas numa prosa iluminada. Por meio de seu questionamento de temas cheios de lugares-comuns (os deveres da amizade, os limites da educação, o prazer da vida no campo) e sua exploração de temas extraordinários (a natureza dos canibais, a identidade de seres monstruosos, o uso dos polegares), Montaigne mapeia minha própria curiosidade, constelada em diversos momentos e em muitos lugares. "Os livros têm-me sido úteis", ele confessa, "menos para instrução do que como treinamento."[3] Esse tem sido exatamente o meu caso.

Ao refletir sobre os hábitos de leitura de Montaigne, por exemplo, ocorreu-me que seria possível fazer algumas anotações em seu *Que sais-je?* seguindo o próprio método de Montaigne de tomar emprestadas ideias de sua biblioteca (ele se comparava, como leitor, a uma abelha que junta pólen para fazer seu próprio mel) e projetá-las à frente, para meu próprio tempo.[4]

Como Montaigne teria admitido de boa vontade, seu exame daquilo que sabemos não era um empreendimento novo no século XVI: questionar o ato de questionar tinha raízes muito mais antigas. "Donde vem, pois, a Sabedoria?", pergunta Jó em sua aflição, "Onde está o lugar da Inteligência?". Ampliando a pergunta de Jó, Montaigne observou que

> o juízo é um instrumento a ser usado em todos os temas, e se aplica em todo lugar. Portanto, nos testes que dele faço aqui, uso todo tipo de circunstância. Se é um assunto do qual nada entendo, mesmo assim nele experimento meu juízo, sondando o vau de uma boa distância, e então, se achar que é muito fundo para minha estatura, eu me agarro à margem.[5]

Considero esse modesto método maravilhosamente reconfortante.

Segundo a teoria darwiniana, a imaginação humana é um instrumento de sobrevivência. Para melhor aprender sobre o mundo, e portanto estar mais bem equipado para lidar com suas armadilhas e seus perigos, o *Homo sapiens* desenvolveu a capacidade de reconstruir a realidade exterior em sua mente e conceber situações que ele pudesse confrontar, antes de efetivamente se deparar com elas.[6] Cientes de nós mesmos e cientes do mundo que nos cerca, somos capazes de construir cartografias mentais desses territórios e de explorá-los de inúmeras maneiras, e depois escolher a melhor e a mais eficiente. Montaigne teria concordado: imaginamos para poder existir, e somos curiosos para poder alimentar nosso desejo imaginário.

A imaginação, como atividade essencialmente criativa, desenvolve-se com a prática, não por meio de êxitos, que são conclusões e, portanto, becos sem saída, mas por meio de fracassos, por meio de tentativas que se revelem estar erradas, exigindo novas tentativas que, se os astros estiverem a favor, levarão a novos fracassos. As histórias da arte e da literatura, como a da filosofia e da ciência, são as histórias desses fracassos iluminados. "Fracasse. Tente outra vez. Fracasse melhor", era como resumia Beckett.[7]

Mas para poder fracassar melhor devemos ser capazes de reconhecer, imaginativamente, esses erros e essas incongruências. Devemos ser capazes de enxergar que tal e tal caminho não nos leva na direção desejada, ou que tal e tal combinação de palavras, cores ou números não se aproxima da visão que nossa mente intuiu. Registramos orgulhosamente os momentos nos quais nossos muitos e inspirados Arquimedes gritaram "Eureca!" quando se banhavam; somos menos pressurosos em lembrar os muito mais momentos nos quais pessoas como o pintor Frenhofer, da história de Balzac, olham para sua obra-prima ignorada e dizem, "Nada, nada!... Eu produzi um nada!".[8] É por esses poucos momentos de triunfos e os muito mais de derrota que opera nossa grande pergunta imaginária: por quê?

Nosso atual sistema educacional recusa-se, em grande medida, a reconhecer a segunda metade de nossas buscas. Interessadas em pouco mais do que eficiência material e lucro financeiro, nossas instituições educacionais não mais estimulam o ato de pensar, por si mesmo, e o livre exercício da imaginação. Escolas e colégios tornaram-se mais um campo de treinamento para aptidões do que fóruns para questionamentos e debates. E as faculdades e universidades não são mais viveiros para aqueles pesquisadores que Francis Bacon, no século XVI, chamou de "mercadores da luz".[9] Ensinamos a nós mesmos a perguntar "Quanto isso vai custar?" e "Quanto tempo isso vai levar?" em vez de "Por quê?".

"Por quê?" (em suas muitas variações) é uma pergunta muito mais importante por ser feita do que pela expectativa de uma resposta. O simples fato de pronunciá-la abre um sem-número de possibilidades, pode acabar com concepções prévias, suscitar inúmeras e frutíferas dúvidas. Pode trazer, em sua esteira, algumas tentativas de respostas, mas, se a pergunta é poderosa o bastante, nenhuma dessas respostas se comprovará autossuficiente. "Por quê?", como a intuição infantil, é uma pergunta que, implicitamente, sempre situa nosso objetivo além do horizonte.[10]

A representação visível de nossa curiosidade — o ponto de interrogação no fim de uma pergunta escrita, na maioria das línguas ocidentais, enrolado sobre si mesmo como contestação de um orgulho dogmático — chegou tarde em nossas histórias. Na Europa, não se estabeleceu um sistema convencionado de pontuação até o fim do Renascimento, quando, em 1566, o neto do grande pintor veneziano Aldo Manúcio publicou seu manual de pontuação para tipógrafos, o *Interpungendi ratio*. Entre os sinais destinados a concluir um parágrafo, o manual incluía o medieval *punctus interrogativus*, e Manúcio, o Jovem, definiu-o como marca que assinalava uma pergunta que convencionalmente requeria uma resposta. Uma das primeiras instâncias desses sinais de pergunta é uma cópia do século IX de um texto de Cícero, hoje na Bibliothèque Nationale, de Paris; parece uma escada que ascende a um ponto acima e à direita, numa diagonal rabiscada a partir de um ponto embaixo à esquerda. A pergunta nos eleva.[11]

No decorrer de nossas várias histórias, a pergunta "Por quê?" surgiu sob muitas aparências e em contextos amplamente diferentes. O número de perguntas possíveis pode parecer grande demais para se considerá-las individualmente em profundidade, e elas são variadas demais para serem agrupadas de acordo com variados critérios. Por exemplo, uma lista de dez perguntas que "a ciência precisa responder" (o "precisa" soa forte demais) foi concebida por cientistas e filósofos convidados pelos editores do jornal *The Guardian*, de Londres, em 2010. As perguntas foram: "O que é consciência?", "O que aconteceu antes do Big Bang?", "A ciência e a engenharia vão nos devolver nossa individualidade?", "Como vamos lidar com a crescente população mundial?", "Existe um padrão para os números primos?", "Podemos criar um modo científico de pensar totalmente dominante?", "Como podemos assegurar que a humanidade sobreviva e floresça?", "Alguém pode explicar adequadamente o significado do espaço infinito?", "Serei capaz de gravar meu cérebro como posso gravar um programa de televisão?", "A humanidade pode chegar às estrelas?". Não há nessas perguntas uma progressão evidente, nenhuma hierarquia lógica, nem uma evidência clara de que *possam* ser respondidas. Elas procedem de uma ramificação de nosso desejo de saber, filtrando-se criativamente em nosso conhecimento adquirido. Ainda assim, pode-se vislumbrar certo formato em seus meandros. Percorrendo um caminho necessariamente eclético através de algumas das perguntas despertadas por nossa curiosidade, algo como uma cartografia paralela de nossa imaginação talvez se torne aparente. O que queremos saber e o que podemos imaginar são dois lados de uma mesma página mágica.

Exemplo do punctus interrogativus *num manuscrito do século IX do* Cato maior de senectute, *de Cícero (Paris, Bibliothèque Nationale, MS lat. 6332, fol. 81).*

Uma das experiências comuns em muitas vidas dedicadas à leitura é a descoberta, mais cedo ou mais tarde, de um livro que permite, mais do que qualquer outro, uma exploração de si mesmo e do mundo, que parece ser inesgotável e ao mesmo tempo concentra a mente nos mais ínfimos detalhes, de um modo íntimo e singular. Para certos leitores, esse livro é um clássico conhecido, uma obra de Shakespeare ou Proust, por exemplo; para outros, é um texto menos conhecido ou consagrado que ecoa profundamente, por razões inexplicáveis ou secretas. No meu caso, durante minha vida, esse livro ímpar tem mudado: por muitos anos foram *Os ensaios*, de Montaigne, ou *Alice no País das Maravilhas*, *Ficções*, de Borges, ou *Dom Quixote*, *As mil e uma noites*, ou *A montanha mágica*. Agora, ao me aproximar dos prescritos setenta anos, o livro que para mim abrange tudo é *A divina comédia*, de Dante.

Cheguei à *Divina comédia* tarde, pouco antes de completar sessenta anos, e desde a primeiríssima leitura esse livro tornou-se para mim totalmente pessoal conquanto incomensurável. Descrever *A divina comédia* como incomensurável pode ser uma forma simples de declarar uma espécie de reverência supersticiosa pela obra em si mesma: por sua profundidade, largueza, construção intricada. Mesmo essas palavras são insuficientes, em minha experiência constantemente renovada de ler o texto. Dante falou dele como um poema "no qual têm posto a mão o Céu e a Terra".[12] Não é uma hipérbole: é a impressão que seus leitores têm tido desde a época de Dante. Mas *construção* implica um mecanismo artificial, uma ação que depende de roldanas e engrenagens as quais, mesmo quando evidentes (como na invenção por Dante da *terza rima*, por exemplo, e, de acordo com isso, o uso do número 3 ao longo da *Divina comédia*), meramente apontam para um minúsculo ponto na complexidade e mal iluminam sua aparente perfeição. Giovanni Bocaccio comparou *A divina comédia* a um pavão cujo corpo está coberto de penas "angélicas" e iridescentes de incontáveis matizes. Jorge Luis Borges a comparou a uma gravura com infinitos detalhes; Giuseppe Mazzotta, a uma enciclopédia universal. Osip Mandelstam teve isto a dizer:

> Se os salões do Hermitage subitamente enlouquecessem, se os quadros de todas as escolas e de todos os mestres de repente se soltassem de seus pregos, se fundissem, entremeassem, e enchessem o ar das salas com um uivo futurista e cores em violenta agitação, o resultado seria algo como *A divina comédia* de Dante.

E ainda assim nenhum desses símiles captura totalmente a completude, a profundidade, o alcance, a música, a imagem caleidoscópica, a invenção infinita e a estrutura perfeitamente balanceada do poema. A poetisa russa Olga Sedakova observou que o poema de Dante é "arte que gera arte" e "pensamento que gera pensamento" mas, o que é mais importante, é "experiência que gera experiência".[13]

Numa paródia de correntes artísticas do século xx, do Nouveau Roman à arte conceitual, Borges e seu amigo Adolfo Bioy Casares imaginaram uma forma de crítica que, rendendo-se à impossibilidade de analisar uma obra de arte em toda a sua grandiosidade, meramente reproduz a obra em sua totalidade.[14] Seguindo esta lógica, para explicar *A divina comédia*, um comentarista meticuloso teria de terminar citando o poema inteiro. Talvez essa seja a única maneira. É verdade que quando deparamos com uma passagem assombrosamente bela ou com um argumento poético intricado que não nos tinha impactado tanto numa leitura anterior, nosso impulso não é tanto o de comentá-la, mas antes o de lê-la em voz alta para um amigo, para compartilhar, tanto quanto possível, a epifania original. Traduzir as palavras em outras experiências: talvez seja este um dos possíveis significados das palavras de Beatriz a Dante no Céu de Marte: "Volta-te ora e escuta,/ que não só no olhar meu é o Paraíso".[15]

Menos ambicioso, menos versado, mais consciente de meus próprios horizontes, quero oferecer algumas leituras minhas, alguns comentários baseados em reflexões pessoais, observações, traduzidas em minhas próprias experiências. *A divina comédia* tem certa generosidade majestosa que não barra a entrada a quem quer que tente cruzar seu umbral. O que cada leitor encontra lá, isso já é outra questão.

Existe um problema essencial com o qual cada escritor (e cada leitor) se defronta quando aborda um texto. Sabemos que o ato de ler é uma afirmação de nossa crença na língua e em sua alardeada capacidade de comunicar. Toda vez que abrimos um livro, confiamos que, malgrado toda a nossa experiência anterior, dessa vez a essência do texto nos será transmitida. E toda vez que chegamos à última página, apesar de tão ousadas esperanças, estamos novamente desapontados. Especialmente quando lemos o que, por falta de termos mais precisos, concordamos em chamar de "grande literatura", nossa capacidade de assimilar o texto em toda a complexidade de suas múltiplas camadas fica aquém de nossas vontades e expectativas, e somos compelidos a voltar ao texto mais uma vez na esperança de, agora, talvez, alcançarmos nosso propósito. Felizmente para a literatura, felizmente para nós, nunca o fazemos. Gerações inteiras de leitores não conseguem exaurir esses livros, e o fracasso da língua em comunicar integralmente lhes empresta uma riqueza ilimitada que só nos penetra na medida de nossas capacidades individuais. Nenhum leitor jamais atingiu as profundezas do *Mahābhārata* ou da *Oresteia*.

A constatação da impossibilidade de uma tarefa não nos impede de tentá-la, e toda vez que se abre um livro, toda vez que se vira uma página renovamos nossa esperança de compreender um texto literário, se não totalmente, ao menos um pouco mais do que na leitura anterior. É assim que, através dos tempos, criamos um palimpsesto de leituras que continuamente restabelece a autoridade do livro, sempre sob outra feição. A *Ilíada* dos contemporâneos de Homero não é a nossa *Ilíada*, mas a inclui, assim como nossa *Ilíada* inclui todas as *Ilíadas* por vir. Nesse sentido, a afirmação chassídica de que o Talmude não tem uma primeira página, porque cada leitor já começou a lê-lo ainda antes de partir das primeiras palavras, vale para todo grande livro.[16]

O termo *lectura dantis* foi criado para definir o que se tornou um gênero específico, a leitura de *A divina comédia*, e tenho plena ciência de que, após gerações de comentários, a começar com os do próprio filho de Dante, Pietro, escrito pouco após a morte do pai, é impossível ser ou abrangentemente crítico ou minuciosamente original no que se tem a dizer sobre o poema. E, no entanto, há quem seja capaz de justificar tal exercício sugerindo que toda leitura é, no fim das contas, menos uma reflexão ou uma tradução do texto original do que uma imagem do leitor, uma confissão, um ato de autorrevelação e autodescoberta.

O primeiro desses leitores autobiográficos foi o próprio Dante. No decurso de sua jornada no Outro Mundo, tendo-se lhe dito que ele teria de encontrar um novo caminho na vida ou se perder para sempre, Dante é tomado de uma ardente curiosidade de saber quem realmente é e o que está experimentando ao longo do caminho.[17] Do primeiro verso do *Inferno* ao último verso do *Paraíso*, *A divina comédia* está pontuada pelas perguntas de Dante.

Em todos os seus *Ensaios*, Montaigne cita Dante apenas duas vezes. Alguns eruditos são da opinião de que ele não tinha lido *A divina comédia*, mas a conhecia das referências feitas em obras de outros escritores. Mesmo se a tivesse lido, possivelmente Montaigne poderia não gostar da estrutura dogmática que Dante tinha adotado para conduzir suas explorações. Não obstante, ao discutir o poder da fala nos animais, Montaigne transcreve três versos do *Purgatório*, canto XXVI, nos quais Dante compara as almas luxuriosas penitentes a "batalhões negros de formigas que se comunicam".[18] E cita novamente Dante quando discute a educação de crianças. "Que o preceptor", diz Montaigne,

> faça o menino tudo passar pelo próprio crivo e que nada aloje em sua cabeça por simples autoridade ou confiança. Que os princípios de Aristóteles não lhe sejam princípios, não mais que os dos estoicos ou dos epicuristas; que lhe proponham essa diversidade de julgamentos e ele escolherá, se puder, do contrário permanecerá na dúvida. Só os tolos tomam uma decisão e têm certeza disso.

Montaigne então cita a seguinte linha de Dante: "Mais que saber me é grato duvidar [*dubbiar*]", palavras que Dante dirige a Virgílio no sexto círculo do inferno, depois de o poeta latino ter explicado por que os pecados da incontinência são menos ofensivos a Deus do que os que são frutos de nossa vontade. Para Dante, as palavras expressam o prazer que se sente nos expectantes momentos que antecedem a aquisição de conhecimento; para Montaigne, elas descrevem um estado constante de rica incerteza, no qual se está ciente de várias visões contraditórias, mas não se abraça nenhuma a não ser a própria. Para ambos, o estado de questionamento é tão gratificante quanto, ou ainda mais que o de saber.[19]

É possível, como ateu, ler Dante (ou Montaigne) sem acreditar no Deus que eles cultuavam? Seria presunção pretender alguma medida de compreensão de sua obra sem a fé que os ajudou a suportar o sofrimento, a desorientação, a angústia (e também a alegria) que constituem o quinhão de todo ser humano? Seria falta de sinceridade estudar as estruturas estritamente teológicas e as sutilezas dos dogmas religiosos sem estar convencido dos princípios sobre os quais se baseiam? Como leitor, reivindico o direito de acreditar no significado de uma história para além das particularidades da narrativa, sem jurar que acredito na existência de uma fada madrinha ou de um lobo mau. Cinderela e Chapeuzinho Vermelho não precisam ter sido pessoas reais para que eu acredite em suas verdades. O deus que caminhava no jardim [do Éden] "no frescor da tarde" e o deus que, agonizando na cruz, prometeu o paraíso a um ladrão, iluminam-me de maneiras que nada, a não ser a grande literatura, é capaz. Sem histórias, todas as religiões seriam meramente preces. São as histórias que nos convencem.

A arte de ler é, de muitas maneiras, oposta à arte de escrever. Ler é uma arte que enriquece o texto concebido pelo autor, o aprofunda e o torna mais complexo, concentrando-o de modo a refletir a experiência pessoal do leitor e a expandi-la aos mais distantes confins do seu universo, e para além deles. Escrever, em vez disso, é a arte da resignação. O escritor deve aceitar o fato de que o texto final não será mais do que um reflexo borrado da obra que concebeu em sua mente, menos esclarecedor, menos sutil, menos pungente, menos exato. A imaginação do escritor é todo-poderosa, e capaz de sonhar as mais extraordinárias criações em toda a sua almejada perfeição. Depois vem o descenso para a língua, e na passagem do pensamento para a expressão, muito — muito mesmo — se perde. Para essa regra quase não há exceções. Escrever um livro é se resignar ao fracasso, por mais honroso que esse fracasso possa ser.

Ciente de meu húbris, ocorreu-me que, seguindo o exemplo de Dante de ter um guia para suas viagens — Virgílio, Estácio, Beatriz, são Bernardo —, eu deveria ter o próprio Dante como guia da minha, e permitir que seus questionamentos me ajudassem a direcioná-la. Embora Dante tivesse admoestado aqueles que em pequenos esquifes tentaram seguir sua quilha, e os advertido para que voltassem para seus portos por medo de que se perdessem,[20] eu assim mesmo confio que ele não se importará em ajudar um colega viajante cheio de um tão agradável *dubbiar*.

Dante e Virgílio encontram os semeadores da discórdia. Xilogravura que ilustra o Canto XXVIII do Inferno, *impressa em 1487 com comentário de Cristoforo Landino (Biblioteca Beinecke de Livros e Manuscritos Raros, Universidade Yale).*

1. O que é curiosidade?

Tudo começa com uma viagem. Um dia, quando tinha oito ou nove anos, em Buenos Aires, eu me perdi quando voltava da aula para casa. A escola era uma das muitas que frequentei em minha infância, e ficava a pouca distância de nossa casa, numa redondeza arborizada do bairro Belgrano. Então, como agora, eu me distraía facilmente, e todo tipo de coisa atraía minha atenção enquanto caminhava de volta para casa vestindo o uniforme branco engomado que todas as crianças da escola eram obrigadas a usar: a mercearia da esquina que, antes da era dos supermercados, tinha grandes barris de azeitonas salgadas, cones de açúcar embrulhados em papel azul-claro, latas azuis de biscoitos Canale; a papelaria com seus cadernos patrióticos ilustrando os rostos de nossos heróis nacionais e prateleiras nas quais se alinhavam as capas amarelas da coleção Robin Hood para crianças; uma porta alta e estreita com um vitral em formato de losango que às vezes era deixada aberta, revelando uma área interna escura onde um manequim de alfaiate enlanguescia misteriosamente; o gentil vendedor, um homem gordo sentado numa esquina sobre um

minúsculo banquinho, segurando, como uma lança, suas mercadorias caleidoscópicas. Em geral, eu fazia o mesmo caminho para
voltar da escola, contando os pontos de referência à medida que
passava por eles, mas naquele dia decidi mudar o percurso. Depois
de alguns quarteirões, percebi que eu não conhecia o caminho.
Estava envergonhado demais para pedir informações, e assim
fiquei vagando, mais espantado do que assustado, pelo que me
pareceu um longo tempo.

Não sei o motivo de ter feito o que fiz, exceto o de querer
experimentar algo novo, seguir quaisquer pistas que pudesse
encontrar para mistérios ainda não apresentados, como nas histórias de Sherlock Holmes, que tinha acabado de descobrir. Queria
deduzir a história secreta do médico com a bengala surrada, revelar que as pegadas das pontas dos pés na lama eram de um homem
que corria para salvar sua vida, perguntar a mim mesmo por que
alguém usaria uma barba preta bem tratada que indubitavelmente
era falsa. "O mundo está cheio de coisas óbvias que ninguém, em
circunstância alguma, jamais observa", disse o Mestre.

Lembro-me de ter ficado consciente, com um sentimento de
agradável ansiedade, de que estava entrando numa aventura diferente das que havia em minhas prateleiras e de ter experimentado
algo com o mesmo suspense, com o mesmo desejo intenso de descobrir o que havia adiante, sem ser capaz de (sem querer) prever
o que poderia acontecer. Senti como se tivesse entrado num livro
e que estava a caminho de suas últimas páginas ainda não revela-
das. O que exatamente eu estava procurando? Talvez tenha sido
então que pela primeira vez concebi o futuro como um lugar que
mantinha juntos todos os remates de todas as histórias possíveis.

Mas nada aconteceu. Finalmente dobrei uma esquina e me
vi em território familiar. Quando finalmente vi minha casa, senti
um desapontamento.

*Mas nós seguramos vários fios em nossas mãos, e a probabili-
dade é que um ou outro deles nos guie até a verdade. Nós podemos perder tempo seguindo o fio errado, porém, mais cedo ou
mais tarde, devemos chegar ao certo.*

Sir Arthur Conan Doyle, *O cão dos Baskerville*

Curiosidade é uma palavra com duplo sentido. O dicionário
etimológico espanhol de Covarrubias, de 1611, define *curioso* (assim como em italiano) como uma pessoa que trata alguma coisa
com um cuidado e uma diligência especiais, e o grande lexicógra-
fo espanhol explica sua derivada *curiosidad* (em italiano, *curiosi-
tà*) como resultante, porque "a pessoa curiosa está sempre perguntando 'Por que isso e por que aquilo?'". Roger Chartier
observou que essas primeiras definições não satisfizeram Covarrubias, e, num suplemento escrito em 1611 e 1612 (que permaneceu inédito), ele acrescentou que *curioso* tinha "um sentido tanto
positivo quanto negativo. Positivo, porque a pessoa curiosa trata
as coisas com diligência; e negativo, porque a pessoa trabalha para
esquadrinhar coisas que são as mais ocultas e reservadas, e que
não têm importância". Segue-se, aqui, uma citação em latim de
um dos livros apócrifos da Bíblia, o Eclesiástico (3,21-2): "Não
tente compreender coisas que são difíceis demais para você, ou
tente não descobrir o que está além de suas forças". Com isso,
segundo Chartier, Covarrubias abre sua definição à condenação
patrística e bíblica da curiosidade como o desejo ilícito de conhecer o que é proibido.[1] Dessa natureza ambígua da curiosidade,
Dante certamente tinha ciência.

Dante compôs quase toda, se não toda, *A divina comédia*
quando estava no exílio, e o relato de sua poética peregrinação
pode ser lido como um esperançoso espelho de sua peregrinação
forçada na terra. A curiosidade o conduz, no sentido de Covarru-

bias de tratar as coisas "diligentemente", mas também no sentido de procurar saber o que está "mais oculto e reservado" e que jaz além das palavras. Num diálogo com seus guias do Outro Mundo (Beatriz, Virgílio, são Bernardo) e com as almas danadas e as abençoadas que ele encontra, Dante deixa que sua curiosidade o leve até o inefável objetivo. A linguagem é o instrumento dessa curiosidade — mesmo quando ele nos diz que a resposta a suas perguntas mais candentes não pode ser pronunciada pela língua humana — e sua linguagem pode ser também o instrumento da nossa curiosidade. Dante pode atuar, em nossa leitura de *A divina comédia*, como uma "parteira" de nossos pensamentos, como uma vez Sócrates definiu o papel daquele que busca o conhecimento.[2] *A divina comédia* nos permite dar à luz nossas questões.

Dante morreu no exílio, em Ravenna, em 13 ou 14 de setembro de 1321, depois de ter registrado nos últimos versos de *A divina comédia* sua visão da perene luz de Deus. Tinha 56 anos. Segundo Giovanni Boccacio, Dante começou a escrever *A divina comédia* pouco antes de ser banido de Florença, e foi obrigado a abandonar na cidade os primeiros sete cantos do *Inferno*. Alguém, diz Boccacio, procurando documentos entre os papéis na casa de Dante, encontrou os cantos, sem saber que eram dele, leu-os com admiração, e os levou para serem examinados por um poeta florentino "de certo renome", que, adivinhando serem obra de Dante, arranjou um jeito de enviá-los para ele. Sempre segundo Boccacio, Dante estava então na propriedade de Moroello Malaspina, em Lunigiana; Malaspina recebeu os cantos, leu-os e implorou a Dante que não abandonasse uma obra iniciada tão magnificamente. Dante anuiu e começou o oitavo canto do *Inferno* com as palavras: "E digo, prosseguindo, que bem antes [...]". E assim continua a história.[3]

Obras literárias extraordinárias parecem estar ligadas a histórias extraordinárias de sua concepção. Biografias mágicas de um

Homero fantasma foram inventadas para explicar o poder da *Ilíada* e da *Odisseia*, e Virgílio ganhou os dons de um necromante e arauto do cristianismo porque, assim pensavam seus leitores, a *Eneida* não poderia ter sido escrita por um homem comum. Consequentemente, a conclusão de uma obra-prima deve ser ainda mais extraordinária que seu início. À medida que avançava a escrita de *A divina comédia*, conta-nos Boccacio, Dante começou a enviar os cantos finalizados para um de seus patronos, Cangrande della Scala, em lotes de seis ou oito. No fim, Cangrande teria recebido a obra inteira com exceção dos treze últimos cantos do *Paraíso*. Durante meses após a morte de Dante, seus filhos e discípulos procuraram entre seus papéis para ver se ele não tinha, talvez, terminado os cantos que faltavam. Ao não encontrar nada, diz Boccacio, "ficaram enraivecidos porque Deus não lhe permitira viver no mundo o bastante para ter a oportunidade de concluir o pouco que faltava de sua obra". Uma noite, Jacopo, terceiro filho de Dante, teve um sonho. Viu seu pai aproximar-se, vestido com uma bata branca, o rosto brilhando numa luz estranha. Jacopo perguntou-lhe se ainda estava vivo, e Dante disse que estava, mas na vida verdadeira, não na nossa. Jacopo perguntou-lhe então se tinha terminado *A divina comédia*. "Sim", foi a resposta, "eu a terminei", e levou Jacopo a seu velho quarto de dormir, onde, pondo a mão num certo lugar na parede, anunciou, "Aqui está o que vocês estão procurando há tanto tempo". Jacopo acordou, chamou um antigo discípulo de Dante, e juntos descobriram, atrás de um pano pendurado, um nicho contendo escritos cobertos de mofo, que, comprovadamente, se revelariam como os cantos que faltavam. Eles os copiaram e enviaram, como Dante costumava fazer, a Cangrande. "Assim", conta-nos Boccacio, "o trabalho de tantos anos foi levado a sua conclusão."[4]

    Esse relato de Boccacio, que hoje é considerado menos uma história factual do que a lenda imaginada por um admirador, empresta uma apropriada moldura de magia à criação do que talvez seja o maior poema já escrito. Mas nem a interrupção inicial, cheia de suspense, nem a feliz revelação final são suficientes, na mente do leitor, para explicar a invenção de uma obra como essa. A história da literatura é rica em relatos de situações desesperadas nas quais escritores conseguiram criar obras-primas. Ovídio sonhando sua *Tristia* no inferno do exílio em Tomis, Boécio escrevendo sua *Consolação da filosofia* na prisão, Keats compondo suas grandes odes enquanto morria febril de tuberculose, Kafka rabiscando sua *Metamorfose* no corredor da casa dos pais, contradizem a suposição de que um escritor só pode escrever em circunstâncias auspiciosas. O caso de Dante, contudo, é especial.

No final do século XIII, a Toscana estava dividida em duas facções políticas: os guelfos, leais ao papa, e os gibelinos, leais à causa imperial. Em 1260, os gibelinos derrotaram os guelfos na Batalha de Montaperti; alguns anos depois, os guelfos começaram a retomar seu poder perdido, posteriormente expulsando os gibelinos de Florença. Por volta de 1270, a cidade era toda dos guelfos e assim permaneceria durante a vida de Dante. Pouco tempo após o nascimento de Dante em 1265, os guelfos de Florença se dividiram entre os Pretos e os Brancos, dessa vez segundo linhagens familiares, em vez de políticas. Em 7 de maio de 1300, Dante participou de uma delegação a San Gimigniano, representando a facção Branca dominante; um mês depois ele foi eleito um dos seis priores de Florença. Dante, que acreditava que Igreja e Estado não deviam interferir um na esfera de ação do outro, se opôs às ambições políticas do papa Bonifácio VIII; consequentemente, quando foi enviado a Roma, no outono de 1301, como parte da embaixada florentina, ordenaram-lhe que permanecesse na corte papal enquanto os outros embaixadores retornavam a Florença. Em 1º de novembro, na ausência de Dante, o príncipe sem terras francês Charles de Valois (que Dante desprezava por ser agente de Boni-

O primeiro retrato de Dante a aparecer num livro impresso. Xilogravura colorida à mão em Lo amoroso convivio di Dante *(Veneza, 1521). (A foto é cortesia de Livio Ambrogio. Reproduzida com permissão.)*

fácio) entrou em Florença, supostamente para restaurar a paz, mas de fato para permitir que um grupo de Pretos exilados entrasse na cidade. Liderados por seu chefe, Corso Donati, os Pretos saquearam Florença durante cinco dias e assassinaram muitos de seus cidadãos, mandando os Brancos sobreviventes para o exílio. Algum tempo depois, os Brancos exilados passaram a se identificar com a facção dos gibelinos, e instalou-se um priorado Preto para governar Florença. Em janeiro de 1302, Dante, que provavelmente ainda estava em Roma, foi condenado pelo priorado ao exílio. Mais tarde, quando se recusou a pagar a multa imposta como penalidade, sua sentença de dois anos de exílio foi alterada para ser preso a uma estaca e morrer queimado vivo se voltasse alguma vez a Florença. Todos os seus bens foram confiscados.

O exílio de Dante levou-o primeiramente para Forlì, depois, em 1303, para Verona, onde ficou até a morte do *signore* da cidade, Bartolomeo della Scala, em 7 de março de 1304. Ou porque o novo governante de Verona, Alboino della Scalla não lhe fosse amigável, ou porque Dante pensasse que poderia granjear a simpatia do novo papa, Bento XI, o exilado retornou à Toscana, provavelmente para Arezzo. Durante alguns dos anos seguintes, seu itinerário é incerto — talvez tenha se mudado para Treviso, mas outros lugares nos quais também pode ter estado são Lunigiana, Lucca, Padova e Veneza; em 1309 ou 1310 pode ter visitado Paris. Em 1312, Dante regressou a Verona. Cangrande della Scala tinha se tornado, um ano antes, o único governante da cidade, e daí em diante Dante viveu ali sob sua proteção, até pelo menos 1317. Seus últimos anos ele passou em Ravenna, na corte de Guido Novelo da Polenta.

Na ausência de uma evidência documental irrefutável, estudiosos sugerem que Dante começou o *Inferno* em 1304 ou 1306, o *Purgatório* em 1313 e o *Paraíso* em 1316. As datas exatas têm menos importância que o espantoso fato de que Dante escreveu

A divina comédia durante quase vinte anos de perambulação em mais de dez cidades estranhas, longe de sua biblioteca, sua escrivaninha, seus papéis, seus talismãs — o supersticioso arsenal de ninharias com que todo escritor constrói um cenário de trabalho. Em aposentos que não lhe eram familiares, entre pessoas às quais devia uma polida gratidão, em espaços que, por não serem seus espaços próprios e íntimos, devem lhe ter parecido implacavelmente públicos, sempre se submetendo aos requintes sociais e às convenções dos outros, deve ter sido uma luta diária encontrar breves momentos de privacidade e silêncio para trabalhar. Como não podia dispor de seus próprios livros, com suas anotações e observações rabiscadas nas margens, seu principal recurso era a biblioteca de sua mente, maravilhosamente suprida (como o demonstram as incontáveis referências literárias, científicas, teológicas e filosóficas em *A divina comédia*), mas sujeita, como todas as bibliotecas desse tipo, aos esgotamentos e embotamentos que vêm com a idade.

Que aspecto tiveram suas primeiras tentativas? Num documento preservado por Boccacio, um certo irmão Ilario, "um humilde monge de Corvo", diz que um dia um viajante chegou a seu mosteiro. Irmão Ilario o reconheceu, "pois embora nunca o tivesse visto uma só vez antes desse dia, sua fama já me alcançara muito antes". Percebendo o interesse do monge, o viajante "tirou de modo bem amigável um livrinho que trazia junto ao peito" e mostrou-lhe alguns versos. O viajante, claro, era Dante; os versos, seus primeiros cantos do *Inferno*, os quais, embora os tivesse escrito no vernáculo de Florença, Dante disse ao monge que primeiro tinha pretendido escrever em latim.[5] Se o documento de Boccacio é autêntico, isso significa que Dante conseguiu levar consigo para o exílio as primeiras poucas páginas de seu poema. Teria sido o suficiente.

Sabemos que no início de suas viagens Dante tinha começado a enviar a seus amigos e patronos cópias de alguns dos cantos, que então eram frequentemente copiados e repassados para outros leitores. Em agosto de 1313, o poeta Cino da Pistoia, um dos amigos de Dante de seus primeiros anos, incluiu glosas de alguns versos de dois cantos do *Inferno* numa canção que escrevera sobre a morte do imperador Henrique VII; em 1314, ou talvez um pouco antes, um tabelião toscano, Francesco de Barberino, mencionou *A divina comédia* em seus *Documenti d'amore*. Há várias outras provas de que a obra de Dante era conhecida e admirada (e invejada e desdenhada) muito antes de *A divina comédia* ser terminada. Quase vinte anos após a morte de Dante, Petrarca menciona como artistas iletrados recitavam partes do poema em cruzamentos de ruas e em teatros, para o aplauso de fanqueiros, taverneiros e clientes em lojas e mercados.[6] Cino, e depois Cangrande, devem ter tido um manuscrito quase completo do poema, e sabemos que Jacopo, filho de Dante, trabalhou a partir de um hológrafo para produzir uma *Divina comédia* em um volume para Guido da Polenta. Nem uma única linha escrita pela mão de Dante chegou até nós. Coluccio Salutati, um humanista e erudito florentino que traduziu partes de *A divina comédia* para o latim, lembra-se de ter visto a "escrita limpa" de Dante em algumas de suas hoje perdidas epístolas, na chancelaria de Florença; mas nós só podemos imaginar como era sua caligrafia.[7]

Como ocorreu a Dante a ideia de escrever a crônica de uma jornada ao Outro Mundo é, claro, uma pergunta irrespondível. Pode haver uma pista no final de seu *Vita nova*, um ensaio autobiográfico estruturado em 31 poemas líricos cujos significado, propósito e origem Dante atribui a seu amor por Beatriz: no último capítulo, Dante fala de uma "visão admirável" que o faz decidir escrever "o que jamais foi escrito de qualquer outra mulher". Uma segunda explicação pode ser o fascínio, entre os contemporâneos de Dante, por contos populares de jornadas ao Outro

Mundo. No século XIII, essas viagens imaginárias tinham se tornado um gênero literário florescente, nascido talvez da ansiedade por saber o que havia além do último suspiro: revisitar os que tinham partido e saber se eles precisavam da débil sustentação de nossa memória para continuarem a existir, descobrir se nossas ações deste lado da sepultura têm consequências no outro lado. Tais questões, é claro, não eram novas nem mesmo então: desde que começamos a contar histórias, em tempos que antecedem a história, começamos a desenhar uma geografia detalhada das regiões do Outro Mundo. Dante devia estar familiarizado com várias dessas crônicas de viagem. Homero, por exemplo, deixou Odisseu visitar a terra dos mortos em sua adiada volta a Ítaca; Dante, que não dominava o grego, conhecia a versão dessa descida dada por Virgílio na *Eneida*. São Paulo, na Segunda Epístola aos Coríntios (12,4), escreveu de um homem que tinha estado no Paraíso e "ouviu palavras inefáveis, que não é lícito ao homem repetir". Quando Virgílio aparece a Dante e lhe diz que vai guiá-lo "para lugar eterno", Dante aquiesce, mas depois hesita.

> *Mas a mim quem concede, e para quê?*
> *Enéas não sou, nem Paulo.*[8]

O público de Dante teria entendido as referências.

Dante, leitor voraz, também devia estar familiarizado com *O sonho de Cipião*, de Cícero, e sua descrição das esferas celestiais, assim como com os incidentes do Outro Mundo em *Metamorfoses*, de Ovídio. A escatologia cristã o proveria de vários outros relatos. Nos Evangelhos Apócrifos, o assim chamado "Apocalipse de Pedro" descreve a santa visão dos Santos Padres passeando num jardim perfumado, e o "Apocalipse de Paulo" fala de um abismo insondável no qual são atiradas as almas dos que não têm esperança da misericórdia de Deus.[9] Outras jornadas e visões aparecem em compêndios de devoção de grande divulgação, como *Legenda áurea* de Jacopo de Varazze, e o anônimo *Vidas dos padres*; nas imaginárias narrativas irlandesas das viagens de santo Brendan, são Patrício, e do rei Tungdal; nas visões místicas de Peter Damian, Richard de Saint-Victoire, e Gioachim de Fiore. E em certas crônicas islâmicas do Outro Mundo, como as do andaluz *Libro della scala* [Livro da escada], que conta a ascensão de Maomé ao céu. (Voltaremos adiante a essa influência islâmica em *A divina comédia*.) Sempre há modelos para toda nova incursão literária: nossas bibliotecas com frequência nos fazem lembrar que não existe essa coisa chamada originalidade literária.

Os primeiros versos de Dante foram, até onde sabemos, vários poemas compostos em 1283, quando tinha dezoito anos, mais tarde incluídos em *Vita nova*; a última obra foi uma conferência em latim, *Questio de aqua et terra* [Disputa entre a água e a terra], que ele apresentou numa leitura pública em 20 de janeiro de 1320, menos de dois anos antes de sua morte.

Vita nova foi terminada antes de 1294; sua declarada intenção é esclarecer o sentido das palavras *Incipit Vita Nova*, "Aqui começa a Vida Nova", inscritas no "volume de minha memória", e em seguida vem a sequência de poemas escritos como expressão do amor a Beatriz, que ele viu pela primeira vez quando ambos eram crianças, Dante com nove anos, Beatriz com oito. O livro é apresentado como uma busca, uma tentativa de responder a questões suscitadas pelos poemas de amor, movida por um gênero de curiosidade, diz Dante, na "elevada câmara aonde todos os espíritos sensíveis levam suas percepções".[10]

A última composição de Dante, *Questio de aqua et terra*, é uma inquirição filosófica de vários assuntos científicos, seguindo o estilo das "disputas", populares na época. Em sua introdução, Dante escreve: "Portanto, nutrido como fui desde minha infância com o amor à verdade, sofri para não ficar fora do debate, mas optei por mostrar qual era a verdade nele, e também por refutar todos os argumentos contrários, tanto por amor à verdade quanto por ódio à falsidade".[11] Entre a primeira e a última menção à necessidade de questionar estende-se todo o território da obra-prima de Dante. *A divina comédia* inteira pode ser lida como a busca a partir da curiosidade de um homem.

Segundo a tradição patrística, a curiosidade pode ser de dois tipos: a curiosidade que é associada à *vanitas* de Babel, que nos leva a nos crermos capazes de feitos como o de construir uma torre que atinge os céus; e a curiosidade de *umiltá*, de estarmos sedentos por saber tudo que pudermos sobre a verdade divina, de modo que, como na prece de são Bernardo por Dante no último canto de *A divina comédia*, "suprema alegria lhe seja desdobrada". Citando Pitágoras em seu *Convivio*, Dante descreveu uma pessoa que persegue essa saudável curiosidade exatamente como um "amante do conhecimento [...] um termo não de arrogância, mas de humildade".[12]

Embora doutos como Boaventura, Siger de Brabant e Boécio tenham influenciado profundamente o pensamento de Dante, Tomás de Aquino, mais do que todos, foi seu *maître à penser*: aquilo que *A divina comédia* de Dante é para seus leitores curiosos, os escritos de Aquino foram para Dante. Quando Dante, guiado por Beatriz, chega ao Céu do Sol, onde os prudentes são recompensados, uma coroa de doze almas abençoadas circula em torno deles três vezes ao som de música celestial, até que uma delas aparta-se da dança e fala com ele. É a alma de Aquino, que lhe diz que, como o verdadeiro amor finalmente foi aceso em Dante, Aquino e as outras almas abençoadas devem responder a suas perguntas, pelo mesmo amor. De acordo com Aquino, e seguindo os ensinamentos de Aristóteles, o conhecimento do deus supremo é tal que uma vez adquirido nunca poderá ser esquecido, e a alma abençoada com esse conhecimento estará sempre ansiosa por retornar a ele. O que Aquino chama de "sede" de Dante deve ser inevitavelmente satisfeita: seria impossível não tentar aplacá-la "assim como é impossível à água não fluir de volta para o mar".[13]

Tomás de Aquino nasceu em Roccasecca, no Reino da Sicília, herdeiro de uma família nobre bem íntima da aristocracia europeia: o sacro imperador romano era seu primo. Com cinco anos de idade, começou seus estudos na célebre abadia beneditina de Monte Cassino. Deve ter sido uma criança insuportável: diz-se que depois de permanecer em silêncio na sala de aula durante muitos dias, a primeira coisa que pronunciou foi uma pergunta a seu professor: "O que é Deus?".[14] Aos quatorze anos, seus pais, apreensivos com as divisões políticas na abadia, o transferiram para a recém-fundada Universidade de Nápoles, onde começou seu infindável estudo de Aristóteles e seus comentaristas. Durante seus anos de universidade, por volta de 1244, decidiu ingressar na ordem dominicana. A opção de Aquino de tornar-se um frade dominicano mendicante escandalizou sua família aristocrática. Ela o sequestrou e o manteve confinado durante um ano, esperando que reconsiderasse a decisão. Ele não o fez, e uma vez libertado estabeleceu-se por algum tempo em Colônia para estudar com o célebre professor Alberto Magno. Pelo resto da vida ele ensinou, pregou e escreveu, na Itália e na França.

Aquino era um homem de compleição grande, desajeitado e lento, características que lhe granjearam o apelido de "Boi Burro". Ele recusou todas as posições de poder e prestígio, seja como cortesão ou como abade. Ele era, acima de tudo, um amante dos livros e da leitura. Quando lhe perguntavam pelo que ele mais agradecia a Deus, respondeu, "por me conceder o dom de compreender cada página que já li".[15] Acreditava na razão como meio de chegar à verdade, e elaborou, com a filosofia aristotélica, laboriosos argumentos lógicos para chegar, em certa medida, a uma conclusão quanto às grandes questões teológicas. Por isso ele foi condenado, três anos após sua morte, pelo bispo de Paris, que sustentava que o poder absoluto de Deus não precisava de quaisquer ninharias da lógica grega.

A maior obra de Tomás de Aquino é a *Suma Teológica*, um amplo levantamento das principais questões teológicas, cuja intenção, diz ele no prólogo, é "não só ensinar aos proficientes, mas também instruir os iniciantes".[16] Ciente da necessidade de uma apresentação clara e sistemática do pensamento cristão, Tomás de Aquino fez uso das obras de Aristóteles então recentemente descobertas, traduzidas para o latim, para construir um arcabouço intelectual que sustentasse os por vezes contraditórios escritos canônicos cristãos fundamentais desde a Bíblia e os livros de Santo Agostinho até as obras dos teólogos contemporâneos. Tomás de Aquino ainda estava escrevendo a *Suma* poucos meses antes de sua morte, em 1274. Dante, que só tinha nove anos quando Aquino morreu, pode ter conhecido alguns dos discípulos do mestre na Universidade de Paris se (como diz a lenda) visitou a cidade quando ainda era jovem. Seja por meio dos ensinamentos dos seguidores de Aquino seja por suas próprias leituras, Dante certamente conhecia e fez uso da cartografia teológica de Aquino, assim como conheceu e fez uso da invenção de Agostinho de usar o protagonista em primeira pessoa, ao relatar a jornada de sua vida. E certamente conhecia seus dois argumentos concernentes à natureza do espírito inquisitivo humano.

O ponto inicial de todas as buscas é, para Aquino, a célebre declaração de Aristóteles: "Todos os homens têm, por natureza, desejo de conhecer", à qual Aquino se refere várias vezes em seus escritos. Ele propôs três argumentações para explicar esse desejo. A primeira é que cada coisa anseia naturalmente sua própria perfeição, o que vale dizer, tornar-se totalmente consciente de sua natureza e não meramente ser capaz de adquirir essa consciência;

isso, nos seres humanos, significa adquirir um conhecimento da realidade. A segunda, que tudo tende a sua ação própria: assim como o fogo tende a aquecer e as coisas pesadas a cair, os homens estão inclinados a compreender, e, consequentemente, a saber. A terceira, tudo quer se unir ao que é seu principal — o fim a seu início — no mais perfeito dos movimentos, o do círculo; somente mediante o intelecto esse desejo é realizado, e através do intelecto é que cada um de nós fica unido a nossas substâncias separadas. Portanto, conclui Aquino, todo conhecimento científico sistemático é bom.[17]

Aquino salienta que Santo Agostinho, numa espécie de errata de parte de sua obra, chamada *Retratações*, observou que "há mais coisas buscadas do que achadas, e das coisas que são achadas, poucas são as confirmadas". Isso, para Agostinho, era uma declaração de limites. Aquino, citando outra obra do prolífico Agostinho, observou que o autor das *Confissões* tinha advertido que permitir à nossa curiosidade inquirir sobre tudo que existe no mundo poderia resultar no pecado do orgulho e com isso contaminar a autêntica busca da verdade. "Tão grande é o orgulho assim originado", escreveu Agostinho, "que se poderia pensar que eles habitam os mesmos céus sobre os quais discutem."[18] Dante, sabendo-se culpado do pecado do orgulho (pecado pelo qual, lhe dizem, voltará ao Purgatório depois de sua morte) pode ter tido essa passagem em mente quando visita os céus, no *Paraíso*.

Aquino leva mais além a preocupação de Agostinho, alegando que o orgulho é apenas a primeira de quatro possíveis perversões da curiosidade humana. A segunda envolve a incursão em questões menores, como ler literatura popular ou estudar com professores inidôneos.[19] A terceira ocorre quando estudamos coisas deste mundo sem referência ao Criador. A quarta e última, quando estudamos o que está além dos limites de nossa inteligência individual. Aquino condena essas espécies de curiosidade só porque elas nos distraem do maior e mais pleno impulso da exploração natural. Nisso, ele ecoa Bernard de Clairvaux, que escrevera um século antes: "Há pessoas que querem saber apenas em nome do próprio saber, e isto é uma curiosidade escandalosa". Quatro séculos antes de Clairvaux, Alcuin de York, com maior generosidade, definiu a curiosidade nesses termos: "No que tange à sabedoria, você a ama em nome de Deus, em nome da pureza da alma, em nome de conhecer a verdade e mesmo em nome dela mesma".[20]

Como se fosse uma inversão da lei da gravidade, a curiosidade faz com que a experiência do mundo e de nós mesmos aumente quanto mais perguntamos se a curiosidade nos ajuda a crescer. Para Dante, seguindo Aquino, seguindo Aristóteles, o que nos impele é um desejo do bem ou de um aparente bem, vale dizer, em direção a algo que sabemos que é bom ou que nos parece ser bom. Alguma coisa que existe em nossa capacidade de imaginar nos revela que algo é bom, e alguma coisa em nossa capacidade de questionar nos impele em direção a isso, por meio de uma intuição quanto a sua utilidade ou a seu perigo. Em outros casos, visamos ao bem inefável simplesmente porque não compreendemos alguma coisa e buscamos uma razão para isso, assim como buscamos uma razão para tudo neste universo desarrazoado. (Em meu caso particular, essas experiências frequentemente vêm de leituras — por exemplo, refletindo junto com o dr. Watson sobre o significado de uma vela que arde na charneca numa noite escura como breu, ou perguntando, com o mestre, por que uma das botas novas de Sir Henry Baskerville foi roubada no Hotel NorThumberland.)

Como num mistério arquetípico, alcançar o bem é sempre uma busca constante, porque a satisfação de uma resposta obtida de forma simples leva a se fazer outra pergunta, e assim por diante, infinitamente. Para o crente, o bem é equivalente à divindade:

os santos o atingem quando não estão mais em busca de nada. No hinduísmo, jainismo, budismo e siquismo, este é o estado de *moksha*, ou nirvana, de "ser apagado com um sopro" (como uma vela) e refere-se no contexto budista à imperturbável quietude da mente depois que os fogos do desejo, da aversão, e da ilusão se extinguiram, à conquista da inefável beatitude. Em Dante, como definiu o grande crítico do século XIX, Bruno Nardi, este "fim da busca" é "o estado de tranquilidade no qual o desejo se aquietou", ou de outro modo, "o perfeito acordo da vontade humana com a vontade divina".[21] Vontade de conhecimento, ou curiosidade natural, é a força inquisitiva que impele Dante a partir de dentro, assim como Virgílio e, mais tarde, Beatriz, são as forças inquisitivas que o levam a partir de fora adiante. Dante permite-se ser levado, dentro e fora, até não mais precisar de nenhum deles — nem do desejo íntimo nem do ilustre poeta ou da bendita amada — quando finalmente se confronta com a suprema e divina visão ante a qual imaginação e palavras são insuficientes, como ele nos conta no famoso encerramento de *A divina comédia*:

> *À fantasia foi-me a intenção vencida;*
> *mas já a minha ânsia, e a vontade, volvê-las*
> *fazia, qual a roda igualmente movida*
>
> *o Amor que move o Sol e as mais estrelas.*[22]

Leitores comuns (diferentemente de historiadores) não ligam muito para os rigores da cronologia oficial, e localizam sequências e diálogos cruzando as fronteiras de épocas e de culturas. Quatro séculos após as altas peregrinações de Dante, nas ilhas britânicas, um escocês muito curioso imaginou um sistema, *"plan'd before [he] was one and twenty, & compos'd before twenty five"* [planejado antes de ele ter 21 anos, e realizado antes de ter 25], que lhe permitiria expressar por escrito as questões que lhe tinham surgido de sua breve experiência do mundo.[23] Ele intitulou esse livro *Tratado da natureza humana*.

David Hume nasceu em Edimburgo em 1711 e morreu em 1776. Estudou na Universidade de Edimburgo, onde descobriu o "novo cenário do pensamento" de Isaac Newton e um "método experimental de raciocínio nos assuntos morais" com o qual se poderia estabelecer a verdade. Conquanto sua família quisesse que seguisse a carreira jurídica, ele tinha "uma insuperável aversão a tudo a não ser os propósitos da filosofia e do estudo em geral; e enquanto eles pensavam nisso eu me derramava sobre Voet e Vínio, Cícero e Virgílio, eram os autores que eu estava devorando secretamente".[24]

Quando o *Tratado* foi publicado, em 1739, as resenhas foram na maior parte hostis. "Nunca uma tentativa literária foi mais lamentável do que meu *Tratado da natureza humana*", ele relembrou décadas depois. "Ele saiu natimorto do prelo, sem alcançar a deferência de sequer suscitar um murmúrio entre os fanáticos."[25]

O *Tratado da natureza humana* é uma extraordinária profissão de fé na capacidade da mente racional de ver o sentido do mundo: Isaiah Berlin, em 1956, diria de seu autor que "nenhum homem influenciou a história da filosofia num grau tão profundo e perturbador". Vituperando que nas disputas filosóficas "não é a razão que leva o prêmio, mas a eloquência", Hume, eloquentemente, prossegue questionando as asserções de metafísicos e teólogos, e inquirindo quanto ao significado da própria curiosidade. Antes da experiência, alega Hume, qualquer coisa pode ser a causa de qualquer coisa: é a experiência, e não as abstrações da razão, que nos ajuda a compreender a vida. O aparente ceticismo de Hume, no entanto, não rejeita toda possibilidade de conhecimento: "A natureza é forte demais para o estupor que aguarda a total suspensão da crença".[26] A experiência do mundo natural, segundo Hume, deve orientar, moldar e fundamentar todas as nossas indagações.

No final do livro ii de seu *Tratado*, Hume tentou distinguir entre amor ao conhecimento e curiosidade natural. Esta última, escreveu Hume, deriva de "um princípio bem diferente". Ideias brilhantes avivam os sentidos e provocam mais ou menos a mesma sensação de prazer de uma "paixão moderada". Mas a dúvida causa "uma variação de pensamento", transportando-nos de modo súbito de uma ideia a outra. Isso, concluiu Hume, "deve certamente ser uma ocasião de dor". Talvez involuntariamente ecoando a passagem antes citada do Eclesiástico, Hume insistiu em que nem todo fato provoca nossa curiosidade, mas de forma ocasional um fato se torna suficientemente importante "se a ideia nos impactar com tal força, e nos preocupar tão de perto, a ponto de nos incomodar com sua instabilidade e inconstância". Aquino, cujo conceito de causalidade despertou em Hume sérias objeções quanto a seu poder de convicção, tinha feito a mesma distinção quando disse que "a diligência no estudo refere-se diretamente não ao conhecimento em si, mas ao desejo e estudo na busca do conhecimento".[27]

Essa ânsia por saber a verdade, esse "amor à verdade" como o chama Hume, tem de fato a mesma natureza dupla que vimos definida na curiosidade em si mesma. Escreveu Hume:

> A verdade tem dois tipos, consistindo cada um deles na descoberta das proporções das ideias consideradas como tal ou em conformidade com as ideias que temos dos objetos em sua existência real. É certo que a primeira espécie de verdade não é desejada meramente como verdade, e que não é a justeza de nossas conclusões que por si só nos dá prazer.

A busca da verdade por si só não é, para Hume, suficiente. "Mas ao lado da ação da mente, que é o principal fundamento do prazer, é requerida da mesma forma certa medida de sucesso na obtenção do objetivo, ou a descoberta daquela verdade que examinamos."[28]

Quase dez anos após o *Tratado* de Hume, Denis Diderot e Jean Le Rond d'Alembert começaram a publicar na França a sua *Encyclopédie*. Aqui, a definição de Hume para curiosidade, explicada em termos de seu resultado, foi astutamente invertida: as fontes para o impulso, e não seus objetivos, foram explicadas como "um desejo de esclarecer, ampliar a compreensão de alguém" e "não parte específica da alma em si mesma, pertencendo a ela desde o começo, independentemente de sentido, como algumas pessoas imaginaram". O autor do artigo, o cavaleiro de Jaucourt, referiu-se a "certos filósofos judiciosos" que tinham definido a curiosidade como "uma afeição da alma provocada por sensações ou percepções de objetos que só conhecemos imperfeitamente". O que quer dizer, para os *encyclopédistes*, que a curiosidade nasce da consciência de nossa própria ignorância, e ela nos instiga a adquirir, tanto quanto possível, "um conhecimento mais preciso e mais completo do objeto que ela representa": algo como olhar um relógio por fora e querer saber o que o faz tiquetaquear.[29] "Como?" é neste caso uma forma de perguntar "Por quê?".

Os enciclopedistas traduziram o que para Dante eram questões de causalidade, que dependiam da sabedoria divina, para questões de funcionalidade, que dependiam da experiência humana. O exame, proposto por Hume, da "descoberta da verdade" significava, para alguém como Jaucourt, compreender como as coisas funcionavam em termos práticos, até mesmo mecânicos. Dante estava interessado no impulso da curiosidade em si mesmo, no processo de questionar que nos leva a uma afirmação de nossa identidade como seres humanos, necessariamente atraída para o

Bem Supremo. Originando-se na consciência de nossa ignorância e tendendo para a (desejada) recompensa do conhecimento, a curiosidade em todas as suas formas é descrita em *A divina comédia* como o meio de avançar do que não sabemos para o que não sabemos ainda, através de um emaranhado de obstáculos filosóficos, sociais, fisiológicos e éticos, os quais o peregrino tem de superar fazendo, de bom grado, as escolhas certas.

Um exemplo específico em *A divina comédia* ilustra ricamente, assim creio, a complexidade dessa multifacetada curiosidade. Quando Dante, conduzido por Virgílio, está prestes a deixar a nona vala do oitavo círculo do Inferno, onde os semeadores da discórdia são punidos, uma inexplicável curiosidade o faz olhar para trás, para o espetáculo obsceno dos pecadores, os quais, devido aos rompimentos que causaram durante suas vidas, são agora eles mesmos retalhados, decapitados ou fendidos. O último espírito que ali fala a Dante é o poeta Bertran de Born, segurando pelos cabelos sua cabeça cortada, "como se fosse uma lanterna".

> *Por ter desfeito um laço tão cerrado,*
> *ora de seu princípio se apresenta,*
> *que é este tronco, o meu cérebro apartado.*[30]

Ante essa visão, Dante chora, mas Virgílio o repreende severamente, dizendo-lhe que ele não tinha se afligido quando passaram por outras valas do oitavo círculo, e que nada justificava ali uma atenção redobrada. Dante, então, quase que, pela primeira vez, desafia o espírito que o está guiando e diz a Virgílio que, se ele tivesse prestado mais atenção à causa de sua curiosidade, poderia ter lhe permitido permanecer por mais tempo, porque lá, entre a multidão de pecadores, Dante pensa ter visto um de seus parentes, Geri del Bello, assassinado por um membro de outra família florentina e nunca vingado. Dante acrescenta que supõe ser este o motivo de Geri ter se afastado quando lhe dirigiu a palavra. A justiça de Deus não deve ser questionada, e a vingança privada contraria a doutrina cristã do perdão. Com isso, Dante tenciona justificar sua curiosidade.

Então, de onde vêm as lágrimas de Dante? Da piedade pela alma torturada de Bertran ou da vergonha por Geri ter lhe voltado as costas? Será que sua curiosidade foi instigada pela arrogância de pretender saber o que é justo mais do que o próprio Deus, por uma ultrajante e pervertida paixão em sua busca do bem, por uma simpatia por seu próprio sangue não vingado, por nada mais do que orgulho ferido? Boccaccio, cuja intuição quanto ao sentido que subjaz a essa história é frequentemente muito aguçada, observou que a compaixão que Dante sente às vezes durante a jornada não é tanto pelas almas cujos infortúnios está ouvindo, mas por ele mesmo.[31] Dante não dá a resposta.

Mas, em momento anterior, ele tinha se dirigido ao leitor:

Que Deus te deixe, leitor, colher fruto
desta lição, e vai por ti entendendo
se eu podia conservar o rosto enxuto[32]

Virgílio não responde ao desafio de Dante mas o leva à beira do próximo abismo, o último antes do âmago do Inferno, onde falsários são punidos com um suplício semelhante à hidropisia: um fluido acumula-se em suas cavidades e tecidos, e eles sofrem com uma sede ardente. O corpo de um dos pecadores, o falsificador de moedas mestre Adam, "tem o formato de alaúde", numa paródia grotesca da crucifixão de Cristo, que, na iconografia medieval, era comparada a um instrumento de cordas.[33] Outro pecador, ardendo em febre, é o grego Sinon, que no segundo livro da *Eneida* deixa-se capturar pelos troianos e depois os convence a usar o Cavalo de Troia. Sinon, talvez ofendido por ter sido mencionado, golpeia mestre Adam em seu ventre inchado, e os dois iniciam uma briga à qual Dante assiste extasiado. É então que Virgílio, como se estivesse esperando uma oportunidade para retomar sua repreensão, o admoesta raivosamente:

> *"Olha só; me admira!*
> *quase contigo já me encolerizo!"*

Dante fica tomado de tal vergonha que Virgílio o desculpa e conclui: "que isso querer ouvir é de mau gosto".[34] Isto é, infrutífero. Nem toda curiosidade é capaz de nos guiar.

E contudo...

> A natureza nos deu uma curiosidade inata, e ciente de suas próprias arte e beleza, nos criou para sermos a plateia do maravilhoso espetáculo que é o mundo; pois ela teria labutado em vão se coisas tão grandes, tão brilhantes, tão delicadamente traçadas, tão esplêndida e variadamente belas, fossem expostas numa casa vazia,

escreveu Sêneca em louvor à curiosidade.[35]

A grande busca que começa no meio da jornada que é nossa vida e termina com a visão de uma verdade que não pode se exprimir em palavras está cheia de distrações, caminhos laterais, recordações, obstáculos intelectuais e materiais, e erros perigosos, assim como de erros que, com toda sua aparência de falsidade, são verdadeiros. Concentração ou distração, perguntar para saber por que ou para saber como, questionar dentro dos limites do que uma sociedade considera permissível ou buscar respostas fora desses limites: essas dicotomias, sempre latentes no fenômeno da curiosidade, ao mesmo tempo dificultam e impulsionam adiante cada uma de nossas buscas. O que persiste, no entanto, mesmo quando nos rendemos a obstáculos insuperáveis, e mesmo quando fracassamos apesar de renitente coragem e das melhores intenções, é o impulso para a busca, como nos relata Dante (e como Hume intuiu). Será por isso que, de todos os modos possíveis oferecidos por nossa linguagem, o modo natural seja o interrogativo?

Dante e Virgílio encontram os maus conselheiros, punidos com o fogo. Xilogravura que ilustra o Canto XXVI do Purgatório, impresso em 1487 com comentário de Cristoforo Landino. (Biblioteca Beinecke de Livros e Manuscritos Raros, Universidade Yale.)

2. O que queremos saber?

A maior parte de minha infância em Tel Aviv transcorreu em silêncio: eu quase nunca fazia perguntas. Não que eu não fosse curioso. É claro que eu queria descobrir o que se guardava trancado na caixa pirogravada ao lado da cama de minha preceptora, ou quem morava atrás das cortinas dos *trailers* estacionados na praia de Herzliya, onde eu era severamente advertido a nunca passear. Minha preceptora respondia cuidadosamente a quaisquer perguntas, após o que me parecia uma longa e desnecessária consideração, e suas respostas eram sempre breves, factuais, não permitindo réplica ou discussão. Quando eu quis saber do que era feita a areia, sua resposta foi "de conchas e de pedras". Quando eu fui buscar informação sobre o horrível Erlkönig, do poema de Goethe, que eu tinha de aprender de cor, a explicação foi: "É só um pesadelo". (Como a palavra alemã para pesadelo é *Alpentraum*, eu imaginava que pesadelos só poderiam acontecer nas montanhas.) Quando eu me perguntei por que era tão escuro à noite e tão claro durante o dia, ela desenhou uma série de pontos formando um círculo num pedaço de papel, que tencionava repre-

51

sentar o sistema solar, e depois me fez decorar os nomes dos planetas. Nunca se recusou a responder e nunca me estimulou a questionar.

Só muito mais tarde descobri que fazer perguntas poderia ser outra coisa, semelhante à emoção de uma busca, promessa de algo que tomava forma enquanto acontecia, uma progressão de explorações que cresciam numa troca recíproca entre duas pessoas e que não requeria uma conclusão. Não há como exagerar a importância de ter liberdade para fazer tais inquirições. Para uma criança, elas são essenciais para a mente assim como o movimento é essencial para o corpo. No século XVII, Jean-Jacques Rousseau afirmou que uma escola deveria ser um espaço onde se dava livre alcance à imaginação e à reflexão, sem qualquer propósito óbvio ou prático ou qualquer objetivo utilitário. "O homem civil nasce, vive e morre na escravidão", ele escreveu. "Ao nascer, ele é costurado em panos que o enfaixam; ao morrer, é pregado dentro de um caixão. Enquanto mantém forma humana, é acorrentado por nossas instituições." Não é treinando nossas crianças para ingressar em qualquer atividade requerida por nossa sociedade, insiste Rousseau, que elas serão eficientes em suas tarefas. Elas devem ser capazes de usar a imaginação sem constrangimentos antes de poderem criar qualquer coisa de valor.

Um dia, um novo professor de história começou a aula nos perguntando o que queríamos saber. Estaria se referindo ao que *nós* queríamos saber? Sim. Sobre o quê? Sobre qualquer coisa, qualquer noção que nos ocorresse, qualquer coisa que quiséssemos perguntar. Após um silêncio de espanto, alguém levantou a mão e fez uma pergunta. Não me lembro qual foi (uma distância de mais de meio século me separa daquele valente inquiridor), mas lembro que as primeiras palavras do professor eram menos uma resposta do que uma dica para outra pergunta. Talvez tenhamos começado querendo saber o que faz um motor funcionar;

acabamos perguntando como Aníbal tinha conseguido cruzar os Alpes, o que lhe dera a ideia de usar vinagre para quebrar as rochas congeladas, o que deve ter sentido um elefante ao cair mortalmente congelado na neve. Naquela noite cada um de nós sonhou seu próprio e secreto Alpentraum.

Ulisses: Conheça o mundo inteiro.

Shakespeare, *Troilo e Créssida*, 2, 3, 246

O modo interrogativo carrega consigo a expectativa, nem sempre concretizada, de uma resposta; conquanto incerto, é o primeiro instrumento da curiosidade. A tensão entre a curiosidade que leva à descoberta e a curiosidade que leva à perdição vai tecendo seu caminho através de todos os nossos empreendimentos. A tentação do horizonte está sempre presente, e mesmo se, como acreditavam os antigos, ultrapassando o fim do mundo um viajante caia no abismo, isso não faz com que nos abstenhamos da exploração, como diz Ulisses a Dante em *A divina comédia*.

No canto XXVI do *Inferno*, depois de ter atravessado o terrível areal infestado de serpentes onde são punidos os ladrões, Dante chega ao oitavo abismo, onde "como o aldeão que no morro repousa vê que de vaga-lumes se alumia": são almas que são punidas aqui, eternamente consumidas em rodopiantes línguas de fogo. Curioso em saber o que é uma determinada chama que "está nesse fogo, divido/ nas pontas", Dante fica sabendo que essas são as almas entrelaçadas de Ulisses e seu companheiro Diomedes (quem, segundo a lenda pós-homérica, o tinha ajudado a roubar o Paládio, a imagem sagrada de Atena, da qual dependia o destino de Troia). Dante fica tão atraído pela chama em forma de chifre que seu corpo pende involuntariamente para ela, e pede a Virgílio permissão para se dirigir à flamejante presença. Virgílio, percebendo que, sendo gregos, os espíritos ardentes poderiam desdenhar um mero florentino, fala às chamas como um poeta cujos "altos versos meus por escrever" em vida e pede que uma das duas almas conte onde encontraram seu fim. A língua de fogo maior responde e se revela como Ulisses, cujas palavras, diz a lenda, poderiam subjugar a vontade de quem as ouviam. Depois o épico herói, cujas aventuras foram a fonte para a *Eneida* de Virgílio (Ulisses tinha deixado a feiticeira Circe na ilha de Gaeta, diz ele, "antes que Enéas assim a nomeasse"), fala ao poeta que ele tinha inspirado. No universo de Dante, criadores e criaturas constroem suas próprias cronologias.[1]

Em *A divina comédia*, o caráter de Ulisses pode em parte ser considerado a encarnação da curiosidade proibida, mas ele começa a ganhar vida em nossas prateleiras (embora possa ser mais velho do que suas histórias) como o engenhoso e perseguido rei Odisseu de Homero. Depois, mediante uma série de complicadas reencarnações, torna-se um comandante cruel, um marido fiel, um vigarista mentiroso, um herói humanista, um aventureiro cheio de recursos, um mágico perigoso, um rufião, um charlatão, um homem em busca de identidade, o patético *Everyman*, o homem comum, de Joyce. A versão de Dante para a história de Ulisses, que agora é parte de um mito, diz respeito a um homem insatisfeito com a vida extraordinária que estava levando: ele quer mais. Diferentemente de Fausto, que se desespera com o tão pouco que aprendera de seus livros e sente que finalmente chegara aos limites de sua biblioteca, Ulisses anseia pelo que está além do fim do mundo conhecido. Depois de ser libertado da ilha de Circe e da luxúria de Circe, Ulisses sente que há dentro dele algo mais forte do que seu amor pelo filho abandonado, por seu pai idoso, por sua fiel mulher deixada em Ítaca: um *ardore*, um "fervor" por obter mais experiências do mundo, dos vícios e das virtudes humanos. No decorrer de apenas 52 linhas luminosas, Ulisses tentará explicar as razões que o levaram a empreender sua última jornada: o desejo de ir além das marcas colocadas por Hércules para sinalizar os limites do mundo conhecido e advertir os humanos a não navegarem além, a vontade de não negar a si mesmo a experiência do mundo despovoado que existe atrás do Sol, e finalmente, o anseio de ir em busca da virtude e da sabedoria — ou, como diz Tennyson em sua versão, "seguir o conhecimento como uma estrela cadente,/ Além da derradeira fronteira do pensamento humano".[2]

As colunas que sinalizam os limites do mundo cognoscível são também, como todo limite reconhecido, um desafio para o aventureiro. Três séculos após *A divina comédia* ter sido completada, Torquato Tasso, um dedicado leitor de Dante, em seu *Gerusalemme liberata*, faz a deusa Fortuna levar os companheiros do infeliz Rinaldo (que precisa ser resgatado antes que Jerusalém possa ser reconquistada) pelo caminho de Ulisses até as Colunas de Hércules. Lá, um mar infinito se estende além delas, e um dos companheiros pergunta se alguém já ousara atravessá-lo. Fortuna responde que o próprio Hércules, não ousando se aventurar em alto-mar desconhecido, "estabeleceu limites estreitos para conter toda inventividade atrevida". Mas estes, ela diz, "foram desdenhados por Ulisses,/ cheio de anseio por ver e saber". Depois de recontar a versão de Dante para o fim do herói, Fortuna acrescenta que "tempo virá em que essas marcas vis/ irão se tornar ilustres para o marinheiro/ e os renomeados mares, reinos e costas/ que você ignora, também serão famosos".[3] Tasso leu no relato de Dante sobre a ultrapassagem tanto a marcação de limites quanto uma promessa de realização aventuresca.

A geminação da curiosidade que leva às viagens e da curiosidade que busca conhecimentos recônditos é um conceito persistente, da *Odisseia* até os *Grands Tours* dos séculos XVIII e XIX. O erudito do século XIV conhecido como Ibn Khaldun, em seu *Al-Muqaddima*, ou *Discurso sobre a história do mundo*, observou que viajar era uma necessidade absoluta para o aprendizado e para a formação da mente, porque permitia ao estudante conhecer grandes professores e autoridades científicas. Ibn Khaldun citou o Alcorão: "Ele guia quem Ele quer para o caminho correto", e insistiu em que o caminho para o conhecimento dependia não do vocabulário técnico incutido por eruditos, mas do espírito inquisitivo do pesquisador. Ao aprender com vários professores em diferentes partes do mundo, o estudante se dará conta de que as coisas não são aquilo que qualquer língua as denomina. "Isso lhe permitirá não confundir a ciência com o vocabulário da ciência" e o ajudará a compreender que "certa terminologia nada mais é do que um meio, um método."[4]

O conhecimento de Ulisses está enraizado em sua linguagem e em sua capacidade retórica: a língua e a retórica que lhe foram concedidas por seus criadores, de Homero a Dante e a Shakespeare, de Joyce a Derek Walcott. Tradicionalmente, foi mediante o dom da linguagem que Ulisses pecou, primeiro induzindo Aquiles, que tinha sido oculto na corte do rei de Sciro para escapar à Guerra de Troia, a se juntar às forças gregas, o que levou a filha do rei, Deidamia, à morte por desilusão amorosa, depois de se apaixonar por ele; segundo, aconselhando os gregos a construir o cavalo de madeira por meio do qual Troia foi atacada. Troia, na imaginação latina herdada pela Idade Média europeia, foi efetivamente o berço de Roma, já que foi o troiano Enéas que fugindo da cidade conquistada fundou o que se tornou, muitos séculos depois, o coração do mundo cristão. Ulisses, no pensamento cristão, é, como Adão, responsável por um pecado que envolve a perda de um "lugar bom" e, consequentemente, pelos meios de redenção que resultaram do cometimento daquele pecado. Sem a perda do Éden, a Paixão de Cristo não teria sido necessária. Sem o malévolo conselho de Ulisses, Troia não teria caído e Roma não teria nascido.

Mas o pecado pelo qual Ulisses e Diomedes são punidos não é declarado com clareza em *A divina comédia*. No Canto XI do *Inferno*, Virgílio leva um tempo para explicar a Dante a natureza e o lugar de cada pecado de fraude que é punido no inferno, mas depois de localizar hipócritas, bajuladores, necromantes, trapaceiros, ladrões, simonistas, alcoviteiros, litigantes mal-intencionados em seus lugares próprios, ele descarta os pecadores do oitavo e nono círculos como sendo simplesmente "o mesmo tipo de imundície". Mais tarde, no Canto XXVI, descrevendo para Dante as faltas cometidas por Ulisses e Diomedes, Virgílio lista três: o truque do Cavalo de Troia, o abandono de Deidamia e o roubo do Paládio. Porém, nenhum desses leva exatamente à natureza do erro que é punido nesse círculo particular. A estudiosa de Dante Leah Schwebel forneceu um útil sumário da "grande quantidade de crimes prospectivos do herói caído, cujas gamas se estendem desde o pecado original até os húbris pagãos" imaginados pelos sucessivos leitores de A divina comédia, e conclui que nenhuma dessas interpretações plausíveis é totalmente satisfatória.[5] E se ainda considerarmos o pecado de Ulisses como o da curiosidade, a visão de Dante do ardiloso aventureiro pode se tornar um pouco mais clara.

Como poeta, Dante tem de construir com palavras o caráter de Ulisses e o relato de suas aventuras, assim como o contexto de multicamadas no qual o rei de Ítaca conta sua história, mas também deve, ao mesmo tempo, recusar a seu ardoroso contador de histórias a possibilidade de alcançar seu almejado bem. A viagem não é suficiente, as palavras não são suficientes: Ulisses tem de cair porque, impelido por sua curiosidade que tudo consome, ele confundiu seu vocabulário com sua ciência.

Porque Dante, o artesão, tem de se submeter às estruturas adamantinas do Outro Mundo cristão como o enquadramento de seu poema, o lugar de Ulisses no Inferno pode ser amplamente definido com o de uma alma que é culpada de um roubo espiritual: ele usou seus dons intelectuais para ludibriar os outros. Mas o que alimentou esse impulso de trapaça? Como Sócrates, Ulisses iguala virtude a conhecimento, portanto criando a ilusão retórica de que conhecer uma virtude é o mesmo que possuí-la.[6] Mas não é na exposição desse pecado intelectual que reside o interesse de Dante. Em vez disso, o que ele quer que Ulisses lhe conte é o que o empurrou, depois de todos os obstáculos que Netuno colocou na viagem de volta de Troia, a navegar não para casa, para sua cama e para todo o conforto, mas adiante, para o desconhecido.[7] Dante quer saber o que fez Ulisses ficar curioso. Para explorar essa questão, ele conta uma história.

Ao longo de nossas convulsas histórias, as histórias que contamos têm encontrado um modo de reaparecer sob diferentes formas e aspectos; nunca podemos ter certeza se uma história está sendo contada pela primeira vez, somente de que esta não será a última. Antes da primeira crônica de viagem deve ter havido uma *Odisseia* da qual nada sabemos, e antes do primeiro relato de guerra, uma *Ilíada* deve ter sido cantada por um poeta que para nós é ainda mais indistinto do que Homero. Já que a imaginação é, como observamos, o meio pelo qual nossa espécie sobrevive no mundo, e já que todos nós nascemos, para o bem ou para o mal, com o *ardore* de Ulisses, e já que as histórias são, desde nossas primeiras noites junto à fogueira de um acampamento, nosso meio de usar a imaginação para alimentar esse *ardore*, nenhuma história pode ser verdadeiramente original ou única. Todas têm uma qualidade de *déjà lu*. A arte de contar histórias, que parece não ter fim, na realidade não tem começo. Como não existe uma primeira história, as histórias nos concedem uma espécie de imortalidade retrospectiva.

Criamos histórias para dar um formato a nossas perguntas; lemos ou ouvimos histórias para compreender o que queremos saber. Em cada lado da página, somos levados pelo mesmo impulso de questionamento, perguntando quem fez o quê, e por quê, e como, de modo que possamos por nossa vez nos perguntar o que fazemos, e como, e por que o fazemos, e o que acontece quando algo é feito ou não. Nesse sentido, todas as histórias são espelhos do que acreditamos ainda não saber. Uma história, se for boa, suscita em sua audiência tanto o desejo de saber o que acontece em seguida quanto o desejo conflitante de que a história nunca termine: essa dupla ligação explica nosso impulso para contar e ouvir histórias, e mantém viva nossa curiosidade.

Conquanto estejamos cientes disso, preocupamo-nos mais com começos do que com fins. Fins são tidos como garantidos; às vezes, até mesmo gostaríamos que fossem adiados eternamente. Fins tendem a nos confortar: permitem-nos o fingimento de uma conclusão, motivo pelo qual requeremos um *memento mori* — lembrete da necessidade de estarmos conscientes de nosso próprio fim. Começos nos perturbam todos os dias. Queremos saber onde e como as coisas começam, buscamos sabedoria em etimologias, gostamos de estar presentes em nascimentos, talvez porque sintamos que o que vem primeiro a este mundo justifica ou explica o que vem depois. E imaginamos histórias para nos darmos pontos de partida, os quais podemos ver olhando para trás, e sentir-nos um pouco mais seguros, por mais difícil e questionável que seja o processo. Imaginar fins, em vez disso, sempre pareceu ser mais fácil. "Os bons acabam felizes, os maus, infelizes", diz-nos Miss Prism em *A importância de ser prudente*. "Este é o significado de ficção."[8]

A ficção dos começos é uma invenção complexa. Por exemplo, apesar das incontáveis possibilidades narrativas que se oferecem no início da Bíblia, são outras histórias, mais explícitas, que fornecem um começo às religiões do livro. Duas narrativas de criação se seguem uma à outra nas primeiras páginas do Gênesis. Uma conta que "Deus criou o homem à sua imagem,/ à imagem de Deus ele o criou,/ homem e mulher ele os criou" (Gênesis 1,27). A segunda conta como Deus, para prover Adão com "uma auxiliar", fê-lo cair num sono profundo, tirou uma de suas costelas e desta "modelou uma mulher" (Gênesis 2,18, 21-5). Fica implícita no ato de criação divino a função subserviente das mulheres. Inúmeros comentaristas bíblicos explicam que esse é o motivo pelo qual uma mulher, como ser inferior, deve obedecer a um homem; felizmente, outros reinterpretam essa leitura patriarcal sob uma luz mais igualitária.

No primeiro século d.C., o sábio judeu Fílon de Alexandria, curioso quanto às duplas narrativas do Gênesis, propôs para a primeira narrativa bíblica uma interpretação platônica, sugerindo que o primeiro ser humano criado por Deus era hermafrodita ("homem e mulher ele os criou"), e para a segunda, uma leitura misógina na qual a metade masculina é concebida como superior à feminina. Fílon identificou a metade masculina (Adão) com o espírito (*nous*) e a feminina (Eva) com os sentidos físicos (*aesthesis*). Separada de Adão, como se representasse a sensação separada da razão, no ato da criação é negada a Eva a inocência primordial de Adão, e ela assim torna-se instrumental na queda do gênero humano.[9] Dois séculos depois, Santo Agostinho, em sua interpretação literal do livro do Gênesis, reinstaurou a inocência primordial de Eva declarando que na primeira narrativa Adão e Eva, ainda sem nomes, foram criados com todas as suas características espirituais e físicas *in potentia*, isto é, presentes num estado virtual que floresceria em existência material, como descrito na segunda narrativa.[10] Isso é o que chamamos de "não se pode ter tudo".

Eruditos concordam mais ou menos que o livro do Gênesis foi escrito por volta do século VI a.C. Cerca de três séculos antes, na Grécia, Hesíodo contou uma versão diferente da história da culpabilidade da mulher. Zeus, conta-nos Hesíodo, furioso com Prometeu por ter roubado dos deuses o fogo do Olimpo e os ter dado à humanidade, decide se vingar enviando à terra uma linda donzela, criação artística de Hefestos, vestida por Atena, adornada por Peitho com colares de ouro e por Horae com guirlandas, e

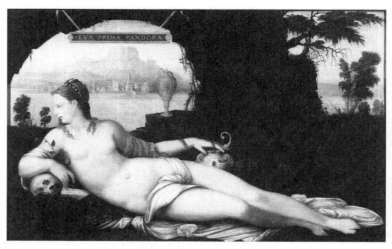

Jean Cousin, o Velho, Eva Prima Pandora [*Eva como a primeira Pandora*]; uma fusão explícita de Eva e Pandora numa pintura de um artista francês do século XVI (*Museu do Louvre, Paris, França. Cortesia de Giraudon/Bridgeman Images*).

com o coração preenchido por Hermes com mentiras e promessas enganosas. Finalmente, Zeus lhe concedeu o dom da fala e o nome de Pandora, e a deu de presente ao irmão de Prometeu, Epimeteu. Esquecendo a promessa que fizera a Prometeu de nunca aceitar um presente de Zeus Olímpico, Epimeteu se apaixonou por Pandora e a levou para sua casa.

Até então, o gênero humano tinha vivido sem a carga das preocupações e das doenças, todas elas guardadas num jarro coberto. Pandora, curiosa em saber o que continha no jarro, tirou sua tampa e libertou no mundo todos os tipos de dor e sofrimento, juntamente com a enfermidade que nos assombra dia e noite silenciosamente, já que Zeus as privou do uso de suas línguas. Horrorizada com o que tinha acontecido, Pandora tentou pôr a tampa de volta, mas nossos sofrimentos já tinham escapado, nada deixando a não ser a Esperança, no fundo. A história de Pandora é tão central na nossa concepção das contradições que nosso impulso para a curiosidade implica, que no século XVI Joachim du Bellay foi capaz de comparar Pandora à própria Roma, a arquetípica Cidade Eterna, e a tudo que ela representava, tudo que era bom e tudo que era maligno.[11]

Curiosidade e punição para a curiosidade: as leituras tipicamente cristãs das histórias de Eva e de Pandora datam ainda do século II, nos escritos de Tertuliano e de são Irineu. Segundo ambos os autores, a divindade concedeu ao gênero humano o dom de querer saber mais e depois o castigo por tentá-lo. Deixando de lado por um momento suas resoluções misoginísticas, ambas as histórias concernem à questão dos limites da ambição. Alguma curiosidade parece ser permissível, curiosidade demais é punida. Mas por quê?

Como observamos, o Ulisses de Dante parece ter encontrado seu fim como punição não pelo erro do mau conselho, mas por ir além do que Deus tinha considerado ser uma curiosidade permissível. Como Adão e Eva no Jardim do Éden, a Ulisses é oferecido explorar a totalidade do mundo conhecido; apenas além daquele horizonte é que ele não deve se aventurar. Mas exatamente porque o horizonte é o limite visível e material do mundo, assim como a Árvore do Conhecimento do Bem e do Mal é o limite de tudo que possa ser percebido e portanto conhecido, o horizonte proibido e a fruta proibida admitem implicitamente que há outra coisa que se pode obter além do lugar-comum. Isso é o que Robert Louis Stevenson, no século XIX, confrontava diariamente na Edimburgo presbiteriana de sua juventude, onde as fachadas cinzentas exibiam, uma após outra, os Dez Mandamentos, em perseverantes *Não farás isto... Não farás aquilo* que mais tarde Stevenson chamaria de "a lei das negativas": vale dizer, as tentações prazerosas apresentadas, como num espelho escuro, mesmo para aqueles que nunca sequer as tenham concebido.[12]

À curiosidade fatal de Ulisses, Dante contrapõe a de Jasão, capitão dos Argonautas, que parte com seus companheiros para arrebatar o velocino de ouro e volta para casa vitorioso com seu butim. Quando Dante está perto do fim de sua jornada no Paraíso, quando finalmente vê o inefável formato do universo inteiro, ele compara essa impressionante visão com a do deus Netuno vendo a silhueta do navio de Jasão a deslizar, o primeiro artefato humano a navegar nas desoladas águas de deus.[13] Essa comparação concede a Dante a bênção de uma busca que lhe foi permitida e, portanto, é meritória, ao contrário da malfadada busca do infeliz Ulisses, na proibida procura do desconhecido.

A busca de Ulisses é física, material, excessivamente ambiciosa; as bravas palavras que Tennyson põe em sua boca em sua inspirada tradução da passagem — "empenhar-se, buscar, encontrar, e não ceder" — são em parte ilusão otimista. Empenho e busca, como sabemos todos muito bem, nem sempre levam a encontrar, e ceder, em certos casos, pode não ser oferecido como opção. A busca de Dante é espiritual, metafísica, modesta. Para os dois homens, a curiosidade é atributo essencial de sua natureza humana: ela define o que é ser humano. Mas enquanto para Ulisses esse "ser" significa "estar no espaço", para Dante significa "estar no tempo" (uma distinção que a língua italiana expressa muito mais claramente do que a inglesa, com *stare* para estar em certo lugar, e *essere* para existir). Três séculos mais tarde, Hamlet tenta resolver o problema mesclando as duas formas em sua famosa pergunta.

Como Eva e Pandora sabiam, curiosidade é a arte de fazer perguntas. O que é o conhecimento do bem e do mal? Qual é o meu papel no Jardim do Éden? O que há dentro do jarro selado? O que me é permitido saber? O que não me é permitido saber? E por quê? E por meio do que ou de quem? Para entender o que estamos perguntando, disfarçamos nossa curiosidade como narrativas que colocam as perguntas na forma de palavras e as abrem para mais perguntas. A literatura é, nesse sentido, um diálogo em andamento que se parece com a forma talmúdica de discussão conhecida como *pilpul*, um método dialético de buscar o conhecimento mediante perguntas sempre mais aguçadas (embora às vezes só seja usado como um exercício de discussão de minúcias irrelevantes). A arte de questionar é tão essencial que no século XVIII o rabi Nachman de Breslau chegou a dizer que um homem que não tem perguntas a fazer sobre Deus não acredita absolutamente em sua existência.[14]

Num sentido muito concreto, escrever histórias, compilá-las, criar bibliotecas com elas são atividades que dão raízes ao impulso nômade da curiosidade: como antes mencionado, a curiosidade de um leitor que busca o conhecimento "do que aconteceu" e a curiosidade de um viajante são intimamente entrelaçadas. A busca de Ulisses o leva fisicamente para um turbilhão que faz seu barco girar três vezes e depois faz o mar se fechar sobre a tripulação; a de Dante o leva poeticamente ao ponto final da coerência.

Vi recolher-se em sua mente superna,
num só volume unindo com amor,
o que no mundo se desencaderna.[15]

A visão de Dante, apesar (ou por causa) de sua imensidão, o impede de traduzir esse volume em palavras compreensíveis; ele o vê mas não consegue lê-lo. Ao reunir livros estamos espelhando o gesto de Dante, mas como nenhum livro humano sozinho pode traduzir completamente o universo, nossas buscas se parecem com a busca de Ulisses, em que a intenção vale mais do que o resultado. Cada uma de nossas conquistas desperta novas dúvidas e nos tenta a novas buscas, condenando-nos para sempre a um estado de inquirição e de estimulante inquietação. Esse é o paradoxo inerente à curiosidade.

A fase final do Renascimento materializou esse paradoxo no que se pode chamar de "máquinas de curiosidade". Em textos impressos, em tabelas, em intricados desenhos, até mesmo em kits de construção tridimensionais, esses extraordinários dispositivos mnemônicos e didáticos foram projetados para recompensar a curiosidade do interrogante por meio de um sistema mecânico de associações e recuperação de informação.

As máquinas renascentistas, tangíveis corporificações de nossa crença de que o significado das coisas está além de nosso alcance, foram dotadas de uma variedade de formatos engenhosos. Ou eram versões intricadas de nossas planilhas Excel, concebidas como árvores genealógicas com muitos galhos, ou eram construídas como rodas que se moviam umas dentro das outras para formar pares entre os conceitos escritos em suas margens. Às vezes eram até concebidas como peças de mobiliário, como a maravilhosa roda para livros projetada por Agostino Ramelli em 1588, destinada a ficar junto à mesa do leitor como uma versão tridimensional do Windows.[16]

Cada uma dessas máquinas funcionava de modo diferente. Uma máquina labiríntica como a que é descrita em *Armonia di tutti i principali retori*, de Orazio Toscanella, foi projetada para ajudar a estruturar argumentos retóricos originários de qualquer premissa dada.[17] O procedimento está longe de ser simples. A ideia inicial é reduzida a uma única proposição, que é então dividida em sujeito e predicado. Cada um pode então ser encaixado em uma das categorias inscritas em uma das quatro rodas da máquina de Toscanella. A primeira roda é dedicada aos sujeitos, a segunda, aos predicados, a terceira, aos relacionamentos, a quarta, a perguntas como quem, por que e o quê. Cada ponto de cada roda pode ser (ou se tornar) o ponto de partida para uma nova busca, início de uma extraordinária rede conectada de pensamentos, considerações, contemplações, inquirições e iluminações.

Essas máquinas são complexas demais para que uma pessoa não erudita, como eu mesmo, a descreva com exatidão; não tenho tanta certeza de que, mesmo se compreendesse melhor as regras, eu seria capaz de efetivamente usar uma. O que, no entanto, está claro, é que essas máquinas eram representações concretas dos métodos da curiosidade, e, mesmo quando supostamente permi-

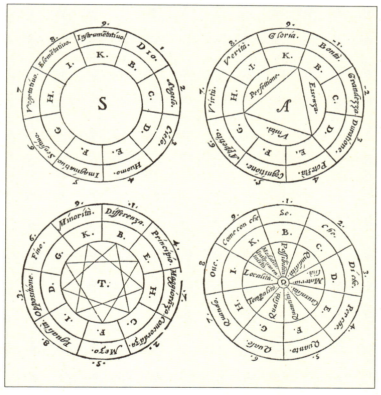

As quatro rodas da máquina de memória de Orazio Toscanella, de seu Armonia di tutti i principali retori *(Veneza, 1569). (B 6.24 Th. Seld., Sig. I2 recto, Sig. K2 recto, Sig. K3 recto e Sig. K4 recto. Cortesia das Bibliotecas Bodleianas, Universidade de Oxford.)*

tiam a seus usuários chegar às conclusões desejadas, elas sugeriam continuamente caminhos diferentes para novas explorações. Se a linguagem pré-histórica se apresentava aos humanos como alucinações aurais, essas máquinas permitiam alucinações voluntárias, a conjuração de coisas projetadas no futuro ou recobradas do passado. Além de seu uso como manuais do tipo "como fazer" e como ferramentas de catalogação, essas máquinas prometiam ajudar o usuário a pensar. Um de seus inventores, Ludovico Castelvetro, definiu sua arte como "a ciência de perguntar por quê".[18]

Máquinas como a de Toscanella são uma representação material das buscas de Dante e de Ulisses e ilustram os diferentes caminhos seguidos pelos dois viajantes, permitindo aos que aprenderam a usá-las seguir, pergunta após pergunta, de um pensamento para outro aparentemente desconectado, privilegiando o impulso da curiosidade em detrimento da necessidade consciente de perguntar. O próprio Dante, na praia do Monte Purgatório, compara este impulso a "como gente que pensa em seu caminho:/ que vai co' a mente e co' o corpo demora".[19] Carlo Ossola, em sua esclarecedora leitura de *A divina comédia*, observa que à *curiositas* de Ulisses, Dante contrapõe sua própria *necessitas* de agir.[20] A curiosidade de Ulisses é a sombra da de Dante e leva à sua morte trágica; a necessária busca de Dante termina como todas as comédias — isto é, com uma feliz e bem-sucedida realização. Mas é uma realização que, como Dante repetidamente nos diz, não pode ser contada em linguagem humana.

Grande parte da viagem no Outro Mundo, muitos dos terrores e das maravilhas, mesmo as oscilantes investidas do próprio Dante, são expressas em versos os mais claros possíveis, mas a efetiva visão final é inefável além do alcance da arte humana, em parte porque está descrevendo seu movimento em direção ao bem primordial aristotélico, e "cada coisa que se move é de algum modo carente e não possui seu ser integral em um momento só", como Dante observou em uma de suas epístolas. Este é o outro caminho já mencionado que Virgílio recomenda quando se dirige a Dante pela primeira vez, cuja estrada escolhida primeiro está bloqueada pelas três feras selvagens à beira da floresta escura, a "fatal jornada" que Virgílio ordena a Minos não impedir quando os dois viajantes chegam à beira do segundo círculo do inferno. Este é também o "outro caminho" anunciado pelos três Reis Magos em Mateus 2,12, no sonho que os afasta de Herodes e os leva ao nascimento de seu Salvador.[21]

Os estoicos consideravam a curiosidade de Ulisses exemplar. Sêneca, nos primeiros anos do século I d.C., louvou a figura de Ulisses por nos ensinar "como amar a pátria, a mulher, o pai, como navegar para coisas honrosas mesmo em meio a tormentas", mas declarou não ter interesse nos detalhes dessas perambulações, "quer Ulisses tenha sido arremessado entre a Itália e a Sicília ou além do mundo conhecido". Antes, Heráclito, para quem a longa jornada de Ulisses não é mais que "uma ampla alegoria", alegou que a "sensata decisão" de Ulisses de descer ao Hades provou que sua curiosidade "não deixaria qualquer lugar inexplorado, nem mesmo as profundezas do inferno". Várias décadas depois, Dião Crisóstomo elogiou Ulisses (equiparando-o ao sofista Hípias) por ser exatamente o que um filósofo deve ser, "excepcional em tudo, em quaisquer circunstâncias". O contemporâneo de Dião, Epicteto, comparou Ulisses a um viajante que não se permite ser distraído pelas belas pousadas que possa encontrar pelo caminho; enfrentando o canto das sereias, ele deixa os ouvidos destapados para poder ouvi-las, mas ao mesmo tempo continua a navegar, prosseguindo em sua busca com sucesso. Este é o conselho de Epicteto a todos os viajantes curiosos.[22]

Para Dante, a jornada de Ulisses não termina em sucesso, mas em desastre. A viagem de Ulisses é uma tragédia. Se por sucesso entendemos a realização total de nossos esforços, então o fracasso é uma parte integral da tentativa de Ulisses, como é parte integral do projeto poético de Dante apreender tudo, já que sua visão final não pode ser posta em palavras. Esses fracassos são, na verdade, parte integral de toda experiência artística e científica. A arte avança mediante derrotas, e a ciência aprende principalmente com os erros. O que não conseguimos mapeia nossas ambições tanto quanto o que conseguimos, e a Torre de Babel continua não terminada, menos como memória de nossas falhas do que como um monumento à nossa exultante *chutzpah*.*

Como Dante decerto sabia, nenhuma busca humana é exclusivamente uma ou outra dessas duas, nenhum de nossos empreendimentos segue exclusivamente o modelo das aventuras de Ulisses ou de Dante. Toda investigação, toda inquirição, toda exploração é sufocada por um emaranhado de questões — morais, éticas, práticas, impulsivas — através das quais avançamos e das quais não conseguimos nos desembaraçar. Faz-se algum progresso, é claro, mas sempre acompanhado por multidões de dúvidas e de irresoluções, quando não por um sentimento de culpa e transgressão que redunda na designação de um bode expiatório: Eva e Pandora, a bruxa da cidade e o pensador herético, o judeu inquisitivo e o homossexual não conformista, o forasteiro alienante e o explorador não ortodoxo. Pesquisadores imaginativos em biologia e química, corajosos eruditos de histórias não oficiais, críticos esclarecedores da arte e da literatura, escritores, compositores e artistas visuais revolucionários, cientistas lúcidos em todos os campos, mesmo quando buscam uma verdade comparável com a que Dante buscava, enfrentam seguidamente os perigos que aguardavam Ulisses em sua jornada final. É assim que nosso pensamento evolui: tentando enxergar a cada vez não somente as possíveis respos-

---

* Palavra hebraica que significa "audácia, atrevimento, ousadia, petulância". (N. T.)

tas a nossas perguntas — em outras palavras, as perguntas que serão conjuradas em nossa próxima busca —, mas também as aleatórias, às vezes trágicas, consequências de pisar em paisagens inexploradas.

A questão de como encontrar curas para doenças fatais suscita a de como alimentar uma população que está sempre crescendo e envelhecendo; a questão de como desenvolver e proteger uma sociedade igualitária suscita a de como impedir a demagogia e a sedução do fascismo; a questão de como criar empregos para desenvolver a economia suscita a de como a criação desses empregos pode deixar ficar cegos aos direitos humanos e afetar o mundo natural a nossa volta; a questão de como desenvolver tecnologias que nos permitam acumular cada vez mais informação suscita a de como acessar, refinar e proteger essa informação do abuso; a questão de como explorar o universo desconhecido suscita a incômoda questão de se os sentidos humanos são capazes de apreender o que quer que possamos descobrir na Terra ou no espaço sideral.

Sete séculos após o encontro de Dante com Ulisses, em 26 de novembro de 2011, um dispositivo de pesquisa do tamanho de um carro pequeno foi lançado do cabo Canaveral às 10h02 da manhã. Depois de percorrer 560 milhões de quilômetros ele chegou a Marte, em 6 de agosto de 2012, e aterrissou na desolada planície de Aeolis Palus. O nome dessa nave exploratória era *Curiosity* [Curiosidade], o desejo de conhecimento que Dante chamou de *ardore* e que levou Ulisses a empreender sua última e fatal jornada.

A planície marciana escolhida como lugar de pouso da *Curiosity* recebeu o nome do rei dos ventos, Aeolus [Éolo], em cujo reino Ulisses parou em suas viagens. No livro x da *Odisseia*, conta-nos Homero, depois de fugir da fome dos ciclopes, Ulisses, que chamava a si mesmo de Ninguém, o que também quer dizer

Todo Mundo, chegou à ilha de Éolo. Lá foi festejado pelo rei durante um mês inteiro e, ao ir embora, ganhou um saco de couro no qual Éolo tinha amarrado os ventos fortemente com um cordão de prata, permitindo apenas a Zéfiro, o Vento do Oeste, ajudar Ulisses em seu percurso. Zéfiro, na iconografia medieval tardia, representa o homem "sanguíneo", no sentido de otimista, sempre em busca de algo, alguém como o próprio Ulisses.[23]

Depois de nove dias de viagem, a tripulação começou a imaginar que o saco oferecido por Éolo continha um tesouro que Ulisses estava pretendendo guardar para si. Eles afrouxaram o cordão, e, numa espantosa rajada, todos os ventos que estavam aprisionados escaparam, provocando uma terrível tormenta que trouxe o navio de volta à ilha de Éolo. Molestado com tal descuido, o rei dos ventos baniu Ulisses e a tripulação de seu reino e os enviou para o mar sem a mais leve das brisas. Na história que inicia um novo capítulo na jornada de Ulisses, não é uma mulher, mas uma tripulação de homens curiosos a culpada pelo desastre.

Se alguém tratasse de elaborar uma tipologia entre a curiosidade dos companheiros de Ulisses e a nave *Curiosity* que pousou em Marte, poderia criar um pequeno e cauteloso conto sobre os perigos da descoberta. Mas talvez seja mais interessante, mais instrutivo, mais recompensador, ler o episódio inteiro no contexto do poema de Homero e na sequência esclarecedora de Dante. Nesse caso, a liberação dos ventos é um desastre circunstancial que ocorre em meio à aventura, admonitório apenas no sentido de que o resultado de nossas buscas não depende totalmente de nossas próprias ações. Em vez de degradar o desempenho de Ulisses, o episódio dá mais força a sua determinação, sua sede por saber mais, seu *ardore*. E se no fim (como diz Homero) Odisseu chega a Ítaca, derrota os pretendentes e conta a Penélope sua versão da história, ou se (como imagina Dante) ele se recusa a levar a história a um fim e continua sua busca até não poder mais procurar, o que importa é que Ulisses nunca desiste de seu questionamento. Dante, a quem finalmente se dá uma resposta ampla demais para ser compreendida a não ser como uma memória empobrecida, inveja — nós percebemos — a fatalidade de Ulisses, e embora em nome da lógica do poema Dante deva condená-lo, ele empresta a Ulisses palavras que, ditas desde adejantes chamas, parecem transcender seu destino e sobreviver à sua condenação.

Virgílio leva Dante ao nobre Castelo, ao qual os bons pagãos são condenados. Xilogravura que ilustra o Canto IV do Inferno, *impresso em 1487 com comentário de Cristoforo Landino. (Biblioteca Beinecke de Livros e Manuscritos Raros, Universidade Yale.)*

3. Como raciocinamos?

Cursei o ensino médio no Colégio Nacional de Buenos Aires. Entre os vários professores que me ensinaram literatura em língua espanhola, tive a sorte de ter, em dois dos seis anos de escola, Isaias Lerner, brilhante especialista na Idade do Ouro na Espanha. Com ele estudamos em minucioso detalhe alguns dos principais clássicos: o *Lazarillo*, os poemas de Garcilaso, *Dom Quixote*, *A Celestina*. Lerner gostava desses textos e tinha prazer em lê-los, e seu amor e deleite eram contagiantes. Muitos de nós acompanhamos as aventuras do jovem Lazarillo com o entusiasmo que reservávamos para histórias de suspense, a lírica de amor de Garcilaso com nossos próprios e melosos devaneios, o valente empenho de Dom Quixote com um germinante senso do que significa justiça, e o sombrio, erótico mundo de *A Celestina* com a excitação física daquilo que a velha alcoviteira chama, maldizendo o demônio, de "a inundação de seus tristes e escuros calabouços com luz". Lerner nos ensinou a encontrar na literatura as chaves para nossa identidade.

Quando adolescentes, somos únicos. Quando ficamos mais

velhos, nos damos conta de que o ser único do qual orgulhosamente falamos na primeira pessoa do singular é na realidade uma colcha de retalhos feita de outros seres que em maior ou menor medida nos define. Reconhecer essas identidades refletidas ou compreendidas é um dos consolos da velhice: saber que certas pessoas que há muito retornaram ao pó ainda continuam vivendo em nós, assim como nós agora viveremos em alguém de cuja existência sequer suspeitamos. Percebo agora, em meu 66º ano de vida, que Lerner é um desses imortais.

Quando, em meu último ano do ensino médio, em 1966, os militares assumiram o controle da universidade, Lerner e quinze outros professores protestaram contra essa medida arbitrária e foram imediatamente exonerados de seus cargos. Seu substituto, uma nulidade quase iletrada, acusou-o de ter nos ensinado "teoria marxista". Para poder continuar sua vida profissional, Lerner se exilou nos Estados Unidos.

Lerner compreendia uma coisa essencial na arte de ensinar. Um professor pode ajudar os estudantes a descobrir territórios desconhecidos, provê-los de informação especializada, ajudá-los a criar para si mesmos uma disciplina intelectual, mas, acima de tudo, ele ou ela deve estabelecer para si um espaço de liberdade mental no qual possam exercitar sua imaginação e sua curiosidade, um lugar no qual possam aprender a pensar. Simone Weil diz que cultura é "a formação da atenção". Lerner nos ajudou a adquirir esse treinamento atento necessário.

O método de Lerner era nos fazer ler em voz alta um livro inteiro, linha por linha, acrescentando comentários onde achasse relevante. Esses comentários eram eruditos, porque ele acreditava em nossa inteligência adolescente e em nossa persistente curiosidade; eram também engraçados, ou profundamente trágicos, porque para ele a leitura era acima de tudo uma experiência emocional; eram investigações de coisas de um passado distante porque ele sabia que aquilo que uma vez tinha sido imaginado se infiltrava no que quer que imaginássemos hoje; eram relevantes para nosso mundo porque ele sabia que a literatura sempre se dirige a seus leitores atuais.

Mas ele não pensaria por nós. Ao chegar a mais uma fala na qual Celestina, sem dizer uma única mentira, torce e distorce a história de tal maneira que quem estiver acompanhando sua lógica aparentemente impecável cairá na armadilha de tomar suas palavras como fatos, Lerner nos fazia parar e sorria. "Cavalheiros", ele perguntava, "vocês acreditam no que ela está dizendo?" Supostamente, teríamos lido o livro antes, em casa, e também algumas críticas relevantes. Em geral éramos escrupulosos; não ousávamos desobedecer-lhe. E assim um de nós, com o ímpeto que têm os adolescentes de se mostrar, respondia: "Bem, senhor, Malkiel diz…" e começava a citar a opinião de um dos mais prestigiados críticos de *A Celestina*. "Não, senhor", interrompia Lerner. "Eu não estava perguntando à dra. Malkiel, cuja opinião eu li em seu admirável livro, assim como estou certo de que o senhor, como bom e confiável estudante, também leu. Estou perguntando ao senhor." E assim nos obrigava, passo a passo, a desafiar o raciocínio de Celestina, acompanhar o labirinto de seus argumentos construídos com uma sabedoria vulgar, citações antigas, trechos de lugares-comuns dos clássicos, e outras tradições populares, tecidas numa rede da qual era difícil se desvencilhar. Os malfadados amantes Calisto e Melibeia foram iludidos por ela, assim como nós, que nos considerávamos espertos e imunes a blefes e lorotas. Foi assim que aprendemos sobre "mentir com a verdade". Mais tarde, o conceito, descoberto por meio dos embustes de uma alcoviteira do século XVI, nos ajudaria a compreender os discursos políticos proferidos com mãos gesticulantes por uma sucessão de autoridades uniformizadas na sacada do palácio presidencial. Em acréscimo a nosso repositório usual de "Por quê?", "Quem?" e "Quando?", Lerner nos ensinou a perguntar "Como?".

> *Formular uma questão é resolvê-la.*
>
> Karl Marx, *Sobre a questão judaica*

Palavras são os meios pelos quais Dante realiza sua viagem da floresta escura para o Empíreo percorrendo a cartografia do Outro Mundo (delineada nos capítulos 9 e 14, adiante). Por meio de seu próprio espírito inquisitivo, ele avança pelo caminho estabelecido por Virgílio, e por meio do espírito inquisitivo de outros lhe é permitido ter a visão final redentora. Acompanhando suas inquisições itinerantes, nós, seus leitores, também podemos aprender a fazer as perguntas certas.

Após cruzar os primeiros sete firmamentos, Dante, levado por Beatriz, entra na moradia das Estrelas Fixas. Aqui Beatriz apela aos santos para que permitam a Dante beber em sua mesa, uma vez que a graça divina já lhe concedeu um antegosto do que pode esperar uma alma que é abençoada. Os santos respondem alegremente a seu pedido, e são Pedro aparece vindo do grupo de estrelas mais brilhante e canta uma canção tão maravilhosa que Dante não consegue nem lembrá-la nem transcrevê-la.

> *Logo, salta-me a pena, e mais não escrevo;*
> *se, ao que não hei das palavras amigas,*
> *buscar no imaginário que não me atrevo.*[1]

Beatriz então se dirige a Pedro e diz que apesar de ele realmente saber (pois nada lhe é ocultado) que Dante "bem ama, e bem espera e crê", seria melhor que Dante agora falasse por si mesmo uma vez que todos os cidadãos do reino do Céu devem provar que professam a verdadeira fé. E por insistência de Beatriz,

Dante deve submeter-se ao que é, para todos os efeitos e propósitos, um exame escolar.

> *Tal como o bacharel se arma e não fala*
> *até o mestre propor sua questão,*
> *por discuti-la, não por aprová-la*
>
> *assim me armava eu de qualquer razão,*
> *enquanto ele inquiria, pra estar provido*
> *a tal requesta e a tanta profissão.*[2]

Pedro procede ao questionamento de Dante, começando com "O que é a Fé?" e concluindo com encantado louvor às respostas de Dante. De fato, Pedro está tão satisfeito com o discurso de Dante que exclama:

> *Se de errar, quem na Terra assim conquista*
> *a doutrina, tão bem fosse defeso,*
> *não haveria lá espaço pra sofista.*[3]

O exame de Dante por são Pedro segue estritamente o reconhecido método escolástico que conduziu a curiosidade intelectual pelos caminhos claramente estabelecidos da curiosidade durante centenas de anos. Mais ou menos a partir do século XII até o Renascimento, quando o humanismo mudou na Europa os métodos de ensino tradicionais, a educação nas universidades cristãs era dominantemente escolástica. A escolástica (do latim *schola*, que originalmente significava uma conversa ou debate eruditos, e só mais tarde escola ou lugar de ensino) surgiu de uma tentativa de chegar a um conhecimento que fosse compatível tanto com a razão quanto com a fé cristã. Os escolásticos, como são

Boaventura, não se consideravam inovadores ou pensadores originais, mas "compiladores ou tecedores de opiniões aprovadas".[4]

O método de ensino escolástico consistia em diversas etapas: o *lectio*, ou leitura de texto de autoridade em sala de aula; o *meditatio*, ou exposição e explicação; e as *disputationes*, ou discussão de temas, em vez de uma análise crítica dos próprios textos. Esperava-se que os estudantes conhecessem as fontes clássicas e também os comentários aprovados; então se lhes apresentavam perguntas sobre tópicos específicos. De todos esses procedimentos, supunha-se que a "verve sofista" fosse estritamente excluída.[5]

A "verve sofista" era a capacidade de propor um raciocínio falso de tal maneira que parecesse verdadeiro (o método preferido de Celestina) ou porque distorcia as regras da lógica e tinha somente aparência de verdade ou porque chegava a uma conclusão inaceitável. O termo e seu significado pejorativo provêm de Aristóteles, que associava os sofistas a caluniadores e ladrões. Os sofistas, ensinou Aristóteles, eram nocivos porque trabalhavam mediante argumentos aparentemente lógicos, usando falsidades sutis e chegando a falazes conclusões, induzindo assim outros ao erro. Por exemplo, um sofista poderia tentar convencer um ouvinte a aceitar uma premissa (mesmo se totalmente irrelevante para a tese) a qual o sofista sabia de antemão como refutar.[6]

Graças principalmente a Aristóteles, Platão e Sócrates, os sofistas raramente usufruíram de um lugar confortável na história da filosofia. Desconsiderando as restrições platônicas ao metafísico e as aristotélicas ao empírico, os sofistas abraçaram os dois, propondo uma investigação empírica em questões metafísicas. Isso, segundo o historiador G. G. Kerford, condenou-os a "uma espécie de meia-vida entre os pré-socráticos, de um lado, e Platão e Aristóteles, de outro, [onde] parecem perambular para sempre como almas perdidas".[7]

Antes de Platão, o termo grego *sophistes* era uma denominação positiva, relacionada com as palavras *sophos* e *sophia*, que significam "sábio" e "sabedoria", designando um artífice ou artista talentoso, como um adivinho, um poeta ou um músico. Os lendários Sete Sábios da Grécia foram chamados de *sophistai* (na época de Homero, *sophie* era um talento de qualquer tipo), assim como o foram os filósofos pré-socráticos. Depois de Platão, o termo "sofisma" veio a significar "raciocínio que é plausível, falaz e desonesto", e um discurso sofista, uma miscelânea de argumentos falsos, comparações enganosas, citações distorcidas e metáforas absurdamente misturadas. Paradoxalmente, essa definição do método sofista pressupunha o entendimento de uma questão muito maior. "Platão sabia que poderia interpretar o sofista como o antípoda do filósofo", escreve Heidegger, "apenas se ele já estivesse familiarizado com o filósofo e soubesse qual era sua posição a respeito." Para Platão e seus seguidores, era mais fácil identificar o sistema defeituoso de seus inferidos oponentes do que definir as características de seu próprio empreendimento. No século II d.C., Luciano de Samósata descreveu os cristãos como "cultuadores do próprio sofista crucificado, e vivendo sob suas leis".[8]

A Europa medieval e do início do Renascimento herdou esse desprezo e as questões que lhe são subjacentes. Quando, nos séculos XV e XVI, tornou-se necessário rotular os praticantes do raciocínio silogístico, da retórica pedante e da erudição vazia nas universidades e nos conventos, Erasmo e seus seguidores usaram o termo *sofistas* para deles escarnecer. Na Espanha, o maior dos doutos, frei Luis de Carvajal, que primeiro defendeu e depois criticou a leitura das Escrituras feita por Erasmo, apoiou fortemente a posição contra o que ele clamava ser o sofisma de muitos escolásticos. "Eu, de minha parte, gostaria de ensinar uma teologia que não é nem conflituosa nem sofista e impura, mas livre de toda contaminação."[9]

Embora os textos dos próprios sofistas antigos estejam há

muito tempo perdidos e somente a caricatura de seus autores tenha sobrevivido, muitos humanistas acusaram as universidades europeias de abrigar professores ineficientes e eruditos medíocres que eram culpados dos mesmos pecados sofísticos denunciados por Platão e Aristóteles. No século XVI, François Rabelais, acompanhando a ideia agora estabelecida de que o sofista é um bronco, zombou dos teólogos escolásticos da Sorbonne, definindo-os como "filósofos sofistas": bêbados, sujos e gananciosos. Sua criação hilária, mestre Janotus de Bragomardo, profere num francês macarrônico, cheio de distorções em latim e citações erradas, uma oração escolástica pela recuperação dos sinos de Notre Dame, que o gigante Gargântua tinha roubado para pendurar em sua égua. Mestre Janotus proclama com um panache sofista:

> Uma cidade sem sinos é como um homem cego sem um bastão, um asno sem o rabicho dos arreios, uma vaca sem sininhos pendurados no pescoço; portanto, estejam certos, enquanto vocês não os recuperarem para nós, nunca iremos parar de chorar atrás de vocês, como um homem cego que perdeu seu bastão, zurrando como um asno sem um rabicho, e fazendo barulho como uma vaca sem sininhos.[10]

Observou-se que a recusa de Rabelais de se submeter às formas literárias ortodoxas (seu *Gargântua* é um motim subversivo de crônicas de zombaria, pastiches, catálogos fantásticos e paródias viciosas) origina-se de uma simpatia profunda pela tradição e pela crença populares — ou então uma crescente descrença numa época de crise espiritual — e de um conhecimento da vegetação rasteira acima da qual surgiu a cultura cristã oficial das universidades e dos conventos.[11] A ordem social, que na época de Dante já estava desmoronando, assumiu a imagem, no século XVI, de um mundo de cabeça para baixo, onde o lugar de todas as coisas está em seus antípodas: o asno é o professor, o cão, o senhor.[12] Segundo o Oráculo da Garrafa, que Gargântua, Pantagruel e seus companheiros consultam no último capítulo do quinto livro, "Quando você chegar em seu mundo, não deixe de afirmar e testemunhar que o maior dos tesouros e as coisas mais admiráveis estão escondidas debaixo da terra, e não sem motivo". "Todas as coisas tendem para seu fim", lê-se na inscrição no muro do templo do Oráculo: tanto a curiosidade divina quanto a humana devem ser perseguidas até seu máximo alcance, Rabelais parece dizer. Nossa curiosidade deve ser recompensada não ao se olhar para cima, para os céus, mas para baixo, para a terra. "Pois todos os antigos filósofos e sábios afirmaram que duas coisas são necessárias, chegar segura e prazerosamente ao conhecimento de Deus e a verdadeira sabedoria: primeiro, a graça da orientação de Deus, depois, a assistência do homem."[13] Para Rabelais, assim como para Dante antes dele, os pobres sofistas não estavam incluídos entre esses honestos investigadores.

Nos últimos séculos, houve exceções a esse aceito menosprezo aos sofistas, e nem todos foram desimportantes. Hegel chamou os primeiros sofistas de "os mestres da Grécia", que em vez de meramente meditar sobre o conceito do ser (como os filósofos da escola Eleática) ou discursar sobre os fatos da natureza (como o *phisiologoi* da escola Jônica), optaram por se tornar educadores profissionais. Nietzsche os definiu como homens que tinham ousado apagar as fronteiras entre o bem e o mal. Gilles Deleuze louvou suas ideias por causa do interesse que elas despertaram em nós. "Não há outra definição de significado", ele escreveu, "a não ser uma idêntica à inovação de uma proposição."[14] Inovação, no entanto, não era o que os sofistas buscavam, e sim algum tipo de eficiência.

Em algum momento das primeiras décadas do século v a.C., talvez durante a frágil paz com Esparta depois de 421, chegou a

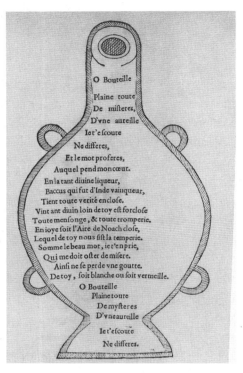

François Rabelais, "La Dive Bouteille" [*O Oráculo da Garrafa*], *de* Illustrations du Cinquiesme et dernier livre des faicts et dicts héroïques du bon Pantragruel, *1565. (Bibliothèque Nationale de France.)*

Atenas um preeminente filósofo de uma cidade-estado no noroeste do Peloponeso, Élis, conhecida pela excelência de seus cavalos e por ter organizado, três séculos antes, os primeiros Jogos Olímpicos. O nome do filósofo era Hípias, e ele era célebre devido a sua memória prodigiosa (ele podia se lembrar de mais de cinquenta nomes depois de ouvi-los uma única vez) e por ser capaz de ensinar, por encomenda e mediante considerável remuneração, astronomia, geometria, aritmética, gramática, música, métrica, genealogia, mitologia, história e, obviamente, filosofia.[15] A ele se credita também a descoberta de uma curva e do *quadratix*, usados na tentativa da quadratura do círculo, e também da trisseção de um ângulo.[16] Hípias era um leitor voraz e curioso, e compilou uma espécie de antologia de suas passagens favoritas sob o título *Synagoge*, "Coleção". Escreveu também arengas sobre os poetas clássicos, as quais se oferecia para recitar sempre que surgia uma ocasião, produções poéticas que provavelmente tratavam de elevadas questões morais. Temos de dizer "provavelmente" porque de toda a extensa obra de Hípias nada chegou até nós, exceto algumas citações nas obras de seus críticos: Plutarco, Xenófanes, Filóstrato e, acima de tudo, Platão.[17]

Platão fez de Hípias o principal interlocutor de Sócrates em dois de seus primeiros diálogos, intitulados, de acordo com suas extensões, *Hípias menor* e *Hípias maior*. Em nenhum dos dois a imagem de Hípias é lisonjeira. Simpatizando pouco com o personagem, Platão faz Sócrates, não muito a sério, ir buscar em Hípias uma resposta a questões essenciais quanto à justiça e à verdade, sabendo muito bem que Hípias não seria capaz de dá-la. Em suas tentativas de resposta, Hípias é apresentado como um pedante, um fanfarrão que se gaba de que "Nunca encontrei ninguém que me superasse em qualquer coisa", alguém que se propunha a responder qualquer enigma que lhe fosse apresentado (como se diz que ele fez no festival de toda a Hélade)[18], alguém que facilmente se deixava adular, e ainda, ao mesmo tempo, um homem curiosamente ingênuo e confiante. Segundo o classicista W. K. C. Guthrie, Hípias deve ter sido alguém "com quem seria difícil se zangar".[19] Como ele ensinava por dinheiro por toda a Grécia, era chamado de sofista, designação que não se referia a uma seita ou escola filosófica, mas a uma profissão, a de professor itinerante. Sócrates desprezava os sofistas porque eles se proclamavam provedores de conhecimento e virtude, duas qualidades que, segundo ele, eram intocáveis. Talvez alguns poucos homens, principalmente de berço nobre, poderiam aprender a como se tornar virtuoso e sábio, mas somente por si mesmos — e, na opinião de Sócrates, a maior parte da humanidade era, sem esperança, incapaz de aprender como se tornar qualquer das duas coisas.

A divisão entre os sofistas e os seguidores de Sócrates era em grande parte uma questão de classe. Platão era um aristocrata e desdenhava desses pedagogos errantes que se ofereciam para ser contratados no mercado em meio à emergente classe média dos novos ricos. Essa classe era composta de comerciantes e artesãos cuja recém-adquirida riqueza lhes permitia comprar armas e, ao se alistar na infantaria, poder político. Sua meta era tomar o lugar da antiga nobreza, e para isso precisavam aprender como falar eficientemente numa assembleia. Os sofistas se ofereciam para lhes ensinar a necessária técnica da retórica em troca de dinheiro. "Os sofistas", diz I. E. Stone, "são tratados com um desdém esnobe nas páginas de Platão por aceitarem pagamento. Gerações de professores clássicos lhe fizeram eco, acriticamente, uma vez que poucos deles tampouco podiam, por sua vez, se permitir ensinar sem pagamento." Contudo, nem todos os sofistas ficavam com o dinheiro que lhes era dado. Havia os que distribuíam seu pagamento entre os estudantes mais pobres, e outros que se recusavam a ensinar estudantes que lhes pareciam sem perspectivas. Mas como, na maioria das vezes, eles concordavam em ensinar quase que qualquer um por dinheiro, Xenófones alegava que os sofistas tinham se destituído de sua liberdade intelectual e se tornado escravos de seus empregadores.[20]

É preciso dizer que Sócrates e seus seguidores se referiam em termos negativos não a todos os sofistas no passado e no presente, mas somente aos que eram seus contemporâneos. Contra estes, eles apresentaram não somente objeções sociais e filosóficas, mas também acusações de estarem pervertendo a verdade. Xenófones disse o seguinte: "Estou estupefato de que esses homens hoje chamados sofistas sustentem que frequentemente eles conduzem jovens à virtude, quando de fato eles fazem o contrário. [...] Eles os tornam talentosos em palavras, mas não talentosos em ideias".[21]

Os sofistas também foram criticados devido a sua postura de ostentação e modos empostados. No século II d.C., Filóstrato de Lemnos, que os admirava e escrevera *As vidas dos sofistas* para enaltecê-los, alegou que um verdadeiro sofista só deveria falar num ambiente prestigioso o bastante para seu status: um templo seria aceitável, um teatro também, mesmo uma assembleia ou lugar "próprio para uma plateia imperial". Expressões faciais e gestos deveriam ser cuidadosamente controlados. A expressão devia ser animada e confiante mas séria, olhar firme e agudo, embora isso pudesse variar segundo o assunto da arenga. Nos momentos de intensidade, um sofista devia dar longas passadas indo de um lado a outro, bater em sua coxa e sacudir a cabeça com paixão. Um sofista deveria ser meticulosamente limpo e deliciosamente perfumado; sua barba, bem tratada e delicadamente cacheada, e sua roupa escrupulosamente elegante. Uma geração antes, Luciano de Samósata, em seu satírico *O Vade Mecum do retórico*, recomenda que o sofista busque usar

> cores claras ou o branco em suas roupas; essa coisa tarentina que deixa o corpo mostrar o que tem de melhor; como calçados, use ou o modelo feminino da Ática com a trama aberta, ou então o de Sicião, que deixa à vista o forro branco. Tenha sempre uma comitiva de atendentes, e um livro na mão.[22]

Sócrates, embora acreditasse muito na justiça e na verdade, não acreditava na igualdade entre todos os seres humanos. Os sofistas (conquanto se deva ter o cuidado de não atribuir as mesmas opiniões a todos os que se agrupavam sob o rótulo de sofista) acreditavam. Uns poucos, como Alcidamas, foram longe a ponto de desafiar a instituição da escravidão — coisa que Sócrates e seus discípulos nunca fizeram, assim como não questionaram o direito que tinham uns poucos e seletos esclarecidos de governar. Hípias, em vez disso, acreditava numa espécie de cosmopolitismo prático, numa solidariedade universal que justificava se opor até mesmo às leis nacionais em benefício de um melhor relacionamento com todos os homens. Uma das fontes dessa crença pode ter sido a tolerância a cultos estrangeiros praticados em Delfos, que resultou na união entre gregos e "bárbaros" na época de Alexandre, e também na dissolução da pólis grega, que era tão cara a Platão.[23] Para Hípias, leis preservadas meramente por tradição não tinham valor, porque eram contraditórias, permitindo atos injustos; as leis da natureza, contudo, por serem universais, poderiam posteriormente se tornar as leis de uma vida política democrática. Hípias defendia as leis não escritas contra as leis escritas, e clamava pelo bem-estar do indivíduo mediante o bem-estar da comunidade. Em *A República* de Platão, onde nenhum dos estados existentes que são discutidos é afinal escolhido como ideal, fica claro que Sócrates (o Sócrates de Platão) acredita numa sociedade governada não por leis democráticas mas por tiranos filósofos treinados desde sua infância a serem "sábios e bons".[24]

O meio século de Platão e Hípias foi também o de Péricles, que por um breve e milagroso período instaurou em Atenas o clima de uma rara liberdade política e intelectual, assim como uma administração governamental eficaz: até mesmo o plano de erguer novas construções na Acrópole talvez tenha sido concebido por Péricles como um meio de enfrentar um crescente desemprego. Depois de Péricles todo cidadão ateniense poderia ter a esperança de ter uma voz na condução do Estado, enquanto possuísse os dons da retórica e da lógica. Tal sociedade ideal atraiu uma variedade de pessoas de muitas outras cidades, algumas fugindo da tirania, umas buscando um mercado para seus talentos, outras querendo exercer suas atividades lucrativa e livremente. Entre esses imigrantes estavam os sofistas. Em contraste com Atenas, Esparta, a pretexto de preservar a ordem moral e segredos de Estado, normalmente bania residentes alienígenas do interior de suas muralhas. Atenas nunca adotou a xenofobia de Esparta, embora os atenienses tenham banido e até condenado à morte os que se opunham a seu modo de vida, entre eles Sócrates.

Em um dos diálogos do período intermediário de Platão, *Protágoras*, o sofista assim chamado, crítico de Hípias, amigo de Péricles e que admirava o regime por este instituído, conta a Sócrates um mito que ilustra seu conceito do que seja um sistema político eficiente. Para explicar como pode acontecer que seres humanos irascíveis consigam viver numa sociedade pacífica, Protágoras diz que numa época em que constantes litígios ameaçavam destruir toda a raça humana, Zeus mandou Hermes descer à Terra com duas dádivas que permitiriam aos humanos viverem juntos em relativa harmonia: *aidos*, o sentimento de vergonha que um traidor pode sentir no campo de batalha, e *dike*, sentimento de justiça e respeito pelos direitos dos outros. Juntos, são componentes essenciais da arte da política. Hermes perguntou se essas dádivas deviam ser distribuídas apenas entre uns poucos selecionados que se especializariam nessa arte, ou se a arte da política deveria ser dada a todos. "A todos", foi a resposta de Zeus, "porque não se podem formar cidades se somente uns poucos possuírem *aidos* e *dike*." Sócrates não reage positivamente à história de Protágoras. Ele, sarcasticamente, rejeita o mito como sendo "um grande e belo desempenho sofista" e depois muda totalmente de assunto para perguntar a Protágoras se ele acredita que a virtude possa ser ensinada. A questão da democracia não é uma coisa que Sócrates, mesmo por um momento, iria considerar. Tampouco o significado de virtude pode supostamente ser o tema do diálogo.[25]

Assim como *Protágoras* evita uma discussão sobre a virtude

em si mesma, *Hípias menor* é um diálogo sobre a definição de um homem honesto que evita uma discussão sobre em que consiste a verdade. Hípias encerrou recentemente uma palestra sobre os poetas, em particular Homero. Um dos que a ouviram pergunta a Sócrates se ele tem algo a dizer sobre uma exposição tão magnífica, seja elogiando, seja apontando os erros. Sócrates confessa que realmente algumas questões lhe vieram à mente, e com perigosa brandura ele diz a Hípias que pode compreender por que Homero chama Aquiles de o mais corajoso dos homens e Nestor de o mais sábio, mas não pode compreender por que Odisseu é chamado de o mais velhaco. Homero não tinha concebido um Aquiles tão velhaco quanto? Hípias responde que não, não tinha, e cita as palavras de Homero que demonstram, ao contrário, que Aquiles é um homem confiável. "Agora, Hípias", diz Sócrates, "creio que compreendo a que você se refere. Quando você diz que Odisseu é velhaco, você claramente está pretendendo que ele seja falso?"[26] Isso leva a uma discussão sobre se é melhor ser falso intencionalmente ou sem intenção. Sócrates leva Hípias a admitir que um lutador que cai de propósito é melhor que um lutador que cai porque não consegue evitar, e que um cantor que desafina deliberadamente é melhor cantor que outro que não tem ouvido de todo. A conclusão é um sofisma que supera todos os sofismas:

SÓCRATES: E cometer uma injustiça é agir mal e não cometer uma injustiça é agir bem?

HÍPIAS: Sim.

SÓCRATES: E não estará a alma que for melhor e mais capaz, quando agir mal, agindo mal voluntariamente, e a alma ruim, involuntariamente?

HÍPIAS: É claro.

SÓCRATES: E o homem bom é o que tem a alma boa, e o homem mau o que tem a ruim?

HÍPIAS: Sim.

SÓCRATES: Então o homem bom vai agir mal voluntariamente, e o homem mau involuntariamente, já que o homem bom é que tem a boa alma?

HÍPIAS: Que certamente ele tem.

SÓCRATES: Então, Hípias, aquele que voluntariamente faz coisas ruins e desgraçadas, se houver tal homem, será o homem bom?

Mas aqui Hípias já não consegue acompanhar o raciocínio de Sócrates. Algo mais forte do que a fé na lógica finalmente se apodera de Hípias, e em vez de dar o próximo e fatal passo no argumento tortuoso de Sócrates, ele recusa se submeter ao que sabe não ser somente uma perfídia, mas algo pior, um absurdo. "Aqui não posso concordar com você", diz o honesto sofista.[27]

"Nem eu posso concordar comigo mesmo", é a surpreendente resposta de Sócrates,

embora isso pareça ser a conclusão à qual, até onde podemos ver agora, deve seguir de nosso argumento. Como estava dizendo antes, estou totalmente enganado, e, perplexo, estou sempre mudando de opinião. Agora, que eu ou qualquer homem comum vaguemos na perplexidade não é surpreendente, mas que vocês homens sábios também estejam vagando, e não possamos recorrer a vocês para descansar de nossas perambulações, então a coisa começa a ficar séria tanto para nós como para vocês.[28]

A intenção de Sócrates, de ridicularizar as pretensões de Hípias à sabedoria, está obviamente clara, assim como sua própria posição, de que a busca do conhecimento do que é bom, verdadeiro e justo é um empenho contínuo sem uma conclusão definitiva. Mas o método pelo qual ele o expõe a Hípias está aquém da reputada dignidade de Sócrates. Dentre os dois, é Hípias quem se destaca no diálogo como o debatedor mais forte e sério. Sócrates certamente aparece como mais velhaco, um Odisseu para o Aquiles de Hípias, graças a quem o debate sobre paradoxo "tornou-se burlesco".[29] O que também emerge daí, e muito poderosamente, é que em vez de Sócrates demonstrar a vacuidade do ensinamento de Hípias, é este que acaba demonstrando que o método socrático de levar um interlocutor, por meio de uma série de perguntas, a descobrir uma contradição em sua afirmação pode ser perigosamente malsão. O próprio Sócrates o reconhece, ciente, como tem de estar, da diferença entre uma ação injusta realizada de maneira justa e uma ação justa realizada de maneira injusta.

Montaigne (citando Erasmo) relata que a mulher de Sócrates, ao tomar conhecimento do veredicto da corte que o condenava a beber veneno, exclamou: "Esses juízes miseráveis o condenaram à morte injustamente!". Ao que Sócrates respondeu: "Você realmente ia preferir que eu fosse condenado *justamente*?".[30] Mas em *Hípias menor*, por mais que Sócrates mergulhe de maneira profunda na ironia, a conclusão inevitável é que seus argumentos levaram a uma conclusão errada, humanamente inaceitável. Provavelmente, não era essa a intenção de Platão.

É importante lembrar que assim como o homem chamado Hípias que chegou até nós é quase inteiramente uma interpretação de Sócrates, o Sócrates que conhecemos é em grande medida uma versão de Platão. "Em que medida", pergunta George Steiner, "o Sócrates dos grandes diálogos é uma ficção parcial ou acima de tudo platônica, talvez superando em seu impacto intelectual, em sua ressonância tanto trágica quanto cômica um Falstaff, um Próspero ou um Ivan Karamázov?"[31] Talvez, assim como sob o corpanzil de Falstaff pode-se vislumbrar o vulto de um diferente príncipe Hal, e sob o douto Próspero o tipo diferente de um Caliban, e mesmo por intermédio do brutal Ivan Karamázov (pensamento muito perturbador) seu irmão mais moço, o compassivo Alióchka, assim também, pelo Sócrates de Platão possamos discernir não o Hípias que o inquisitivo filósofo insulta e ridiculariza, mas um pensador diferente, lúcido, discriminativo, curioso quanto à lógica da curiosidade.

A sociedade estabelecida por Péricles não sobreviveu aos exércitos macedônios ou, mais tarde, aos colonizadores romanos. Tampouco a filosofia dos sofistas, exceto nas citações de seus detratores. Os livros desapareceram, assim como a maior parte dos detalhes de suas vidas, mas os fragmentos restantes de sua obra, e as descrições de seus personagens nas obras de outros, revelam um crescente desejo de saber mais numa complexa constelação de ideias e descobertas, não sendo menos importante a recusa de seguir a lógica aparente do homem que chamava a si mesmo "a parteira do pensamento" em todas as suas ambiguidades.[32]

Dante e Virgílio na Porta do Inferno. Xilogravura que ilustra o Canto II do Inferno, *impressa em 1487 com comentário de Cristoforo Landino. (Biblioteca Beinecke de Livros e Manuscritos Raros, Universidade Yale.)*

4. Como podemos ver o que pensamos?

Até um momento bem avançado de minha adolescência, eu não tinha ciência do conceito da tradução. Fui criado em dois idiomas, inglês e alemão, e a passagem de uma língua à outra não foi, em minha infância, uma tentativa de transmitir o mesmo significado de uma à outra, mas simplesmente uma outra forma de se dirigir a alguém, dependendo de com quem estava falando. O mesmo conto de fadas dos irmãos Grimm, lido em duas línguas diferentes, tornava-se dois contos de fadas diferentes: a versão em alemão, impressa em pesados caracteres góticos e ilustrada com melancólicas aquarelas, contava uma história; a versão em inglês, em tipos grandes e claros, acompanhados de gravuras em preto e branco, contava outra. Obviamente, elas não eram a mesma história, porque pareciam ser diferentes na página.

Posteriormente, descobri que o texto, ao mudar, continuava a ser em essência o mesmo. Ou, então, que um texto pode adquirir identidades diferentes em idiomas diferentes, processo no qual cada parte constituinte é descartada e substituída por alguma outra coisa: vocabulário, sintaxe, gramática e música, bem como características culturais, históricas e emocionais. Em *De vulgari eloquentia* [Sobre a eloquência vernácula], tratado linguístico escrito em latim mas em defesa do uso da fala endêmica, Dante lista as partes constituintes da língua que são substituídas ao se passar de um idioma a outro: "Em primeiro lugar, o componente musical, em segundo, a disposição de cada parte em relação às outras, em terceiro, o número de versos e de sílabas".

Mas como essas identidades sempre cambiantes se mantêm como uma identidade única? O que me permite dizer que traduções diferentes dos contos de fadas dos irmãos Grimm, *As mil e uma noites* ou *A divina comédia* de Dante são, na verdade, um só e o mesmo livro? Um antigo enigma filosófico pergunta se uma pessoa que teve cada parte de seu corpo substituída por órgãos e membros artificiais continua a ser a mesma pessoa. Em qual de nossos membros reside nossa identidade? Em que elemento de um poema reside o poema? Este, creio eu, era o cerne do mistério: se um texto literário é todas as várias coisas que nos permitem chamá-lo de *Contos de Grimm* ou *As mil e uma noites*, o que resta quando cada uma dessas coisas é trocada por outra? Seria a tradução um disfarce que permite ao texto conversar com os que estão fora de seu próprio círculo, como as roupas de camponês usadas pelo califa Harun Al-Rashid, que lhe permitiam se misturar com as pessoas comuns do povo? Ou isso é uma usurpação, como a perpetrada pela criada no conto de Falada, o cavalo falante, a qual toma o lugar de sua senhora e se casa indevidamente com o príncipe? Que grau de identidade original uma tradução pode reivindicar?

Toda forma de escrita é, em certo sentido, uma tradução das palavras que pensamos ou falamos numa representação visível, concreta. Traçando minhas primeiras palavras em inglês com seus arredondados *ns* e *ms*, ou em alemão com seus *Ns* e *Ms* com suas pontas agudas em forma de ondas, adquiri consciência de que um texto não só muda de um vocabulário para outro, como também de uma materialização para outra diferente. Quando li, numa história de Kipling, sobre uma carta de amor enviada na forma de um pacote de objetos a serem decifrados pelo(a) amado(a), cada objeto representando uma palavra ou um grupo de palavras, percebi que minhas garatujas não eram o único método de trazer as palavras a uma existência material. Ali estava outro, feito de pedras e flores e coisas assim. Fiquei me perguntando se haveria outros métodos. Será que as palavras, a representação de nossos pensamentos, ainda os tornariam visivelmente presentes de outras maneiras?

Ele deu ao homem a fala, e a fala criou pensamento,
O qual é a medida do universo.

Percy Bysshe Shelley, *Prometeu desacorrentado*

Se uma pergunta se apresenta a nós de forma ambígua ou não, isso pode depender não só das palavras que foram escolhidas para fazê-la, mas também do aspecto e da apresentação dessas palavras. Já faz muito tempo que compreendemos a importância do aspecto físico do texto, e não só de seu conteúdo, para transmitir o que queremos dizer. Em *A vida de Adão e Eva*, do século III ou V d.C. (texto incluído nos Apócrifos, do qual há muitas versões em muitas línguas), Eva pede a seu filho Seth que escreva a história dela e do pai dele, Adão. Ela lhe diz,

> Mas ouça-me, meu filho! Faça tábuas de pedra e outras de barro, e escreva nelas toda a minha vida e a de seu pai e tudo que você ouviu e viu de nós. Se for pela água que o Senhor julgará nossa raça, as tábuas de barro serão dissolvidas e as de pedra permanecerão; mas se for pelo fogo, as tábuas de pedra serão quebradas e as tábuas de barro serão cozidas [endurecendo].[1]

Cada texto depende das características de seu suporte, seja barro ou pedra, papel ou uma tela de computador. Jamais um texto será exclusivamente virtual, independentemente de seu contexto material: cada texto, mesmo o eletrônico, é definido tanto por suas palavras quanto pelo espaço no qual essas palavras existem.

No céu de Marte, Cacciaguida, o ancestral de Dante, conta-lhe sobre os bons e antigos tempos em que Florença era um lugar exemplar e decente para se viver, e em tons proféticos anuncia o futuro exílio do poeta. Dante, tocado pelo encontro, é depois guiado por Beatriz ao céu de Júpiter. As almas que o cumprimentam ali começam a se juntar, formando palavras que Dante lenta e alegremente decifra:

> Como aves, surgidas da ribeira
> a se regozijar de suas faturas
> formam de si no céu vária fileira,
>
> em seus lumes as santas criaturas
> adejando, no canto seu, formavam
> um D, um I e um L em suas figuras.[2]

As almas formam 35 letras, compondo as palavras DILIGITE JUSTITIAM QUI IUDICATIS TERRAM, "Amai a justiça, vós que julgai a terra", que reproduzem a primeira linha do Livro da Sabedoria. Júpiter é o céu dos legisladores: a palavra latina *lex*, "lei", é etimologicamente relacionada com o latim *lego*, "leio", e o italiano *leggere*, "ler" ou "leitura". As almas dos legisladores formam a "leitura" da essência da lei, que é objeto do amor humano e um atributo do bem supremo. Adiante, no canto, o *M* de encerramento irá se transformar, primeiro num lírio heráldico, depois numa águia. A águia, feita das almas justas que formaram as palavras de advertência, é símbolo da autoridade imperial, destinada a conduzir a justiça divina. Como o pássaro Simurgh na lenda persa, a águia são todas as almas, e cada uma das almas é uma águia.[3] Uma antiga tradição talmúdica refere-se ao mundo como sendo um livro que escrevemos e no qual somos escritos: as almas no céu de Júpiter espelham esse generoso conceito. A múltipla e ao mesmo tempo singular águia diz a Dante que a justiça de Deus não é justiça humana; se não conseguirmos entender as ações da justiça de Deus, a falha é nossa, não de Deus.

A questão da relação entre a palavra revelada e a linguagem humana é central em *A divina comédia*. A língua, sabemos, é a ferramenta mais eficaz para a comunicação, mas, ao mesmo tempo, um impedimento a nossa compreensão total. Não obstante, como ensina Dante, é necessariamente por meio da língua que se alcançará o que não pode ser posto em palavras. As visões das almas abençoadas não são suficientes para antecipar a revelação final: as almas devem elas mesmas se tornar linguagem para que Dante possa despertar para o significado que está além dela.

Duas vezes antes disso, em *A divina comédia*, a língua materializou-se em algo tangível, como "visível falar". Primeiro, quando Virgílio conduz Dante ao portão do Inferno, descrito com um arco de triunfo com uma inscrição semelhante a um epitáfio que, silenciosamente, fala ao viajante mediante nove linhas de verso sombriamente coloridas:

VAI-SE POR MIM À CIDADE DOLENTE,

VAI-SE POR MIM À SEMPITERNA DOR,

VAI-SE POR MIM ENTRE A PERDIDA GENTE.

MOVEU JUSTIÇA O MEU ALTO FEITOR,

FEZ-ME A DIVINA POTESTADE, MAIS

O SUPREMO SABER E O PRIMO AMOR.

ANTES DE MIM NÃO FOI CRIADO MAIS

NADA SENÃO ETERNO, E ETERNA EU DURO.

DEIXAI TODA ESPERANÇA, Ó VÓS QUE ENTRAIS.[4]

Dante lê essas palavras com sentimento, mas não com entendimento, e diz a Virgílio que as acha duras. Virgílio lhe aconselha a deixar aqui toda desconfiança e covardia, porque nesse lugar ele verá "tristes gentes das quais já te disse que têm perdido o bem do intelecto". Dante, diz Virgílio, não deve se tornar uma delas. As

A águia formada pelas almas dos justos. Iluminura do século XV, de Giovanni di Paolo, para o Canto XX do Paraíso *(© The British Library Board, Yates Thompson MS 36, f.164r.).*

palavras no portão, modeladas pelo pensamento divino, visam, diferentemente de certas ações de Deus, serem assimiladas pelo pensamento humano. E Virgílio conduz Dante para o "umbral secreto".[5] Começa a jornada.

A segunda vez que a linguagem se materializa é quando o anjo guardião do Purgatório grava na testa de Dante, com a ponta de sua espada, os sete *Ps* dos sete pecados capitais (*Pecatti*). Estes, o próprio Dante não pode ver, mas à medida que sobe o monte, escarpa após escarpa, um *P* após outro é apagado, até que ele está purgado o suficiente para chegar ao topo, onde fica o Jardim do Éden. A inscrição dos *Ps* e seu gradual desvanecimento são parte de um ritual necessário que deve ser realizado antes da ascensão celestial. Diante da entrada há três degraus, representando (segundo alguns comentaristas) a contrição do coração, a confissão dos pecados, a expiação por meio de ações; adiante está a íngreme escalada durante a qual, o anjo adverte Dante, ele não pode olhar para trás. Como um eco da advertência à mulher de

Lot, ele ordena a Dante que não se deixe atrair pelos antigos caminhos do pecado:

> *Entrai, mas volta — eu vos previno —*
> *aquele que pra trás der uma olhada.*

Os *Ps* na testa de Dante, que ele mesmo não pode ler mas sabe estarem ali, materializam a linguagem admonitória.[6]

Toda escrita é a arte de materializar o pensamento. "Quando uma palavra é escrita", escreveu Santo Agostinho, "ela sinaliza aos olhos, por meio dos quais o que era do domínio do ouvido entra na mente."[7] A escrita pertence a um grupo de artes de invocação relacionado com a visualização e transmissão de ideias, emoções e intuições. A pintura, o canto e a leitura são todos parte dessa atividade humana peculiar nascida da capacidade de imaginar o mundo para poder experimentá-lo. Numa inimaginável tarde, muito tempo atrás, um nosso ancestral remoto percebeu pela primeira vez que ele ou ela não precisava realizar uma ação para ter conhecimento sobre ela. Que a ação se realizava por si mesma na mente e que podia ser observada, explorada, e que se podia refletir sobre ela no tempo e no espaço de sua própria consecução. Imaginar uma coisa levava a dar um nome a essa coisa, isto é, traduzir essa coisa visualizada para um som equivalente, de modo que a enunciação do som pudesse evocar novamente a imagem da coisa, como o feitiço de uma bruxa. Em algumas sociedades, o som ganhou, por sua vez, uma representação material: marcas num pedaço de barro, cortes num pedaço de madeira, desenhos numa pedra polida, rabiscos numa página. A experimentação da realidade podia agora ser codificada pela língua ou pela mão, e decodificada pela orelha ou pelo olho. Como um ilusionista que mostra uma flor numa caixa, depois a faz desaparecer e depois a traz novamente de volta ante o olhar admirado do público, nosso ancestral tornou possível que nós fizéssemos mágica.

Leitores pertencem às sociedades da palavra escrita e, como todo membro de tais sociedades deve fazer (mas nem todos fazem), eles tentam aprender o código por meio do qual seus camaradas cidadãos se comunicam. Nem toda sociedade requer a codificação visual de sua linguagem: para muitas, o som é suficiente. O antigo rótulo latino *scripta manent, verba volant*, que se supõe significar "o que está escrito permanece, mas o que é falado desaparece", obviamente não é verdadeiro nas sociedades reais, onde ele pode significar "o que está escrito permanece morto na página, mas o que é falado em voz alta tem asas e voa". E este também é o significado que os leitores descobrem: somente quando são lidas as palavras escritas ganham vida.

Duas escolas de pensamento apresentam teorias da linguagem que competem entre si. Uma análise detalhada delas está muito além do alcance deste livro, mas, em termos gerais, os nominalistas afirmam há muito tempo que somente coisas individuais são reais — isto é, as coisas existem independentemente da mente, e as palavras não podem se referir a algo real a menos que se refiram a uma coisa individual —, enquanto os realistas, embora também sustentem que vivemos num mundo que existe de forma independente de nós e de nossos pensamentos, acreditam que há certos tipos de coisas, chamadas "universais", que não devem sua existência aos indivíduos dos quais são atributos, mas que podem, como esses indivíduos, ser nomeadas com palavras. A linguagem abraça generosamente ambas as crenças e dá nomes tanto aos indivíduos quanto aos universais. Nas sociedades de palavras escritas, talvez porque sua fé no poder sincrético da linguagem seja menos forte, seus membros se apoiam em vez disso na materialização da palavra para afirmar o poder vivificador da língua. *Verba* não são o bastante, eles precisam de *scripta*.

Em 1976, o psicólogo Julian Jaynes sugeriu que quando a língua se desenvolveu pela primeira vez nos humanos, ela se manifestou como alucinações aurais: as palavras eram geradas no hemisfério direito do cérebro, mas eram identificadas no esquerdo como tendo vindo de algum lugar no mundo exterior a nós. Segundo Jaynes, quando a língua escrita foi inventada, no terceiro milênio a.c., nós "ouvíamos" os signos escritos como vozes que talvez atribuíssemos a deuses que se comunicavam, e somente no primeiro milênio a.c. essas vozes se internalizaram.[8] Os primeiros leitores podem ter experimentado uma sensação alucinatória do som, de modo que as palavras lidas pelos olhos adquiriam na leitura uma presença física no ouvido, uma segunda realidade, fora da mente, que ecoava ou espelhava a realidade primordial das palavras escritas.

Certamente, a passagem da língua falada para a escrita foi mais uma mudança de direção do que uma melhora na qualidade. Platão inventou um mito no qual o deus egípcio Thoth ofereceu ao faraó a dádiva da língua, mas o faraó explicou ao deus que era obrigado a recusá-la porque se as pessoas aprendessem a escrever elas se esqueceriam de lembrar. Platão deixou de mencionar, porque não encaixaria na história, que graças à escrita os falantes estavam agora capacitados a superar as limitações impostas por tempo e espaço. Não precisariam estar presentes para transmitir suas falas e, ao longo dos séculos, os mortos seriam capazes de conversar com os vivos. Menos imediata, menos corpórea, menos reativa do que a arte da fala, a arte da escrita fortaleceu e enfraqueceu simultaneamente o poder do artífice da palavra. Isso vale, é claro, para todo dispositivo ou ferramenta em qualquer ofício em que a empreguemos. G. K. Chesterton definiu uma cadeira como "um equipamento com quatro pernas de madeira para um aleijado que só tem duas".[9]

Seja como a inspiração que nos leva à invenção da escrita, seja como sua consequência, a hipótese que justifica a existência da escrita como um instrumento do pensamento é de um fatalismo linguístico. Assim como a tudo no universo pode-se dar um nome que o identifique, e cada nome pode ser expresso num som, cada som tem sua representação. Não há nada que possa ser pronunciado que não possa ser escrito e lido. Nada: nem mesmo as palavras de Deus ditadas a Moisés, nem mesmo os cantos das baleias transcritos por biólogos, nem mesmo o som do silêncio registrado por John Cage. Dante compreendeu essa lei da representação material: em seu Paraíso, as almas dos abençoados lhe aparecem como rostos que emergem de um espelho enevoado e gradualmente assumem uma forma clara e reconhecível. De fato, como os pensamentos, elas não têm corporalidade, uma vez que no céu não existe espaço ou tempo, mas gentilmente assumem feições visíveis, como se fossem signos escritos, de modo que Dante possa ser testemunha da experiência da vida por vir. Os próprios espíritos não precisam de muletas; nós precisamos.

Pouco sabemos sobre a estética do Outro Mundo, mas em nosso próprio mundo, cada instrumento que criamos, e tudo que é criado por esse instrumento, tem um sentido ao mesmo tempo estético e utilitário. Tudo: quando uma escola em Phnom Penh foi transformada pelo Khmer Vermelho numa assim chamada prisão de segurança na qual mais de 20 mil pessoas foram torturadas e assassinadas, as autoridades decidiram que a cor do prédio não era esteticamente agradável; os muros foram portanto repintados num tom suave de bege.[10]

Estética e utilidade também dão forma às representações da linguagem. O mais antigo fragmento de escrita que chegou até nós, datado do quarto milênio a.C., é uma tábua de barro suméria, de Uruk, a cidade do rei Gilgamesh, e consiste em colunas de signos cuneiformes pontuados por endentações profundas. Nossas almas, tão propensas ao romantismo, têm de aceitar que os primeiros textos escritos foram obra não de poetas, mas de contadores: que a antiga tábua suméria não contém canções de amor mas listas de venda de grão e carne de agricultores que há muito viraram pó. É de se supor que, para seus leitores, uma lista assim tinha tanto um aspecto prático quanto uma certa, talvez despercebida, beleza. Para aqueles de nós que não somos capazes de decifrar seu significado, é o segundo aspecto que prevalece.

A linguagem escrita, servindo a uma variedade de propósitos e obedecendo a uma diversidade de normas estéticas, desenvolveu-se gradativamente em quase todas as partes do mundo. Suméria e Babilônia, Egito, Grécia e Roma, China e Índia desenvolveram suas próprias escritas, que por sua vez inspiraram as de outras culturas: no sudeste da Ásia, na Etiópia e no Sudão, e entre os

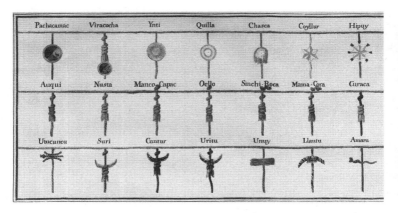

Transcrição fonética de um quipo. Ilustração colorida à mão de [Raimondo di Sangro,] Carta Apologetica dell'Esercitato Accademico della Crusca (Nápoles, 1750). (Com a gentil permissão do professor José Barucúa.)

inuítes. Outros povos, contudo, imaginaram métodos diferentes para dar às palavras visibilidade material. Em muitas partes do mundo existe uma arte da escrita que envolve não marcas escritas à pena, ou feitas com incisões, mas com outros signos semânticos: tiras de bambu no sul da Sumatra; mensagens feitas com gravetos entre os aborígines australianos; guirlandas formadas de ramos, nas ilhas do estreito de Torres; faixas de contas entre os iroqueses; tábuas *lukasa* de madeira do povo luba, do Zaire. Segue-se daí que deve haver algo equivalente a uma arte tipográfica para cada uma dessas "outras" formas, cada uma com sua estética e legibilidade específicas. Essas "tipografias" podem não ser usadas para imprimir, mas elas afetam e formatam a transmissão de significado por meio de palavras, de modo muito semelhante a como um Garamond ou um Bodoni afetam e formatam um texto escrito em inglês, italiano ou francês.

Em 1606, foi publicado em Madri um livro curioso intitulado *Comentarios reales*.[11] O título jogava com os dois significa-

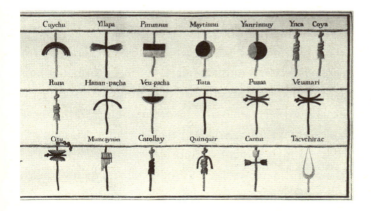

dos da palavra espanhola *real*, "relativo à realeza" e "que efetivamente existe", porque esses *Comentarios* se pretendiam crônicas verdadeiras da realeza dos incas do Peru. O autor, filho de um capitão espanhol e uma princesa inca, assinou o livro como "Inca Garcilaso de la Vega", reconhecendo com isso as duas linhagens. Tinha sido criado por tutores espanhóis na casa de seu pai em Cuzco, os quais ensinaram ao menino gramática latina e esportes físicos, mas também por parentes de sua mãe, que lhe ensinaram quéchua, a língua do Peru. Com 21 anos de idade ele viajou para a Espanha, onde começou sua carreira literária traduzindo *Diálogos de amor*, do neoplatônico espanhol León Hebreo. Querendo muito ser reconhecido como um verdadeiro historiador da cultura inca, intitulou a segunda parte de suas crônicas incas, que foram publicadas onze anos depois da primeira, *Historia general del Perú*.

Nos *Comentarios reales*, o Inca Garcilaso faz um relato detalhado dos costumes, da religião e do governo dos incas, assim como de sua língua, oral e escrita. Um capítulo descreve o sistema de quipo ("nó", na língua quéchua), que servia, nos conta o autor, essencialmente como um instrumento de contagem. Para fazer quipo os incas usavam fios de cores diferentes, trançados e com nós, e às vezes os fixavam numa taquara. As cores simbolizavam categorias (amarelo para ouro, branco para prata, vermelho para guerreiros), e os nós seguiam o sistema decimal, até 10 mil. Coisas que não pudessem ser diferenciadas pela cor eram postas em ordem de valor, da mais à menos importante. Por exemplo, se se listavam armas, primeiro vinham as mais nobres, como lanças, seguidas por arcos e flechas, maças e machados, estilingues e assim por diante. As listas anotadas nos quipos eram confiadas a um cartório, ou registro público chamado *quipucamaya*, que significa "aquele que cuida das contas". Para proteger esse poder de qualquer abuso, os incas se asseguravam de que toda cidade, mesmo que pequena, tivesse um grande número de *quipucamaya*, de modo que, nos conta Garcilaso, "teriam de ser ou todos corruptos, ou ninguém".[12]

O Inca Garcilaso de la Vega morreu em Córdoba, Espanha, em 1616, depois de tentar reconciliar os princípios da quase desaparecida cultura de seus ancestrais maternos com a cultura dominante da linhagem de seu pai. Quase um século depois, em 1710, Raimondo di Sangro, mais tarde príncipe de Sansevero, nasceu em Torremaggiore, herdeiro de duas das mais prestigiosas famílias do Reino de Nápoles. Sansevero fez tantas coisas extraordinárias durante seus sessenta anos de vida que é quase impossível enumerá-las.[13] Começou sua correria caleidoscópica como historiador militar, compondo um *Dicionário universal da arte da guerra*, que infelizmente ficou inacabado, na letra O. Seu interesse em assuntos bélicos levou a seus experimentos com pólvora e pirotecnia, e nesse campo descobriu como conseguir vários — e até então inalcançáveis — tons de verde em fogos de artifício: verde-mar, esmeralda claro e a cor da grama fresca. Essas descobertas, por sua vez, levaram-no a inventar o que chamou de "teatros pirotécnicos", nos quais os fogos criavam cenas sucessivas descrevendo templos, fontes e intricadas paisagens. Os desenhos incandescentes inspiraram no príncipe, que já era um leitor voraz, interesse em projetar tipos de impressão e moldagem; sempre engenhoso, inventou um método de passagem única para imprimir imagens coloridas em folhas de cobre, que anteciparam a litografia de Alois Senefelder em meio século.

Em 1750, Sansevero instalou em seu *palazzo* napolitano a primeira prensa no Reino de Nápoles, com caracteres desenhados por Nicolas Kommareck e Nicolà Persico, sob sua supervisão. As autoridades eclesiásticas desaprovaram as publicações de

Sansevero, especialmente a de um livro sobre as assim chamadas ciências secretas, do abade Montfaucon de Villars, e uma defesa da condenação de Livy por superstição, do panfletista inglês John Toland. Em consequência, dois anos depois, elas ordenaram que a gráfica fosse fechada. Para contornar a proscrição, Sansevero astutamente doou a prensa e os tipos a sua majestade Carlos III, que, com base nesse presente, criou a Gráfica Real de Nápoles.

A gráfica não foi o último empreendimento de Sansevero. Os manuscritos e livros estrangeiros que ele examinou para possível publicação levaram-no a se interessar pelas artes da alquimia; os experimentos alquímicos para a criação de vida o inspiraram a construir requintados autômatos; a construção dos autômatos levou-o a estudar a tecnologia de máquinas e as ciências da metalurgia, da mineralogia e da química. Em 1753, um incêndio acidental no laboratório de Sansevero levou seis horas para ser extinto; como resultado, o príncipe anunciou ter descoberto "uma lâmpada de luz perpétua ou eterna", de uma fusão de crânio humano pulverizado com pólvora.

Outras combinações casuais levaram a novas e prodigiosas invenções: um tecido resistente à água; uma tapeçaria feita de fios não tecidos, mas superpostos, que parecia uma pintura a óleo na perfeição de suas representações detalhadas; um pano de linho que não enrugava; um papel de seda vegetal ideal para desenhar e escrever; um método de limpar o cobre que não requeria abrasivos e não deixava arranhões; uma técnica de produzir lâminas de latão mais finas que qualquer outro produto até então; um procedimento para fazer porcelana translúcida e o cristal mais fino possível; um sistema de colorir vidro sem ter de aquecê-lo; lápis de pastel indelével que não requeriam fixador; uma cera artificial e tintas "oleoídricas" que pareciam ser a óleo mas não exigiam preparação prévia da tela ou da madeira. Inventou também uma máquina para dessalinizar água do mar e outra para fazer ágatas e lápis-lazúli falsos, com os quais enganou muitos reputados joalheiros. Concebeu um método de endurecer o mármore que permitia ao escultor usar o cinzel até chegar a espessuras finas como nunca antes se conseguira, de modo que agora poderiam criar na pedra véus transparentes e delicadas rendas. Construiu também duas máquinas anatômicas, ainda visíveis na cripta da família Sansevero em Nápoles, que reproduziam o sistema circulatório masculino e feminino, desde o coração até os mais minúsculos capilares. Entre suas muitas criações imaginativas, uma mesa que se põe sozinha para o jantar, sem necessidade de criados, e uma carruagem aquática adornada com cavalos feitos de cortiça capaz de cobrir razoável distância através das ondas da baía de Nápoles.

Pessoas começaram a suspeitar que Sansevero, em suas invenções, contava com a assistência do próprio diabo; corria o rumor de que tinha produzido uma substância semelhante ao sangue, e também que era capaz de fazer reviverem caranguejos de rio depois de terem sido queimados na lareira até virarem cinzas. Dizia-se que, como Paracelso, ele podia fazer uma rosa florescer de novo de suas cinzas. Os napolitanos acreditaram mais tarde que o príncipe tinha tirado sua própria vida após instruir seus criados a realizar um procedimento de ressurreição, o qual sua mulher, alertada de tal sacrilégio, piedosamente interrompeu. O cadáver mal teve tempo de sair de seu caixão antes de emitir um grito pavoroso e desfazer-se mortalmente em pó.

Entre os livros publicados na gráfica de Sansevero no ano de sua fundação, 1750, talvez o mais curioso tenha sido a *Carta apologética*, escrita pelo próprio Sansevero, e acompanhada de soberbas gravuras coloridas. O tema da carta era o sistema quipo dos antigos incas. Nosso investigativo príncipe, interessado em tudo como era, veio a saber do quipo nos livros do Inca Garcilaso, mas também por meio de um tratado jesuíta sobre a língua inca, ilustrado com vários desenhos coloridos de uma variedade de nós, acompanhados de explicações de seus significados. Ele também tinha visto o objeto real: um quipo original trazido das colônias espanholas. Os livros e o quipo tinham chegado às mãos de um padre jesuíta que tinha estado no Novo Mundo e vendera o lote ao príncipe em 1745.

Dois anos depois, em 1747, uma mulher metida a intelectual, madame Françoise de Graffigny, acompanhando a moda de romances epistolares iniciada com *Cartas persas* de Montesquieu, tinha publicado as *Cartas de uma dama peruana*. A história de amor de Graffigny envolve dois aristocratas incas, Zilia e Aza, que estão comprometidos a se casar. Zilia é sequestrada por soldados espanhóis, e para informar seu noivo de sua triste sina ela lhe envia secretamente cartas da prisão, na forma de quipo com nós, usando um sortimento de fios coloridos que sempre tinha consigo. A pobre Zilia é obrigada a acompanhar seus raptores quando eles retornam à Europa, onde continua a atar seus nós, mas não consegue fazê-los chegar a Aza, tão longe do outro lado do mar. No fim, seu estoque de fios acaba e ela precisa aprender a arte europeia da escrita para poder manter sua correspondência apaixonada.

Sansevero estava convencido de que um sistema de escrita eficiente baseado nos nós tinha realmente existido no Império Inca, mas na Europa do Iluminismo essas invenções não europeias, tão diferentes dos modelos ocidentais tradicionais, eram vistas com mais do que ceticismo. Ansioso por entrar num debate sobre a autenticidade e a eficácia do quipo, no qual acreditava, e sem conseguir ou querer encontrar nas depreciações públicas um texto propício, Sansevero inventou uma reação crítica ao romance de madame Graffigny, atribuindo o texto a uma amiga, a duquesa de S.. Isso armado, Sansevero procedeu à discussão do tratado não existente, concluindo a *Carta apologética* com uma súplica à duquesa de S. de que se tornasse ela mesma uma *quipucumayac*, ou tecelã de histórias, e que escrevesse seu próximo livro na escrita de nós do quipo.

A emaranhada argumentação de Sansevero em sua *Carta apologética*, cheia de absortos apartes compostos numa prosa deliciosamente intricada, aborda entre seus muitos assuntos as origens universais da linguagem, a invenção da escrita, as verdades ocultas da Bíblia, o significado do signo de Caim, a ancestral tradição de poetas no Império Inca, e a análise detalhada de certos textos quipos que estavam de posse do autor, dentre os quais uma cópia fora citada e traduzida no livro do Inca Garcilaso.

Sansevero começava com a suposição de que os quipos eram legíveis — isto é, que eram construídos segundo um código que permitia que tanto palavras quanto números fossem transmitidos por meio do sistema de nós coloridos. Antecipando os métodos de Champollion em meio século, Sansevero começou identificando no quipo cerca de quarenta palavras-chave comuns na língua quéchua, como "vassalo", "princesa", "divino criador" e congêneres, que os poetas quéchuas tinham ditado aos tecelões encarregados de fazer os nós no quipo. Para esses conceitos básicos Sansevero acreditava poder identificar certos padrões quipo subjacentes, equivalentes a signos linguísticos.

Dois exemplos: a palavra quéchua para "Criador Divino" é *Pachacamac*. Segundo Sansevero, o signo central seria um nó amarelo simbolizando a luz eterna do Criador. Esse nó central conteria quatro fios de cores diferentes, vermelho para o fogo, azul para o ar, marrom para a terra, e verde-esmeralda para a água. No entanto, o mesmo signo central poderia representar a palavra "sol" (*ynti*, em quéchua), e embora dispensasse os quatro fios coloridos, incluiria vários fios amarelos, com nós feitos de dentro para fora.

A palavra para *ñandú*, uma pequena ave não voadora sul-americana, é *suri* em quéchua: no quipo seria representada pelos mesmos nós que representam um ser humano, mas a distância entre os nós seria maior, para indicar o longo pescoço da ave.

De acordo com Sansevero, os poetas incas teriam sido capazes de escrever todas as outras palavras das quais precisassem dividindo-as em sílabas e procurando as sílabas correspondentes em uma das palavras básicas. Faziam-se então nós menores que acompanhavam aquele da palavra-chave, indicando a que sílaba se referiam. Por exemplo, se a palavra começava com a sílaba *su*, faziam-se os nós de *suri*, seguidos de um nó menor. Depois, se a segunda sílaba da palavra fosse *mac*, faziam-se os nós de *Pacha-camac*, seguidos de quatro nós menores. A palavra resultante é *sumac*, primeira palavra do poema incluído nos *Comentarios reales*.

Em 29 de fevereiro de 1752, o agostiniano Domenico Giorgi incluiu *Carta apologética* no católico *Índex de livros proibidos*, estigmatizando o texto como uma produção cabalística que ridicularizava a verdadeira fé. O padre Giorgi relacionou a interpretação e defesa do quipo por Sansevero aos hieróglifos pagãos do Egito, aos números pitagóricos dos rosacrucianistas e às *sefirot* dos judeus. Os cabalistas, segundo o padre Giorgi, sustentavam que Deus é nosso irmão, e comparavam o Todo-poderoso e seu Adão a nós que eram feitos no mesmo pedaço de cordão. O quipo, argumentava padre Giorgi, era a representação, no Novo Mundo, dessa horrenda blasfêmia. Um ano depois, Sansevero publicou um pleito em defesa de sua *Carta apologética*. Seus argumentos não se mostraram convincentes, e a Santa Sé manteve a interdição. Em 22 de março de 1771, Raimondo di Sangro, príncipe de Sansevero, morreu em Nápoles com sua obra não redimida.

Para um leitor contemporâneo, a *Carta apologética* de Sansevero continua a ser um enigma. Sem dúvida, a variedade, ingenuidade, preciosidade e beleza do quipo (muitos representados nas soberbas páginas em cor do livro de Sansevero) são extraordinárias. Como na tradicional tipografia ocidental, a arte do quipo ao mesmo tempo que expressa o sentido do texto que a contém, é acima de tudo uma arte visual e, como toda escrita, nascida de imagens.[14] A escrita não reproduz a palavra falada: ela a torna visível. Mas o código para essa visibilidade deve ser compartilhado pela sociedade na qual o artista trabalha. "Tipografia", diz o poeta canadense Robert Bringhurst na introdução a seu manual tipográfico, "se desenvolve como um empreendimento compartilhado — e não há caminho algum onde não houver desejos e direções compartilhados."[15] Do distante lugar em que estamos, faltam-nos as chaves que nos ajudem a entender quais eram esses desejos e direções no Império Inca; devemos assumir que os exemplos de quipo que chegaram até nós têm aspectos que um leitor naquela sociedade seria capaz de identificar como distintos uns dos outros, alguns elegantes, alguns desajeitados, alguns claros, outros embaçados, alguns distintamente originais e a maioria convencional — se é que elegância, clareza e originalidade eram qualidades que o leitor inca era capaz de reconhecer ou com as quais se importaria.

Um certo número de eruditos recentes é de opinião que o método de sílabas proposto por Sansevero para ler o quipo foi inspirado menos na ciência da linguística do que nos rebus e nas charadas que eram populares na imprensa europeia no século XVIII.[16] Esses eruditos acreditam que, conquanto altamente sofisticado, o quipo não foi mais do que um sistema de contagem e um dispositivo mnemônico igual aos que eram usados nas Américas desde a costa da Columbia Britânica até a extremidade sul dos Andes. Verdade que hoje, em certas partes do Peru, quipos são usados exclusivamente para armazenar informação numérica, mas um número de documentos espanhóis dos tempos coloniais fala de *quipucamaya*, que, usando os nós como ajuda na memorização, podem recitar longas crônicas e poemas e preservar a memória documental de eventos passados. Em outras culturas, poetas usaram rimas e aliterações para o mesmo propósito.

Na sociedade inca, o quipo também era um instrumento que facilitava a manutenção da ordem. "As guerras, crueldades, pilhagens e tirania dos espanhóis foram tais que se esses índios não estivessem acostumados à ordem e providência, eles teriam todos perecido", escreveu Pedro Cieza de León, em 1553. "Depois da passagem dos espanhóis", continua o cronista, os chefes incas "se juntaram aos guardadores do quipo, e se algum tivesse gasto mais do que os outros, os que tinham despendido menos cobriam a diferença, e assim todos estavam numa mesma base."[17]

"A tipografia é para a literatura", diz Bringhurst, "como a execução musical é para a composição: um ato essencial de interpretação, cheio de oportunidades sem fim para insight ou obtusidade."[18] Exceto que no caso do quipo não sabemos o que é revelador e o que é obtuso, e sua leitura, tanto estética quanto hermenêutica, deve consistir necessariamente, em grande parte, de adivinhação. Uma adivinhação inspirada, talvez, mas ainda assim, adivinhação.

Pode haver, contudo, algumas poucas chaves para empreender alguma coisa desse (para nós misterioso) senso prático e estético que orientava os artesãos do quipo no Império Inca. É fato que, quando os espanhóis saquearam as cidades incas, os belos artefatos de ouro que eles arrebataram dos tesouros reais e das casas privadas foram fundidos em lingotes para distribuir o butim mais facilmente. Hoje, gravado em pedra acima da porta do Museu do Ouro em Santa Fé de Bogotá, o visitante pode ler os seguintes versos, que um poeta nativo dirigiu aos seus conquistadores espanhóis: "Estou assombrado com sua cegueira e loucura, por terem desfeito joias tão belas e as transformado em tijolos e pedras".

Dante e Virgílio, em sua ascensão ao Monte Purgatório, deparam com a purificação dos orgulhosos. Xilogravura que ilustra o Canto XII do Purgatório, *impressa em 1487 com comentário de Cristoforo Landino. (Biblioteca Beinecke de Livros e Manuscritos Raros, Universidade Yale.)*

5. Como nós perguntamos?

Sempre soube que as palavras dos outros me ajudavam a pensar. Citações (e citações equivocadas), apartes, aparentes becos sem saída, explorações e esquadrinhamentos, refazendo os passos de alguém e dando um salto adiante — tudo isso parece ser um instrumento válido para a indagação. Simpatizo tanto com a tendência de Chapeuzinho Vermelho de sair de seu caminho quanto com a decisão de Dorothy de seguir pela estrada de pedras amarelas. Minha biblioteca, a despeito de sua organização temática e alfabética, é menos um lugar de ordem do que de caos benevolente, como um desses mágicos mercados de pulgas onde você encontra tesouros que só você pode reconhecer. Tudo de que se precisa está ali, mas você não sabe o que é até vê-lo. O reconhecimento é nove décimos da realização e da satisfação.

Até onde consigo me lembrar, sempre acreditei que minha biblioteca tinha todas as respostas a todas as perguntas. E se não tinha a resposta, então ao menos uma melhor redação da pergunta que me ia lançar ao longo do caminho do entendimento. Às vezes vou buscar um autor ou livro específico, ou um espírito simpático, mas frequentemente deixo a sorte me guiar: a sorte é um excelente bibliotecário. Leitores na Idade Média usavam a *Eneida* de Virgílio como instrumento de adivinhação, fazendo uma pergunta e abrindo o livro em busca de revelação; Robinson Crusoé faz algo muito semelhante com a Bíblia para ir buscar orientação em seus longos momentos de desespero. Cada livro pode ser, para o leitor certo, um oráculo, respondendo ocasional-mente até mesmo a perguntas não feitas, como que pondo em palavras o que Joseph Brodsky chamou de "batida silenciosa". O vasto oráculo da internet é menos útil para mim; provavelmente porque não navego muito pelo ciberespaço, suas respostas são ou literais demais ou banais demais.

Em minha biblioteca, na altura exata do alcance de meus braços, estão as obras de Brodsky. No início da década de 1960, Brodsky, acusado pela KGB de uma conspiração imaginária, foi condenado duas vezes, primeiro a um asilo psiquiátrico e depois a um campo de prisioneiros no norte da Rússia, onde foi posto para trabalhar numa fazenda estatal em temperaturas de -30°C. Malgrado as terríveis condições, e graças a um supervisor bene-volente, foi-lhe permitido enviar e receber cartas, e também escre-ver (como ele diria depois) "uma boa quantidade" de poesia. Ami-gos lhe enviaram livros. Quatro poetas tornaram-se para ele essenciais, devido ao que chamou de "singularidade da alma": Robert Frost, Marina Tsevetaeva, Constantin Cavafy, e W. H. Auden. Esse último tinha dito uma vez que a imagem favorita de Frost era a de uma casa abandonada desmoronada em ruínas. Numa conversa com Brodsky, o crítico Solomon Volkov lem-brou-lhe que enquanto na poesia europeia uma ruína era comu-mente associada com guerra ou com a natureza saqueada, em Frost tinha-se tornado "uma metáfora para a coragem, a imagem da luta desesperada do homem pela sobrevivência". Sem reduzir a imagem a uma explicação, Brodsky concordou com a leitura de

Volkov, mas preferiu que ficasse adormecida, não de imediato aparente. Brodsky desconfiava de todo relato de fatos em torno do ato criativo: dever-se-ia permitir ao texto que falasse por si, num entrelaçamento amoroso com o leitor. "Circunstâncias", ele disse, "podem repetir-se — prisão, perseguição, exílio —, mas o resultado, no sentido da arte, não é repetível. Afinal, Dante não foi o único a ser exilado de Florença."

Anos depois, após ser ele mesmo exilado da Rússia, sentado ao ar livre num inverno da Veneza que amava, ele leu os labirintos da cidade construída sobre a água como tinha lido seus poetas no gélido norte da Rússia: como algo "em que a vida fala ao homem". Brodsky escreveu, "A cidade, no que as palavras têm a dizer sobre ela,/ se assemelha a tentativas de salvar notas de uma batida silenciosa".

"Oh, aonde está indo?" disse o leitor ao cavaleiro,
"Este vale é fatal quando ardem as fornalhas,
Distante é o monturo cujo odor leva à loucura,
Essa lacuna é o túmulo onde heróis vestem mortalhas."

W. H. Auden, *Five Songs*, v

Frequentemente, as mais difíceis interrogações começam com as mais inspiradas adivinhações. Ao chegar ao pé do Monte Purgatório, Virgílio adverte Dante de que não deve ser curioso sobre tudo porque nem tudo está ao alcance da compreensão do homem.

Louco é quem crê que a nossa inteligência
acompanhar possa a infinita via
que três pessoas abriga numa essência.

Restai contentes, gente humana, ao "guia",
que, se houvésseis podido tudo ver,
vão teria sido o parto de Maria;

pois, outros tendes visto em vão querer;
o que teria saciado a sua ambição,
que só lhes resta pra eterna doer.

Para esclarecer esse ponto, Virgílio acrescenta, "de Aristóteles falo, e de Platão/ e de outros mais". Depois ele inclina a cabeça e fica em silêncio, porque também é um daqueles que tentaram satisfazer seu desejo.[1]

A escolástica insistiu na aceitação das consequências: esse pressuposto foi considerado suficiente para prover substância ao pensamento, até as limitadas capacidades da mente humana. Tomás de Aquino tornou clara a distinção entre querer saber por que e querer saber o quê. "A demonstração é dupla", ele escreveu em sua *Suma Teológica*. "Uma demonstra por meio da causa, e se chama *propter quid* [...] a outra por meio do efeito, e se chama *quia*." Em outras palavras, não pergunte *por que* algo existe, mas simplesmente comece do *porquê* e explore sua existência. Nos primeiros anos do século XVII, Francis Bacon adotaria a visão oposta na investigação humana: "Se um homem começar com certezas", argumentou Bacon, "ele acabará com dúvidas; mas se ele se contentar em começar com dúvidas, acabará com certezas".[2]

Para investigar, para refletir, para raciocinar, para demonstrar, a linguagem é obviamente a ferramenta essencial. Logo após seu exílio, como se a perda de seu mundo lhe exigisse a reconfirmação tranquilizante de que ainda dispunha de sua língua, Dante começou a escrever *De vulgari eloquentia*, seu tratado sobre a língua vernácula e seu uso na poesia lírica. Boccaccio, como já mencionamos, relata que *A divina comédia* talvez tenha sido iniciada em latim e depois modificada para o italiano florentino. *De vulgari eloquentia*, talvez por Dante ter sentido que um instrumento erudito lhe permitiria explorar melhor a língua considerada vulgar ("do povo"), é escrito no elegante latim dos escolásticos. Por vários séculos, o texto quase não foi lido: apenas três manuscritos medievais sobrevivem, e ele não foi impresso até 1577.

De vulgari eloquentia começa com a declaração escandalosa de que a língua do povo, que as crianças aprendem no colo de seus pais, é mais nobre do que a língua artificial e regrada que se aprende na escola. Para justificar essa alegação, Dante traça a história da linguagem desde o relato bíblico até sua própria época. A primeira língua do mundo, diz Dante, uma dádiva de Deus que permitiu aos humanos se comunicar entre si, foi o hebraico; o primeiro a falar, Adão. Após a tentativa arrogante de construir a Torre de Babel, aquela língua única e primordial compartilhada por todas as pessoas foi, como castigo, dividida em muitas, impedindo com isso a comunicação e causando confusão. A punição persiste: a língua nos separa não apenas de nossos contemporâneos em outras nações, mas também de nossos ancestrais, que falaram diferentemente do modo que falamos.

Tendo chegado ao céu das Estrelas Fixas, Dante agora encontra a alma de Adão, que lhe conta que "não do fruto o apetite/ foi, por si só, a razão de tanto exílio,/ mas, tão só, o exceder de seu limite". Dante faz então a Adão as perguntas que há tanto tempo perturbavam seus contemporâneos: quanto durou sua permanência no Éden? Quanto tempo, depois disso, ele viveu na Terra? Quanto tempo passou no Limbo até Cristo chamá-lo de volta? E finalmente, em que língua Adão falava no Éden? A esta última pergunta Adão responde:

> *Já estava, a língua que eu falei, apagada*
> *antes de àquela obra inacabável*
> *a gente de Nemrod ser empenhada;*

> *porque nenhum influxo desejável*
> *aos humanos, dos vários que provêm*
> *do céu, por muito tempo foi durável.*

> *A fala humana é da Natura um bem,*
> *mas o vário seu modo ela confia*
> *ao vosso gosto ou a como vos convém.*[3]

As ideias de Dante concernentes às origens da língua aqui já mudaram, desde *De vulgari eloquentia*. No tratado, ele alega que foi Deus quem deu a Adão a capacidade de falar e também lhe deu a língua para que o fizesse. Em *A divina comédia*, Adão diz que, conquanto a dádiva da língua realmente lhe tenha sido concedida, foi ele quem criou a língua que falava, uma primeira linguagem humana, que ficou extinta antes de Babel. Mas qual foi essa linguagem primordial? Dando exemplos de como Deus era chamado antes e depois da Queda, Adão usa termos hebraicos: primeiro, "J", pronunciado *jah*, depois "El", que significa "o Poderoso".[4] O leitor deve concluir, portanto, que a língua falada no Éden era o hebraico.

Em *De vulgari eloquentia*, Dante tenta justificar a preeminência do hebraico. Deus tinha concedido a Adão uma *forma locutionis*, uma "forma linguística".

> Com essa forma linguística falaram todos os seus descendentes até a construção da Torre de Babel, que foi interpretada como a "torre da confusão". Essa foi a forma linguística herdada pelos filhos de Éber, que, a partir desse nome, foram chamados de hebreus. Essa forma permaneceu com eles, exclusivamente, depois da confusão [de línguas], de modo que nosso Salvador, que devido ao lado humano de Sua natureza teve de nascer deles, pôde usar uma língua não de confusão mas de graça. Foi assim que a língua hebraica foi concebida pelo primeiro ser ao qual se concedeu a fala.[5]

Mas os resíduos espalhados da primeira língua, os retalhos das formas linguísticas herdadas pelos descendentes de Adão, eram insuficientes para expressar os pensamentos e revelações que os humanos concebiam e queriam transmitir. Foi portanto necessário construir, a partir da língua que nos estava disponível (no caso de Dante, o italiano florentino), um sistema que permitisse a um poeta talentoso aproximar-se da perfeição perdida e contrapor-se à maldição de Babel.

Na tradição judaico-cristã, as palavras são o começo de tudo. Segundo os comentaristas talmúdicos, 2 mil anos antes da criação do céu e da terra, Deus fez existir sete coisas essenciais: seu trono divino; o paraíso, situado a sua direita, o inferno, a sua esquerda, o santuário celestial, a sua frente; uma joia com o nome do Messias gravado nela; uma voz clamando da escuridão, "Retornem, filhos dos homens!"; e a Torá, escrita com fogo negro sobre branco. A Torá foi a primeira dessas sete, e foi a Torá que Deus consultou antes da criação do mundo. Com certa relutância, porque temia a tendência ao pecado das criaturas do mundo, a Torá consentiu que houvesse a criação. Ao saber da intenção divina, as letras do alfabeto desceram da augusta coroa, na qual tinham sido escritas com uma pena feita de chamas, e uma a uma as letras disseram a Deus, "Criai o mundo por meu intermédio! Criai o mundo por meu intermédio!". Das 26 letras, Deus escolheu o *beth*, primeira letra da palavra hebraica *Baruch*, "Bendito", e foi assim que, por meio do *beth*, o mundo passou a existir. Os comentaristas observam que a única letra que não apresentou sua reivindicação foi o modesto *alef*; para recompensar essa humildade, Deus deu ao *alef* a primeira posição nos Dez Mandamentos.[6] Muitos anos depois, são João, o Evangelista, um tanto impacientemente, resumiu o longo procedimento com a declaração "No começo havia o mundo". Dessa antiga convicção origina-se a metáfora de Deus como autor e o mundo como um livro; um livro que tentamos ler e no qual também estamos escritos.

Como é de se supor que a palavra de Deus seja de tudo abrangente e perfeita, nenhuma parte da Escritura pode ser ambígua ou fortuita. Toda letra, a ordem de cada uma, a colocação de cada palavra devem ter um significado. Para melhor tentar ler e interpretar a palavra de Deus, por volta do primeiro século d.C. os judeus da Palestina e do Egito, talvez sob a influência da religião persa, começaram a desenvolver um sistema de interpretação da Torá e do Talmude, a Cabala, ou "tradição", termo apropriado dez séculos depois pelos místicos e teósofos que se tornaram conhecidos como cabalistas. A *Mishnah*, uma sinopse da Torá oral compilada por rabi Iehudá HaNassi por volta do século II d.C., condenava a curiosidade humana além de certo limite. "Quem reflete sobre quatro coisas, melhor seria para ele não ter vindo ao mundo: o que está em cima, o que está embaixo, o que foi antes do tempo, e o que será daqui por diante."[7] A Cabala contorna essa condenação concentrando-se na própria palavra de Deus, que necessariamente contém todas essas coisas em cada uma de suas letras.

Em meados do século XIII, um brilhante estudioso da Cabala, o douto espanhol Abrahão Abulafia, talvez inspirado em encontros com mestres sufis durante suas extensas viagens, desenvolveu, mediante experiências extáticas, uma técnica de combinação de letras e adivinhações por meio de números, que ele chamou de "o método dos nomes". Abulafia acreditava que seu método permitiria aos estudiosos registrar por escrito suas interpretações e meditações por meio de uma quase infinita combinação das letras do alfabeto. Abulafia comparou isso às variações executadas numa peça musical (um símile caro ao ensinamento sufi); a diferença entre as letras e a música era que, enquanto a música é apreendida pelo corpo e pela alma, as letras são perceptíveis apenas pela alma, sendo os olhos, como na antiga metáfora, as janelas da alma.[8]

Por exemplo, Abulafia combinava sistematicamente a primeira letra do alfabeto hebraico, o *alef,* com as quatro letras do Tetragrama, o nome impronunciável de Deus, YHWH, obtendo quatro colunas com cinquenta palavras cada uma. Sete séculos depois, num hemisfério e num continente que Abulafia sequer poderia suspeitar que existiam, Jorge Luis Borges imaginou uma biblioteca que contivesse todas essas combinações em incontáveis séries de volumes de formatos e números de páginas idênticos; outro nome para essa biblioteca é "Universo".[9]

Abulafia alegou que em hebraico, língua que ele, como Dante, considerava a mãe de todas as línguas, havia uma correspondência convencional, estabelecida por Deus para seus profetas, entre os sons e as coisas que esses sons denominavam. Por isso, Abulafia zombava dos que sugeriam que uma criança privada de contato humano aprenderia a falar hebraico espontaneamente; isso, alegava Abulafia, seria impossível porque ninguém teria ensinado à criança as convenções semióticas. Ele lamentava que os judeus tivessem esquecido a língua de seus antepassados, e ansiava apaixonadamente pela vinda do Messias, quando esse conhecimento lhes seria restaurado pela generosidade de Deus.

Grande admirador do mestre espanhol do século XII, Maimônides, Abulafia considerava sua própria obra, particularmente sua *Vida no outro mundo* e *Tesouro do Éden oculto*, uma sequência do célebre *Guia dos perplexos*, de Maimônides, um manual para estudiosos da filosofia aristoteliana intrigados com a aparente contradição entre a filosofia grega e os textos bíblicos. Para solucionar isso, Abulafia absteve-se das técnicas tradicionais da cabala, baseadas nas *sefirot* (os poderes, ou potências de Divindade) e das *mitsvot* (os mandamentos, ou preceitos, na Torá): para Abulafia, nossa compreensão de Deus se dá por meio de interações entre o intelecto, aquilo que é inteligível, e o ato em si mesmo de adquirir inteligência.[10] Esse triângulo dinâmico permite que nossa curiosidade prossiga em sua busca interminável.

Para Abulafia, o prazer é o fruto principal da experiência mística, e também seu propósito essencial, mais importante do que a obtenção de respostas intelectuais. Nisso, ele notoriamente diverge tanto de Aristóteles quanto de Maimônides, que acreditavam que o objetivo desejado era atingir o bem supremo. Empregando uma eventual etimologia entre as palavras hebraicas *ben*, "filho", e *binah*, "entendimento" ou "intelecto", Abulafia alegou que a concepção de ideias era equivalente à concepção sexual.

Dante, tentando conciliar certos princípios epicuristas com

a noção de *voluptas*, ou prazer erótico, em sua visão divina, faz o poeta romano Estácio guiá-lo e a Virgílio pelas áreas superiores do Purgatório, onde, no sexto terraço, antes de chegar a uma árvore de fruto estranho e proibido, eles veem como "uma água clara brota das nascentes/ do alto do rochedo, e suas folhas perpassa".[11] É a água que vai purificar as águas do Parnaso, a fonte da poesia da qual Estácio diz ter bebido quando descobriu as obras de Virgílio. Estácio, que está purgando no Monte Purgatório a excessiva prodigalidade demonstrada em toda a sua vida, disse (sem saber que estava falando com Virgílio) que a *Eneida* "qual mãe eu prezo/ e qual nutriz adotei poetando".[12] Virgílio olha severamente para Dante para evitar que ele revele a identidade do poeta, mas um sorriso nos lábios de Dante faz com que Estácio pergunte qual foi a anedota. Virgílio lhe dá permissão para falar, e Dante conta a Estácio que ele está na presença do próprio autor da *Eneida*. Estácio então (porque as sombras podem ser tomadas de emoção também) se abaixa para abraçar os pés do poeta. Virgílio o detém dizendo:

Irmão,
não faças, sombra és tu, e sombra tu vês

E Estácio se desculpa: tal era seu amor por Virgílio, ele explica, que esquecera serem ambos nada, "tratando sombra como coisa firme". Para Dante, que como Estácio reverencia Virgílio como "honor e lume" de toda a poesia e confessa "o longo estudo e o grande amor/ que me fez procurar o teu volume", a alegria intelectual que se adquire na leitura deve agora ser transmudada em outro, mais elevado prazer.[13]

Os discípulos de Abulafia levaram sua obra a centros de cultura judaica fora da península espanhola, principalmente para a Itália, que se tornou no século XIII uma intermitente fortaleza de estudos cabalísticos.[14] O próprio Abulafia tinha visitado a Itália várias vezes, e viveu lá durante mais de uma década: sabemos que em 1280 ele visitou Roma com a intenção de converter o papa. Dante pode ter sabido das ideias de Abulafia por meio dos debates eruditos que tiveram lugar em várias cidades depois das visitas de Abulafia, especialmente nos círculos intelectuais de Bolonha. Mas, como observa Umberto Eco, não é provável que antes da Renascença um poeta cristão tivesse desejado reconhecer a influência de um pensador judeu.[15]

Dois séculos depois, os neoplatônicos da Renascença, que explorariam adiante as artes combinatórias de Abulafia na construção de suas máquinas de memória, também iriam resgatar a crença de Abulafia na importância do prazer — particularmente o prazer orgástico atingido em experiências tanto místicas quanto espirituais — e também sua noção de que o intelecto era um intermediário primevo entre o Criador e suas criaturas. Para Dante, a experiência orgástica ocorre no fim de sua viagem, quando sua mente é "ferida" pelo empuxo de sua inefável e definitiva visão; o papel do intermediário pertence ao próprio poeta.[16]

Se o dom das formas linguísticas que Deus concedeu a Adão coincide, como imaginou Abulafia, com o próprio dom linguístico de Deus no ato da criação, então é no ato da criação artística que o poeta põe em ação os poderes concedidos pelo dom compartilhado. Uma obra de arte é, sem dúvida, como a julgou Platão, uma imitação que conta mentiras porque provê "imagens falsas"; no entanto, essas mentiras são para Dante *non falsi errori*, "falsidades não falsas". Em outras palavras, verdade poética.[17]

Pode-se ter um exemplo de tal verdade obtida de "imagens falsas" numa grande pintura de Cima da Conegliano datada de 1506-8, hoje em Veneza. Ela retrata, tendo ao fundo uma paisagem de colinas encimadas por uma torre e os contrafortes de um porto marítimo, o leão de São Marcos, que está na terra e na água,

Cima da Conegliano, Il leone di San Marco. (*Galeria da Academia, Veneza; cortesia do Ministério de Bens e da Atividade Cultural e de Turismo da Itália.*)

refletindo assim o caráter anfíbio de Veneza, *Stato da terra* e *Stato da maré*.[18] Com asas multicoloridas, sua pata dianteira direita sobre um livro aberto, a fera é emoldurada por quatro santos: diante das feições aureoladas do leão, estão são João Batista e são João Evangelista; diante de suas ancas, santa Maria Madalena e são Jerônimo. Muito atrás, ao pé de um penhasco sobre o qual se debruçam algumas edificações de uma cidade distante, um cavaleiro de turbante monta um cavalo branco. O livro do leão é a Bíblia, suas páginas abertas mostrando as palavras com as quais, segundo a tradição, um anjo saudou Marcos quando primeiro chegou a Veneza: *Pax tibi, Marce, Evangelista meus* [A paz esteja consigo, Marcos, meu evangelista]. Os santos estão agrupados em pares que se complementam: João Batista e Maria Madalena são os ativos, lendo as palavras de Deus no mundo; João Evangelista e Jerônimo, cada um carregando um códex, são os contemplativos que leem as palavras de Deus nos livros. O leão participa igualmente em ambas as leituras.

A leitura é uma arte que nunca pode ser totalmente realizada. Mesmo se cada sílaba de um texto fosse analisada e interpretada em sua mais completa abrangência, o leitor obstinado ainda seria deixado com as leituras daqueles que o/a precederam e as quais, como os rastros de animais na floresta, formam um novo texto cuja narrativa e significado também estão abertos a uma cuidadosa leitura. E mesmo se essa segunda leitura for bem-sucedida, ainda restaria o texto formado das leituras daquelas primeiras leituras, comentários sobre o comentário e glosas sobre a glosa — e assim até que o último vestígio de significado tenha sido meticulosamente examinado. O final de um livro é uma ilusão otimista. Assim como a demonstração de Zênon da impossibilidade do movimento, a verdade paradoxal que todo leitor tem de aceitar é que a leitura é uma perene continuação, mas não um empreendimento infinito e que, em alguma tarde inconcebivelmente distante no futuro, a última palavra do último texto será finalmente lida. No século XVIII, rabi Levi Itzchak de Berdichev, ao lhe pedirem que explicasse por que faltava a primeira página de cada um dos tratados no Talmude da Babilônia, responde que era "porque por mais páginas que leia o homem estudioso, ele não deve esquecer que nem sequer chegou à primeira página".[19] Essa página tentadora ainda espera por nós.

Se a busca pela primeira página ainda não foi bem-sucedida, não foi por falta de tentativas. Em algum momento na segunda metade do século XV, o filósofo português Isaac Abravanel, que se tinha estabelecido na Espanha depois de ser exilado e de chegar em seu êxodo a Veneza, com base estrita nos princípios de sua estudiosa leitura, levantou uma objeção incomum a Maimônides. Além de reconciliar Aristóteles e a Bíblia, Maimônides buscou extrair das palavras sagradas da Torá os princípios básicos da fé judaica.[20] Pouco antes de sua morte, em 1204, seguindo uma tradição de exegese sumária iniciada por Filo de Alexandria no século I, ele tinha expandido a lista de Filo de cinco princípio básicos da fé judaica para treze.[21] Assim aumentados, esses treze princípios deviam ser usados, segundo Maimônides, como teste de fidelidade ao judaísmo, distinguindo os verdadeiros crentes dos *goim*.* Abravanel, argumentando contra o dogma de Maimônides, ressaltou que uma vez sendo a Torá um todo dado por Deus do qual nem uma só sílaba poderia ser descartada, a tentativa de ler o texto sagrado para dele escolher uma série de axiomas era uma dissimulação, se é que não uma heresia. A Torá, asseverou Abravanel, era completa em si mesma e nem uma única palavra dela era mais ou menos importante que outra. Para Abravanel, mesmo sendo a arte do comentário um acompanhamento permissível e até mesmo recomendável à arte da leitura, a palavra de Deus não admitia duplos entendimentos, pois se manifestava literalmente, em termos inequívocos. Abravanel estava implicitamente distinguindo entre o Autor como autor, e o leitor como autor. O papel do leitor era não o de editar, mental ou fisicamente, o texto sagrado, mas de ingeri-lo inteiro, assim como Ezequiel tinha ingerido o livro que lhe foi oferecido por um anjo, e depois achá-lo doce ou amargo, ou ambos, e agir a partir daí.

Abravanel pertencia a uma das mais antigas e prestigiosas famílias judaicas da península ibérica, que alegava ser descendente do rei Davi: seu pai servira ao Infante de Portugal como conselheiro financeiro, e seu filho era Leon Hebreo, autor do clássico neoplatônico *Diálogos de amor*, que o príncipe Sansevero publicou mais tarde em Nápoles. Abravanel era um voraz devorador de livros, e ia atrás de leituras da palavra de Deus, não somente as escritas em tomos de pergaminho e papel, mas também as que estavam inscritas no vasto livro do mundo. Na tradição judaica, o conceito de que o mundo natural é a manifestação material da palavra de Deus origina-se de uma aparente contradição na Escri-

---

* Em hebraico, "povos", ou seja, "os outros povos". (N. T.)

tura. O livro do Êxodo declara que após Moisés ter recebido os mandamentos de Deus no Monte Sinai, ele "veio e disse ao povo todas as palavras do Senhor, e todos os julgamentos, e o povo inteiro respondeu a uma só voz, e disse: 'Todas as palavras que o Senhor disse nós as cumpriremos'. E Moisés escreveu todas as palavras do Senhor" (Êxodo 24,3-4; veja também Deuteronômio, Levítico e Números). Mas o tratado *Avot*, na *Mishnah*, declara que "Moisés recebeu a Torá no Monte Sinai e a passou a Josué, Josué aos anciãos, os anciãos aos profetas, os profetas aos membros da Grande Assembleia" (*Avot* 1,1). Como manter juntas essas declarações, uma vez que ambas devem ser verdadeiras? Assim como nas tentativas de Maimônides e de Abulafia de manter juntas a filosofia aristotélica e a Palavra de Deus, Abravanel ponderou sobre como os aparentemente contraditórios textos divinos poderiam ser conciliados.

Detalhe do mosaico de 1933 no prédio da RCA Inteligência despertando o gênero humano, *de Barry Faulkner, no Rockefeller Center, Nova York, mostrando o "Pensamento" com a "Palavra Escrita" de um lado, e a "Palavra Falada" do outro, uma representação moderna dos livros oral e escrito de Deus. (Len Holsborg/ Alamy/ Latinstock.)*

Nos primeiros anos do século IX, foi publicada uma coleção de comentários bíblicos atribuídos ao mestre do século II, Eliezer ben Hircano, *Os capítulos de rabi Eliezer*, que propõe uma solução ao enigma: "Moisés passou quarenta dias na montanha, diante do Senhor, abençoado por Seu nome, assim como um estudante senta-se diante de seu mestre, lendo os preceitos da Torá escrita durante o dia e estudando os preceitos da Torá oral durante a noite".[22] Assim, a Torá foi apresentada como um livro duplo, escrito e oral, sendo a Torá escrita o imutável cerne feito das palavras de Deus e incluída no livro que veio a se chamar de Bíblia, e a Torá oral um continuado diálogo entre Deus e suas criaturas, registrado nos comentários de professores inspirados e materializado para todos nos próprios montes, rios e florestas do mundo. No século XVII, Bento de Espinosa reconheceu a dupla manifestação de Deus na famosa máxima: *Deus sive natura*. "Deus ou [em outras palavras] Natureza." Para Espinosa, Deus e Natureza eram duas edições do mesmo texto.

Talvez por Abravanel ter compreendido que nosso dever é o de ler estritamente o texto, e não lhe acrescentar nossas próprias palavras, o homem instruído do mundo desconfiou do conceito de inspiração divina e foi cético em relação aos profetas. Ele preferiu a tarefa dos filólogos, de comparar edições diferentes, e usou seus talentos políticos e filosóficos para decifrar o livro do mundo à luz da Torá escrita. Uma vez que Deus, por meio de um de seus curiosos instrumentos, a coroa católica, decretou a expulsão de judeus e árabes da Espanha e o levou, dom Isaac Abravanel, a um doloroso exílio, ele se aproveitaria dessa adversidade ao transformar suas andanças compulsórias numa experiência de aprendizagem: ele ia se preparar para estudar as páginas do outro volume de Deus que agora se abriam à sua frente no tempo e no espaço.

Após desembarcar em Veneza em 1492, Abravanel aplicou seu conhecimento da Escritura à nova sociedade que o confrontava em toda ocasião, de maior ou menor importância. Ele se perguntou, por exemplo, à luz da Torá, como o governo do doge, considerando as cálidas boas-vindas com que ele mesmo fora recebido, poderia ser comparado com o brutal e excludente governo dos reis católicos. O Deuteronômio (17,14-20) estabelece o modo pelo qual um governante deve ser escolhido para que governe bem; de acordo com Abravanel, o rei espanhol tinha desobedecido a esses preceitos sagrados. Fernando não tinha, como instruía o Deuteronômio, "escrito num livro a cópia da lei", nem tinha lido fielmente "em todos os dias de sua vida, que ele [poderia] aprender a temer o Senhor seu Deus, guardando todas as palavras desta lei e destes estatutos e os cumprindo". Esticando sua regra exegética, Abravanel argumentou que, segundo o comentário talmúdico dessa passagem, os judeus não eram obrigados a serem governados por um rei ou um imperador. No entanto, se optassem por ser, os poderes do monarca certamente estariam dentro das limitações deuteronômicas. O rei Fernando evidentemente se tinha recusado a concordar com isso. Portanto, concluiu Abravanel, os doges venezianos estavam mais próximos da lei da Torá, e mesmo tendo manifestamente desdenhado de outra proibição deuteronômica — a de que nenhum governante deveria "multiplicar grandemente para si mesmo a prata e o ouro" —, poder-se-ia dizer que em grande medida eles se submetiam fielmente aos regulamentos suntuários da República de Veneza.

Abravanel tornou-se o chefe da comunidade de judeus exilados em Veneza, usando suas habilidades políticas para ajudar seus irmãos. Ele foi, acima de tudo, um leitor fiel e minucioso, um racionalista, um homem prático, um estudioso das ciências confiante o bastante para até mesmo criticar as "inclinações proféticas" de Jeremias e Ezequiel, e ele provavelmente sabia de Dante e de sua *A divina comédia*, já que vários eruditos judeus tinham lido e discutido o poema em Roma, Bolonha e Veneza. O erudito Iehuda Romano tinha feito palestras sobre *A divina comédia* para sua comunidade, e as transliterado em escrita hebraica, e o poeta Immanuel de Roma (que talvez fosse meio-irmão de Romano) tentou escrever sua própria versão de uma perspectiva judaica.[23]

O cerne da fé judaica está na crença na prometida vinda do Messias. Com base em suas rigorosas leituras da Torá, e usando seu conhecimento da matemática, Abravanel concluiu que o Messias chegaria no ano de 1503 (data adiada pelo contemporâneo de Abravanel, o instruído doutor em medicina Bonet de Lattes, para 1505). Nessa expectativa, Abravanel ter-se-ia desapontado: ele morreu em 1508 sem testemunhar nenhuma das maravilhas que se dizia que iriam anunciar a chegada do Messias. Literal até o fim, ele supôs que o erro estivesse em sua própria leitura, nunca nos textos sagrados dos quais tinha tirado suas conclusões. É de se supor que, se é que representa algo, sua falha confirmou sua convicção quanto aos perigos da tentação exegética.

Como tantas vezes na história das intenções humanas, uma grande e ambiciosa curiosidade foi ofuscada por uma falha aleatória. O esforço de Abravanel para restaurar a confiança hermenêutica na totalidade dos textos sagrados e no espelho do mundo foi esquecido devido a seu fracasso em fixar a data da chegada do Messias. Se não fora capaz de realizar esta última, que crédito poder-se-ia dar à primeira?

Abravanel tinha alegado que a leitura adequada da Torá era uma leitura na qual a razão e a lógica têm de prevalecer sobre investigações poéticas e visionárias. Mas dentro dos sempre constringentes limites dos muros do gueto, os judeus de Veneza, que em 1552 eram em número de novecentas almas, ansiavam por algo mais do que uma leitura estrita do Talmude: eles ansiavam por uma leitura que oferecesse se não uma ajuda mágica, pelo menos uma esperança mágica. No início do século XX, Rainer Maria Rilke descreveu o gueto de Veneza como uma cidade autossuficiente que, em vez de se espraiar para o mar, devido ao espaço restrito permitido aos judeus, cresceu para o céu como uma nova Babel, um lugar para se contar histórias. As histórias que escolheram para contar eram contos de magia.[24]

Em lugar de aproveitar as lições rigorosas do mestre perdido, a maioria dos judeus preferiu relembrar seus (conquanto inexatos) augúrios. Para melhor compreender, assistir, ou mesmo refutar a fracassada cronologia prevista, os judeus de Veneza começaram a demonstrar avidez por estudos de ocultismo e de antigas conjurações que pudessem ajudá-los a estabelecer uma nova data para a chegada certa, e uma inundação de livros cabalísticos, desde visões apocalípticas até manuais de adivinhação (como os de Abulafia), fluíram das gráficas de Veneza sob a flutuante tolerância da Inquisição, que intermitentemente permitia e proibia a impressão de livros judaicos.[25]

Entre os muitos títulos, o Talmude, acima de tudo, era considerado um livro de conhecimento tanto natural como mágico. Embora na *Mishnah*, rabi Shlomo Itzchaki, conhecido como Rashi, o maior dos sábios talmúdicos, tenha declarado que mágicos (*mechashefim*) que realizassem um ato de mágica "real" deveriam ser apedrejados, o texto distinguia claramente entre o estudo da arte oculta e sua realização. Já próximo da morte aos 120 anos, rabi Eliezer, sábio até das coisas mais humildes mas proibido de ensiná-las por ter desobedecido às regras do Sanhedrin (o conselho de líderes judeus), reclamava, como Fausto, de que todo o seu conhecimento era agora inútil. "Conheço", ele disse, trezentas regras — e alguns dizem 3 mil — acerca da plantação de pepinos, e ninguém jamais me pergunta sobre isso, com exceção de Akiba ben Iossef. Em certa ocasião, eu e ele estávamos caminhando pela estrada: ele me disse, mestre, ensine-me sobre a plantação de pepinos. Eu disse uma coisa, e o campo inteiro ficou coberto de pepinos. Ele disse, mestre, você me ensinou como plantar, agora me ensine como colhê-los. Eu disse uma coisa e todos ficaram reunidos num só lugar.

Quanto a esse desempenho mágico, comenta o Talmude: "Está dito. 'Você não deve aprender a fazer' (Deuteronômio, 18,9) — a fazer você não deve aprender, mas pode aprender a compreender e a ensinar".[26] O Talmude sublinha a diferença entre o ato imaginado e o ato realizado, entre o que é permitido na literatura e na imaginação mas não é permitido na vida.

Para refletir sobre essas graves questões, o acesso ao Talmude era essencial: o *Shulchan Aruch*, ou Código da Lei Judaica, exige que se separe algum tempo para um estudo frequente do Talmude. Antes da invenção da imprensa, estudantes de *ieshivah* ou copiavam eles mesmos determinados tratados ou encomendavam a tarefa a escribas, mas "o sistema era lento e propenso a erros".[27] Era preciso encontrar uma solução para esse problema.

Veneza, nos primeiros anos do século XVI, já se tinha tornado o incontestável centro de publicação na Europa, tanto por causa da qualidade de suas gráficas quanto por causa do âmbito de seu comércio de livros. Embora o primeiro livro em hebraico impresso em Veneza, *Arba'ah Turim* [Quatro fileiras] de Ia'akov ben Asher, tenha saído da gráfica de rabi Meshullam Cusi e filhos, o negócio da impressão em Veneza estava quase exclusivamente nas mãos de gentios como Daniel Bomberg, Pietro Bragadin e Marco Giustiniani, os quais empregavam, todos, artesãos judeus quando imprimiam livros em hebraico "para compor as letras e ajudar nas correções".[28] Apesar disso, o que importava não era quem imprimia os livros mas o simples fato de que os livros em hebraico estavam agora facilmente disponíveis, e nesse sentido o invento de Gutenberg mudou o relacionamento dos judeus com seus livros. Até o final do século xv, poucas comunidades judaicas tinham condições de ter uma boa biblioteca, e muito esforço era despendido em editar cópias cheias de erros para obter textos corretos. Com a invenção da imprensa, os gráficos por toda a Europa rapidamente se deram conta de que havia um mercado para livros em hebraico não somente nas comunidades judaicas mas também entre os gentios. Numerosas edições da Bíblia hebraica, do livro de orações, de comentários rabínicos e obras de teologia e filosofia judaicas jorraram aos montes e alcançaram toda classe de leitor, facilitando, entre os judeus, o estudo obrigatório da Torá. Cento e quarenta volumes em hebraico foram impressos durante o período dos incunábulos (antes de 1501) na Europa, até Veneza impor sua notável supremacia no mercado internacional.[29]

Incontestavelmente, a obra-prima na produção dos livros hebraicos em Veneza foi a primeira edição completa do Talmude da Babilônia. Impressa cerca de cinquenta anos após a morte de Abravanel, por Daniel Bomberg. Nascido Daniel van Bomberghen e originário da Antuérpia, Bomberg estabeleceu-se em Veneza em 1516, onde traduziu seu nome para o hebraico e, durante três décadas em Veneza (retornou a sua cidade natal em 1548, morrendo lá um ano depois), produziu algumas das melhores e mais importantes edições de livros judaicos, entre eles a *Biblia rabbinica* (a Bíblia hebraica com traduções para o aramaico e comentários de conhecidos eruditos medievais), que espertamente dedicou ao papa Leão x. Embora Bomberg fosse, acima de tudo, um homem de negócios e só publicasse o que acreditava que fosse vender, era também um homem impulsionado pelo que alguns doutos chamaram de "intenções missionárias", um fazedor de livros que amava o trabalho em que estava envolvido. Provavelmente como distração aos censores, junto com os livros judaicos Bomberg imprimiu em 1539 um tratado antissemita, *Itinera deserti de judaicis disciplini* [As perambulações do povo judeu no deserto], de Gerard Veltwyck. Foi sua única publicação antissemita.[30]

Com a assistência de um frade, Felice da Prato, Bomberg deu início a seu catálogo de livros impressos em hebraico com o Pentateuco, seguido de uma seleção dos Profetas e mais tarde do Talmude da Babilônia e do Talmude da Palestina, inclusive os comentários de Rashi, do século XI. Para sua edição do Talmude, Bomberg empregou um grupo de eruditos judeus e não judeus reunidos com esse propósito, criando assim um modelo para a edição de obras judaicas que seria mais tarde seguido pela maioria das outras gráficas da Europa.

O Talmude da Babilônia, impresso em conjuntos de doze volumes, foi um empreendimento gigantesco que Bomberg levou três anos para completar. Bomberg não gostava de ornamentação: a página de rosto de cada volume não apresentava qualquer brasão de família ou marca do impressor. Na página de rosto do tratado *Pessachim* (no terceiro volume) lia-se:[31]

TRATADO PESSACHIM PESSACH RISHON E SHENI COM O COMENTÁRIO de Rashi, Tossafot, Piskei Tossafot e o Asheri livres de todos os impedimentos e preciso para o propósito de estudo. Com o favorecimento da mão do Senhor, pois isto jamais fora impresso, que o Senhor nos possibilite completar todas as seis ordens como é intenção de Daniel Bomberg de Antuérpia, em cuja casa este foi impresso, aqui em VENEZA.

Conquanto alguns tratados talmúdicos individuais tivessem sido publicados antes em outras cidades, era a primeira vez que o corpus inteiro era impresso como um todo erudito. Para seu texto, Bomberg baseou-se no único manuscrito existente, conhecido como códex de Munique, de 1334. A diagramação da edição de Bomberg é notável tanto em sua eficiência quanto em sua originalidade: o texto do próprio Talmude está impresso no tipo quadrado de hebraico no centro de cada página, o comentário de Rashi na margem interna, e as *tossafot*, ou "acréscimos" (outras observações críticas de vários comentaristas), na margem externa, ambos compostos nos tipos semicursivos góticos conhecidos como "rabínicos" ou "rashi". Todas as edições subsequentes do Talmude da Babilônia seguiram o leiaute de Bomberg, mantendo a disposição de texto e comentários, assim como a posição exata de palavras e de letras.

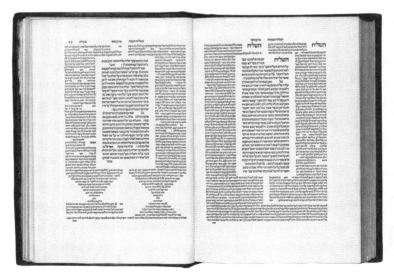

Páginas do Talmude de Daniel Bomberg (Veneza, 1519-23). (Fotografia por cortesia de Sotheby's, Inc., e de Valmadonna Library Trust ©.)

O erudito francês Marc-Alain Ouaknin sugeriu que o leiaute do Talmude de Bomberg foi inspirado no leiaute da própria Veneza: podia-se dizer também que fora inspirado na posição do gueto dentro da cidade, um núcleo judaico aninhado dentro de Veneza, e a cidade mesma encaixotada entre a terra e o mar, um quadro dentro de um quadro dentro de um quadro. Menos de uma década após a morte de Abravanel, em 29 de março de 1516, os judeus de Veneza, pela primeira vez, receberam ordens de ficarem dentro das paredes do gueto. Para evitar que eles "perambulassem à noite", os dois portões do gueto foram trancados à meia-noite por uma dupla de guardas cujos salários os próprios judeus foram obrigados a pagar. Essa clausura prescrita é ainda notável num mapa em perspectiva de Veneza impresso em 1500 por Jacopo de' Barbari: mostra o gueto incrustado em canais e fileiras de prédios, como uma ilha de texto no meio de uma página cheia de anotações.[32]

Como todos que visitam Veneza, Bomberg deve ter sido impactado pela intricada estrutura em que se incrustava. Quer tenha se inspirado pela própria cidade e sua rede de canais e ilhotas, ou pelo gueto nela embutido como um microcosmo do *design* urbano maior, parece provável que, consciente ou inconscientemente, a imaginação do impressor espelhou na página os contornos labirínticos do lugar no qual se estabelecera. Gire um mapa de Veneza e suas ruas laterais da periferia, e aparecerá algo semelhante a uma página do Talmude, suas linhas claramente delineadas retorcidas e fragmentadas como uma imagem num sonho. Essa cidade singular, irreal, que todo visitante descobre, tem assim um eco num livro que é, como a cidade, um comentário da obra de Deus: o Talmude que glosa a Torá é um espelho de Veneza, que glosa o livro da natureza. Assim como o Talmude cerca com suas esclarecedoras anotações a palavra entregue a Moisés e dirigida ao povo, a Veneza de fogo e de ar é cercada por terra e água de

Deus, que glosam os castelos flamejantes a flutuar entre a terra e o mar com o sopro resposta do extasiado orador.

G. K. Chesterton observou uma vez que "Deus talvez seja forte o bastante para exultar na monotonia. É possível que Deus diga toda manhã ao Sol: 'Faça isso novamente'; e toda noite, à Lua: 'Faça isso novamente'".[33] Na escala das estrelas ou do universo, o livro de Deus é ao mesmo tempo único e repetitivo, e nós, suas notas de rodapé, tentamos fazer o mesmo, de modo que enquanto o invisível e singular cerne de Veneza está para sempre emoldurado por uma cacofonia de comentários — geográficos e arquitetônicos, poéticos e artísticos, políticos e filosóficos —, o Talmude (com a ajuda da invenção de Gutenberg) reproduz sua estabelecida esteira de comentários repetidamente, cópia impressa após cópia e em cada *design* de cada uma de suas páginas. E como nenhum *design* é fortuito, tanto o leiaute de Veneza quanto o leiaute do Talmude permitem aos leitores testar sua inteligência intuitiva e memória cultural por meio dessas cartografias.

Como sabe todo visitante da cidade, os mapas são inúteis em Veneza. Somente a repetida experiência de seus passeios e suas

Jacopo de' Barbari, "Plano em perspectiva de Veneza", 1500. (Palazzo Ducale, Veneza, Cameraphoto Arte, Veneza/Art Resource, NY.)

144

pontes, seus *campi* e suas brilhantes fachadas, seu Arsenal guardado por leões de pedra de diferentes idades que Dante deve ter visto, permitem um pequeno grau de conhecimento de sua sinuosa coerência. Chegar a conhecer Veneza envolve perder-se nela, assim como os românticos falavam de se perder num livro. Os que verdadeiramente conhecem Veneza, se forem conduzidos vendados pela cidade, sempre saberão onde estão, reconhecendo pelo toque, pelo cheiro ou som, lendo a cidade com os olhos da mente, cada desvio e cada volta.

O Talmude também é imapeável, e ainda assim um leitor constante e sábio saberá o que há em cada página, tanto pela memória quanto pela força do hábito. Num teste de leitura em uma *ieshivah*, conhecido como *Shass Polack* (de *Shass*, abreviação em hebraico para "Seis Ordens", o Talmude, e *Pollack*, "polonês"), o Talmude é aberto aleatoriamente e um alfinete é posto sobre uma palavra. Pergunta-se ao leitor que está sendo examinado qual é a palavra que está naquele mesmo lugar em alguma outra página. Dada a resposta pelo leitor, o alfinete é pressionado através do livro até ele atingir a página mencionada. Se o leitor é um douto verdadeiro, alguém que "se perdeu no Talmude" e portanto é capaz de visualizar o texto inteiro em sua cabeça, a resposta mostra-se correta. Um verdadeiro leitor do Talmude sabe sempre onde encontrar a si mesmo.[34]

No século XIII, são Boaventura observou que após Deus ter criado o mundo por meio da Palavra, percebeu que ele parecia estar morto na página, e "Achou portanto ser necessário que outro livro iluminasse o primeiro para mostrar o significado das coisas". Boaventura conclui: "É o Livro das Escrituras que mostra as similaridades, as propriedades e o significado das coisas como escritas no Livro do Mundo".[35] Para Boaventura, assim como para talmudistas, um livro (a Bíblia) permite a leitura de outro livro (o mundo), e ambos têm em essência o mesmo texto. Os comentários talmúdicos continuam a copiar aquele texto, esclarecendo e expandindo, e produzindo com o tempo camadas de leituras que reconhecem o livro do mundo como um vasto e contínuo palimpsesto. Desse modo, a leitura avança em duas direções: esquadrinhando o texto em seu cerne universal, numa tentativa de se aprofundar e entendê-lo, e chegando à geração de leitores por vir com textos individualizados sempre novos que vão se acrescentando infindavelmente à pilha já existente.

Talvez sem assumir esse processo de individuação como sendo seu, Veneza também existe na tensão entre dois impulsos de leitura. Por um lado, poucas cidades são tão ruidosas quanto a sua mitologia e sua história. Veneza pede à primeira vista uma exploração de suas raízes imaginárias, na terra e na água, na pedra e nos fatos, um profundo retraçar de cada passo dado pelo visitante, seguindo seus canais até seus lendários inícios. Por outro lado, é pela sucessão de leituras históricas que Veneza quer se identificar no presente, descartando cada nova leitura (que a princípio pode ter parecido esclarecedora) como repetitiva, banal e um lugar-comum, e pedindo por outra ainda. Não existe uma Veneza satisfatória. Puxando o leitor para direções opostas ao mesmo tempo, para a cidade teórica dos livros de história e a cidade imaginária de histórias e pinturas, com demasiada frequência nesse processo Veneza (como o próprio mundo) está, ela mesma, perdida.

A história de como os zelotes venezianos roubaram os restos mortais de são Marcos de seu túmulo em Alexandria no ano de 828 é bem conhecida. Como resultado dessa *furta sacra*, ou "santo roubo", são Marcos e seu leão substituíram são Teodoro e seu dragão como patronos da cidade, embora ambos os santos sobranceiem juntos, hoje, a praça de São Marcos, em amigável companhia. Às vezes com o livro aberto, para indicar prosperidade, outras com ele fechado para sinalizar um período de guerra, frequentemente com uma espada ou com um halo, o letrado leão altera ou enriquece constantemente sua própria significância emblemática. Embora esse simbolismo tenha sido questionado, essas são ainda as leituras populares.[36]

Maimônides, em seu *Hilchot Talmud Torá* [Regras para o estudo da Torá], observa que o

> tempo para o estudo divide-se em três partes: um terço para a Torá escrita, um terço para a Torá oral, e o terço restante para a reflexão, tirando conclusões de certas premissas, deduzindo um significado de outro, comparando uma coisa com outra, considerando as regras pelas quais a Torá tem de ser estudada, até se chegar ao conhecimento de que a Torá é o fundamento das regras, aprendendo assim a compreender o que é proibido e o que é permitido naquilo que se estuda de ouvido. Isso, então, é o que se chama Talmude.

Para Maimônides, um estudioso que se torna sábio não precisa mais dedicar-se à leitura da Torá escrita (as palavras dos profetas) ou a ouvir a oral (os comentários esclarecedores), mas pode se dedicar exclusivamente a estudar "de acordo com a medida de sua mente e a maturidade de seu intelecto", guiado por sua curiosidade.[37]

O leão de Conegliano é, obviamente, um lugar-comum em Veneza. Baixos e altos relevos, gárgulas, estandartes, cotas de armas, decorações de fontes, mosaicos, vitrais, capitéis, chafarizes, pórticos, chaves de abóbadas, esculturas individuais, como as que se alinham no Arsenal, e quadros em cada museu: praticamente nada na cidade é considerado inadequado para a presença do leão. *Andante*, a cabeça representada de frente ou em perspectiva, ou sentado em suas ancas como um expectante animal doméstico; reduzido, como o gato de Cheshire, a quase nada a não ser seu sorriso, ou comprimindo todo o seu musculoso corpo numa moldura dourada e opulenta; estampando seu contorno num ex-líbris oficial ou encapsulado em campânulas de plástico cheias de neve artificial feitas na China, o leão está por toda parte em Veneza. E em cada caso, se em sua própria e feral presença ou metonimicamente refletido em seus contornos e entornos, o leão e são Marcos sempre representam mais do que supõe qualquer leitura isolada. Surpreendido entre os dois livros de Deus, assim como o leão de Conegliano está entre os santos da vida ativa e da vida contemplativa, o quase invisível cavaleiro explora a sólida paisagem que está além dos emblemas visíveis da leitura, livro e mundo. É como se, intuindo que nenhum livro é suficiente por si mesmo (como Maimônides argumentou bravamente), o artista tenha posto uma terceira opção no quadro, o emblema de algo equivalente ao intermediário de Abulafia.

O Salmo 32 aconselha: "Não seja como o cavalo, ou como a mula que não têm entendimento: cuja boca deve ser sujeitada com freio e rédea". Ao que acrescenta o Salmo 33: "Um cavalo é coisa vã para a segurança: ele não oferecerá nenhuma [mesmo] com sua grande força". Refreando a ignorância do animal, sabendo que ele não garante proteção para um dano, dirigindo sua "grande força" para um propósito firme e determinado, na pintura de Conegliano o cavaleiro escapa das restrições das Escrituras e da glosa, e cria uma nova paisagem de frases ainda não escritas, que evolveram em memória e pensamento um texto que tem permissão para mudar e se transformar enquanto as páginas rememoradas das palavras e do mundo são viradas e anotadas na imaginação dos curiosos. Quer explorando a cidade quer explorando o livro, entre as palavras falada e escrita de Deus e o mundo humano, concede-se ao cavaleiro a liberdade de buscar que a cada leitor seja permitido fazer reivindicações. Na intraduzível, convencional linguagem dos símbolos ancestrais, talvez esse questionador irrespondível tenha a sua função.

Dante e Virgílio deparam com os gigantes presos no gelo. Xilogravura que ilustra o Canto XXXI do Inferno, *impressa em 1487 com comentário de Cristoforo Landino. (Biblioteca Beinecke de Livros e Manuscritos Raros, Universidade Yale.)*

6. O que é linguagem?

Uma semana antes do Natal de 2013, no fim da tarde, sentei-me à escrivaninha para responder a uma carta. Mas quando estava prestes a escrever as palavras, senti como se elas me escapassem, desaparecendo no ar antes de chegar ao papel. Fiquei surpreso, mas não preocupado. Decidi que estava muito cansado, e prometi a mim mesmo parar de trabalhar depois de terminar o texto. Tentando me concentrar mais, tentei formar em minha mente a sentença que supostamente queria escrever. No entanto, embora eu soubesse em essência o que queria dizer, a frase não se formou na minha cabeça. As palavras se rebelavam, recusavam-se a fazer o que eu lhes pedia; diferentemente de Humpty Dumpty, eu me sentia muito fraco para mostrar a elas "quem será o mestre". Depois de muito estresse mental, consegui, com muito esforço, juntar e alinhar algumas palavras e registrá-las coerentemente na página. Sentia como se estivesse tateando numa sopa de letras, e, assim que mergulhava minha colher para agarrar uma delas, ela se dissolvia em fragmentos sem significado. Voltei para o interior da casa e tentei contar a meu sócio que alguma coisa estava errada, mas me dei conta de que assim como não conseguia escrever as palavras, era incapaz de pronunciá-las, exceto num gaguejante balbucio. Ele chamou uma ambulância, e uma hora depois eu estava no pronto-socorro sendo tratado de um AVC.

Para provar a mim mesmo que não tinha perdido a capacidade de me lembrar de palavras, somente a de expressá-las em voz alta, comecei a recitar de cabeça fragmentos de literatura que conhecia de cor. A fluência foi tranquila: poemas de são João da Cruz e de Edgar Allan Poe, trechos de Dante e Victor Hugo, versos burlescos de Arturo Capdevila e Gustav Schwab ecoavam claramente na escuridão de meu quarto de hospital. A capacidade de ler nunca me faltou, e algumas horas depois descobri que era novamente capaz de escrever. No entanto, quando tentava falar com as enfermeiras, a gagueira persistia. Após quatro ou cinco semanas de uma fala hesitante, a gagueira gradualmente desapareceu.

A experiência, conquanto aterradora, fez-me refletir sobre a relação entre pensamento e linguagem. Se o pensamento, como acredito, forma-se em nossa mente por meio de palavras, depois, na primeira fração de segundo, quando o pensamento é disparado, as palavras que instantaneamente se agregam em volta dele não são claramente distinguíveis aos olhos da mente: elas constituem o pensamento ainda apenas potencialmente. Esse agregado verbal permite à mente perceber a presença de uma forma debaixo d'água, mas não em todos os seus detalhes. Levada a emergir sob ação da linguagem de seu falante (e cada linguagem produz pensamentos específicos que só imperfeitamente podem ser traduzidos para outra linguagem), a mente seleciona as palavras mais adequadas naquela linguagem específica que permitam ao pensamento tornar-se inteligível, como se as palavras fossem pedaços de metal agrupando-se em torno do ímã do pensamento.

Um coágulo de sangue em uma das artérias que alimentam meu cérebro bloqueou por uns poucos minutos a passagem do oxigênio. Em consequência, algumas das sinapses neurais foram cortadas e morreram, presumivelmente as que se dedicam a transmitir impulsos elétricos que transformam as palavras concebidas em palavras faladas. Incapaz de passar do pensamento para a expressão do pensamento, eu senti como se estivesse tateando no escuro buscando por algo que se dissolvia ao toque, impedindo que meu pensamento se constituísse numa frase, como se aquela forma (para continuar com a imagem) se tivesse desmagnetizado e não fosse mais capaz de atrair as palavras destinadas a defini-la.

Isso me deixou com uma pergunta: o que são esses pensamentos que ainda não adquiriram seu estado verbal de maturidade? É a isso, suponho, que Dante se referia quando escreveu, "minha mente foi ferida/ por um fulgor que cumpriu seu querer": os pensamentos desejados ainda não expressos em palavras. Aristóteles referia-se a *phantasia* como a capacidade de fazer presente na mente algo que não fora previamente percebido; talvez, nos humanos, fantasia seja a capacidade de fazer essa apresentação através da linguagem. Em circunstâncias normais, a progressão a partir da concepção de um pensamento no campo linguístico específico de quem o pensa para sua constelação verbal e em seguida a sua expressão na fala ou na escrita é instantânea. Não percebemos as etapas dessa progressão, exceto em estados de meio-sono ou alucinatórios (eu tive essa experiência quando, aos vinte e tantos anos, experimentei LSD). Nesse processo, como em todos os nossos processos conscientes, o que nos move é o desejo.

Dilacerado entre meu desejo de pôr meus pensamentos em palavras específicas e a minha incapacidade de fazê-lo, tentei encontrar sinônimos para aquilo que estava tentando dizer. Aqui, novamente, um símile pode ajudar: era como se, descendo flutuando numa correnteza, eu tivesse chegado a uma represa que bloqueava meu caminho e procurasse por um canal lateral por onde pudesse passar. No hospital, ao me ser impossível dizer "minhas funções de pensar estão bem, mas me é difícil falar", eu dei um jeito de dizer "tenho palavras". Constatei que a expressão de formas negativas era especialmente difícil. Em meu processo mental desacelerado, se eu quisesse dizer, respondendo a uma pergunta da enfermeira, "não sinto dor", eu me descobria pensando "sinto dor" e acrescentando a essas palavras "não". Depois, acostumado com meu ritmo normal de falar, tentaria responder imediatamente, mas as palavras viriam na forma "é claro", ou "sim", antes que eu tivesse tempo de formatar meu pensamento como negativa. Aparentemente, em minha mente, o estágio da afirmação precede o da negação. (Esse processo de asseverar algo para depois negar é, na verdade, um "modelo de narração". Dom Quixote é apresentado como um velho fraco para que se negue que é um homem velho e fraco e se afirme que é um valente cavaleiro andante, e depois negar que seja um valoroso cavaleiro andante e afirmar que é um homem velho e fraco.)

Talvez, eu disse a mim mesmo depois, é assim que funciona o estilo literário de alguém: encontrando seletivamente a correnteza adequada, não devido a qualquer bloqueio da expressão verbal, e sim a um senso estético particular que opta por não tomar o caminho principal do lugar-comum ("o gato está sobre o capacho"), e sim um canal secundário pessoal ("o gato cochila sobre o capacho").

Deitado no hospital, deixando que meu cérebro fosse escaneado em máquinas parecidas com caixões, refleti sobre o fato de que nossa época facultou à nossa curiosidade aquilo que para os teólogos medievais parecia impossível a não ser para Deus: a observação de como observamos, desenhando um mapa de nosso próprio pensamento, usufruindo do privilégio de sermos tanto a plateia como o realizador de nossos atos mentais íntimos — como se segurássemos nosso cérebro nas mãos, à guisa do Bertram de Born de Dante, que tem de carregar sua cabeça decepada como castigo por ter separado duas pessoas que deveriam ficar unidas para sempre.

O mundo é como a impressão deixada pelo contar de uma história.

Valmiki, *Yoga Vasistha*, 2, 3, 11

Fazer perguntas irrespondíveis atende a uma função dialética, como quando uma criança pergunta "Por quê?" não para receber uma explicação satisfatória (a pergunta pode provocar meramente um exasperado "Porque sim!"), mas para estabelecer um diálogo. Os motivos de Dante são obviamente mais complexos. Sob a supervisão de Virgílio, Dante é confrontado com as almas de seus colegas homens e mulheres, pecadores como ele mesmo, cujas histórias ele quer conhecer, talvez devido à pruriente curiosidade (pela qual Virgílio o admoesta) ou para ter um espelho de sua própria condição (o que Virgílio aprova silenciosamente).[1] Algumas das almas querem ser lembradas na terra e contam sua história para que Dante a possa recontar; outras, como o traidor Bocca degli Abati, desdenham da ideia de uma fama póstuma. Todos os encontros se realizam por meio da fala, esse pobre e ineficaz instrumento cuja fraqueza Dante lamenta.

Todas as línguas estariam falidas,
pois a linguagem nossa e a nossa mente
para tanto abarcar são desprovidas.[2]

E quando finalmente Dante está pronto para contar a seus leitores sua experiência das glórias do Paraíso, ele reza a Apolo. Até esse ponto, a inspiração das musas foi suficiente, mas agora ele precisa ter a ajuda do próprio deus, por mais dolorosa que possa ser — porque a presença de um deus é sempre terrível. Dante compara o processo ao esfolamento de Mársias, o flautista que pretendeu desafiar Apolo numa competição e que depois de perder foi amarrado a uma árvore e esfolado vivo. Dante invoca o apavorante deus:

> *Entra em meu peito e exala os cantos teus,*
> *tal como, quando vivo, recolheste*
> *da bainha Mársias dos membros seus.*[3]

Com (ou geralmente sem) a ajuda de Apolo, usamos palavras para tentar relatar, descrever, explicar, julgar, demandar, implorar, afirmar, aludir, negar — e ainda assim em cada caso temos de contar com a inteligência e a generosidade do interlocutor para construir com os sons que estamos emitindo o sentido e o significado do que queremos transmitir. A linguagem abstrata das imagens não é de grande ajuda, porque algo em nossa constituição

Melchior Meier, Apolo e Mársias: O julgamento de Midas (*ou* O esfolamento de Mársias), *1581.* (*The Metropolitan Museum of Art, Nova York. Legado de Phyllis Massar, 2011 [2012.136.725]. Copyright da imagem © The Metropolitan Museum of Art. Fonte da imagem: Art Resource, NY.*)

nos faz querer traduzir em palavras até mesmo esses vislumbres, mesmo os que sabemos com certeza serem intraduzíveis, imanentes, inconscientes. A floresta inicial de Dante, por exemplo, é sua própria e inefável definição, e mesmo assim ele tenta descrevê-la, para que a compreendamos, como *oscura, selvaggia, aspra forte, amara*.[4] Mas inocência semântica é algo que está além de nós.

Na etapa final de sua assustadora descida ao poço do Inferno, cruzando o barranco que separa o último abismo do Malebolge do nono círculo, onde são punidos os traidores, Dante ouve o alto som de uma trompa soprando na espessa escuridão. Ele discerne vagamente silhuetas altas que pensa serem as torres de uma cidade, mas Virgílio explica que as silhuetas são de gigantes mergulhados no abismo até o peito.[5] São os bíblicos Nefilim, que segundo o livro do Gênesis são os descendentes de filhas de homens e filhos de Deus nos dias que antecederam o Dilúvio. Um deles grita algumas palavras ininteligíveis: "*Rafel mai amech zabi almi*". Virgílio explica:

> *Ele mesmo se acusa;*
> *ele é Nemrod, por cuja má investida*
> *no mundo uma só língua já não se usa*
>
> *Larguemos dele e de prosa perdida,*
> *porque pra ele é assim qualquer linguagem*
> *qual pra outrem é a sua, desconhecida.*[6]

A fala de Nemrod "que ninguém entende" tem sido discutida há muito tempo pelos estudiosos de Dante. Embora a maioria dos comentaristas alegue que Dante tivera a intenção de que a linha fosse lida como simples palavrório, alguns propuseram soluções engenhosas para decifrar essas palavras. Domenico Guerri sugeriu que Dante, seguindo a tradição segundo a qual

Nemrod e os gigantes falavam hebraico, combinaram cinco palavras hebraicas encontradas na Vulgata. Guerri argumenta que a frase original concebida por Dante era formada pelas palavras *rafaim* [gigantes], *mah* [o que é isso?], *amalech* [pessoas que tocam com leveza, que tateiam seu caminho], *zabulon* [residente] e *alma* [sagrado, secreto], que se distorcem, como deveriam, pela maldição que Deus impôs a Babel, num ininteligível "*Rafel mai amech zabi almi*". O sentido oculto da frase seria então: "Gigantes! O que é isso? Pessoas tateando seu caminho para um lugar secreto!".[7]

Talvez a explicação de Guerri esteja correta, mas dificilmente é satisfatória. (No conto policial de Borges, "A morte e a bússola", um inspetor de polícia oferece ao investigador uma certa hipótese que poderia explicar o crime. "Sua hipótese é possível, mas não é interessante", é a resposta do investigador. "Você vai responder que a realidade não tem a menor obrigação de ser interessante. Ao que respondo que a realidade pode abdicar dessa obrigação, mas as hipóteses não podem.")[8] Dante pode ter usado palavras hebraicas porque, de acordo com a erudição bíblica, Nemrod teria falado hebraico, e Dante pode ter distorcido essas palavras porque a fala de Nemrod é condenada a ser incompreensível. Mas Dante pode também ter desejado que a fala de Nemrod fosse não apenas secreta, mas terrivelmente secreta, porque ele sabia que um enigma que sugere uma solução insatisfatória é mais terrível do que um que pode ser rejeitado como não significando nada. Nemrod e seus cultuantes em sua ambiciosa Torre foram condenados a falar uma língua cujo significado fora tornado confuso — mas não inexistente; incompreensível, mas não totalmente destituído de um sentido original. Esse significado, vislumbrado à distância mas além do discernimento da audiência de Nemrod, será eternamente tido como mero palavrório. A maldição de Nemrod é que ele é condenado não ao silêncio, mas a transmitir uma revelação que nunca será compreendida.

A fala de Nemrod não é única. Uma vez, antes disso, Dante e Virgílio tinham ouvido palavras incompreensíveis, e uma vez antes disso Virgílio as tinha desconsiderado. Quando entram no quarto círculo, onde usurários e perdulários são punidos, os viajantes encontram Pluto, deus dos ricos e guardião do círculo, que lhes grita numa voz rouca e estridente: "*Pape Satàn, pape Satàn aleppe!*". As palavras de Pluto têm sido interpretadas como uma invocação demoníaca a Satã: a maioria dos comentaristas, a começar dos mais antigos, entenderam *pape* e *aleppe* como exortações, a primeira derivada do grego *papai* e a segunda do hebraico *alef.* O grito de Pluto, contudo, perde-se entre os dois poetas, e Virgílio, com palavras desdenhosas, faz com que o antigo deus caia ao chão como "um mastro fraqueja".[9]

Uma língua pode ser incompreensível porque nunca a estudamos, ou porque a esquecemos: cada caso pressupõe a possibilidade de ela ter sido original e comumente compreendida. A busca por essa língua primordial envolveu, por muito tempo, estudiosos de todo o mundo. Séculos antes da era de Dante, o faraó egípcio Psamético, segundo Heródoto, tentou determinar qual foi o primeiro povo na Terra, e realizou o experimento que mais tarde foi copiado por certo número de outros governantes. Ele pegou duas crianças recém-nascidas, de uma família comum, e as entregou a um pastor para que as criasse em sua casa campestre, com ordens estritas de que ninguém deveria pronunciar uma só palavra na presença delas, embora ele tivesse de cuidar bem delas em todas as outras coisas que fossem necessárias. Psamético queria descobrir quais seriam as palavras que as crianças falariam primeiro depois de seu balbucio inicial. O experimento, conta-nos Heródoto, foi bem-sucedido. Dois anos depois, o pastor era cumprimentado pelas crianças com a palavra *becos*, em frígio, "pão". Psamético concluiu que não os egípcios, mas os frígios, tinham sido o primeiro povo na Terra, e a língua primordial era o frígio.[10]

No século XII, seguindo o exemplo de Psamético, o sacro imperador romano Frederico II (a quem Dante condenou ao sexto círculo do Inferno, entre os heréticos) tentou determinar qual tinha sido a primeira língua natural humana. Ele encarregou algumas enfermeiras de amamentar e lavar as crianças das quais cuidavam, mas sem falar com elas, para descobrir se as primeiras palavras das crianças seriam em hebraico, grego, latim, árabe ou a língua de seus pais biológicos. O experimento falhou porque todas as crianças morreram.[11]

Não poder se comunicar com um colega ser humano tem sido comparado a ser enterrado vivo. Em seu agora clássico *Tempo de despertar*, Oliver Sacks descreve a difícil condição de um paciente de 46 anos ao qual dá o nome de Leonard L., vítima da epidemia de doença europeia do sono (*encephalitis lethargica*) que se disseminou pela América em meados do século XX. Em 1966, ano em que Sacks se encontrou com ele pela primeira vez no Hospital Monte Carmel, na cidade de Nova York, Leonard estava completamente afásico e incapaz de fazer qualquer movimento voluntário, exceto movimentos mínimos de sua mão direita. Com estes ele conseguia passar mensagens num pequeno quadro, seu único meio de comunicação. Leonard era um leitor ávido, embora as páginas dos livros que lia tivessem de ser viradas por outra pessoa, e ele conseguia até mesmo escrever resenhas de livros, que eram publicadas todo mês na revista do hospital. Ao final de seu primeiro encontro, Sacks perguntou a Leonard como era estar na situação em que ele estava. Ele a compararia com o quê? Leonard transmitiu a Sacks a seguinte resposta: "Enjaulado. Destituído. Como 'A pantera' de Rilke". O poema de Rilke, escrito ou no outono de 1907 ou na primavera do ano seguinte, capta o sentimento de aprisionamento do afásico:

Seu olhar, de tanto percorrer as grades,
está fatigado, já nada retém.
É como se existisse uma infinidade
de grades e mundo nenhum mais além.

O seu passo elástico e macio, dentro
do círculo menor, a cada volta urde
como que uma dança de força: no centro
delas, uma vontade maior se aturde.

Certas vezes, a cortina das pupilas
ergue-se em silêncio. — Uma imagem então
penetra, a calma dos membros tensos trilha —
e se apaga quando chega ao coração.[12]

Como o "poderoso querer" da pantera de Rilke, como o persistente querer de Leonard, o querer rebelde de Nemrod está condenado à imobilidade verbal.

Após o encontro com Nemrod, Virgílio e Dante chegam a Anteu, um dos vários gigantes que se rebelaram contra Zeus. Filho dos deuses do mar e da terra, ficava mais forte a cada vez que tocava em sua mãe [a terra], mas foi derrotado quando Hércules o manteve suspenso no ar e o esmagou até a morte. Virgílio trata Anteu de modo diferente daquele com que tratou Nemrod: ele se dirige ao gigante com polidez e lhe pede que os ajude a descer ao nono e último círculo. Para convencer Anteu (assim como Beatriz recorreu à adulação, Virgílio recorre ao suborno), ele aponta para Dante e oferece:

no mundo poderá ele alçar tua fama,

pois vive, e em longa vida ainda confia,

se a Graça antes do tempo a si o não chama

Virgílio promete a Anteu a fala de Dante: a ação física do gigante será recompensada com um futuro verbal, a comunicação no espaço é barganhada em troca da comunicação no tempo. Anteu aceita (mesmo no Inferno restam-nos algumas escolhas), recolhe os viajantes em sua mão enorme, e os repõe novamente lá embaixo, "no fundo que devora/ o Lúcifer com Judas". Então ele se ergue "como mastro de nau".[13]

Anteu é uma ponte, um transporte, um navio, mas é Nemrod e suas palavras incompreensíveis quem sobranceia os cantos finais do *Inferno*, porque o encontro com Nemrod prenuncia o encontro com Lúcifer, o arquidemônio que opta por se colocar além do poder redentor da Palavra de Deus.

Segundo uma lenda judaica, Nemrod era descendente de Cham, um dos três filhos de Noé. De seu pai, ele herdou as roupas que Deus tinha dado a Adão e a Eva antes de sua expulsão do Éden, as quais fariam invencível quem as usasse; feras e aves caíam diante de Nemrod, e nenhum homem conseguia derrotá-lo em combate. Suas roupas determinaram seu destino: como as pessoas supunham que a força de Nemrod provinha dele mesmo, eles o fizeram seu rei. Vitorioso em todas as batalhas, Nemrod conquistou território após território até se tornar o único governante no mundo, o primeiro mortal a possuir poder universal. Esse dom, no entanto, o corrompeu, e Nemrod tornou-se um cultor de ídolos e depois exigiu que ele mesmo fosse cultuado. Nemrod tornou-se conhecido como "o poderoso caçador de homens e feras". Inspiradas pela blasfêmia de Nemrod, as pessoas não mais confiavam em Deus, e passaram a se fiar em suas próprias forças e capacidades. E mesmo assim a ambição de Nemrod não ficou saciada. Não satisfeito com suas conquistas na terra, ele decidiu construir uma torre que atingiria os céus, e os reivindicaria para seu domínio. Na construção, Nemrod empregou 600 mil homens e mulheres leais a sua causa: destes, o primeiro terço queria mover uma guerra contra Deus, o segundo se propôs a dispor ídolos no céu e os cultuar, o terceiro e último queria atacar as hostes celestiais com setas e lanças. Muitos anos se passaram na construção da torre, que chegou a uma altura tal que um trabalhador levava meses para subir até o topo. Um tijolo era considerado mais precioso que uma vida humana: se um trabalhador caía, ninguém tomava conhecimento, mas se deixavam cair um tijolo, choravam, pois levaria um ano para substituí-lo. As mulheres não tinham permissão para interromper o trabalho nem mesmo para dar à luz: deveriam trazer seu filho ao mundo enquanto moldavam tijolos, e depois de amarrá-lo a seu corpo com uma faixa, continuar a moldagem.[14]

Segundo o livro do Gênesis (11,5-8)

Iahweh desceu para ver a cidade e a torre que os homens tinham construído. E Iahweh disse: "Eis que todos constituem um só povo e falam uma só língua. Isso é o começo de suas iniciativas! Agora, nenhum desígnio será irrealizável para eles. Vinde! Desçamos! Confundamos a sua linguagem para que não mais se entendam uns aos outros." Iahweh os dispersou dali por toda a face da terra, e eles cessaram de construir a cidade.

No relato do Gênesis está implícita a habilidade dos construtores de Babel, cuja obra fez com que até mesmo Deus descesse dos céus para admirá-la. A torre inacabada, dizem os comentaristas do Talmude, foi destruída. Um terço dela afundou na terra, um terço foi consumido pelo fogo, e o terço que foi deixado em ruínas foi amaldiçoado com o poder de fazer todo passante esquecer tudo que sabia.[15]

O conceito de uma língua primeva única e comum a todos que foi fragmentada em uma pluralidade de línguas tem uma relação simbólica com as teorias contemporâneas sobre as origens de nossas capacidades verbais. De acordo com uma dessas teorias (a teoria de "primeiro, o gesto", que se contrapõe à de "primeiro, a fala"), somos animais miméticos e a complexa imitação de ações manuais (imitando o gesto de martelar como forma de pedir um martelo, por exemplo) evoluiu dessas pantomimas para formas iniciais de linguagem de signos. Esses protossignos, por sua vez, desenvolveram-se em protofala, e ambos, os gestos imitativos e as enunciações, fizeram surgir as protolinguagens que se tornaram os elos entre as formas de comunicação de nossos primeiros ancestrais e as primeiras línguas humanas reconhecíveis. Na teoria de "primeiro, o gesto", a razão de os humanos terem linguagem (e outras criaturas não) é que

o cérebro humano é compatível com a linguagem, no sentido de que uma criança humana normal aprenderá uma língua — um vocabulário aberto integrado com uma sintaxe que sustenta a combinação hierárquica das palavras em estruturas maiores que expressam livremente novos significados à medida que necessários — enquanto uma cria de outras espécies não é capaz disso. Realmente, os humanos não só podem aprender uma língua existente mas também desempenhar papel ativo em dar forma a novas linguagens.[16]

Os chimpanzés, que compartilham 98,8% do DNA humano, possuem cérebros que se diferenciam dos cérebros humanos não apenas no tamanho, mas também na abrangência e extensão relativa das suas regiões que estão conectadas, e em detalhes da função celular. Apesar de os chimpanzés poderem ser ensinados a compreender palavras faladas, todas as tentativas de lhes ensinar a falar falharam: chimpanzés (e todos os outros macacos) não têm o mecanismo de controle neural que regula o aparelho vocal. Mas graças a sua destreza manual, pode-se lhes ensinar, contudo, a linguagem dos sinais, assim como uma linguagem visual simbólica que consiste nos assim chamados lexigramas, um método de leitura e escrita "semelhante ao de mover símbolos imantados na porta de uma geladeira". Um macaco bonobo chamado Kanzi era capaz de dominar 256 desses lexigramas e arrumá-los em novas combinações. E ainda assim essas combinações, conquanto notáveis, não equivalem a possuir e usar uma sintaxe. A extraordinária capacidade de Kanzi era comparada pelos cientistas à de uma criança de dois anos exposta a um ambiente linguístico normal: e aí estaciona.[17] Mas que experiência um bonobo como Kanzi pode comunicar, em oposição àquela, ainda que rudimentar, de uma criança humana? Que experiência do mundo ele tenta transmitir?

Em abril de 1917, Franz Kafka enviou a seu amigo Max Brod uma coleção de fragmentos em prosa na qual se incluía um que ele intitulara "Um relatório para uma academia". É o relato em primeira pessoa de um macaco capturado da Costa do Ouro e transformado, mediante treinamento, em algo parecido com um ser humano, cuja linguagem vai desde gestos convencionais (aperto de mão, por exemplo, o que "denota abertura") até a fala. "Oh, a gente aprende quando precisa, quando busca uma saída", explica o macaco aos doutos membros da academia, "aprende-se a todo custo". Mas embora o macaco seja capaz de relatar, com clareza e exatidão, os detalhes de sua educação que durou cinco anos, ele assim mesmo sabe que o que está pondo em palavras não é sua experiência como macaco, mas uma experiência traduzida para a observação daquela experiência por sua *persona* humana. "O que eu senti então como macaco", ele diz a sua atenta audiência, "só posso representar agora em termos humanos, e portanto o estou representando mal." Como Kafka intuiu, se o cérebro do macaco não é biologicamente "compatível com a linguagem", como é o humano, qualquer transformação num cérebro humano "compatível com a linguagem" — no sentido literário, simbólico, até mesmo (como num futuro dr. Moreau) num sentido médico — faria obrigatoriamente com que a verbalização do mundo visto pelos olhos de um macaco fosse impossível de comunicar, assim como é impossível ao cérebro humano (no sistema de crenças de Dante) captar a Palavra de Deus e pô-la em termos humanos.[18] Em ambos os casos, a tradução é uma traição.

"*Transumanar* não pode-se entender/ por palavras", diz Dante de sua experiência no Paraíso, opinião confirmada por Tomás de Aquino. "A faculdade de enxergar Deus", alega Aquino, "não pertence naturalmente ao intelecto criado, mas é dada a ele pela luz da glória, a qual estabelece o intelecto numa espécie de *deiformidade*."[19] Em outras palavras, a graça divina pode tornar o cérebro humano "compatível com a Palavra de Deus" assim como a educação pode fazer o macaco de Kafka "compatível com a linguagem humana". Em cada caso, no entanto, a experiência original autêntica necessariamente é perdida na tentativa de enunciá-la.

A progressão de protolinguagens para línguas, tais como as falamos hoje pode ter passado por uma fase de fragmentação de expressões verbais ou de gestos comunicativos convencionados, assim como um enunciado pode se dividir em suas partes componentes, ou um gesto complexo em gestos significantes mais simples. Um enunciado que significava, por exemplo, "há uma pedra com a qual podemos quebrar este coco", poderia, segundo essa teoria, ter-se fragmentado com o tempo em sons que significam, "há", "pedra", "quebrar" e "coco" — uma suposição contraintuitiva, pois é mais simples supor que as palavras separadas vieram primeiro e sua combinação numa sentença seguiu-se depois (suposição talvez influenciada pela fala de uma palavra só de Johnny Weissmuller nos primeiros filmes de *Tarzã*).

A teoria de "primeiro, o gesto" só existe há algumas décadas. Há mais de quinze séculos, na Índia, um poeta em sânscrito e pensador religioso conhecido como Bhartrihari desenvolveu uma teoria da linguagem que em certa medida prenunciava essas descobertas modernas. A informação sobre a vida de Bhartrihari é vaga. Mesmo as datas de seu nascimento e de sua morte são duvidosas; supõe-se que nasceu por volta de 450 d.C. e que viveu cerca de sessenta anos. São muitas as histórias populares sobre Bhartrihari. Uma diz que ele foi um rei que, após descobrir a infidelidade de sua amante, como o rei Shahriar nas *Mil e uma noites*, renuncia ao trono e começa a perambular pelo mundo. Outra conta que lhe foi oferecido o fruto da imortalidade por um sacerdote brahma; Bhartrihari, num gesto de amor, deu o fruto a sua rainha, que por sua vez o deu a seu amante, que o passou à amante de Bhartrihari, que o devolveu a Bhartrihari. Ao descobrir o que tinha acontecido, Bhartrihari retirou-se para a floresta e escreveu um poema que termina com estas palavras:

> *Maldita seja ela, maldito ele, maldito o deus do amor,*
> *a outra mulher, e eu também!*[20]

A fama de Bhartrihari como filósofo difundiu-se rapidamente para outras culturas. Exatamente um século após sua morte, I-Tsing (Yi Jing), um erudito chinês itinerante, que acreditava ser sua pátria um modelo para todas as sociedades ("Existirá alguém em qualquer parte da Índia que não admire a China?", ele perguntava), citou Bhartrihari como um dos luminares da cultura universal.[21] Talvez arrastado por suas próprias crenças, I-Tsing retratou erroneamente Bhartrihari como um defensor da fé budista. Na verdade, as crenças de Bhartrihari tinham raízes nos textos sânscritos sagrados, os Vedas (palavra sânscrita que significa "conhecimento"), supostamente recebidos diretamente de Deus por certos sábios eleitos, e depois repassados para as gerações seguintes pela palavra oral. Os Vedas consistem em quatro textos compostos na Índia durante um milênio, de aproximadamente 1200 a 200 a.C.: o *Rig-Veda*, ou Veda dos Hinos; o *Sama-Veda*, ou Veda dos Cantos; o *Yajur-Veda*, ou Veda dos Sacrifícios; e o tardio *Athra-Veda*, ou Veda dos Encantamentos Mágicos. Cada Veda é por sua vez dividido em três seções; as terceiras seções, os Upanishads, são tratados especulativos sobre a natureza do universo, a natureza do *self*, e a relação entre os dois.[22] Todos os Vedas têm suas raízes na crença de que a alma individual é idêntica a Brahma, o poder sagrado que informa toda a realidade e é igual a ela. "Brahma é o vasto oceano do ser", diz-se nos Upanishads,

no qual surgem inúmeras marolas e ondas de manifestação. Da menor das formas atômicas até um Deva ou um anjo, tudo brota desse ilimitado oceano de Brahma, a inexaurível fonte da vida. Nenhuma forma manifesta de vida pode ser independente de sua fonte, assim como nenhuma onda, por mais poderosa que seja, pode ser independente do oceano.

Ralph Waldo Emerson traduziu a ideia para uma plateia ocidental em seu poema "Brahma":

Eles consideram mal quem me ignora;
eu sou as asas de quem comigo voa;
sou quem duvida e sou a dúvida agora,
E sou o hino que o brâmane entoa.[23]

A Índia de Bhartrihari, no século v, era, predominantemente, uma sociedade próspera e feliz governada pela dinastia Gupta. Nas primeiras décadas do século, Chandra Gupta ii, intitulado "Sol de Valor", ganhou reputação não só como guerreiro mas também como patrono das artes. Sob sua proteção, o grande poeta do sânscrito Kalidasa tornou-se membro do círculo imperial, e as reuniões literárias e filosóficas da corte eram famosas além das fronteiras do império. Durante o reinado do filho de Gupta, Kumara Gupta, a Índia foi ameaçada pelos hunos da Ásia Central. Depois de terem ocupado a Báctria no século anterior, os hunos tentaram durante décadas entrar no império indiano, principalmente através do Hindu Kush; quando finalmente ocorreu a invasão, o Exército huno tinha-se enfraquecido com as intermináveis escaramuças, e a Índia conseguiu detê-lo. Mas num clima de ameaça constante, a autoridade da dinastia Gupta declinou, e seu poderoso império fragmentou-se em alguns reinos menores que combatiam entre si.[24] Foi nesse período, entre o declínio dos governantes Gupta e a ascensão dos hunos indianos, que Bhartrihari desenvolveu sua teoria da linguagem.

Vários livros fundamentais têm sido atribuídos a Bhartrihari: o *Vâkyapadîya*, tratado filosófico sobre frases e palavras; o *Mahâbhâshyatîkâ*, um comentário sobre a obra do grande erudito da ioga Pantajali, o *Vâkyapadîyavrtti*, série de notas sobre seu próprio tratado linguístico; e o *Shabdadhâtusamîksha*. Bhartrihari começou desenvolvendo um comentário ou exegese mais ou menos tradicional dos Vedas derivado de teorias linguísticas mais antigas, mas posteriormente ele desenvolveu uma teoria linguística filosófica própria. Alguns dos primeiros mestres, como o gramático do século vii a.C. Pânini, tinham proposto uma série de regras para a língua sânscrita que podiam ser aplicadas ao texto dos Vedas; no século ii d.C., Pantajali, seguindo Pânini, alegou que a gramática era o estudo da verdade dos Vedas e um guia para sua recitação. Bhartrihari levou esses argumentos para a arena filosófica: a gramática, ele disse, podia ser considerada um instrumento intelectual para investigar não somente os sagrados Vedas, mas também o Brahma, a realidade total. Postulou que a língua humana era como o próprio Brahma, não sujeita aos avatares de ocorrências temporais, mas algo que abrangia um todo sem tempo e sem espaço, que ele nomeia em sua inteireza e também em cada um de seus componentes. Os primeiros versos na primeira estrofe de seu *Vâkyapadîya* anuncia a conclusão de Bhartrihari: a língua é "o sem início e sem fim, o imperecível *Brahma* do qual a natureza essencial é a Palavra, que se manifesta na Criação do Universo".[25] Sem condescender com traduções fáceis, pode-se observar que a tese de Bhartrihari é em essência praticamente a mesma anunciada por João na primeira linha de seu Evangelho.

A língua era para Bhartrihari tanto a semente criadora divina quanto as criações dela resultantes, tanto a eterna força regeneradora quanto a pluralidade de coisas por ela emitidas. Segundo Bhartrihari, não se pode dizer que a língua foi criada (seja por um ser divino, seja por humanos) porque não existe um tempo anterior à língua. Como disse um erudito do sânscrito, "a língua [para Bhartrihari] é coexistente e coterminal com a existência humana ou a existência de todo ser consciente".[26]

Sabemos que a língua se expressa em representações verbais de objetos e de ações, e em sons que podem ser combinados de modos quase infinitos para denominar a multiplicidade do universo, e mesmo aquilo que não tem existência universal irrefutável. A biblioteca total de Jorge Luis Borges, a "Biblioteca de Babel", é um repositório para essa quase infinidade de palavras, embora a grande maioria delas não tenha sentido algum: numa nota anexada à história, ele sugeriu que não era preciso ter uma biblioteca para esse projeto colossal — um volume composto por um número infinito de páginas infinitamente finas seria suficiente. Num ensaio curto que precede essa ficção em dois anos, Borges citou Cícero, que, em *Sobre a natureza dos deuses* escreveu,

> Se um número incontável de cópias das vinte e uma letras do alfabeto, feitas de ouro ou do que se quiser, fossem jogadas juntas em um receptáculo e depois despejadas no chão, haveria uma possibilidade de que formassem os *Anais* de Ênio, prontos para o leitor. Duvido que a sorte favorecesse a produção de um verso sequer![27]

Cícero e Borges (e muitos outros) observaram que a arte combinatória do alfabeto permite uma nomenclatura completa de coisas existentes e não existentes, até mesmo enunciados ininteligíveis, como os de Nemrod. Bhartrihari, no entanto, argumentou que a língua não apenas denomina coisas e o significado (ou ausência de significado) de coisas, mas que todas as coisas e seus correspondentes significados derivam da língua. Coisas que se percebem e coisas que se pensam, assim como a relação entre elas, são determinadas, de acordo com Bhartrihari, pelas palavras que a língua lhes atribui. Isso é obviamente verdade para os conceitos metafísicos. Alice, falando à rainha Branca em *Alice através do espelho*, alega, contradizendo Bhartrihari, que *"não se pode* acreditar em coisas impossíveis". "Ouso afirmar que você não teve muita experiência", objeta a rainha, alinhando-se com Bhartrihari. "Quando eu tinha a sua idade, sempre fazia isso meia hora por dia. Bem, às vezes eu tinha acreditado em pelo menos seis coisas impossíveis antes do desjejum."[28]

Os argumentos de Bhartrihari se opõem tanto aos dos budistas tradicionais quanto aos dos brâmanes Nyâyas (membros de uma das seis escolas ortodoxas do pensamento hindu). Os primeiros sustentam que o significado é uma convenção social, e o alcance de um certo significado é a projeção de uma imaginação coletiva daquela convenção. A palavra *tree* [árvore] designa um tipo de planta perene lenhosa porque os falantes do inglês combinaram que o som *tree* denota essa planta e não um volume de água, e a abrangência desse significado inclui um carvalho, um cipreste, uma pereira e outros, porque coletiva e convencionalmente essas coisas são, cada uma, imaginadas como uma árvore. Os Nyâyas alegam que as palavras só têm significado em referência a coisas que existem externamente, e combinam-se em sentenças da mesma forma que as coisas se relacionam mutuamente no mundo. *Tree* denota aquele tipo de planta perene lenhosa porque essa tal coisa, a árvore, existe na realidade, e a língua nos permite construir a frase "a árvore está na floresta" porque na realidade uma árvore e uma floresta formam um relacionamento real.[29]

Bhartrihari argumentou que o significado acontece no ato de usar a língua, tanto nos enunciados do locutor quanto no reconhecimento desses enunciados pelo ouvinte. Em implícita concordância com Bhartrihari, teóricos da arte da leitura ulteriores sugeriram que o significado do texto surge da interação do texto com o leitor. "Ao ler um livro", escreveu Italo Calvino, "você se apropria dessa novidade do primeiro instante".[30] Bhartrihari chamou esse "primeiro instante" de *sphota*, termo que retroage a Pânini, significando "língua falada", e na teoria de Bhartrihari define o ato de "irromper para a frente", como que fazendo jorrar sons significantes. *Sphota* não depende do modo de falar de quem o usa (ou modo de escrever, e, assim, nem estilo nem sotaque são essenciais), mas expressa um significado definido na combinação específica de palavras numa frase. Esse significado não é reduzível a suas partes componentes: somente aqueles que não aprenderam adequadamente uma língua dividem uma frase em palavras para poder entendê-la. Na maioria dos casos, o significado é apreendido pelo ouvinte (ou leitor) como um todo, numa revelação instantânea do que está sendo transmitido. Essa revelação é conduzida pelo *sphota*, porém, alega Bhartrihari, já está presente no cérebro do ouvinte (ou leitor). Em termos modernos, a revelação ocorre quando o *sphota* é recebido por um cérebro que é compatível quanto à língua.

Bhartrihari vai mais além. Se a percepção e o entendimento são inatamente verbais, o angustiado abismo entre aquilo que vemos e aquilo que acreditamos estar vendo, entre o que experimentamos e o que sabemos ser verdadeiro ou falso em nossa experiência torna-se ilusório. As palavras criam toda a realidade existente, e também nossas maneiras particulares de ver essa realidade; isso que chamamos de nosso mundo "irrompe para a frente" do Brahma em forma verbal, comunicativa. É por isso que Dante, esforçando-se por expressar o que testemunhou no Paraíso, o descreveu como um "esfolamento" da aparência para revelar o significado da experiência em palavras humanas.

Dante acreditava que a língua era o supremo atributo humano, que Deus não deu a nenhuma outra de suas criaturas, nem a animais nem a anjos, para permitir a seres humanos expressar o que se forma em suas mentes compatíveis quanto à língua dada por Deus. A língua, de acordo com Dante, é o instrumento que governa a sociedade humana e torna possível nossa vida comunitária. A língua que usamos é feita de signos convencionados que nos permitem, dentro de nosso círculo linguístico, representar ideias e experiências. A língua, para Dante, dá existência às coisas que ela designa meramente dando-lhes nomes, porque "nada pode produzir o que ele mesmo não é", como ele diz em *De vulgari eloquentia*.[31] Talvez por esse motivo, como símbolo da irresolúvel busca, Dante deixou *De vulgari eloquentia* inacabado, no meio de uma frase: "Palavras que negam devem sempre ser colocadas no fim; todas as outras chegarão gradualmente à conclusão com apropriada lentidão...".[32]

Virgílio e Dante encontram Catão nas costas do Monte Purgatório. Xilogravura que ilustra o Canto I do Purgatório, impresso em 1487 com comentário de Cristoforo Landino. (Biblioteca Beinecke de Livros e Manuscritos Raros, Universidade Yale.)

7. Quem sou eu?

Tenho diante de mim uma fotografia que foi tirada em algum momento no início dos anos 1960. Ela mostra um garoto adolescente deitado de bruços na grama, desviando o olhar, para cima, de um bloco de papel no qual esteve desenhando ou escrevendo. Em sua mão direita há um lápis ou uma caneta. Está usando uma espécie de boné e botas para caminhada, e tem um suéter amarrado em torno da cintura. Está deitado à sombra de uma parede de tijolos junto ao que parecem ser atarracadas macieiras. Um cão de pernas curtas está muito próximo a ele, reminiscente dos cães que jazem sobre tumbas de pedra, aos pés de cruzados mortos. Eu sou esse garoto, mas não me reconheço no retrato. Sei que sou eu, mas não é meu rosto.

A foto foi tirada meio século atrás, em algum lugar da Patagônia durante um acampamento de férias. Quando me olho hoje no espelho, vejo um rosto cansado, inflado, cercado de cabelo grisalho e de uma jovial barba branca. Os olhos pequenos marcados por rugas e emoldurados por óculos estreitos são marrom-oliva com algumas manchas amarelas. Uma vez, quando tentei entrar na Inglaterra com um passaporte que dizia que a cor de meus olhos era verde, o funcionário da imigração, olhando meu rosto, disse que eu deveria mudar para azul, ou na próxima vez não me seria permitido entrar. Sei que às vezes meus olhos parecem ser cinzentos. Talvez sua cor mude de momento para outro, como os de madame Bovary, mas não tenho certeza se essa mudança de cor, como no caso dela, tem um significado. Contudo, o rosto no espelho sou eu. Mas não é meu rosto. Outros me reconhecem em minhas feições; eu não. Quando, inadvertidamente, eu me vejo refletido na vitrine de uma loja, pergunto-me quem é esse homem gordo e idoso que caminha a meu lado. Tenho o vago receio de que se eu realmente me visse um dia na rua, eu não me reconheceria. Estou convencido de que não seria capaz de apontar para mim mesmo numa linha de reconhecimento de um suspeito, na polícia, nem me identificaria num retrato de grupo. Não estou certo se isso se deve ao fato de meus traços envelhecerem rápido demais e drasticamente, ou porque meu *self* está menos fundado em minha memória do que as palavras impressas que aprendi de cor. Essa ideia não é de todo desagradável; é também de certa forma reconfortante. Ser eu mesmo, ser tão declarada e absolutamente eu mesmo de modo que nenhuma circunstância ou ponto de vista particular possa impedir meu reconhecimento, outorga-me a feliz sensação de estar livre da obrigação de ter de atender às condições de ser quem eu sou.

Segundo Dante, o dogma cristão decreta que depois de morrermos vamos reaver nossos corpos terrenos no Juízo Final: todos nós, exceto os suicidas, pois "que injusto obter seria o que nos tolhemos". A ciência nos ensina que o corpo humano comete uma espécie de suicídio diário. Cada um de nossos órgãos, cada um de nossos ossos, cada uma de nossas células morre e renasce a cada sete anos. Nenhuma de nossas características é hoje a mesma que era no passado, e mesmo assim dizemos, com confiança cega, que

Fotografia do autor no início da adolescência. (Cortesia do autor.)

somos quem éramos. A questão é, o que queremos dizer com "sermos" nós mesmos? Quais são os sinais identificadores? Algo que não é a compleição de meu corpo, nem minha voz ou meu toque, minha boca, meu nariz, meus olhos — existe algo que é eu. Ele jaz, como um timorato animalzinho, invisível atrás de uma selva de aparências físicas. Nenhum dos disfarces e das máscaras que uso me representam ante mim mesmo exceto em indícios incertos e minúsculos presságios: um farfalhar nas folhas, um odor, um rosnar abafado. Sei que ele existe, meu reticente *self*. Enquanto isso, espero. Talvez sua presença seja confirmada, mas somente no último de meus dias, quando ele subitamente surgirá da vegetação rasteira, mostrar-se-á em todo o seu aspecto por um instante, e depois não será mais.

O vulto de um homem gordo ao luar
me precede no caminho que percorro;
e me persegue, se me volto e corro:
este é o homem que eu preciso conhecer.

James Reeves, "Things to Come" [Coisas por vir]

Para permitir que suas palavras se abstivessem de negar, mas "gradualmente chegassem à conclusão com uma lentidão apropriada", no decorrer de sua jornada, Dante, assim como qualquer viajante curioso, faz perguntas sobre os costumes e as crenças, a geografia e a história dos lugares pelos quais passa. Está especialmente interessado em saber quem são as pessoas que vai encontrando, e desde seu primeiro encontro, com a alma de Virgílio, ele pede ao poeta que lhe diga "quem quer que sejas, sombra ou homem certo".[1] Algumas das almas, como a de Virgílio, respondem-lhe diretamente; outras se recusam e têm de ser subornadas com a promessa de ter sua história contada quando Dante retornar à terra; outras ainda são forçadas a se submeter; diversas mais são interrogadas por Virgílio em nome de Dante. Em algumas ocasiões, Dante reconhece na alma alguém que ele conheceu quando vivo; outras vezes a transformação sofrida no Outro Mundo é tal que ele não a reconhece, e a pobre alma precisa lhe contar quem é.

Mas a jornada não é, obviamente, um mero exercício de reconhecimento: Dante está aqui para aprender sobre si mesmo e para descobrir no espelho de outros sua desdita e a possibilidade de salvação. O Outro Mundo não é impermeável: seus pecados punidos e purgados, assim como as beatitudes divinas, filtram algo no visitante e o afetam para o bem ou para o mal. Dante sente em seu próprio coração a raiva do iroso e o desdém do orgulhoso; nos céus do Paraíso, um vislumbre da luz divina a brilhar no eleito é o bastante para deslumbrá-lo e transformá-lo. A visão em três atos mediante a qual Virgílio e Beatriz o guiam é como uma representação contínua feita em seu benefício, na qual suas próprias faltas, seus medos e hesitações, tentações, erros e quedas, e mesmo seus momentos de iluminação são todos apresentados a seus olhos e ouvidos. Toda *A divina comédia* é apresentada a uma plateia de um só, mas esse espectador único é o personagem principal. Isso, num contexto diferente, é o que o analista junguiano Craig Stephenson define como um lugar no qual "ainda reside o multifacetado ambíguo arquétipo vivo do teatro, com sua arquitetura de memória e de liminaridade, no qual se abrigam os opostos epistemológicos da representação e da observação, de nos conhecermos de dentro e conhecermos nosso mundo olhando para fora".[2]

Não é somente por meio das histórias das almas que Dante descobre quem elas são ou uma vez foram. Não muito longe do cume do Monte Purgatório, caminhando entre Virgílio e o poeta Estácio, Dante chega à cornija dos Glutões, onde o excesso de amor pelas coisas deste mundo deve ser purgado mediante uma nunca aliviada inanição. Enquanto os poetas antigos falam sobre sua arte, Dante, agora purificado do pecado do orgulho que o fez aceitar as boas-vindas de Homero ao Nobre Castelo, simplesmente caminha entre seus senhores, aprendendo de seu diálogo:

> os dois à frente e eu, em seu filão,
> os altos seus colóquios escutando,
> a poetar volvia minha atenção.

Os três poetas são cumprimentados por uma multidão de espíritos pálidos e silenciosos, a pele esticada sobre os ossos, os olhos escuros e vazios como anéis sem suas gemas. Talvez seja a conversa entre Virgílio e Estácio sobre poesia que traz à mente de Dante a ideia de que coisas são metáforas delas mesmas, de que no esforço de traduzir a experimentação da realidade em linguagem, às vezes vemos as coisas como as palavras que as denominam, e as aparências das coisas como o *script* nelas encarnado. "Quem lê *OMO* no rosto de um homem", diz Dante, "terá lá reconhecido claramente o *M*." Pietro Alighieri, filho de Dante, em seu comentário a *A divina comédia*, observou que a imagem aqui evocada era muito conhecida em sua época: na escrita gótica, os *OO* são como que olhos humanos, enquanto o *M* representa a sobrancelha e o nariz.[3] Isso está de acordo com a tradição do Gênesis, segundo a qual todas as criaturas carregam seu nome inscrito em sua aparência, o que permite a Adão identificá-las corretamente quando Deus lhe ordena que ele atribua nomes a elas imediatamente após sua criação (Gênesis 2,19-20).

Sócrates, em *Crátilo*, de Platão, também acredita que nomes são feitos pelo homem. Sugerir que as primeiras palavras nos foram dadas pela divindade, é, para Sócrates, não uma explicação, mas meramente uma desculpa por não ter um explicação. A discussão sobre nomes no diálogo platônico é proposta por dois amigos dos quais quase nada sabemos exceto que podem ter sido, como o próprio Sócrates, professores de Platão. Crátilo acredita que os nomes das coisas contêm uma "verdade ou correção" derivada de sua natureza. Hermógenes, o outro participante no diálogo, discorda e adota a posição dos sofistas de que a língua é uma

As letras OMO representando um rosto humano, copiado de um manuscrito espanhol do século X (Biblioteca Britânica, add. ms. 30844). (A fotografia é cortesia do autor.)

criação humana. "Qualquer nome que você dê, em minha opinião, é o correto, e se você mudar isso e der outro nome, o novo nome será tão correto quanto o anterior", ele diz. "Pois não existe nenhum nome atribuído a qualquer coisa por natureza; tudo é convenção e hábito dos usuários." Sócrates alega (ou pelo menos apresenta sugestão de) que "nomes dados corretamente são as similitudes e imagens das coisas que eles denominam", mas continua dizendo que é mais nobre e mais claro ser informado pela própria coisa do que por suas imagens. No *Crátilo*, como em muitos dos diálogos, a questão em debate permanece não decidida.[4]

Um nome nos define externamente. Mesmo se escolhermos um nome com o qual nos chamarmos, a identidade por ele expressa é exterior, algo que usamos para a conveniência de outros. No entanto, às vezes os nomes encapsulam uma essência individual. "César fui, e agora sou Justiniano", proclama o imperador que codificou o sistema legal romano no século VI, e que no Paraíso de Dante resume a história de Roma para seu ouvinte. Em outra circunstância, mais tarde, no céu do Sol, Boaventura, o franciscano, louva o fundador da ordem dominicana e observa que Dominic [Domingos] (que significa "pertencente ao Senhor") recebeu seu nome dos pais quando "daqui moveu-se um anjo pra nomeá-lo/ do possessivo do certo seu dono". E quanto aos nomes dos próprios pais de Domingos, Felice (Feliz) e Giovanna ("Graça do Senhor", segundo são Jerônimo), Boaventura observa, ecoando o credo em *Crátilo*:

Bem foi seu pai realmente Feliz,
bem foi sua mãe Joana realmente,
se responde esse nome ao que se diz.[5]

Um nome, no entanto, não responde satisfatoriamente à pergunta "Quem sou eu?", e não é pelo conhecimento de seu próprio nome que Dante chega a uma resposta no final de sua busca. A questão de sua identidade final merece mais investigação.

Exatamente no meio de *A divina comédia*, no canto XIII do *Purgatório*, quando a carruagem conduzida pelo Grifo aparece no Jardim do Éden, três coisas essenciais acontecem simultaneamente: Virgílio desaparece, Beatriz se revela, e Dante é mencionado pelo nome pela primeira e única vez no poema inteiro. Entre o desaparecimento do poeta, seu guia e a humilhante flagelação à qual Beatriz o submeterá, o nome de Dante é pronunciado e o faz se voltar, ao reconhecê-lo: "quando voltei-me ao som do nome meu,/ que necessariamente aqui anoto". Então Beatriz lhe ordena que olhe para ela:

> Olha-me bem! Sou eu, sou eu Beatriz.
> Como chegar pretendeste a este monte?
> Não sabias como é o homem aqui feliz?[6]

Ao contrário de Narciso, que ficou enamorado de sua própria imagem na água, quando Dante baixa o olhar para o rio Letes não consegue suportar a visão de si mesmo, e olha para o outro lado, mortificado.

> Caiu-me o olhar para a límpida fonte;
> que logo desviei, colhendo a vera
> imagem da vergonha em minha fronte.[7]

Após ter descido às profundezas do inferno e ascendido às cornijas do Purgatório, Dante descobre sua identidade, mas isso lhe é revelado não pela pronúncia de seu nome, e sim pelo reflexo de sua imagem. Até esse ponto, guiado por Virgílio, ele só tinha visto outros representando falhas que ele às vezes reconhecia como suas, mas agora, pela primeira vez Dante tem consciência de ter

184

testemunhado seu próprio e dramático desempenho. Dante tem de chorar, ele agora sabe, não por coisas exteriores a ele, mas por seu mais íntimo ser, não pela partida de seu amado Virgílio, não por amor a sua amada Beatriz, mas por seus próprios pecados, ao saber finalmente quem ele é para que possa se arrepender do que foi. Então pode beber das águas do Letes e esquecer. No Paraíso, não há lembrança de pecado.

A pergunta "Quem sou eu?" é respondida por um nome tanto quanto um livro é revelado por seu título. O soldado covarde Parolles em *Tudo vai bem quando termina bem* tem um nome (que a plateia de Shakespeare com noções de francês deve ter entendido como um jogo de palavras intencional) que sugere que ele usa palavras para mentir e se gabar. Parolles é ouvido por dois lordes quando fala consigo mesmo, buscando um meio de fugir da humilhação, e pela primeira vez na peça tudo que ele diz sobre si mesmo é verdade. "Será possível que ele saiba quem é, e [assim mesmo] seja quem é?", pergunta um dos lordes, espantado com o fato de que esse tolo possa raciocinar honestamente. Ele pode e ele o faz, porque o que Shakespeare está tentando com a pessoa de Parolles é achar atrás da máscara o que o faz ser quem ele é. É por isso que, quando pouco depois a desgraça final se abate sobre ele, Parolles desfaz-se de seu papel de *miles gloriosus* e torna-se totalmente sua própria pessoa: "Capitão não serei mais", ele diz, "mas vou comer e beber, dormir tão suavemente/ quanto dorme um capitão: simplesmente a coisa que sou/ vai-me fazer viver".[8] "A coisa que sou": a súbita iluminação de Parolles responde ao sentido subjacente na tão batida pergunta de Hamlet, e involuntariamente ecoa a tremenda resposta da divindade a Moisés: "Eu Sou o Que Sou".

Em parte, o que somos pode ser o que uma vez pensamos que éramos e que perdemos. "Estou procurando o rosto que eu tinha", diz uma mulher num poema de Yeats, "antes de o mundo ser criado." Às vezes a sombra de uma identidade se parece com aquele rosto, semilembrado, agora esquecido, como naqueles primeiros estágios de Alzheimer nos quais se perde parte da segurança de ser seja lá o que somos. Aristófanes, em *O banquete*, de Platão, propôs que os seres humanos eram de três sexos, os machos nascidos do Sol, as fêmeas, da Terra, e os hermafroditas, da Lua, com participação de ambos os sexos. Os hermafroditas eram os mais fortes e em sua vaidade tentaram (como os construtores de Babel) escalar às alturas do céu e atacar os deuses. Para impedir isso, Zeus dividiu os hermafroditas ao meio, fazendo com que a metade masculina desejasse ser reunida à metade feminina, e a metade feminina com a masculina. Isso resultou em três tipos de acasalamento: os machos solares queriam os machos solares, as mulheres terrenas queriam as mulheres terrenas, os hermafroditas lunares, agora fendidos em dois, tornaram-se os humanos heterossexuais que anseiam pela metade que perderam. "E assim", conclui Aristófanes, "somos todos como pedaços das moedas que as crianças partem ao meio para trocarem como lembranças, fazendo dois a partir de um, como o linguado, e cada um de nós fica buscando eternamente a metade que vai se somar a si mesmo." Para o Aristófanes de Platão, o amor é o impulso nascido desses anseios, o desejo de saber quem somos ao lembrarmos quem fomos.[9]

A primeira alusão a nossa identidade chega cedo. Na descrição feita por Jacques Lacan do que é chamado "estádio do espelho", que é típico entre os seis e os dezoito meses de idade, uma criança, ainda incapaz de falar e de controlar suas atividades motoras, é confrontada com uma imagem de si mesma no espelho. Sua reação é de regozijo, porque a imagem mostra à criança uma unidade funcional que ela ainda precisa adquirir. A criança identifica-se com aquilo no qual se tornará, mas ao mesmo tempo a imagem é uma ilusão, já que o reflexo não é a criança. A percepção pela criança de quem ela é começa como reconhecimento e, ao mesmo tempo, não reconhecimento, como uma apreensão física de identidade e também uma criação imaginária. O espelho, como a imaginação, põe em cena um personagem que usa nossa primeira pessoa do singular. Rimbaud intuiu esse paradoxo quando escreveu: "Car *Je* est un autre" [Porque *Eu* é um outro]. Alonso Quijano é um velho e doente cavalheiro que gosta de romances de cavalaria e ao mesmo tempo um corajoso e justo cavaleiro cujo nome é Dom Quixote; quando, no final do livro, permite deixar-se convencer que sua encarnação literária é uma ilusão, ele morre. Somos todos, nesse sentido, *Doppelgängers*: ver nosso duplo e rejeitá-lo sinaliza nosso fim.[10]

Para saber quem somos integralmente, em todos os nossos componentes, mesmo aquela parte de nós mesmos que chamamos de o inconsciente (e que Carl Gustav Jung define como "realidade *in potentia*"), interrogamos nós mesmos no decurso de nossas vidas, procurando pistas. O inconsciente, segundo Jung, nos alimenta com essas pistas por meio dos sonhos, "sonhos retrospectivos ou antecipações prospectivas", os quais têm sido, ele diz, em todas as culturas, interpretados como insinuações de um futuro. Quando imagens do inconsciente se tornam conscientes, nos dizendo algo sobre nós mesmos, elas acrescentam algo a nosso senso de quem somos, como as páginas já lidas de um livro. No século III, Santo Agostinho comparou o processo à recitação de um salmo. "Suponha que vou recitar um salmo que conheço", ele sugere em suas *Confissões*.

Antes de começar, minha faculdade de mobilizar expectativas está envolvida com todo o salmo. Mas uma vez tendo começado, o tanto do salmo que removi da província de minha expectativa e releguei ao passado agora envolve a minha memória, e o alcance da ação que estou realizando é dividido entre as duas faculdades, a da memória e a da expectativa, uma olhando para trás, para a parte que já recitei, outra olhando para a frente, para a parte que ainda tenho de recitar. Mas minha faculdade de atenção está presente o tempo todo, e por ela passa o que era o futuro no processo de se tornar o passado. À medida que o processo continua, a província da memória é aumentada na proporção em que a da expectativa é reduzida, até que tudo que está em minha expectativa seja absorvido. Isso acontece quando terminei minha recitação e tudo passou para a província da memória.

Diferentemente do salmo, contudo, a sondagem do inconsciente nunca se exaure. Essa busca de toda uma vida, a materialização de intuições e revelações sobre nós mesmos, são chamadas por Jung de "individuação".[11]

Num ensaio de 1939 publicado originalmente em inglês sob o título "The Meaning of Individuation" [O significado da individuação], e mais tarde reescrito em alemão e muito revisado, Jung definiu a individuação como "o processo pelo qual uma pessoa se torna um 'in-dividual' psicológico, isto é, uma separada, indivisível unidade ou 'todo'" de todas as partes reunidas e coerentes, inclusive aquelas que parecem insondáveis e não familiares à pessoa. A primeira definição de Jung para individuação foi feita quando ele tinha 64 anos. Quase duas décadas mais tarde, cinco anos antes de sua morte, ele reuniu, parte em conversa com um conhecido e parte em capítulos escritos por ele mesmo, uma espécie de biografia intelectual. Mais para o fim do livro, Jung retoma a ideia da individuação, mas dessa vez não é o conhecível e sofridamente conhecido *self* que lhe interessa, mas aquele outro não mapeado espaço de sua própria cartografia. "Quanto mais incerteza eu tinha sobre mim mesmo", ele escreve,

mais tinha crescido em mim um sentimento de afinidade com todas as coisas. Na verdade, para mim, era como se aquela alienação que por tanto tempo me tinha separado do mundo tivesse se transferido para meu próprio mundo interior, e se revelara a mim como uma inesperada ausência de familiaridade comigo mesmo.[12]

"O significado de minha existência", escreveu Jung, "é que a vida dirigiu a mim uma pergunta. Ou, inversamente, eu mesmo sou uma pergunta que é dirigida ao mundo, e tenho de dar uma resposta, pois de outro modo estarei dependendo da resposta do mundo."[13] A busca por descobrir quem somos como seres humanos inteiros e singulares, a tentativa de responder à pergunta que concerne à vida é responsável, em certa medida, por nosso deleite com as histórias dos outros. A literatura não é "a resposta do mundo", mas sim um valioso repositório de mais e melhores perguntas. Como os relatos feitos a Dante pelas almas que ele vai encontrando, nossas literaturas proveem espelhos mais ou menos eficientes para a descoberta de nossas próprias e secretas características. Nossas bibliotecas mentais são mapas compósitos de quem somos (ou acreditamos ser) e de quem não somos (ou acreditamos não ser). Admirar, como Freud, as primeiras cenas do *Fausto*, de Goethe, ou ser levado à inconclusividade do fim de *Fausto*, como Jung, preferir Conrad a Jane Austen, como Borges, ou optar por Ismail Kadaré e não por Haruki Murakami, como Doris Lessing, não é necessariamente adotar uma posição crítica na teoria da literatura, e sim, mais provavelmente, responder a uma questão de simpatia reflexiva, de empatia, de reconhecimento. Nossas leituras nunca são absolutas: a literatura desaprova tendências dogmáticas. Em vez disso, vamos mudando nossas lealdades, preferindo por algum tempo um certo capítulo de um certo livro e depois outros capítulos; um ou dois personagens caem em nosso gosto, mas depois outros tomam seu lugar. O amor duradouro de um leitor é uma coisa mais rara do que imaginamos, embora gostemos de acreditar que nossos gostos literários mais consistentes mudem pouco com o passar dos anos. Mas mudamos, e nossos gostos mudam também, e se hoje nos reconhecemos em Cordélia, amanhã poderemos chamar Goneril de nossa irmã, para terminar, em tempos por vir, como espíritos afins a Lear, um velho tolo e amoroso. Essa transmigração de almas é o modesto milagre da literatura.

No entanto, de todos os milagres que pontuam as histórias de nossas literaturas, poucos são tão espantosos quanto o do nascimento de *Alice no País das Maravilhas*. Essa história tão conhecida merece ser recontada. Na tarde de 4 de julho de 1862, o reverendo Charles Lutwidge Dodgson, acompanhado por seu amigo, o reverendo Robinson Duckworth, levou as três jovens filhas do dr. Liddell, deão da Igreja de Cristo, numa expedição de cinco quilômetros subindo o rio Tâmisa, desde Folly Bridge, perto de Oxford, até a aldeia de Godstow. "O sol estava queimando tanto", lembrou Alice Liddell muitos anos mais tarde,

> que aproamos num prado rio abaixo, abandonando o barco para buscar refúgio no único pedaço de sombra à vista, que era sob um monte de feno recém-feito. Ali, todas as três se saíram com o velho pedido de "Conte-nos uma história", e assim começou aquele sempre delicioso relato. Às vezes, para nos provocar — e talvez por estar realmente cansado —, Mr. Dodgson parava subitamente e dizia, "E isso é tudo, até a próxima vez". "Ah, mas já é a próxima vez", era a exclamação de todas as três: e depois de alguma persuasão a história recomeçava.

Quando o grupo do barco retornou, Alice pediu a Dodgson que escrevesse para ela as aventuras. Ele disse que ia tentar, e ficou quase a noite inteira acordado registrando a história no papel, acrescentando algumas ilustrações em bico de pena; depois, o pequeno volume *Alice's Adventures Underground* era frequentemente visto na mesinha da sala de estar do decanato. Três anos depois, em 1865, a história foi publicada pela Macmillan, em Londres, com o pseudônimo do autor "Lewis Carroll" e o título de *Alice's Adventures in Wonderland* [As aventuras de Alice no País das Maravilhas].[14]

O reverendo Duckworth relembra a excursão com exatidão:

> Eu remava para a frente e ele remava para trás na famosa viagem a Godstow nas férias longas de verão, em que as três misses Liddell eram nossas passageiras, e a história foi efetivamente criada e falada *por cima de meu ombro* para Alice Liddell, que atuava como a "timoneira" de nosso show. Lembro-me de ter virado e dito, "Dodgson, este é um romance extemporâneo seu?". E ele respondeu, "Sim, estou inventando enquanto continuamos".

Inventar as aventuras de Alice "enquanto continuamos": a verdade é inacreditável. Que a queda de Alice e suas explorações, seus encontros e suas descobertas, os silogismos e jogos de palavras e sábias anedotas tenham sido em todo o seu fantástico e coerente desenvolvimento criados aqui e ali no decurso de seu relato, parece quase impossível. Osip Mandelstam, comentando a composição de *A divina comédia* de Dante, diz que é ingenuidade por parte dos leitores acreditar que o texto que se tem diante de si nasceu já pronto da cabeça do poeta sem uma longa confusão de rascunhos e tentativas em sua esteira. Nenhuma composição literária, diz Mandelstam, é fruto de um momento de inspiração: é um árduo processo de tentativa e erro, assistido em seu percurso por experimentada técnica.[15] Mas no caso de *Alice* sabemos que não foi assim: parece que o caso aqui foi exatamente o dessa impossibilidade. Sem dúvida Carroll, bem no fundo de sua mente, tinha composto previamente muitas das anedotas e trocadilhos que apimentam a história, já que gostava de quebra-cabeças e jogos de palavras, e passava muito de seu tempo os inventando para seu prazer e o dos filhos de seus amigos. Mas uma sacola cheia de truques não é suficiente para explicar a estrita lógica e os divertidos avatares que governam a trama perfeitamente coerente.

Às *Aventuras de Alice* seguiu-se, seis anos mais tarde, *Alice através do espelho*, uma história que se beneficiou do usual tempo de trabalho numa escrivaninha, e mesmo assim o jogo de xadrez no espelho deste último não é mais bem construído do que o jogo de cartas maluco do primeiro, e todo o maravilhoso contrassenso em ambas as histórias se origina obviamente da singular e "extemporânea" fantasia contada naquela tarde primordial. Diz-se que os místicos recebem tudo ditado da divindade, e a história da literatura gaba-se de alguns célebres exemplos *in totum* de tais composições — "Hino da Criação" de Caedmon e "Kubla Khan" de Coleridge são dois exemplos —, mas quase nunca dispomos de uma testemunha imparcial desses milagres poéticos. No caso das *Aventuras de Alice no País das Maravilhas*, o testemunho do reverendo Duckworth parece ser inatacável.

Nenhum milagre, no entanto, é totalmente inexplicável. A história de Carroll tem raízes mais profundas na psique humana do que possa sugerir sua reputação nos quartos de crianças. Não se leem *As aventuras de Alice no País das Maravilhas* como se leem outras histórias infantis: sua geografia tem poderosas reverberações de outros lugares míticos já estabelecidos, como Utopia e Arcádia. Em *A divina comédia*, Matilda, o espírito guardião no cume do Monte Purgatório, explica a Dante que a Idade de Ouro da qual cantaram os poetas é uma lembrança esquecida de um paraíso perdido, um desaparecido estado de felicidade perfeita; talvez o país das maravilhas seja a lembrança inconsciente de um estado de racionalidade perfeita, um estado que, agora visto pelos olhos de convenções sociais e culturais, se nos mostra como de completa loucura.[16] Sendo ou não arquetípico, o País das Maravilhas parece ter sempre existido de uma ou outra forma: ninguém acompanha Alice em sua queda pelo buraco do coelho e através do labiríntico reino da Rainha de Copas em sua primeira vez.

Apenas as irmãs Liddell e o reverendo Duckworth podem ser citados como estando presentes no momento da criação, e até mesmo eles devem ter tido uma sensação de *déjà-vu*: passado o primeiro momento, o País das Maravilhas penetrou na imaginação universal de modo muito parecido com o do Jardim do Éden, lugar que sabemos que existe sem nunca nele ter posto os pés. O País das Maravilhas ("não está em mapa algum; lugares verdadeiros nunca estão", como observou Melville sobre outro local arquetípico)[17] é a paisagem recorrente de nossa vida onírica.

Porque o País das Maravilhas é, claro, nosso mundo, ou então um palco no qual as coisas de nosso mundo são representadas para que as assistamos — não em termos simbólicos inconscientes (apesar das leituras freudianas), não como uma alegoria da *anima* (segundo as interpretações junguianas), não como parábola cristã (apesar da serendipidade dos nomes na jornada do contador da história, desde Folly Bridge [ponte da loucura] até Godstow, [Lugar de Deus]), não como uma fábula distópica como a de Orwell ou a de Huxley (como alegam certos críticos). O País das Maravilhas é simplesmente o lugar no qual nos encontramos diariamente, louco como possa parecer, com suas rações cotidianas do celestial, do infernal e do purgatório — um lugar através do qual temos de perambular da mesma maneira como perambulamos pela vida, seguindo as instruções do Rei de Copas: "Comece pelo começo", ele diz ao Coelho Branco, "e continue até chegar ao fim: então pare".[18]

Alice (como dissemos de Dante) está equipada com uma única arma para a jornada: a linguagem. É com palavras que avançamos pela floresta do Gato de Cheshire e pelo campo de críquete da rainha. É com palavras que Alice descobre a diferença entre o que as coisas são e o que parecem ser. São suas perguntas que revelam a loucura do País das Maravilhas, oculta, como em nosso mundo, sob uma fina camada de respeitabilidade convencional. Podemos tentar encontrar lógica na loucura, como faz a Duquesa que para tudo encontra uma moral, mas a verdade é, como o Gato de Cheshire conta a Alice, que não temos escolha quanto a isso: qualquer que seja o caminho que seguimos, vamos nos encontrar entre pessoas loucas, e temos de usar a linguagem o melhor que pudermos para nos agarrar àquilo que parece ser nossa sanidade. As palavras revelam a Alice que o único fato inquestionável deste mundo desconcertante é que sob um aparente racionalismo somos todos loucos. Como Alice, estamos arriscados a nos afundar (e a afundar todos os outros) em nossas próprias lágrimas. Gostamos de pensar, como o Dodô, que não importa em que direção ou quão incompetentemente corramos, seríamos todos vencedores e com direito a um prêmio. Como o Coelho Branco, damos ordens a torto e a direito, como se os outros fossem obrigados (e sentindo-se honrados) a servir-nos. Como a Lagarta, questionamos a identidade das criaturas nossas colegas, mas temos pouca ideia sobre qual seria a nossa, mesmo estando à beira de perder essa identidade. Acreditamos, como a Duquesa, que se deva punir o comportamento irritante dos jovens, mas pouco nos interessa o motivo desse comportamento. Como o Chapeleiro Maluco, sentimos que somente nós temos direito a comer e beber numa mesa posta para muitos mais, e cinicamente oferecemos vinho aos sedentos e famintos quando não há, enquanto há geleia todo dia menos hoje. Sob o governo de déspotas como o da Rainha de Copas, somos obrigados a jogar jogos loucos com instrumentos inadequados — bolas que rolam como ouriços e tacos que se retorcem e viram como flamingos — e quando não conseguimos seguir as instruções, somos ameaçados de ter a cabeça cortada. Nossos métodos educacionais, como explicam a Alice o Grifo e a Tartaruga Fingida, são ou exercícios de nostalgia (o ensino do Riso e da Tristeza) ou cursos de treinamento a serviço de outros (como ser jogados no mar junto com as lagostas). E nosso sistema de justiça, muito antes de Kafka o descrever, é como aquele armado para julgar o Valete de Copas, incompreensível e injusto. Poucos de nós, no entanto, têm a coragem de Alice, no final do livro, para nos erguer (literalmente) em nome de nossas convicções e nos recusar a ficar calados. Devido a esse ato supremo de desobediência civil, Alice tem permissão para despertar de seu sonho. Nós, infelizmente, não temos.

Companheiros de viagem, nós leitores reconhecemos na jornada de Alice, como na de Dante, os temas sempre presentes em nossas vidas: busca e perda de sonhos, consequentes lágrimas e sofrimento, a corrida pela sobrevivência, sendo forçados à servidão, os pesadelos de uma confusa identidade própria, os efeitos de famílias disfuncionais, a exigida submissão a uma arbitragem contrassensual, o abuso de autoridade, o ensinamento pervertido, o impotente conhecimento de crimes impunes e de punições injustas, e a prolongada luta do racional contra o irracional. Tudo isso, e a penetrante sensação de loucura, são, na realidade, um sumário de todo o conteúdo do livro.

"Para definir a verdadeira loucura", nos é dito em *Hamlet*, "em que consiste a loucura, senão em sermos loucos?" Alice teria concordado: loucura é a exclusão de tudo que não é louco, e portanto todo mundo no País das Maravilhas cai no *dictum* do Gato de Cheshire ("Aqui somos todos loucos"). Mas Alice não é Hamlet. Seus sonhos não são sonhos ruins, ela nunca fica amuada, nunca vê a si mesma como a mão de uma justiça fantasmagórica, nunca insiste em provar o que é cristalinamente claro, ela acredita na ação imediata. Palavras, para Alice, são criaturas vivas, e o pensamento (ao contrário do que Hamlet acredita) não faz as coisas serem boas ou más. Ela certamente não quer que sua carne sólida se dissolva, assim como não quer que se estique ou encolha (mesmo que, para poder passar pela pequena porta do jardim, ela deseje poder se "estender como um telescópio"). Alice nunca teria sucumbido a uma lâmina envenenada ou bebendo, como a mãe de Hamlet, de uma taça envenenada: ao pegar a garrafa que diz "BEBA-ME", ela primeiro olha para ver se está ou não escrito *veneno*, "pois tinha lido várias belas histórias sobre crianças que tinham se queimado, ou sido devoradas por animais selvagens, e outras coisas desagradáveis, tudo porque não *teriam* se lembrado das regras simples que seus amigos lhes tinham ensinado". Alice é muito mais racional que o príncipe da Dinamarca e sua família.[19]

No entanto, assim como Hamlet, Alice deve ter se perguntado, entalada na toca do Coelho Branco, se ela também não estaria presa numa casca de noz, mas sendo rei (ou rainha) do espaço infinito, Alice não fica somente se preocupando com isso, ela batalha pelo título, e em *Alice através do espelho* ela trabalha duro para ganhar a prometida e sonhada coroa. Educada segundo rígidos preceitos vitorianos e não os frouxos preceitos elizabetanos, ela acredita na disciplina e na tradição, e não tem tempo para joguinhos e procrastinações. No decurso de suas aventuras, como um criança bem-educada, Alice confronta o irracional com a simples lógica. A convenção (a construção artificial da realidade) é usada contra a fantasia (a realidade natural). Alice sabe instintivamente que a lógica é nosso meio de dar sentido ao contrassenso e revelar suas regras secretas, e ela a aplica implacavelmente, mesmo entre os mais velhos, confrontando seja a Duquesa seja o Chapeleiro Maluco. E quando argumentos mostram-se inúteis, ela insiste, ao menos tornando evidente a injusta absurdidade da situação. Quando a Rainha de Copas exige que o tribunal dê "primeiro a sentença — depois o veredicto", Alice responde quase que imediatamente, "Besteira e contrassenso!". É a única resposta que a maioria das coisas absurdas em nosso mundo merece.[20]

Contudo, a jornada de Alice é uma jornada da qual ela emerge não com respostas mas com uma questão em aberto. Em suas aventuras subterrâneas e mais tarde através do espelho, Alice vai se torturar com a ideia de não ser o que pensa que é, ou mesmo de deixar de ser, o que leva inelutavelmente ao terrível enigma apresentado pela Lagarta: "Quem é *Você*?". "Eu — eu não sei bem, senhor, até este momento", ela responde modestamente. "Pelo menos sei quem eu *era* quando acordei esta manhã, mas creio ter mudado algumas vezes desde então." A Lagarta diz-lhe severamente que se explique melhor. "Temo não poder me explicar, senhor", ela diz, "porque não sou eu mesma, como vê." Para testá-la, a Lagarta pede que recite coisas de cor, mas as palavras saem "diferentes". Alice e a Lagarta sabem que são definidas por aquilo de que se lembram, já que nossas memórias são nossas biografias e contêm nossa imagem de nós mesmos.[21]

Quando está esperando para ver o efeito produzido pela bebida na garrafa que diz "BEBA-ME", Alice se pergunta se poderia terminar "sumindo completamente como uma vela. Eu me pergunto com que eu me pareceria então". A resposta é dada em *Alice através do espelho* por Tweedledee e Tweedledum, quando apontam para o Rei de Copas dormindo sob uma árvore. "E o que você acha que ele está sonhando", pergunta Tweedledee. Alice diz que ninguém pode saber isso. "Bem, está sonhando com *você!*", exclama Tweedledee. "E se ele parar de sonhar com você, onde você supõe que estará?" "Onde estou agora, é claro", responde Alice confiantemente. "Não você!", replica Tweedledee contenciosamente. "Você não estará em lugar algum. Pois você é só uma espécie de coisa no sonho dele!"[22]

Alice se pergunta se ela não poderia ser Ada ou Mabel (mas "*ela* é ela, e eu sou *eu*", ela reflete, distraída); o Coelho Branco confunde Alice com alguém que se chama Mary Ann; o Pombo acredita que ela é uma serpente; as Flores Vivas a tomam por uma flor; o Unicórnio acredita que ela é um monstro fabuloso, e sugere que, se ela acreditar nele, ele acreditará nela. Nossa identidade parece depender da crença dos outros. Olhamos para as telas de nossas engenhocas eletrônicas com a intensidade e a constância com que Narciso olha para o espelho d'água, esperando sermos restaurados ou afirmados em nossa identidade não pelo mundo a nossa volta, não nos processos de nosso mundo interior, mas por meio da quase sempre inane mensagem de outros que, virtualmente, reconhecem nossa existência e cuja existência nós virtualmente reconhecemos. E quando morremos, e nossas fortuitas comunicações são inspecionadas buscando pistas de quem fomos, uma pequena fábula imaginada por Oscar Wilde torna-se pertinente:

Quando Narciso morreu, a lagoa de seu prazer transformou-se de uma taça de água doce numa taça de lágrimas salgadas, e as Oréades vieram chorando pela floresta e dizendo que poderiam cantar para a lagoa e confortá-la.

E quando viram que a lagoa tinha mudado de uma taça de água doce para uma de lágrimas salgadas, elas perderam os cachos verdes de seus cabelos e gritaram para a lagoa, dizendo, "Não nos surpreende que você lamente por Narciso dessa maneira, tão bonito ele era".

"Mas Narciso era bonito?", disse a lagoa.

"Quem poderia saber melhor do que você?", responderam as Oréadas. "Por nós ele sempre passava, mas a você ele buscava, e se deitava a suas margens e olhava para você, e no espelho de suas águas ele olhava o reflexo de sua própria beleza."

E a lagoa respondeu, "Mas eu amava Narciso porque, quando se deitava em minhas margens e baixava o olhar para mim, no espelho de seus olhos eu sempre via minha própria beleza refletida".[23]

Alice imagina um modo diferente de decidir por ela mesma quem ela poderia ser. Ao cair e ficar presa na toca do Coelho, Alice pergunta a si mesma quem na realidade ela é e se recusa a ser alguém que ela não quer ser. "Não vai adiantar eles baixarem a cabeça e dizerem, 'Venha para cima novamente, querida!'. Eu só olharei para cima e direi, 'Então, quem sou eu? Digam-me primeiro, e depois, se eu gostar de ser essa pessoa, vou subir: se não, ficarei aqui embaixo até ser outra pessoa'."[24] E as coisas parecem não fazer sentido, Alice então vai se certificar de escolher um sentido (uma identidade que denote esse sentido) para si mesma. Ela pode estar ecoando Jung: "Tenho de comunicar minha resposta, pois de outra forma vou depender da resposta do mundo"; Alice tem de fazer da pergunta da Lagarta a sua própria.

E ainda assim, apesar de sua aparente loucura, nosso mundo, como o País das Maravilhas, sugere de maneira eletrizante que ele *sim* tem um sentido e que se olharmos com bastante insistência para além "da bobagem e do contrassenso" vamos encontrar algo que os explica. As aventuras de Alice prosseguem com estranha precisão e coerência, de modo que nós, leitores, temos a crescente impressão de haver um sentido elusivo em toda a absurdidade em volta. O livro inteiro tem a qualidade de um *koan* zen ou de um paradoxo grego, de algo significativo e ao mesmo tempo inexplicável, algo prestes a ser revelado. O que sentimos, ao cair na toca do Coelho atrás de Alice e a seguindo em sua jornada, é que a loucura do País das Maravilhas não é arbitrária, nem inocente. Metade epopeia e metade sonho, a invenção de Carroll configura para nós um necessário espaço em algum lugar entre uma terra sólida e uma terra de fadas, um lugar vantajoso para dele se ver o universo em termos mais ou menos explícitos, como se estivesse traduzido numa história. Como as fórmulas matemáticas que fascinavam Carroll, as aventuras de Alice são ao mesmo tempo fatos concretos e sublime invenção.

Isso vale também para *A divina comédia*. Guiado pela mão de Virgílio através do traiçoeiro terreno do Inferno, ou pelo momentoso sorriso de Beatriz, por meio da lógica adamantina do céu, Dante empreende sua viagem em dois planos ao mesmo tempo: um que o ancora (e a nós, seus leitores) na realidade de carne e osso, e um no qual essa realidade pode ser reconsiderada e transformada. Essa realidade dupla é como a do Gato de Cheshire, empoleirado em seu galho, vagando do que é desconcertantemente visível para o miraculoso (e reconfortante) fantasma de um sorriso de Beatriz.

Dante e Virgílio no Bosque dos Suicidas. Xilogravura que ilustra o Canto XIII do Inferno, *impresso em 1487 com comentário de Cristoforo Landino. (Biblioteca Beinecke de Livros e Manuscritos Raros, Universidade Yale.)*

8. O que estamos fazendo aqui?

No ano em que trabalhei para um jornal de Buenos Aires, aos vinte e poucos anos, fui enviado ao interior para entrevistar um padre, Domingo Jaca Cortejarena, da paróquia de Mones Cazón, que havia traduzido para o basco, sob o título *Matxin Burdín*, o poema nacional argentino do século xix *Martín Fierro*, de José Hernández. Ele era um homem pequeno, gordo, sorridente, que tinha chegado à Argentina no final da década de 1930 e se ordenado durante o exílio. Por gratidão ao país que lhe dera as boas-vindas, decidiu fazer a tradução, mas sua paixão, como a do velho Sherlock Holmes, era criar abelhas. Durante a entrevista, por duas vezes ele se desculpou e foi para as colmeias, dispostas sob os jacarandás em fileiras zumbideiras, e lá realizava certos rituais que não entendi. Ele conversava em basco com as abelhas. Quando respondia a minhas perguntas em espanhol, gesticulava veementemente; com as abelhas seus movimentos e sua voz eram suaves. Ele disse que o zumbido lembrava a ele quedas d'água. Parecia não ter medo nenhum de ser picado: "Quando se recolhe o mel", ele explicou, "sempre se deve deixar um pouco para a colmeia. Os coletores industriais não fazem isso, e as abelhas se ressentem e se tornam avarentas. As abelhas reagem à generosidade com generosidade". Ele estava preocupado porque muitas das abelhas estavam morrendo, e ele acusava os fazendeiros da vizinhança de usarem pesticidas que matavam não somente as abelhas, mas também os pássaros canoros. Foi ele quem me contou que, quando um apicultor morre, alguém tem de avisar as abelhas que seu tratador está morto. Desde então, desejo que alguém faça o mesmo por mim quando eu morrer, e conte a meus livros que não voltarei mais.

Caminhando pelo descuidado jardim (ele disse que gostava de ervas daninhas), o pequeno padre observou que Hernández tinha cometido um erro curioso em seu poema. *Martín Fierro* é a história de um *gaucho* que deserta do Exército após ter sido recrutado à força. Fierro é perseguido por um sargento que, ao cercá-lo e perceber que o combateria sozinho até a morte, diz que não permitiria o assassinato de um homem corajoso. Voltando-se contra os próprios soldados, alia-se ao desertor. O padre disse que no poema os *gauchos* descrevem a terra e o céu, e aí estava o erro: trata-se de algo que as pessoas da cidade fariam, não as pessoas do campo, para as quais a paisagem não é digna de nota pois simplesmente estava ali. Hernández, um intelectual citadino, poderia ter se sentido curioso quanto à natureza que o cercava; o *gaucho* Martín Fierro, não.

Na escola me ensinaram que o paradigma de Hernández para seus interesses bucólicos tinha sido Virgílio, cuja paisagem não era o vale do Pó de sua juventude (como observou Peter Levi), e sim um cenário deliberadamente artificial de amorosos pastores e apicultores, herdado, talvez, de Teócrito. Virgílio era o autor clássico preferido nas escolas das colônias espanholas, assim como Cícero; Hernández não teria estudado grego, cultura negligenciada nos países católicos devido a sua desconfortável proximidade à dos estudiosos da Reforma. Apesar da convenção bucólica, as florestas, os córregos e as sendas de Virgílio são concebidos como paisagens autênticas, e suas recomendações sobre apicultura e cultivo, assim me dizem, são perfeitamente adequadas. Hernández prefere eliminar qualquer ideia de artificialidade e, apesar de atribuir aos *gauchos* ruminações e invocações filosóficas sobre todos os santos (assim como Virgílio invocava Apolo e as musas), trata de firmar seus personagens num lugar digno de crédito. Os pampas de Martín Fierro são imediatamente reconhecíveis: a amplidão, o súbito aparecimento de uma cabana ou de uma árvore, o horizonte sem fim que o escritor francês Drieu La Rochelle descreveu como indutor de "uma vertigem horizontal". Se Hernández cometeu o erro que meu padre basco apontou foi por ter, talvez, se sentido, como La Rochelle, um alienígena, um morador da cidade, para quem era impossível estar nesses espaços vazios sob um céu ininterrupto sem ser dominado pela rodopiante imensidão. Quando Martín Fierro, em sua solidão, olha para as estrelas, ele as enxerga como um espelho de suas emoções:

É triste, no campo aberto
Passar noite após noite
Olhando para os lentos cursos
Das estrelas que Deus criou,
Sem outra companhia
Que a própria solidão e os animais selvagens.

O observador é humano, e a paisagem que ele observa fica contaminada de aspirações e arrependimentos humanos: a questão subjacente é "Que estou fazendo aqui?". Na poesia bucólica clássica, a paisagem espelha a nostalgia de uma feliz Idade de Ouro talvez inventada pelos gregos; em Hernández, a nostalgia é, obviamente, um conceito literário, mas é também historicamente verdadeira. Quando Hernández faz seu herói dizer as linhas que se seguem, ele está descrevendo não uma época desejável e mágica, mas a memória da própria vida de Fierro, ou o que sente ter sido sua vida antes de o Exército o ter levado embora:

Conheci essa terra
Onde vivia o camponês
E onde ele tinha sua casa
E seus filhos e sua mulher...
Era tão prazeroso ver
Como passava um dia após outro.

A palavra *gaucho*, empregada como insulto pelos colonizadores espanhóis referindo-se aos nativos, foi adotada orgulhosamente pelos que lutaram contra a coroa espanhola, mas logo após a independência a palavra retomou a conotação pejorativa para rotular aqueles que viviam da terra sem tentar se concentrar nas cidades. Um *gaucho* era visto pelos habitantes urbanos como um bárbaro que rejeitava a civilização, como deixou claro Domingo Faustino Sarmiento no título de seu clássico *Facundo ou civilização e barbárie*. Soberbos cavaleiros e pastores, estabelecendo-se onde quer que escolhessem, longe da metrópole em expansão, os *gauchos* viviam de pequenas safras, da criação de gado desgarrado e trabalhavam ocasionalmente como mão de obra contratada por ricos *hacendados* que tinham comprado ou ganhado títulos de vastas extensões de terra virgem. Recrutamento obrigatório, expropriação de suas casas pelo governo e o aumento das frequentes incursões de saqueadores nativos mudaram tudo isso, e Martín Fierro encarnava essa mudança. Os pampas não eram mais um espaço aberto onde qualquer um poderia viver sem uma escritura de venda ou um contrato imobiliário: agora se tornara, para os *gauchos*, um lugar estranho onde não era permitido fincar raízes a não ser para aqueles que alegassem tê-lo comprado e se sentissem autorizados a explorá-lo. Para o *gaucho*, ele e a terra estavam vitalmente entrelaçados, e o que afetava um afetava o outro; para os donos de terras, a terra era propriedade, a ser usada tão eficazmente quanto possível para dela se extrair o maior proveito econômico. "O que você pensa que estamos fazendo aqui nesta terra?", meu padre perguntou, sem esperar por uma resposta. "Tudo o que sei é que não importa o que estejamos fazendo, as abelhas estão morrendo."

VLADIMIR: *O que estamos fazendo aqui, essa é a questão.*

Samuel Beckett, *Esperando Godot*, ato II

Dois planos de existência estão explícitos nos três reinos de Dante, o da realidade e o do reflexo dessa realidade. As paisagens de Dante, assim como as almas que ele encontra nelas, são ao mesmo tempo reais e imaginárias. Nenhum detalhe em *A divina comédia* é arbitrário: o leitor refaz a viagem de Dante seguindo o caminho que ele seguiu e vendo as coisas que ele viu. Escuridão e luz, cheiros e sons, formações rochosas, rios, águas que caem como abelhas zumbindo (como observou meu padre basco), espaços abertos e abismos, penhascos e vazios constituem o mundo além do mundo. Ou, melhor, nos dois primeiros: no Céu há presenças perceptíveis, mas não uma geografia tangível já que no Céu não existe nem tempo nem espaço.

Três florestas principais crescem em *A divina comédia*: a floresta escura de onde surge Dante antes do encontro com Virgílio, o horrível Bosque dos Suicidas no canto XIII do *Inferno* e o Jardim do Éden no cume do Monte Purgatório. O Céu é destituído de vegetação, exceto a roseira monstruosa que congrega as almas no Empíreo. As três florestas existem em função de seus habitantes: são definidas por aquilo que ocorre sob seus galhos, como cenários para a história. Como sempre em Dante, nossos atos determinam nossa geografia.

John Ruskin, comentando sobre a descoberta do que ele chama "as leis da beleza" no século XIII, salienta que "essas descobertas da verdade definitiva, creio, não são feitas filosoficamente, mas instintivamente". Sem dúvida, uma vasta biblioteca de conhecimento sustenta *A divina comédia*, mas, como Ruskin com razão nos adverte, nem todo detalhe pode ser o resultado de um processo erudito: a criação total é precisa demais para ter sido conscientemente justificada palavra por palavra. "O esforço de Milton", observa Ruskin, "em tudo que nos conta sobre seu Inferno, é deixá-lo indefinido; o de Dante, é fazê-lo *definido*." Por esse motivo, diz Ruskin, ao alcançar o Jardim do Éden depois de ousar atravessar o muro de chamas do purgatório, Dante entra numa "selva escura" adoravelmente descrita que faz o leitor lembrar a "floresta escura" do início do poema. E a

> ausência de trilhas na floresta, possivelmente a coisa mais terrível para ele em seus dias de pecado e fraqueza, agora é uma alegria para ele em seus dias de pureza. E assim como a ausência de uma cerca no matagal do pecado leva à agrilhoada e temerosa ordem da punição eterna, a ausência de uma cerca no matagal da virtude leva à amorosa e constelada ordem da felicidade eterna.[1]

Um exemplo ainda mais pungente nos é dado no Bosque dos Suicidas. Após ter sido guiado pelo centauro Nesso através do rio de Sangue, no qual são punidos os culpados de assassinato, Dante e Virgílio chegam a uma floresta sombria onde, novamente, nenhum caminho é visível. Essa floresta é feita de negações, pontuadas por uma chuva de *nãos* que dão início, cada um deles, ao primeiro dos três tercetos do canto, e a todos os versos do segundo. É um lugar no qual é negado a alguém ser ele mesmo.

> *Não tinha Nesso ainda o vau cruzado*
> *e já entrávamos nós num arvoredo*
> *por caminho nenhum atravessado.*
>
> *Não verde, mas escuro o seu folhedo,*
> *não lisos, mas nodosos e revessos,*
> *sem fruto, os ramos, e de espinhos tredo*

o tronco, quais os acúleos espessos
aos animais que aos tratos campesinhos
de Cécina e Corneto são avessos.

Sobre as árvores medonhas e espinhosas as Harpias fazem seus ninhos. Essas criaturas monstruosas de largas asas e rostos e pescoços humanos, com pés em garra e ventres emplumados, não param de soltar gritos terríveis que anunciam os sofrimentos ainda por vir.[2]

Antes de seguir adiante, Virgílio diz a Dante que eles estão agora na segunda cornija do sétimo círculo, e o instrui a prestar atenção pois "coisas verás que em meu relato, isento/ e certo, falsas soariam ao mundo" porque neste lugar de sombras a fala não tem corpo: Dante ouve lamentos, mas não vê ninguém, e se pergunta se haveria almas escondendo-se no matagal. Para dissipar suas dúvidas, Virgílio o instrui a quebrar um pequeno broto de uma das árvores que o cercam. Dante obedece e a árvore grita em sofrimento: "Por que me quebrantas?". Do toco, começa a fluir um sangue escuro.

disse ainda: "O que faz que me atormentes?
não tens de pena o espírito primeiro?

Homens fomos e, paus só remanentes,
deveria ter tua mão mais cortesia,
nem que fôssemos almas de serpentes"

Enquanto Dante recua horrorizado, sangue e palavras vertem juntos do talo quebrado. Na *Eneida*, Virgílio havia descrito como Enéas, depois de deixar a costa de Troia para reverenciar sua mãe, Vênus, e os outros deuses com um sacrifício, arranca arbustos de corniso e de murta para enfeitar o altar. Subitamente, ele vê com espanto que os tocos começam a pingar gotas de sangue preto, e uma voz debaixo da terra lhe diz que aquele é o túmulo de Polidoro, traiçoeiramente morto pelo rei da Trácia ao qual seu pai, Príamo, o tinha confiado.[3] Virgílio, ao se dar conta de que Dante havia esquecido este episódio de sua epopeia (no plano imaginário), achou necessário provar-lhe empiricamente o fato prodigioso de que as árvores podem sangrar (no plano da realidade factual). Ao fazê-lo, Virgílio lembra a Dante que ambos os planos são necessários para vivenciar a existência inteiramente.

No entanto, para compensar, Virgílio agora pede ao espírito ferido que diga quem é para que Dante possa mais tarde restabelecer sua reputação no mundo dos vivos. (Durante todo o *Inferno*, Virgílio, cuja própria reputação na terra já está garantida, supõe que os mortos se importam com o que os vivos pensam deles.) A árvore que chora se apresenta como o político e poeta Pier delle Vigne, chanceler das Duas Sicílias e ministro de Frederico II, o imperador que tão desastrosamente realizara experiências linguísticas com crianças. Delle Vigne cometera suicídio após ser falsamente acusado de traição e agora era punido porque sua alma, ao pensar que poderia fugir da vergonha por meio da morte, "contra mim, justo, me fez injusto".[4]

As árvores só podem falar enquanto o sangue flui. Impiedosas consigo mesmas, elas agora imploram isso a Dante e, ao vê-las, Dante sente uma pena tão forte quanto a que só sentira uma vez nesse reino sem compaixão depois de ouvir a história de Francesca no círculo dos Lascivos. Como a piedade é sempre, em alguma medida, piedade por si mesmo, Dante o poeta, no decurso de seu próprio e doloroso exílio, deve ter considerado a possibilidade de suicídio e a rejeitado. Certamente a questão do suicídio era problemática para ele. No dogma da Igreja católica, o suicídio era claramente um pecado cometido contra o corpo, considerado templo da alma. Santo Agostinho havia rebaixado o suicídio a um

209

simples equivalente do assassinato, proibido no sexto mandamento: "Daí temos que o mandamento 'Não matarás' é aplicável aos seres humanos, isto é, a outras pessoas e a si mesmo. Pois matar a si mesmo é matar um ser humano".[5] Mas entre os autores pagãos estimados por Agostinho (e Dante), o suicídio era frequentemente considerado um ato honroso.

Em profunda meditação sobre esse episódio, Olga Sedakova pergunta o que Pier della Vigne quis dizer quando enuncia "homens nós fomos", e sugere que ser humano é ser ouvido, é ser capaz de falar. "Homem é, antes de mais nada, uma mensagem, um signo", ela escreve. Mas que signo? Certamente um que vincula sangue e linguagem, sofrendo com a necessidade de expressar o sofrimento em palavras. Talvez seja por isso, levando as observações de Sedakova um passo adiante, que podemos dizer que, considerando a antiga metáfora na qual o mundo é um livro, a escrita no livro da natureza espelha tanto o sofrimento humano quanto o sofrimento infligido pelos humanos à natureza. O sofrimento, seja o de um ser humano quanto o da própria terra, deve ser traduzido em palavras de revolta, arrependimento ou prece. (Alguns anos atrás, um pôster mostrava a paisagem devastada pelo desflorestamento em Colúmbia Britânica e, sobre a imagem, e uma citação de *Julius Caesar*, de Shakespeare: "Oh, perdoe-me você, pedaço ensanguentado de terra,/ Por eu ser dócil e gentil com esses açougueiros" equiparando a terra ao corpo esquartejado de César.) Dante, em *De vulgari eloquentia*, observa que, após a expulsão do Éden, todo ser humano começa uma vida de sofrimento pronunciando uma palavra que denota dor: "Ai!".[6]

Sedakova acredita que, para Dante, a vida e a violência são dois contrários absolutos, e a violência, em todos os sentidos, pertence ao reino da morte. Se isso for verdade, podemos então alegar que, quando a violência irrompe na vida, ela traduz o vocabulário humano vital e criativo em um que denota seu lado sombrio, a perda daquilo que nos tem sido assegurado. E uma vez que em *A divina comédia* a linguagem constrói a paisagem onde tem lugar a ação, a intrusão de uma linguagem violenta transforma a paisagem em algo mortal, uma floresta estéril adequada às Harpias. No mundo antigo, as Harpias incorporavam a intenção das almas mortas de despojar as almas dos vivos.[7] Consequentemente, se a violência contra si mesmo rouba ao pecador seu próprio ser e transforma o suicida numa árvore silenciada e sem frutos que só pode se expressar por meio de sangue, então a violência contra a natureza, o ato deliberado de criar uma floresta assim, pode ser visto como uma forma de suicídio coletivo que mata o mundo do qual somos parte ao transformar o solo vivo em árido terreno.

Desde o tempo dos primeiros agricultores do Neolítico, nosso relacionamento com a natureza tem sido cada vez mais problemático, como se tivéssemos reagido de maneiras contraditórias à questão de como nos beneficiarmos dos frutos da terra sem torná-la estéril. No decorrer de nossas histórias, as estratégias práticas para arar, semear e colher, irrigar e fertilizar, proteger nossas culturas de doenças e armazenar alimentos para épocas de necessidade correm paralelamente à concepção imaginária da natureza como a Grande Mãe.

No mundo antigo, observou Ruskin, as florestas eram consideradas "fontes de riqueza e lugares de abrigo", locais sagrados, assombrados, em geral benevolentes com os humanos.[8] Na Idade Média, essa visão mudou e foi reimaginada como uma dicotomia: o campo era agora visto ou como perigoso, a demoníaca sombra da cidade civilizada, ou como lugar de pureza ascética, oposta aos vícios da Babilônia. Era descrito tanto como um lugar selvagem, refúgio para criminosos e feras, seitas fora da lei e práticas inefáveis, quanto como um reino paradisíaco, lar de uma Idade de Ouro perdida, um santuário longe dos negócios sórdidos da vida cotidiana. Essa dicotomia refletia-se nas artes visuais. No início

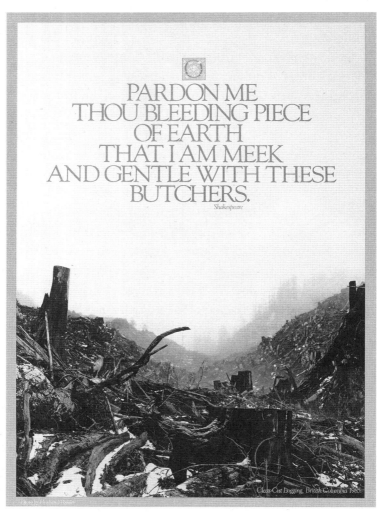

Pôster antidesmatamento da Colúmbia Britânica. (Fotografia © DR/ Artista desconhecido/ Oakland Museum of Caliofornia.)

da Idade Média, muitos artistas, preocupados em obedecer tanto quanto possível aos dogmas da fé e às exigências da arte de retratar, abandonaram gradativamente certos gêneros mundanos, populares na Roma helenística, como a pintura de paisagens decorativas, e se voltaram para cenas alegóricas e histórias bíblicas, com a representação da vida diária ao fundo. O próprio Dante, um arguto observador dos ciclos e mudanças da natureza e do conhecimento e versado nas técnicas da agricultura e da criação de animais, descreve, em surpreendentes detalhes, as paisagens pelas quais passa: elas são palco para acontecimentos humanos e exemplos da inspirada criação da divindade. Seja na depressão do *Inferno*, onde a palidez dos corpos nus revela com excruciante clareza seus tormentos; ou no terreno do *Purgatório*, com a aurora, o crepúsculo, a noite escura e a brilhante luz do sol iluminando ou sombreando a dolorosa ascensão das almas, as paisagens que Dante descreve são, ao mesmo tempo, intensamente reais e profundamente simbólicas, forma e significado revelando um ao outro ao longo da jornada.

Para Dante, toda sabedoria possível, todo conhecimento do próprio ser, toda intuição da vontade de Deus se torna explícita na natureza em si mesma, nas pedras e nas estrelas, "quando o amor divino// primo moveu todas as coisas belas". A experiência da natureza é a experiência da mão de Deus no mundo, e saber como interagir com as outras coisas vivas é um modo de reconhecer nosso lugar no cosmo. O que fazemos conosco, fazemos ao mundo; portanto, seguindo o método do *contrapasso* de Dante, o que fazemos ao mundo, fazemos conosco.[9] Os humores e as dúvidas de Dante, os medos e as revelações são ecoados na vida diária das paisagens que ele atravessa: as pedras fragmentadas de Malebolge, as árvores agonizantes do Bosque dos Suicidas e a vegetação exuberante na sepultura de Matilda, as areias ardentes do sétimo círculo do *Inferno* e a pradaria varrida pela brisa do Éden afetam Dante no corpo e no espírito.

Virgílio compreendeu também a complexidade de nosso relacionamento com a natureza, e como nosso comportamento determina a sina da natureza e nossa própria sina. Virgílio tinha perdido a fazenda da família após a derrota de Brutus e Cassius em Philipi, em 42 a.C., mas sua experiência agrícola é evidente nas *Geórgicas*, que podem ser lidas como um manual de agricultura em verso. Descrevendo as pestes e ervas daninhas que atacam as culturas, por exemplo, Virgílio adverte o agricultor: "Portanto, a menos que repetidamente sua enxada ataque as ervas, sua voz assuste as aves, sua faca cheque a cor da terra escurecida, e seus votos invoquem a chuva, alas! em vão você vai invejar o grande suprimento de seu vizinho, e sacudir o carvalho para aliviar a fome".[10]

A visão de Virgílio remonta àquela da Grécia antiga, onde duas ideias prevaleciam quanto à responsabilidade dos humanos para com o mundo natural. Uma, proclamada pelos seguidores de Pitágoras, por exemplo, sustentava que as árvores tinham almas. No século III d.C., o filósofo Porfírio escreveu: "Por que deveria o abate de um boi ou de um carneiro ser um erro maior do que a queda de um pinheiro ou de um carvalho, já que a alma está implantada em árvores também?". A outra, seguindo Aristóteles, ensinava que animais e plantas existiam apenas para servir ao gênero humano. Ecoando o julgamento de Aristóteles, Plínio, o Velho, no século I d.C., disse: "É em benefício da madeira [que fornecem] que a natureza criou [...] as árvores".[11]

Em meados do século II a.C. em Roma, ficou claro que as famílias camponesas que haviam cultivado por muito tempo seus pequenos torrões estavam sendo ameaçadas por poderosos proprietários de terra, que empregavam escravos em seus investimentos agrícolas. Para restaurar a mentalidade agrícola tradicional, os irmãos Gracchi, em 133, então servindo como tribunos, criaram leis para controlar a reforma agrária. Ao mesmo tempo, os manuais de agricultura tornaram-se populares em toda a república romana: uns poucos eram traduções, como a do cartaginês Mago, enquanto outros eram obras originais por Catão, Columella e Varrão. Mais tarde, o imperador Augusto incentivou poetas a abordarem temas agrícolas como que para reforçar a noção de que a agricultura da maneira tradicional era uma ocupação autêntica dos cavalheiros romanos. Seja oferecendo conselhos práticos sobre métodos agrícolas, retrabalhando os mitos da natureza, ou comparando as delícias da vida campestre com os árduos negócios da cidade, os poetas latinos adotaram o tema e os ecos de suas obras persistiram durante séculos.[12]

Não chegou até nós muita documentação sobre o desenvolvimento de métodos agrícolas na Idade Média. Em lugares onde se empregava a rotatividade entre dois campos, eram requeridos mais trabalho e mais irrigação do que nas antigas Grécia e Roma, e isso levou à invenção de instrumentos mais eficientes. As conquistas árabes trouxeram para a Europa diversas novas culturas e cereais que não demandavam irrigação: sobretudo trigo duro (que se tornou básico na maior parte da região mediterrânea) e sorgo. Embora os períodos de dificuldades se devessem principalmente a causas naturais como inundações e secas, fatores humanos, inclusive a agricultura intensiva e o desmatamento excessivo, contribuíram para criar frequentes períodos de fome. No mundo árabe, o excesso de pastagem e de cultivo foi minimizado por um sistema chamado *hima*, que dava às tribos, em algumas regiões, direitos coletivos sobre certas terras, mas o sistema mostrou-se impraticável na Europa. Até o século X ou XI, grande parte da terra se tornara árida, a seguridade rural desaparecera, a economia monetária deixara de prover assistência a agricultores, e uma sucessão de pragas levou a agricultura na Europa a um declínio geral. Dante faz Virgílio dizer que certas almas no sétimo círculo estão sendo punidas porque viveram "negando à Natureza o dom de sua bondade".[13] Dos conceitos opostos de como deveríamos nos comportar em relação ao mundo natural, o de Aristóteles tornara-se obviamente o prevalente.

A atitude aristotélica com a natureza teve consequências duradouras. Em 1962, uma bióloga marinha americana que vinha escrevendo desde o começo da década de 1950 sobre os efeitos nocivos da atividade humana sobre a natureza publicou o livro *Silent Spring* [*Primavera silenciosa*], que iria mudar as políticas de saúde de muitos países e dar início ao movimento ambientalista em todo o mundo. O trabalho preliminar de Rachel Carson no U.S. Fish and Wildlife Service [Serviço de Pesca e Vida Selvagem dos Estados Unidos] a deixou ciente das consequências do despejo de lixo atômico no mar, assim como do então ainda não detectado fenômeno do aquecimento global; sua pesquisa sobre o mau uso de pesticidas revelou que as indústrias agrícolas eram perigosamente ineficientes e também falsas em seus relatos ao público. Como observou sua biógrafa Linda Lear, com *Primavera silenciosa,*

> Carson fez mais do que desafiar o establishment científico, ou forçar a implementação de uma nova regulamentação para pesticidas. A reação hostil do establishment a Carson e seu livro foi uma evidência de que muitos governos e líderes da indústria reconheciam que Carson não só havia desafiado as conclusões dos cientistas sobre os benefícios dos novos pesticidas, mas também abalado sua integridade moral e sua liderança.

Dante poderia tê-los julgado como pecadores contra a natureza, como as deploráveis almas no sétimo círculo que, por nunca terem reconhecido sua responsabilidade para com o mundo natural, teriam de correr eternamente sobre a areia ardente, numa paisagem profanada, olhando para o que tinham degradado.

"Nesses círculos dos Violentos", observou Charles Williams, "o leitor está peculiarmente consciente de um sentido de esterilidade. O rio sangrento, a floresta sombria, a areia áspera, que o compõem, estão lá em certa medida como símbolos de infertilidade."[14]

Para Carson, o perigo do uso de produtos químicos se originara da teimosa resistência em enxergar consequências que não as desejadas pelos profissionais. Ela compreendeu (como Dante intuiu) que a deliberada ignorância dos resultados colaterais letais implicava uma cegueira voluntária para a *cose belle*, as "coisas bonitas" oferecidas pela natureza, e é simplesmente uma forma de autodestruição resultante da falta de humildade e irresistível ganância. "Controle da natureza", escreveu Carson, "é uma expressão concebida com arrogância, nascida na era neandertal da biologia e da filosofia, quando se supunha que a natureza existia para a conveniência do homem."[15]

Esta era, como observado, a suposição de Aristóteles. Para Aristóteles, a propriedade, e não o trabalho, proporcionava os meios de subsistência, e facultava ao homem ser chamado de cidadão. A propriedade consiste naquilo que a natureza oferece para o sustento humano: gado conduzido por agricultores nômades, caça obtida por caçadores, peixes e aves apanhados por pescadores e preparadores de armadilhas, e os frutos de uma colheita. "Temos de acreditar", ele escreveu, "primeiro que as plantas existem em benefício dos animais, segundo que todos os outros animais existem em benefício do homem." (Escravos também, uma vez que Aristóteles alegava que capturar "pessoas inferiores" e fazê-las escravas era uma atividade humana natural.)[16]

Os argumentos entrelaçados de Aristóteles — nosso direito de explorar a natureza e nosso direito de explorar outros seres humanos "inferiores" — acompanham nossas histórias econômicas até os dias de hoje. Em 1980, o Programa Ambiental das Nações Unidas (Unep, na sigla em inglês) relatou que a desertificação causada pelo desflorestamento ameaçava 35% da superfície terrestre do mundo e 20% da população mundial. O amplo processo de desflorestamento da Amazônia, por exemplo, que após um declínio constante deu novo salto de mais de um terço, emprega hoje dezenas de milhares de pessoas trabalhando em condições semelhantes às da escravidão. Um relatório do Fundo Mundial para a Vida Selvagem (WWF, na sigla em inglês) observa:

> Pessoas pobres, atraídas de aldeias e de regiões carentes, são levadas a remotas plantações de soja [plantadas depois que as árvores foram derrubadas] onde são postas a trabalhar em condições bárbaras — frequentemente sob a mira de armas e sem possibilidade de escapar [...]. Os que adoecem são abandonados e substituídos por outros.[17]

Em anos recentes, um novo ramo da psicologia tem estudado o relacionamento entre a psique humana e o entorno natural. Sob o nome um tanto extravagante de ecopsicologia (usado pela primeira vez em 1992 pelo historiador Theodore Roszak, que foi quem cunhou também o termo *contracultura*), é o estudo de um fenômeno que poetas compreenderam desde que pela primeira vez associaram tempestades aos furores da paixão e campos floridos a momentos de felicidade; John Ruskin caracterizou isso como "patética falácia". Tentando analisar nosso espelhamento na natureza, os ecopsicólogos alegam que por sermos uma parte integrante do mundo natural, a separação dele (por negligência, indiferença, violência, medo) resulta em algo parecido com um suicídio psicológico. Com possível referência a Aristóteles, a psicóloga e poetisa Anita Barrows diz: "É apenas por uma construção da mente ocidental que acreditamos viver em um 'interior' limitado por nossa pele, com todos e tudo o mais do lado de fora".[18]

Para poder explicar seu próprio estado de espírito e seus encontros fantásticos, Dante frequentemente vai descrever uma

lembrança de entornos naturais. Ao chegar à ponte de pedra que
lhes permitiria passar da cornija dos Hipócritas para o abismo dos
Ladrões, Dante e seu guia descobrem que ela está despedaçada, e
um sentimento de angústia se apodera deles. Para explicar ao leitor o que sente, Dante conjura uma lembrança:

> Quando, do jovem ano à prima parte,
> o Sol seus cachos no Aquário tempera,
> e a noite já só meio dia comparte,
>
> e uma aparência, que a geada gera,
> desenha a imagem de sua irmã branca,
> mas logo a pena se lhe destempera
>
> o Pastorinho, de quem já se estanca
> a provisão, levanta e vê a campina
> alvejar toda e, batendo-se a anca,
>
> volta pra casa e cá e lá se amofina
> andando, e já não sabe a que apelar,
> mas sai de novo, e a esperança o ilumina
>
> quando vê a cara do mundo mudar
> em pouco tempo: apanha o seu cajado
> e leva os carneirinhos a pastar

Em passagens como esta, Dante evoca não a visão utilitária da
natureza de Aristóteles, mas a de Virgílio, não o artifício lírico
das *Éclogas*, mas as reflexões ponderadas das *Geórgicas*, onde
Virgílio abandona a visão idílica da vida no campo e em vez
disso concentra-se nas dificuldades e recompensas da agricultura, e nas responsabilidades do agricultor com o mundo natural.

"A labuta conquistou o mundo", escreveu Virgílio, "labuta implacável e a necessidade que acicata quando a vida é difícil." Mas, ele continuou:

a natureza tem múltiplas maneiras de criar árvores. Pois algumas, sem intervenção do homem, brotam por sua livre vontade, e amplamente reivindicam planícies e rios sinuosos [...]. Mas algumas brotam de sementes caídas, como as altas castanheiras, e as frondosas árvores, as mais poderosas da floresta, que espraiam sua sombra para Júpiter, e carvalhos, que os gregos tinham como oraculares.

Essa generosidade natural, como entendiam Virgílio e Dante, implicava uma obrigação.[19]

Em 31 de março de 2014, o Painel Intergovernamental sobre Mudanças Climáticas (IPCC, na sigla em inglês) publicou um relatório sobre os efeitos da "mudança climática provocada pelo homem em todo o mundo". Um total de 309 especialistas escolhidos em setenta países foram selecionados para produzir o relatório, com a ajuda de outros 436 autores contribuintes, e um total de 1720 revisores especializados e de governos. A conclusão foi que, uma vez que a natureza dos riscos trazidos pela mudança climática tornava-se cada vez mais evidente, os governos precisavam imediatamente escolher entre sofrer as consequências dessas mudanças e renunciar, ou reduzir os lucros financeiros visados por nossas economias nacionais. O relatório identificou povos, indústrias e ecossistemas vulneráveis no mundo inteiro, e descobriu que os riscos de uma mudança climática se originam na vulnerabilidade de nossas sociedades e em sua falta de preparo ante futuras catástrofes. Os riscos de uma mudança climática dependem fortemente da rapidez e da intensidade com que essas mudanças vão ocorrer; é o que vai determinar se são ou não irreversíveis. "Com os elevados sinais de aquecimento devido ao aumento crescente do efeito-estufa por emissões de gás, será um desafio controlar os riscos, e até mesmo investimentos sérios, sustentados para a adaptação, enfrentarão limitações", disse um dos presidentes do painel, acrescentando que a mudança climática já afetou gravemente a agricultura, a saúde humana, ecossistemas em terra e no oceano, suprimentos de água, e a subsistência humana dos trópicos aos polos, de pequenas ilhas a grandes continentes, e dos países mais ricos aos mais pobres.[20] Mais uma vez, fomos alertados.

Dante pode ter considerado Aristóteles o pensador supremo, "mestre dos que sabem", como ele o chama, mas ao longo da vegetação rasteira de A divina comédia rasteja a intuitiva suspeita de que, no que concerne a nosso relacionamento com o outro livro de Deus, o "maestro di color che sanno", estava enganado.[21]

Virgílio e Dante veem os traidores presos no gelo. Xilogravura que ilustra o Canto XXXII do Inferno, *impresso em 1487 com comentário de Cristoforo Landino. (Biblioteca Beinecke de Livros e Manuscritos Raros, Universidade Yale.)*

9. Qual é o nosso lugar?

Em meu aniversário de quinze anos, parei de enumerar os lugares nos quais tinha vivido. Às vezes por apenas algumas semanas, às vezes por uma década ou mais, o mapa do mundo consistia não em sua representação convencional no globo, como o que ficava ao lado de minha cama quando era criança, mas em uma cartografia pessoal em que grandes massas de terra foram os lugares onde passei os períodos mais longos e as ilhas, os mais breves. Como o modelo de alguém concebido por um fisiologista, no qual o tamanho de cada feição corresponde à importância que lhe atribuímos em nossa mente, meu modelo do mundo era o mapa de minha experiência.

É difícil responder onde fica minha casa. Minha casa e minha biblioteca são como a carapaça de um crustáceo, mas por qual leito de oceano estou lentamente me arrastando? "Agora não tenho uma nação a não ser a imaginação", escreveu Derek Walcott. Isso é tão verdadeiro para mim hoje quanto era em minha infância. Lembro-me, criança, tentando imaginar, de dentro de casa, o jardim, depois a rua, a vizinhança, a cidade, aumentando o alcance da visão, círculo após círculo, até pensar que podia enxergar à minha volta a pontilhada escuridão do cosmo descrita em meu livro de ciências naturais. Stephen Dedalus teve o mesmo impulso quando registrou no falso rosto de um livro de geografia o seu nome e, depois, "Classe de elementos, Clongowes Wood College, Sallins, condado de Kildare, Irlanda, Europa, mundo, universo". Queremos conhecer a extensão plena daquilo que supostamente nos envolve.

O lugar em que vivo me define, ao menos em parte, ao menos durante o tempo em que estou lá. A presença de um mercado ou de uma floresta, o conhecimento de certos acontecimentos ou de certos costumes, uma língua que é falada pelos que me cercam, e não outra, tudo modifica muitas de minhas ações e reações. Goethe observou: "Ninguém vagueia impune sob palmeiras e, certamente, a maneira de pensar se altera num país onde elefantes e tigres estão em casa". A fauna e a flora locais moldam minhas feições. Onde estou e quem sou se entrelaçam, e um questiona o outro. Depois de sair de um lugar, eu me pergunto o que agora é diferente em mim, que qualidade de gosto ou toque, que entonação, que sutil mudança no fraseado de um pensamento.

A memória, é claro, também é diferente. Em *Constance ou Práticas solitárias*, de Lawrence Durrell, uma certa Mrs. Macleod, em seu diário intitulado "Uma mulher inglesa no Nilo", observa: "No Egito, uma pessoa age por impulso, pois não há chuva para fazer alguém refletir". Para um sudanês na Inglaterra, o contrário é verdadeiro: Mustafa Sa'eed, o enigmático estrangeiro que confia no narrador de *Season of Migration to the North* [Tempo de migrar para o norte], diz que na encharcada Londres "minha alma não encerra uma só gota de sentimento de diversão". Lugares nos definem assim como nós os definimos. A cartografia é uma arte de mútua criação.

Os lugares que nomeamos não existem espontaneamente: nós os conjuramos. O universo é cego para as próprias medidas, dimensões, velocidade e duração e, assim como na definição medieval de divindade, o mundo é um círculo cujo centro está em toda parte e cuja circunferência não está em lugar algum. Entretanto, carregamos nosso centro dentro de nós e, de um canto secreto, chamamos o universo e dizemos: "Você orbita em torno de mim". O lar, a cidade, a província, a pátria, o continente, o hemisfério são invenções necessárias, como o unicórnio e o basilisco. Como diz o sineiro em *A caça ao Snark*:

> *"De que valem polo Norte de Mercator e equadores,*
> *Trópicos, Zonas e linhas de meridianos?"*
> *Quando o Sineiro grita, para que a equipe repita,*
> *"São só signos convencionais!"*

Fiel ao que afirma, o sineiro provê sua equipe com o melhor e mais acurado dos mapas: um branco perfeito e absoluto — a definição exata de nosso universo não observado. Nesse branco, desenhamos quadrados e círculos, e traçamos caminhos de um lugar a outro para criar a ilusão de sermos alguém e estarmos em algum lugar. Northrop Frye conta a história de um médico amigo que, atravessando a tundra do ártico com um guia inuíte, foi apanhado numa nevasca. Na escuridão gelada, fora das fronteiras que conhecia, o doutor gritou: "Estamos perdidos!". O guia inuíte olhou para ele pensativo e respondeu: "Não estamos perdidos. Estamos aqui".

Somos fundamentalmente cartógrafos e empacotamos e rotulamos nosso "aqui" e acreditamos que nos movimentamos dele para um território estranho, talvez, meramente para mudar nossa base e nosso senso de identidade. E assim acreditamos que em um lugar estamos sozinhos e olhamos para fora, para o mundo, e em outro, estamos entre nossos irmãos e olhamos para trás, para nosso *self*, perdido em algum lugar do passado. Fingimos viajar de casa para países estrangeiros, de uma experiência própria singular para uma experiência comum e estranha, de quem uma vez fomos para quem seremos um dia, vivendo num constante estado de exílio. Esquecemos que, onde quer que nos encontremos, estaremos sempre "aqui".

Nunca pergunte qual é o caminho a quem o conhece, porque então você não será capaz de se perder.

Rabi Nachman de Breslau, *Contos*

Longe do conceito aristotélico de uma natureza subserviente, na manhã da Sexta-feira Santa de 1300, ano do primeiro jubileu da cristandade, Dante saiu de uma floresta escura. A tentativa de descrevê-la aos leitores renovou nele o medo que havia sentido: era "selvagem, rude e forte", e tão "amarga" que dificilmente a morte seria pior. Ele não conseguia lembrar-se de como havia entrado na floresta porque estava com muito sono na ocasião, mas quando finalmente saiu da escuridão viu diante de si uma montanha a se elevar no fim do vale e, acima da montanha, os raios do sol da Páscoa. Em seu texto não é informado o local exato da floresta: está em toda parte e em parte alguma, o lugar no qual entramos quando os sentidos estão enevoados, e o lugar do qual emergimos quando os raios do sol nos acordam, o lugar escuro que Santo Agostinho chamou de "a floresta mais amarga do mundo". Coisas sombrias acontecem na escuridão, como dizem os contos de fadas, mas pode ser que, desde a expulsão da floresta, que também era um jardim, o caminho que passa pela outra terrível floresta é quase com certeza o prometido caminho para a luz. Somente quando Dante atravessou a floresta onde passei uma "noite de pavor repleta" é que ele pode começar a jornada que o levará à compreensão de sua própria humanidade.[1]

A divina comédia inteira pode ser lida tanto como um êxodo da floresta quanto como uma peregrinação para a condição humana. (O próprio Dante salienta a importância de ler corretamente o verso bíblico "Quando Israel saiu do Egito".)[2] E não somente para a percepção da singularidade do peregrino: também, e mais importante, para sua condição de membro do grupo humano, contaminado e redimido pelo que outros fizeram e pelo que são. Em nenhum momento da viagem após deixar a floresta Dante está só.[3] Encontrando-se com Virgílio ou Beatriz, falando com almas condenadas ou salvas, procurado por demônios ou anjos, Dante avança em diálogo constante com outros: avança enquanto conversa. A viagem de Dante coincide com o relato dessa viagem.

Como antes observado, é devido à conversa que os mortos não perderam o dom da linguagem: ela permite a comunicação com os vivos. É por isso que sua forma física, descartada nesta terra, é visível a Dante quando se encontra com eles, de modo que poderia saber que estava falando com humanos e não somente com espíritos intangíveis. Na floresta escura ele está só, mas, depois disso, nunca mais.

A floresta abandonada é um lugar pelo qual temos de passar para dela emergir mais conscientes de nossa humanidade. Ela surge em toda a sua horrível escuridão como uma longa sucessão de florestas: algumas mais antigas, como a floresta demoníaca na qual Gilgamesh deve fazer sua jornada, no início de nossas literaturas, ou como a que primeiro Odisseu e depois Enéas devem atravessar em suas missões; outras brotaram mais recentemente, como as florestas vivas que avançam para derrotar Macbeth, ou a floresta negra na qual Chapeuzinho Vermelho, o Pequeno Polegar e João e Maria perdem o jeito inocente, ou a floresta encharcada de sangue das infelizes heroínas do marquês de Sade, ou até mesmo as florestas pedagógicas às quais Rudyard Kipling e Edgar Rice Burroughs confiam seus jovens. Há florestas nas margens de outros mundos, florestas da noite da alma, de agonia erótica, de ameaça visionária, dos cambaleios finais da idade avançada, do desenrolar de um anseio adolescente. É sobre tais florestas que o pai de Henry James escreveu numa carta endereçada a seus filhos adolescentes:

Todo homem que chegou ao menos à adolescência intelectual começa a suspeitar de que a vida não é uma farsa; nem mesmo uma refinada comédia; que, ao contrário, ela floresce e frutifica da mais profunda das trágicas profundezas de carência essencial na qual mergulham as raízes de seus temas. A herança natural de cada um capaz de ter uma vida espiritual é uma indômita floresta onde o lobo uiva e a obscena ave noturna tagarela.[4]

Tais florestas indômitas são sempre ambivalentes: elas nos dão a ilusão de que é aqui, na escuridão, que a ação acontece, e mesmo assim sabemos que florestas se definem não somente pelas árvores e pela luz filtrada, mas também pelo que a emoldura, a terra que a cerca e lhe provê o contexto. Somos atraídos para a floresta, mas nunca é permitido esquecer que existe um outro mundo esperando lá fora. Dentro pode haver escuridão (até Milton abusou da citação de uma "escuridão visível") e mesmo assim uma rede de formas e sombras esboça a promessa de um céu crepuscular. Lá cada um tem de estar sozinho, nesse estágio preparatório, um terreno de iniciação para o que ainda está por vir: o encontro com o outro.

Há 32 cantos de distância das sombras da floresta, quase no fim da descida de Dante ao Inferno, ele chega ao lago congelado onde as almas dos traidores estão presas até o pescoço. Entre as cabeças medonhas que gritam e amaldiçoam, Dante esbarra numa com o pé e depois acha que reconheceu nas trêmulas feições um certo Bocca degli Abati, que em Florença traiu seu partido e terçou armas no lado do inimigo. Dante pergunta àquela alma raivosa qual é seu nome e, como vinha sendo seu hábito ao longo da mágica jornada, promete dar fama póstuma ao pecador escrevendo sobre ele quando retornar aos viventes. Bocca responde que deseja exatamente o contrário e ordena a Dante que o deixe em sua impenitência. Furioso com o insulto, Dante agarra Bocca pela nuca e ameaça arrancar-lhe cada fio de cabelo da cabeça a menos que ele lhe dê uma resposta;

Nem que me arranques todo o meu plumaço,
não to direi, nem deixarei entendê-lo,
por mil vezes que caia em mim teu braço..

Ao ouvir isso, Dante arranca "mais uma maçaroca", fazendo o torturado pecador uivar de dor. (Outra alma condenada grita para ele, "O que tens tu, Bocca?" — revelando assim seu nome.)[5]

Um pouco adiante em seu caminho, Dante e Virgílio encontram mais almas embutidas no gelo cujo "pranto chorar não consente": seus olhos estão selados com lágrimas de gelo. Ao ouvir Dante e Virgílio falarem, uma delas pede que os estrangeiros removam de seus olhos os "duros véus" antes que o choro os congele novamente. Dante concorda em fazê-lo, jurando "se for falso o que digo,/ possa eu chegar ao fundo da geleira", mas em troca a alma terá de lhe dizer quem é. A alma concorda e explica que é frei Alberigo, condenado por ter assassinado seu irmão e sobrinho, que o insultaram. Depois Alberigo pede a Dante que pegue sua mão e cumpra a promessa, mas Dante se recusa: "Foi minha cortesia ser-lhe vilão". Durante todo o tempo, Virgílio, o guia de Dante designado pelo céu, permanece calado.[6]

O silêncio de Virgílio pode ser lido como aprovação. Vários círculos antes, quando os dois poetas atravessam o rio Styx numa balsa, Dante vê uma das almas condenadas pelo pecado da ira surgir das águas imundas e, como era usual, ele pergunta quem é. A alma não diz seu nome, e sim que é meramente uma alma que chora, ao que Dante, sem se comover, xinga-a horrivelmente. Deliciado, Virgílio toma Dante nos braços e servilmente louva o pupilo com as mesmas palavras que são Lucas usa em seu Evangelho em louvor a Cristo ("bendita foi quem te gerou").[7] Dante, aproveitando o incentivo de Virgílio, diz que nada lhe daria mais prazer do que ver o pecador mergulhado novamente na horrenda fetidez. Virgílio concorda, e o episódio termina com Dante agradecendo a Deus por lhe fazer a vontade. Fora da floresta, as regras de comprometimento não seguem nosso próprio código de ética: não são exclusivamente nossas.

Ao longo dos séculos, comentaristas tentaram justificar as ações de Dante como circunstâncias do que Tomás de Aquino identificou como "nobre indignação" ou "apenas raiva", não o pecado da ira, mas a virtude de ser inflamado por uma "causa correta".[8] As outras almas punidas dizem a Dante alegremente o nome do pecador: é Filippo Argenti, colega florentino de Dante e um de seus antigos inimigos políticos, que, após Dante ser banido, adquirira alguns dos bens que lhe foram confiscados. Argenti recebeu seu apelido (Prata) por ter ferrado seus cavalos com prata e não com ferro; sua misantropia era tal que ele cavalgava por Florença com as pernas esticadas para poder esfregar as botas nos passantes. Boccaccio o descrevera como "magro e forte, desdenhoso, facilmente irascível e excêntrico".[9] A história de Argenti parece trazer um sentido de vingança pessoal que se mistura com quaisquer outros sentimentos mais elevados de justiça que possam ter levado Dante a amaldiçoá-lo em nome da "causa correta".

O problema, é claro, reside na interpretação de "correta". Neste caso, "correta" refere-se ao entendimento de Dante quanto à inquestionável justiça de Deus. "Poderá o homem mortal ser mais justo que Deus?", pergunta um dos amigos de Jó. "Poderá um homem ser mais puro que seu criador?" (Jó 4,17). O que está implícito na pergunta é a crença de que sentir compaixão pelos amaldiçoados é "errado" porque significa pôr-se contra a vontade imponderável de Deus e questionar sua justiça. Apenas três cantos antes, Dante seria capaz de desfalecer de tanta pena ao ouvir a história de Francesca, condenada a rodopiar para sempre no vento que castiga os concupiscentes. Mas agora, avançado em seu progresso pelo Inferno, Dante está menos sentimental e mais crente na autoridade superior.[10]

De acordo com a crença de Dante, o sistema legal decretado por Deus não pode estar errado ou ser perverso; portanto, o que quer que ele determine ser justo, deve ser, mesmo que a compreensão humana não possa captar sua validade. Tomás de Aquino, ao discutir a relação entre a verdade e a justiça de Deus, alegou que a verdade faz par com a mente e com a realidade: para os seres humanos, esse emparelhamento estará sempre incompleto, uma vez que a mente humana, por natureza, é falha; para Deus, cuja mente abrange tudo, a captação da verdade é absoluta e perfeita. Portanto, uma vez que a justiça de Deus ordena as coisas segundo sua sabedoria, devemos considerá-la equivalente à verdade. É assim que Tomás de Aquino explica: "Portanto, a justiça de Deus, que estabelece as coisas numa ordem conformável à regra de Sua sabedoria, que é a lei de Sua justiça, é adequadamente chamada verdade. Da mesma forma nós também, nos assuntos humanos, falamos da verdade da justiça".[11]

Essa "verdade da justiça" que Dante busca (o ato deliberado de infligir dor ao prisioneiro no gelo, e o pruriente desejo de ver outro prisioneiro ser torturado no atoleiro) deve ser entendida (dizem os que o apoiam) como humilde obediência à lei de Deus e aceitação de seu juízo superior. Mas, para a maioria dos leitores, tal simplicidade não é satisfatória. Um argumento semelhante ao de Tomás de Aquino é hoje apresentado por aqueles que se opõem a que se investiguem e processem assassinos e torturadores oficiais que dizem ter agido por ordem do governo. E, contudo, como quase todo leitor de Dante vai admitir, por mais convincentes que sejam os argumentos teológicos ou políticos, essas passagens infernais deixam um gosto ruim na boca. Talvez porque se a justificativa de Dante reside na natureza da vontade divina, então em vez de as ações dele serem redimidas pelo dogma religioso, o dogma é que é solapado pelas ações de Dante, e a natureza humana é degradada, não elevada, pelo divino. De maneira muito semelhante, a aprovação implícita de torturadores simplesmente por dizerem que seus abusos aconteceram num passado imutável e sob a lei superior de uma administração anterior, ao invés de estimular a fé nas políticas da administração atual, solapa tal fé e tais políticas. Pior ainda, sendo incontestada, a surrada desculpa tacitamente aceita "Eu só estava cumprindo ordens" ganha novo prestígio e serve como precedente para futuras exculpações.

Existe, no entanto, outro modo de ver as ações de Dante. O pecado, dizem teólogos, é contagioso e, na presença de pecadores, Dante fica contaminado por suas faltas: entre os lascivos, ele se apieda da carne fraca a ponto de desfalecer, entre os irados se enche de uma raiva bestial, entre os traidores ele trai até mesmo sua condição humana, porque ninguém, certamente nem Dante, é incapaz de pecar assim como outros pecaram. Nossa falta está não na possibilidade do mal, mas no consentimento em fazer o mal. Numa paisagem onde floresce certo mal, é mais fácil dar consentimento.

A paisagem é de essência em *A divina comédia*: onde as coisas acontecem é quase tão importante quanto o que acontece. O relacionamento é simbiótico: a geografia do Outro Mundo dá cor aos acontecimentos e às almas ali alojadas, e estes dão cor aos abismos e às cornijas, às florestas e à água. Durante séculos os leitores de Dante entenderam que os lugares da vida após a morte supostamente se conformam a uma realidade física e é essa exatidão que empresta à *Divina comédia* uma boa medida de sua pujança.

Para Dante, seguindo em grande medida Ptolomeu, cujo modelo do universo ele corrigiu sob forte influência de Aristóteles, a Terra é uma esfera imóvel no centro do universo em torno da qual se movem nove firmamentos concêntricos que correspondem às nove ordens angélicas. As primeiras sete esferas são os firmamentos planetários: da Lua, Mercúrio, Vênus, do Sol, Marte, Júpiter e Saturno. O oitavo é o firmamento das estrelas fixas. O nono, o firmamento cristalino, é o *Primum Mobile*, a fonte invisível da rotação diurna dos corpos celestes. Em torno disso está o Empíreo, no qual floresce a rosa divina em cujo centro está Deus. A própria Terra divide-se em dois hemisférios: o hemisfério norte, habitado pelo gênero humano, e cujo ponto central é Jerusalém, equidistante do Ganges, a leste, e das Colunas de Hércules (Gibraltar) a oeste; e o hemisfério sul, um reino aquático vedado à exploração do homem, no centro do qual ergue-se a ilha montanhosa do Purgatório, que compartilha o mesmo horizonte com Jerusalém. No topo do Purgatório fica o Jardim do Éden. Debaixo de Jerusalém está o cone invertido do Inferno, em cujo núcleo está inserido Lúcifer, cuja queda impulsionou para cima a terra que formou o Monte Purgatório. Os dois rios, a cidade sagrada e a montanha formam uma cruz dentro da esfera terrestre. O Inferno está dividido em nove círculos descendentes, evocando os níveis de um anfiteatro. Os primeiros cinco círculos constituem o Inferno Superior, os quatro seguintes o Inferno Inferior, que é uma cidade fortificada com muros de ferro. As águas do Letes abriram uma fenda no fundo do Inferno, formando um caminho que conduz à base do Monte Purgatório.

Tão detalhada é a geografia de Dante que na Renascença vários eruditos fizeram uma análise da informação fornecida no poema para determinar as medidas exatas do reino dos amaldiçoados de Dante. Entre eles estava Antonio Manetti, membro da Academia Platônica de Florença e amigo do fundador da academia, o grande humanista Marsilio Ficino. Ardente leitor de Dante, Manetti usou suas conexões políticas para influenciar Lorenzo de' Medici a dar suporte à repatriação dos restos mortais do poeta para Florença, e seu amplo conhecimento de *A divina comédia* para escrever um prefácio à importante edição comentada do poema, editada por Cristoforo Landino e publicada em 1481, que incluía as reflexões de Landino sobre as medidas do Inferno. No prefácio, Manetti discutia *A divina comédia* principalmente a partir de um ponto de vista linguístico; num texto publicado postumamente, em 1506, Manetti concentrou sua investigação na geografia do *Inferno*.

No campo literário, assim como no científico, todo argumento original parece suscitar seu contrário. Em oposição a Manetti, outro humanista, Alessandro Vellutello, veneziano por adoção, decidiu escrever uma nova geografia do *Inferno* de Dante zombando das ideias "florentinas" de Manetti e clamando por mais considerações universais. Segundo Vellutello, as medidas de Landino estavam erradas, e o florentino Manetti, baseando seus próprios cálculos nos de seu predecessor, não era mais do que "um homem cego que busca como guia um homem com um olho só".[12] Os membros da Academia Florentina receberam esses comentários como um insulto e juraram vingança.

Em 1587, para combater a indignidade notada, a Academia resolveu convidar um talentoso e jovem cientista para refutar os argumentos de Vellutello. Galileu Galilei, com vinte anos de idade, era então um matemático ainda não licenciado que fizera nome nos círculos intelectuais com seus estudos sobre os movimentos do pêndulo e a invenção de escalas hidrostáticas. Galileu aceitou. O título completo de suas palestras, proferidas no Salão dos Duzentos do Palazzo Vecchio, foi "Duas aulas lidas ante a Academia de Florença a respeito da forma, do local e do tamanho do Inferno de Dante".[13]

Na primeira aula, Galileu segue a descrição de Manetti e acrescenta seus próprios cálculos, com referências eruditas a Arquimedes e Euclides. Para medir a estatura de Lúcifer, por exem-

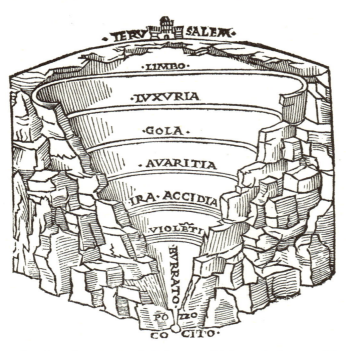

Uma descrição dos terraços do Inferno no Dialogo, *de Antonio Manetti (Florença, 1506). Lendo de cima para baixo, depois do Limbo vêm os terraços dos Lascivos, dos Glutões, dos Avarentos, dos Irosos e Taciturnos, dos Violentos e dos Litigantes de má-fé. O muro desce até o lago Congelado. (A foto é cortesia de Livio Ambrogio. Reproduzido mediante permissão.)*

plo, ele toma como ponto de partida as declarações de Dante de que o rosto de Nemrod é tão comprido quanto a pinha de bronze da igreja de São Pedro, em Roma (que no tempo de Dante ficava em frente à igreja e media dois metros e cinquenta centímetros), e de que a estatura de Dante está para a de um gigante assim como a de um gigante para o braço de Lúcifer. Usando em seus cálculos o gráfico de Albrecht Dürer para as medidas do corpo humano (publicado em 1528 como os *Quatro livros sobre as proporções humanas*), Galileu conclui que Nemrod tinha 645 braças de altura. Com base nesse número, calculou o comprimento do braço de Lúcifer, o que por sua vez lhe permite, usando a regra de três, determinar a estatura de Lúcifer: 1935 braças. A imaginação poética, segundo Galileu, segue as leis da matemática universal.[14]

Na segunda aula, Galileu expõe (e refuta) os cálculos de Vellutello, que era a conclusão esperada pelos membros da Academia Florentina. Surpreendentemente, para os que as leem a uma distância de cinco séculos, nas duas aulas Galileu adota o modelo ptolemaico geocêntrico do universo, talvez porque, para poder refutar Vellutello e ficar com Manetti, ele achou que seria mais conveniente tomar como base a visão que Dante tinha do universo.

Retribuição, uma vez obtida, é facilmente esquecida. Os membros da Academia nunca mencionaram as aulas novamente, e nem as explorações infernais do jovem Galileu foram reunidas por seu último discípulo, Vincenzo Viviani, na edição das obras do mestre, publicadas após a morte de Galileu, em 1642. Mas certos textos têm uma paciência infinita. Três séculos depois, em 1850, o erudito italiano Octavo Gigli estava pesquisando a obra de um filólogo menor do século XVI quando deparou com um fino manuscrito no qual acreditou poder reconhecer a caligrafia de Galileu, que ele tinha visto por acaso uma vez num pedaço de papel na casa de um escultor amigo (assim são os milagres da erudição). O manuscrito, descobriu-se, era o das "Conferências sobre Dante" de Galileu, que o superescrupuloso secretário da Academia, na época, não havia registrado oficialmente porque o jovem matemático não era membro eleito, somente um convidado (assim são as abominações da burocracia).

Há muito tempo, as descobertas de Copérnico deslocaram a visão autocentrada do mundo para um canto e, desde então, ela é constantemente empurrada para mais longe em direção às margens do universo. A constatação de que nós, seres humanos, somos uma conveniência aleatória, mínima, casual para autorreprodução de moléculas não favorece elevadas esperanças ou grandes ambições. E, ainda assim, o que o filósofo Nicola Chiaromonte chamou de "o verme da consciência" também é parte de nosso ser, de modo que, conquanto efêmeros e distantes, nós, essas partículas de poeira de estrelas, somos também um espelho no qual todas as coisas se refletem, inclusive nós mesmos.[15]

Essa modesta glória deveria ser suficiente. Nossa passagem (e, numa escala minúscula, a passagem do universo junto com a nossa), cabe a nós registrar: um esforço paciente e inútil começou quando, pela primeira vez, começamos a ler o mundo. Como a geografia do que chamamos de mundo, o que chamamos de história do mundo é uma crônica em andamento que fingimos decifrar enquanto a configuramos. Desde o início essas crônicas pretendem ser lidas por suas testemunhas, sejam verdadeiras ou falsas. No livro VIII da *Odisseia*, Odisseu louva o bardo que canta os infortúnios dos gregos "como se você mesmo estivesse lá ou tivesse ouvido de alguém que esteve".[16] Este "como se" é essencial. Se o aceitamos, então a história é a história do que *dizemos que* aconteceu, mesmo que as justificativas que damos para nosso testemunho não possam, por mais que tentemos, ser justificadas.

Séculos depois, numa severa sala de aula alemã, Hegel dividiria a história em três categorias: história escrita por assumidas testemunhas diretas (*ursprüngliche Geschichte*), história como meditação sobre si mesma (*reflektierende Geschichte*) e história como filosofia (*philosophische Geschichte*), que posteriormente resulta no que concordamos em chamar de história do mundo (*Welt-Geschichte*), a história que nunca termina e que inclui a si mesma no relato. Immanuel Kant havia imaginado antes dois conceitos distintos de nossa evolução coletiva: *Histoire* para definir a mera descrição dos fatos, e *Geschichte*, um raciocínio sobre esses fatos — mesmo uma *Geschichte a priori*, a crônica de uma anunciada sucessão de fatos por vir. Hegel destacou que em alemão o termo *Geschichte* compreendia tanto o sentido objetivo quanto o subjetivo e significava ao mesmo tempo *historia rerum gestarum* (a história da crônica dos fatos) e *res gestae* (a história dos feitos, ou dos próprios fatos). Para Hegel, o que importava era compreender (ou a ilusão de compreender) o fluxo inteiro dos eventos como um todo, inclusive o leito do rio e os observadores costeiros, e para poder se concentrar melhor no principal, ele excluiu dessa torrente as margens, os empoçamentos laterais e os estuários.[17]

Num ensaio admiravelmente intitulado "Dostoiévski lê Hegel na Sibéria e irrompe em lágrimas", o erudito húngaro László Földényi sugere ser este o horror que Dostoiévski descobre na prisão siberiana: que a história, da qual se sabe uma vítima, ignora sua existência, que seu sofrimento segue despercebido, ou, pior, não serve a qualquer propósito no fluir geral da humanidade. O que Hegel está propondo, na visão de Dostoiévski (e na de Földényi) é o que Kafka diria mais tarde a Max Brod: não existe "fim da esperança, só que não para nós". A advertência de Hegel é ainda mais terrível do que a existência ilusória proposta pelos idealistas: nós somos percebidos, mas não somos vistos.[18]

Tal suposição é, para Földényi (como deve ter parecido a Dostoiévski), inadmissível. Não só a história não pode dispensar ninguém de seu curso, mas o contrário é verdadeiro: o reconhecimento de cada um é necessário para que a história exista. Minha existência, a existência de qualquer pessoa, é contingente da sua existência, ou da de qualquer outra pessoa, e ambos precisamos existir para que Hegel, Dostoiévski, Földényi existam, uma vez que nós (os anônimos outros) somos a prova e o lastro deles, fazendo-os viver com nossa leitura. Este é o significado da antiga intuição de que somos parte de um todo inefável no qual cada morte singular e cada sofrimento particular afeta o coletivo humano, um todo não limitado por cada *self* material, um todo que Dante sabe que tem de tentar compreender por meio de algumas de suas partes individuais. O verme da consciência nos corrói, mas também prova nossa existência; não adianta negá-lo, mesmo como um ato de fé. "O mito que nega a si mesmo", diz sabiamente Földényi, "a fé que finge saber: este é o inferno cinzento, esta é a esquizofrenia universal na qual Dostoiévski tropeçou em seu caminho."[19]

Nossa imaginação permite sempre mais uma esperança, além da que foi despedaçada ou realizada, ainda que aparentemente inalcançável fronteira à qual depois vamos chegar só para nos propor uma outra, ainda mais distante. Esquecer essa ausência de limites (como Hegel tentou fazer restringindo o conceito do que pode ser considerado história) pode proporcionar a bela ilusão de que o que acontece no mundo e em nossas vidas é totalmente compreensível. Mas isso reduz a interrogação sobre o universo a catecismo e sobre nossa existência a dogma. Como alega Földényi, e Dante concordaria, o que queremos não é o consolo do que parece razoável e provável, mas as inexploradas regiões siberianas do impossível, o "aqui" sempre presente além do horizonte.

Se "além" implica uma questão em aberto, implica também um centro a partir do qual concebemos o mundo, uma posição que permite reivindicar superioridade sobre os outros estranhos lá fora. Os gregos viam Delfos como o centro do universo, os romanos clamavam que era Roma, cujo nome secreto é "Amor" (*Roma* de trás para diante).[20] Para os povos islâmicos, o centro do mundo é Meca, para o povo judeu é Jerusalém. A China antiga reconhecia esse centro em Taishan, equidistante das quatro montanhas sagradas do Reino Médio. Indonésios veem o centro em Bali. Enquanto esses supostos centros geográficos outorgam identidade aos que os assumem, o que quer que fique "lá fora" tem também propriedades identificadoras, assim como são também

239

com frequência percebidas como potencialmente ameaçadoras ou perigosamente infecciosas.

Através de contatos culturais e comerciais, por meio de diálogos imaginários e simbólicos, o que acontece além afeta os viajantes que deixam seus centros domésticos. Nem todos demonstram a abertura e a compreensão do polimato persa Abū al-Rayhān Muhammad ibn Ahmad al-Bīrūnīas, conhecido simplesmente como Al-Biruni, que no século x visitou a Índia e, depois de observar os rituais religiosos locais, observou: "Se as crenças deles diferem das nossas e até parecem, aos muçulmanos, abomináveis, só tenho a dizer: É nisso que os hindus acreditam, e essa é sua maneira de ver as coisas". Uma longa tradição de pensamento imperialista sustenta que os únicos métodos de converter o que está além são a escravização e a assimilação. Virgílio torna isso explícito nas palavras de Anquises a seu filho, Enéas:

Que outros modelem em bronze imagens mais vívidas, que
[*respiram —*
Pois assim farão — e evoquem rostos que vivem no mármore;
Outros excelem como oradores, outros rastreiam com seus
[*instrumentos*
Os planetas que circulam no céu e predizem quando aparecerão
[*as estrelas.*
Mas, romanos, nunca se esqueçam de que o governo é o seu meio!
Seja essa sua arte: — treinar os homens ao hábito da paz,
Generosidade ao conquistado, e firmeza contra os agressores.[21]

Em 1955, Claude Lévi-Strauss publicou um livro que se tornaria famoso como uma tentativa de suplantar a visão imperialista de como entrar em diálogo com povos que estão além dos limites da própria cultura de alguém. Entre os cadiuéus, bororos, nambiquaras e tupis cauaíbes, Lévi-Strauss encontrou um modo de se comunicar e estudar sem oprimir ou traduzir o pensamento desses povos para seu próprio sistema de crenças. Comentando sobre sua reação a um simples rito budista, Lévi-Strauss escreveu:

Todo esforço para compreender destrói o objeto estudado em benefício de outro objeto, de natureza diferente; este segundo objeto requer de nós um novo esforço, que o destrói em favor de um terceiro, e assim por diante até chegarmos a uma presença duradoura, o ponto no qual desaparece a distinção entre significado e ausência de significado: o mesmo ponto de onde começamos. São 2500 anos desde que o homem descobriu e formulou essas verdades. No intervalo, não encontramos nada novo, exceto — já que tentamos todas as maneiras possíveis de sair do dilema — muitas provas adicionais da conclusão que gostaríamos de evitar.

A isso Lévi-Strauss acrescenta:

A grande religião do não conhecimento não se baseia em nossa incapacidade de entender. Ela traz um testemunho dessa capacidade e nos leva a uma altura em que podemos descobrir a verdade na forma de uma mútua exclusividade do ser e do conhecer. Mediante um ato adicional de atrevimento, ela reduz o problema metafísico a uma questão de comportamento humano — distinção que compartilha apenas com o marxismo. Seu cisma ocorreu no nível sociológico, sendo a diferença fundamental entre os Grandes e os Pequenos Caminhos uma questão de se a salvação de um único indivíduo depende ou não da salvação da humanidade como um todo.[22]

A *divina comédia* de Dante parece responder a questão negativamente. A salvação de Dante depende do próprio Dante, como Virgílio, desde o começo da jornada, o repreende: "Então que há? por que estás reticente?/ por que no peito tal tibiez reténs?/ por que não és audaz e persistente?"[23] É a vontade de Dante, e apenas a vontade de Dante que o levará a atingir a bendita visão final depois de ter visto os horrores dos amaldiçoados e de ter se purificado dos sete pecados capitais. E contudo...

A primeira imagem com que Dante depara ao ascender ao Paraíso é a de Beatriz contemplando o sol de Deus. Comparando-se ao pescador Glauco que, segundo Ovídio, ao provar da erva mágica que crescia no litoral foi tomado por um anseio de mergulhar nas profundezas, Dante fica cheio de anseio pela divindade. Mas ao mesmo tempo se dá conta de que o lugar do qual ele vem é necessariamente a comunidade humana — que ser humano não é um estado singular, mas pertence a uma pluralidade. Vontade e sensações e pensamentos pessoais não são, com toda a sua individualidade, experiências isoladas. Nas palavras de Lévi-Strauss: "Assim como o indivíduo não está sozinho num grupo, nem qualquer sociedade está sozinha entre outras, assim o homem não está sozinho no universo". E, usando a mesma imagem do arco-íris que Dante descreve no fim de sua visão, Lévi-Strauss conclui:

> Quando o espectro ou arco-íris das culturas humanas finalmente terá mergulhado no vácuo criado por nosso frenesi; enquanto continuarmos a existir e houver um mundo, o tênue arco que nos liga ao inacessível ainda permanecerá, para nos mostrar o percurso oposto àquele que nos leva à escravização.[24]

Este é o paradoxo: após a indizível experiência de sofrer o mundo sozinho, e tentando narrar essa experiência para nós mesmos, consciente e inconscientemente entramos no mundo das coisas partilhadas, mas aqui, constatamos, a comunicação, a comunicação plena, não é mais possível. Por meio de desculpas verbais perfunctórias nos permitimos fazer coisas terríveis porque, dizemos, outros as fizeram. Pelo mundo inteiro repetimos as mesmas justificativas, interminavelmente, praticando violência com os violentos e traindo os traidores.

A floresta escura é terrível, mas ela define a si mesma e seus limites e, ao fazê-lo, enquadra o mundo lá fora e nos permite discernir aquilo que queremos alcançar, seja o litoral seja o pico da montanha. Mas, passada a floresta, o mundo da experiência não tem fronteiras parecidas. Tudo que está além, como o universo, está ao mesmo tempo limitado e em expansão, não sem limites, mas com limites que são impossíveis de se conceber, completamente inconsciente de si mesmo, palco das duas histórias *rerum gestarum* e *res gestae*. Aqui nos estabelecemos como atores e como testemunhas, cada um, "um só indivíduo", e cada um, parte da "humanidade como um todo". E aqui vivemos.

Dante e Beatriz no Jardim do Éden preparando-se para ascender ao céu. Xilogravura que ilustra o Canto I do *Paraíso*, impressa em 1487 com comentário de Cristoforo Landino. (Biblioteca Beinecke de Livros e Manuscritos Raros. Universidade Yale.)

10. Em que somos diferentes?

Entre os livros de minha infância havia muitos que pertenciam a uma série chamada La Biblioteca Azul. Na Biblioteca Azul havia traduções para o espanhol das histórias de *Just William* e vários romances de Júlio Verne, assim como *Nobody's Boy*, de Hector Malot, que me causava um terror inexplicável. Minha prima tinha a série correlata completa, a Biblioteca Rosa, e ela trazia cada tomo recém-publicado, mês a mês, com indiscriminado orgulho de colecionador. Era lei tácita que eu, como menino, só podia ter acesso aos títulos da Biblioteca Azul, e a ela, como menina, aos da Biblioteca Rosa. Eu às vezes tinha inveja de um título na coleção dela — *Anne de Green Gables*, ou as histórias da condessa de Ségur —, mas sabia que se quisesse lê-los teria de encontrá-los em outras edições, não segregadas por cor.

Como tantas regras que governam nossa infância, a distinção entre o que é apropriado para meninos e o que é apropriado para meninas ergue barreiras invisíveis porém adamantinas entre os sexos. Cores, objetos, brinquedos, esportes eram identificados segundo a inquestionável lei de apartheid que lhe dizia quem você era, de acordo com aquilo que você não era. No outro lado da divisão havia um território definido pelo gênero no qual os nativos faziam outras coisas, tinham outra linguagem, usufruíam de direitos diferentes e se submetiam a proibições específicas. Era um axioma a ideia de que um lado não podia entender o outro. "Ela é uma menina" ou "ele é um menino" era explicação suficiente para determinado comportamento.

A literatura, como é usual, ajudou-me a subverter esses regulamentos. Lendo *The Coral Island* [A ilha de coral] na Biblioteca Azul, senti repulsa pela enjoativa obsequiosidade de Ralph Rover e seu talento absurdo para descascar cocos como se fossem maçãs. Mas ao ler *Heidi* (na edição neutra dos Clássicos Arco-Íris), soube que ela e eu tínhamos muitos traços aventurescos em comum, e aplaudi quando ela corajosamente roubou pãezinhos macios para seu avô desdentado. Em minhas leituras eu mudava de gênero com a fluidez de um budião.

Identidades impostas criam desigualdades. Em vez de encarar nossas personalidades e corpos como características positivas de nossas identidades singulares, somos ensinados a vê-las como traços que nos opõem à identidade do incognoscível, misterioso estrangeiro, que vive fora das muralhas fortificadas de nossa cidade. Desse primeiro ensinamento negativo brotam todos os outros, que acabam por construir um vasto espelho de sombras de tudo que nos ensinaram que não somos. No início de minha infância, eu não tinha ciência de nada que fosse alienígena, que estivesse fora de meu mundo; mais tarde, eu tinha ciência de pouca coisa que não fosse isso. Em vez de aprender que era uma parte única de um todo universal, fiquei convencido de que era uma entidade em separado e que todos os outros eram diferentes da criatura solitária que respondia ao meu nome.

Homens temem que mulheres riam deles.
Mulheres temem que homens as matem.

Margaret Atwood

Muitas vezes em nossas histórias temos declarado orgulhosamente que cada indivíduo singular é parte da humanidade como um todo. E a cada vez que essa nobre afirmação tem sido pronunciada nós temos nos oposto a ela, a corrigido, buscado exceções para ela, e por fim a derrotado, até o momento em que é novamente pronunciada. Então, uma vez mais, permitimos que o conceito de uma sociedade igualitária assome brevemente à superfície para mais uma vez deixá-lo afundar.

Para Platão, no século v a.C., a igualdade social significava direitos iguais para os cidadãos do sexo masculino, cujo número era restrito. Estrangeiros, mulheres e escravos eram excluídos desse círculo privilegiado. Em *A República*, Sócrates se propõe a descobrir o significado de uma verdadeira justiça (ou melhor, a definição de um homem verdadeiramente justo) mediante uma discussão do que é uma sociedade justa.

Como todos os diálogos de Platão, *A República* é uma conversa divagante com um começo insatisfatório e sem uma conclusão óbvia, revelando no caminho novos formatos para antigas perguntas e, às vezes, insinuações de uma resposta. Em particular, o que é notável em *A República* é a ausência de ênfase. Sócrates conduz o diálogo de uma a outra tentativa de definição, mas nenhuma parece ao leitor ser definitiva. *A República* é lida como uma sequência de sugestões, esboços, preparativos para uma descoberta que afinal nunca acontece. Quando o agressivo sofista Trasímaco declara que a justiça não é outra coisa senão "uma generosa inocência" e a injustiça uma questão de "discrição", sabemos que ele não tem razão, mas a interrogação de Sócrates não levará a uma prova incontroversa do erro de Trasímaco: levará a uma discussão que concerne a diferentes sociedades e aos méritos e deméritos de seus governos, justos e injustos.[1]

Segundo Sócrates, a justiça tem de ser incluída na classe de coisas "as quais, se alguém deseja ser feliz, tem de amar tanto em benefício delas mesmas quanto em benefício daquilo que delas possa resultar". Mas como pode ser definida essa felicidade? O que significa amar algo em benefício dele mesmo? O que resulta disso como uma ainda indefinida justiça? Sócrates (ou Platão) não quer que dediquemos nosso tempo a considerar essas questões singulares: é o fluxo conversacional de pensamentos que lhe interessa. E assim, antes de discutir o que é um homem justo ou injusto, e consequentemente o que é justiça, Sócrates propõe investigar o conceito mesmo de uma sociedade justa ou injusta (uma cidade, ou pólis). "Não estamos dizendo que existe uma justiça própria para um determinado homem e outra, como eu acredito, própria para uma cidade inteira?"[2] Ao tentar, aparentemente, definir justiça, o diálogo de Platão nos leva para cada vez mais longe do inefável objetivo, e em vez de um percurso direto de uma pergunta a uma resposta, *A República* propõe uma viagem constantemente adiada, cujas digressões e pausas propiciam ao leitor um misterioso prazer intelectual.

Ante as perguntas em aberto de *A República*, que dicas de uma resposta podemos oferecer? Se toda forma de governo é de certo modo nefasta, se nenhuma sociedade pode jactar-se de ser eticamente sã e moralmente justa, se a política é condenada como atividade infame, se cada empreendimento coletivo ameaça desabar em vilanias e traições individuais, que esperança podemos ter de viver juntos mais ou menos pacificamente, tirando proveito da colaboração recíproca e cuidando uns dos outros? Os pronunciamentos de Trasímaco sobre as virtudes da injustiça, por mais absurdos que possam parecer ao leitor, têm sido repetidos ao longo dos séculos pelos exploradores do sistema social, qualquer que seja esse sistema. Estes foram os argumentos dos senhores feudais, dos traficantes de escravos e seus clientes, de tiranos e ditadores, dos financistas responsáveis pelas recorrentes crises econômicas. As "virtudes do egoísmo" proclamadas pelos conservadores, a privatização de bens e serviços públicos defendida pelas multinacionais, os benefícios de um capitalismo desenfreado promovido por banqueiros são diferentes maneiras de traduzir o *dictum* de Trasímaco de que "o que é justo é meramente o que é conveniente ao mais forte".[3]

As conclusões irônicas de Trasímaco baseiam-se em algumas assunções, principalmente a ideia de que o que pode ser percebido como injusto é de fato uma consequência da lei natural. A escravidão era justificada com a declaração de que o conquistado não merecia os privilégios do vitorioso, ou de que uma raça diferente era inferior; a misoginia era justificada com o enaltecimento das virtudes do patriarcado e a definição dos poderes e papéis atribuídos a cada um dos sexos; a homofobia era justificada com a invenção de padrões de conduta sexual "normal" para homens e mulheres. Em cada um desses casos, um vocabulário de símbolos e metáforas acompanhava o estabelecimento dessas hierarquias, de modo que às mulheres, por exemplo, era atribuído um papel passivo (portanto degradante, ou condescendentemente em louvor de suas atividades domésticas, uma falácia que Virginia Woolf compreendeu quando disse que a primeira tarefa de uma mulher era "matar o anjo na casa") e aos homens um papel ativo (exaltando a violência das guerras e outras competições sociais). Embora isso não fosse um conceito universal — Édipo, por exemplo, em *Édipo em Colono*, de Sófocles, fala da diferença entre os papéis de homens e mulheres na Grécia e no Egito: "Porque naquele país [Egito] os homens ficam no interior/ trabalhando no tear, enquanto as esposas saem/ para obter o pão de cada dia" — é desses papéis simbólicos tão entranhados que deriva a associação das mulheres com a fala e a dos homens com a ação. E também a percebida oposição entre os dois, e assim na *Ilíada* a luta se interrompe somente quando as mulheres falam.[4]

No entanto, tradicionalmente a fala das mulheres deve permanecer privada; a fala em público é prerrogativa dos homens. Na *Odisseia*, Telêmaco diz a sua mãe, Penélope, quando ela se dirige em público a um bardo impertinente, que no que concerne à fala, "os homens cuidarão disso". Mas às vezes as falas privada e pública de mulheres na Grécia antiga se superpõem. Em Delfos, a Sibila fala escarrapachada sobre um tripé, recebendo os vapores do espírito profético de Apolo em sua vagina, fazendo assim, como sugere a classicista Mary Beard, uma conexão explícita entre "a boca que come e fala" e a "boca" de seus órgãos sexuais.[5]

Mesmo a identidade de uma sociedade ou uma cidade é proclamada por uma autoridade patriarcal. A lenda de como se deu o nome a Atenas é um bom exemplo. Santo Agostinho, citando a autoridade do historiador romano Marco Terêncio Varrão, reconta a história. Uma oliveira e uma fonte d'água brotaram subitamente no local da futura cidade de Atenas.

Esses prodígios levaram o rei Cécrope a mandar perguntar ao Apolo délfico o que eles significavam e o que deveria fazer. A resposta foi que a oliveira significava Minerva (ou Atena), a água, Netuno (ou Poseidon), e que os cidadãos tinham o poder de dar à cidade o nome que escolhessem entre esses dois deuses, cujos signos lá estavam. Ao receber esse oráculo, Cécrope convocou todos os cidadãos de ambos os sexos para darem seu voto, pois então era costume naquelas paragens que as mulheres também participassem em deliberações públicas. Quando a multidão foi consultada, os homens votaram em Netuno, as mulheres em Minerva; e como as mulheres tinham a maioria por um voto, Minerva venceu. Então, Netuno, enraivecido, tornou áridas as terras dos atenienses, lançando sobre elas as águas do mar; pois para os demônios não é difícil espalhar amplamente quaisquer águas. A mesma autoridade disse que, para aplacar sua ira, as mulheres deveriam receber dos atenienses o tríplice castigo — o de que elas não mais iriam ter direito a qualquer voto; que nenhum de seus filhos receberia o nome de suas mães; e que ninguém as chamaria de atenienses. E assim aquela cidade, mãe e nutridora de doutrinas liberais e de tantos e tão grandes filósofos, que a Grécia nada tinha que fosse mais famoso ou mais nobre, que com a zombaria dos demônios à rixa de seus deuses, um masculino e uma feminina, e com a vitória da deusa por intermédio das mulheres, recebeu o nome de Atenas; e, ao ser prejudicada pelo deus vencido, foi compelida a punir a própria vitória dos vitoriosos, temendo as águas de Netuno mais do que os braços de Minerva. Pois entre as mulheres que foram assim punidas, Minerva, que vencera, foi vencida também, e nem mesmo pôde ajudar as que nela votaram, mas pelo menos, apesar de o direito de votar ter sido perdido a partir de então, e de as mães não poderem dar seus nomes a seus filhos, permitiu-se que fossem chamadas de atenienses, merecendo o nome da deusa a qual tinham feito vencedora sobre um deus masculino ao lhe dar seus votos. O que e quanto se poderia falar sobre isso, se não tivéssemos de nos apressar em nosso discurso, é óbvio.

Talvez "o que e quanto se poderia falar sobre isso" não seja assim tão óbvio. Gerda Lerner, em seu importante ensaio sobre as origens do patriarcado, alegou que o que ela chama de "a escravização das mulheres" precede a formação e a opressão de classes, ao converter, ainda no segundo milênio a.C., na Mesopotâmia, as capacidades reprodutivas e sexuais das mulheres em mercadorias. Isso representou, em sua avaliação, "a primeira acumulação de propriedade privada". Foi estabelecido um contrato social entre homens e mulheres, pelo qual o sustento econômico e a proteção física eram providos pelo homem e os serviços sexuais e cuidados domésticos, pelas mulheres. No decorrer da história, conquanto os conceitos de identidade sexual variem no fluir das mudanças sociais, o contrato se manteve, e para poder confirmar a premissa de sua validade, era preciso contar histórias de seu início que confirmassem a origem divina da diferença hierárquica entre os sexos, como a lenda das origens de Atenas, a história de Pandora, e a fábula de Eva.[6]

Simone de Beauvoir apontou para o perigo de ler nos mitos patriarcais somente os trechos que podem ser convenientemente reinterpretados a partir de um ponto de vista feminino. E ainda assim, reinterpretações e recontagens, conquanto possam seguir direções diferentes, podem às vezes ser usadas para nos ajudar a reimaginar novas identidades e novos contratos. Por exemplo, no misógino século XIII de Dante, certas lacunas e certas rupturas no tecido social permitiram que se imaginassem novas versões das histórias fundamentais — histórias que, se não conseguiram subverter efetivamente as normas patriarcais, pelo menos tentaram deslocá-las para contextos diferentes que alteraram seu significado. Para Dante, sempre sob a tensão dos ditames da teologia cristã e de suas próprias noções privadas de ética, o enigma de como alcançar uma justiça igualitária está sempre presente, e dentro do enquadramento do dogma cristão ela diz respeito a todos os indivíduos, masculinos e femininos. Pela voz de Beatriz e de outros personagens, femininos e masculinos, Dante expressa a crença de que a capacidade para o racional, para o avanço da lógica e para o esclarecimento existe em todos, e as diferentes medidas dessa capacidade são determinadas por graça, não pelo sexo do indivíduo. Beatriz explica para ele:

Na ordem de que eu falo é que assim
cada ser mais ou menos se reporta
próximo à fonte sua, da qual, ao fim

movendo-se, a diversa terra aporta
pelo grã mar do ser, na qual atua
co' o instinto que lhe é dado e sempre o porta.[7]

Embora no mundo de Dante as diferentes posições atribuídas a indivíduos (camponesa ou rainha, papa ou guerreiro, mulher ou marido) envolvam direitos e obrigações específicos a serem assumidos ou recusados de acordo com a livre vontade de cada um, homens e mulheres vivem sob o mesmo código moral e devem se submeter a ele ou sofrer as consequências. As amplas questões da vida humana e a consciência de que muito do que queremos saber está além de nosso horizonte são partilhadas por homens e mulheres da mesma forma.

A alma menor, fugaz, amorosa que se chama Pia, a qual Dante encontra no Purgatório dos arrependidos tardios, diz, em uma de suas sete linhas frugais, "Siena me fez e me desfez Maremma". Historiadores têm alegado, com muito pouco para sustentar isso, que Pia foi talvez uma certa Sapia, assassinada por seu marido, que a atirou por uma janela ou por ciúme ou porque ele queria casar com outra mulher. Ela fala a Dante, implorando por ser lembrada, mas só depois de observar ternamente que Dante estará esgotado após sua jornada, e que vai precisar de um descanso. Na história de Pia, o que interessa não é que ela é uma mulher maltratada por um homem, mas sim que sua alma é compassiva e tenta restaurar certo equilíbrio a um ato de injustiça cometido no passado.[8]

Essa equanimidade no sofrimento humano é tornada explícita muitas vezes em *A divina comédia*. No segundo círculo do Inferno, confrontado com a sina das almas punidas por excesso de amor ou amor mal orientado (Cleópatra e Helena, Aquiles e Tristão), Dante sente tais pontadas de compaixão que quase desmaia. Então, a partir do redemoinho dos lascivos, Francesca fala tanto por ela mesma quanto por seu amante condenado, Paolo, com quem ela está presa por toda a eternidade, e conta a Dante como se apaixonaram um pelo outro quando liam a história de Lancelote e Ginevra. Ao ouvir sua confissão, Dante é acometido da mesma piedade que tinha sentido antes, mas dessa vez é tão forte que ele sente como se estivesse morrendo: "E caí como corpo morto cai". A crescente e piedosa tristeza com o sofrimento de outros se transforma em compaixão (*com-paixão*, ou paixão ou sentimento compartilhado), lembrando-lhe que ele próprio era culpado do mesmo pecado desses amantes. Como sabia Dante, a literatura é o instrumento mais eficiente para ensinar compaixão, porque faz o leitor participar das emoções de seus personagens. O amo secreto de Lancelote e Ginevra no antigo romance arturiano revelou o amor que Francesca e Paolo ainda não sabiam que estavam sentindo; o amor de Paolo e Francesca revelou a Dante a lembrança de seus antigos amores. O leitor de *A divina comédia* é o próximo espelho nesse corredor de amores.[9]

Um dos dilemas éticos mais complexos apresentados em *A divina comédia* é a questão do livre-arbítrio no caso de uma pessoa que está obrigada ou a sofrer ou a cometer um ato infame. Em que ponto uma vítima torna-se cúmplice do vitimador? Quando é que cessa a resistência e começa a aquiescência? Quais são os limites de nossas próprias escolhas e decisões? No Paraíso, Dante encontra as almas de duas mulheres que tinham sido forçadas, por homens, a quebrar seus votos religiosos. Piccarda, irmã do amigo de Dante Forese Donati, é a primeira alma que ele encontra no céu da Lua, e a única que ele reconhece sem ajuda (no céu, as almas adquirem uma beleza extraterrena que muda a aparência que tinham quando vivas). Piccarda foi retirada à força de seu convento por outro de seus irmãos, Corso Donati, para se casar com um membro de uma poderosa família florentina que poderia ajudar Corso em sua carreira política. Piccarda morre pouco depois disso, e está agora no céu mais inferior. A segunda alma é a de Constança, avó de Manfredo, líder rebelde que Dante encontrou no Purgatório, que será comentado no capítulo 12, adiante. Ela fora obrigada a se casar com o sacro imperador romano Henrique VI, depois de ter sido retirada, como Piccarda, de seu convento, segundo uma lenda que Dante toma como fato real. Piccarda, no entanto, diz que embora Constança tivesse sido forçada a abandonar seu véu de freira, "do véu do coração não foi despida", um ato voluntário que lhe assegurou um lugar no Paraíso. O canto termina com o entoar da Ave Maria, hino em louvor a Maria, símbolo cristão fundamental da constância do coração. Com o peso espiritual de suas palavras, Piccarda desaparece, "como coisa pesada em lago fundo".[10]

Como sugerem esses encontros em *A divina comédia*, a convicção de que a vontade humana pode ser mais forte que as circunstâncias às quais é submetida, aumenta a crença humana na liberdade e na igualdade. Opressão é sempre uma opressão, seja por meio de símbolos, seja por ações concretas, e cada revolução é um esforço de assumir controle sobre aqueles símbolos. "O grupo oprimido", diz Lerner, "enquanto compartilha e participa dos símbolos-guia controlados pelos dominantes, também desenvolvem seus próprios símbolos. Estes se tornam, em tempos de mudança revolucionária, forças importantes na criação de alternativas."[11]

Simbolicamente, as provações de Constança e Piccarda são conflitos entre a vontade feminina e a vontade do homem dominador, e no contexto dogmático no qual *A divina comédia* se insere eles refletem o símbolo maior da Trindade masculina. Nesse contexto simbólico, no entanto, Dante estabelece uma trindade feminina pessoal que dá força às configurações de Piccarda e Constança. O cantar da Ave Maria, as palavras com que o anjo Gabriel saúda Maria para anunciar que ela é a portadora do Messias, no Evangelho de Lucas (1,28), põem a presença divina feminina no ápice da discussão sobre o livre-arbítrio, o poder que faz os seres humanos serem iguais. Dante, o protagonista masculino, é salvo pela intercessão de três figuras femininas: a Virgem Maria "que se inquieta/ co' o transe [de Dante]"; santa Luzia, instruída por Maria a ajudar "aquele adepto teu fiel" (fiel porque Dante é um devoto de santa Luzia); e Beatriz, a quem Lúcia procura e pergunta: "salvar/ quem mais te amou não vais, na desventura?".[12] A visão salvadora será oferecida a Dante por Deus, o Pai, por Cristo, e pelo Espírito Santo, mas a própria salvação é concebida pelas três santas mulheres.

Em nossa época, uma separação simbólica de gêneros é realizada não por meio de dogma teológico, mas mediante os instrumentos cotidianos de interação social. Antes dos jogos audiovisuais e telas interativas que respondem em voz alta às perguntas das crianças, havia caixinhas de música e bonecas falantes, cães que latiam, e palhaços que riam. Puxe um cordão, gire uma chave, e o brinquedo adquire vida com sons que carregam significados. As primeiras bonecas falantes diziam coisas como "Alô", "Brinque comigo" e "Eu te amo". Mais tarde, soldados de brinquedo também ganharam voz, "Lute!", "Você é corajoso!", "Atacar!". Não constitui surpresa o fato de os brinquedos serem feitos para falar segundo rótulos que implicitamente correspondem ao que se considerava apropriado a um menino ou a uma menina. (Em algum momento da década de 1980, um grupo de ativistas feministas adquiriu um certo número de bonecas Barbie e soldados Comandos em Ação falantes, trocou suas caixas de som e as devolveram às lojas. Os consumidores que compravam os brinquedos modificados descobriram que, quando seus filhos ativavam as vozes, o soldado Joe gemia numa voz de menina "Quero ir às compras!", enquanto Barbie rosnava ferozmente "Mate! Mate! Mate!".)[13]

Essas representações simbólicas de gênero não garantem a igualdade entre sexos. Na maioria de nossas sociedades, como é aparente na linguagem simbólica que as define, só o sexo masculino dominante tem uma realidade existencial. A gramática o confirma. Em francês e em espanhol, por exemplo, numa frase em que o sujeito plural é composto de elementos masculinos e femininos, o masculino é sempre privilegiado. "Se você estiver falando de cem mulheres e um porco", observou a poetisa Nicole Brossard, "o porco é que leva vantagem."[14]

À identidade feminina, fora dos papéis atribuídos à mulher pela sociedade, falta um vocabulário, mesmo em eventos históricos importantes que supostamente redefinem a "humanidade como um todo". Um exemplo notório disso pode ser encontrado em alguns dos textos fundamentais da Revolução Francesa.

Os revolucionários, em sua grande maioria, acreditavam que a despeito das características culturais e políticas de cada sociedade, todos os seres humanos têm as mesmas necessidades fundamentais. Tomando como sua premissa a noção dos "direitos naturais" descritos por Jean-Jacques Rousseau em seu *Discurso sobre a origem e os fundamentos da desigualdade entre os homens*, eles buscaram definir esses direitos no contexto da nova sociedade. Os deveres do homem, tinha argumentado Rousseau, não são ditados apenas pela razão, mas pela autopreservação e pela compaixão por seus camaradas homens. Consequentemente, uma sociedade, formada por homens com deveres e direitos iguais, tem o direito de escolher sua própria forma de governo e seu próprio sistema de leis. Nesse contexto, a liberdade individual não se baseia na tradição ou em hierarquias históricas, mas na lei da natureza: o homem era livre porque era humano. A Revolução Francesa, declarou Robespierre, "defende a causa da humanidade". Os aspectos específicos dessa defesa são estabelecidos na *Declaração dos direitos do homem e do cidadão.*[15]

A *Declaração* foi um documento que levou muito tempo para ser feito. A versão original, consistindo de dezessete artigos que foram adotados pela Assembleia Nacional em agosto de 1789, tornou-se um preâmbulo para a Constituição de 1791. Mais tarde, com algumas alterações e abreviada para *Declaração dos direitos do homem*, foi usada como preâmbulo para a Constituição de 1793, e ainda mais tarde, expandida como *Declaração dos direitos e deveres do homem e do cidadão*, para a Constituição de 1795. A *Declaração* (assim como a própria Revolução) tinha "apenas um princípio: o de corrigir os abusos. Mas como tudo nesse domínio era abuso, o resultado foi que tudo foi mudado".[16]

As discussões que conduziram a essa formulação foram longas e complexas. Dois lados se defrontaram reciprocamente no debate: os contrarrevolucionários que temiam a desestabilização da ordem política, social e moral, e os ideólogos, liderados pelos filósofos que defendiam uma teoria utilitária da sociedade. Foram discutidas umas trinta "declarações" antes da adotada em 1789, a maioria delas focadas na prevenção de mais violência urbana e rural, e de uma nova "praga do despotismo". A maioria do grupo concordava com o líder dos protestantes franceses, Jean-Paul Rabaut Saint-Étienne, em que a linguagem da declaração deveria ser de "tal lucidez, veracidade e explicitação em seus princípios [...] que todos e cada um seriam capazes de captá-los e compreendê-

-los, que poderiam se tornar um beabá para crianças ensinado em escolas".[17]

O mais veemente dos debatedores foi o abade Sieyès. Todos os homens, argumentava Sieyès, são sujeitos a necessidades e, portanto, desejam constantemente conforto e bem-estar. Quando na natureza, homens conseguem, por meio de sua inteligência, dominar o mundo natural em seu benefício. Mas quando estão num meio social, sua felicidade depende de como são vistos seus camaradas cidadãos, se como meio ou como obstáculo. As relações entre indivíduos, portanto, podem tomar a forma de uma guerra ou de um aproveitamento recíproco. A primeira forma, Sieyès considerava ilegítima porque dependia do poder do mais forte sobre o mais fraco. A segunda, ao contrário, levava à cooperação entre todos os cidadãos e transformava as obrigações sociais de um sacrifício em uma vantagem. Consequentemente, o primeiro direito de um indivíduo tem de ser "a propriedade de sua pessoa". Segundo Sieyès, "cada cidadão tem o direito de ficar, de ir, de pensar, de escrever, de imprimir, de publicar, de trabalhar, de produzir, de proteger, de transportar, de trocar e de consumir". A única limitação a esses direitos era a infração dos direitos dos outros.[18]

Mas a universalidade desses direitos sem dúvida não era universal. A primeira distinção estabelecida na *Declaração* entre cidadãos franceses aos quais cabiam direitos civis e aos quais não cabiam, era entre os membros masculino "ativos" e "passivos" da sociedade. A Constituição de 1791 definiu "cidadãos ativos" como todos os homens com idade acima de 25 anos que possuíam meios independentes (não podiam estar em serviços domésticos). A propriedade, representada por terra, dinheiro e condição social, era considerada a característica definidora da cidadania. Após 1792, um cidadão era definido como um homem acima de 21 anos que se sustentasse, a propriedade já não era mais um requisito. Mas embora a distinção entre ricos e pobres, aristocratas e plebeus aparentemente tivesse sido abandonada, a diferença entre os sexos era considerada natural, e foi mantida. O procurador-chefe da Comuna de Paris, Pierre-Gaspard Chaumette, argumentando contra o direito de as mulheres exercerem papel político, pôs a questão nos seguintes termos:

> Desde quando é permitido abrir mão do sexo de alguém? Desde quando é decente ver uma mulher abandonar os piedosos cuidados com seus lares, os berços de seus filhos, para vir a lugares públicos e participar de arengas sentadas nas galerias ou no bar do Senado? Foi aos homens que a Natureza confiou os cuidados domésticos? Ela nos deu seios para amamentar nossos filhos?

Ao que respondeu o marquês de Condorcet, matemático e filósofo: "Por que criaturas expostas a gravidez e indisposições temporárias seriam menos capazes de usufruir de direitos dos quais ninguém jamais imaginou privar outros que sofrem da gota todo inverno e são presas fáceis de resfriados?".[19]

A Revolução outorgou às mulheres certos direitos, permitindo-lhes se divorciar e administrar parte da propriedade conjugal, mas esses direitos foram mais tarde restringidos sob Napoleão e revogados pelos Bourbon. A Convenção de 1893 declarou que "crianças, indivíduos insanos, mulheres e os condenados a penas degradantes" não seriam considerados cidadãos da França.[20] Segundo os revolucionários, direitos naturais não implicam direitos políticos. Mas havia quem discordasse. Dois anos após a *Declaração* original, em 1791, uma dramaturga de 43 anos, Olympe de Gouges, publicou a *Declaração dos direitos das mulheres e da ci-*

dadã feminina para completar o que ela considera um documento fundamental falho e injusto.

Olympe de Gouges nasceu em Montauban, em 1748. Para cumprir convenções, em sua certidão de nascimento seu pai é mencionado como Pierre Gouze, açougueiro em Montauban, mas supunha-se que ela fosse a filha ilegítima de um literato medíocre, o marquês Le Franc de Pompignan, e Anne-Olympe Mouisset. Durante toda a sua vida ela idealizaria o marquês ausente, a quem atribuiu um "talento imortal". Seus contemporâneos não compartilhavam essa opinião sobre Pompignan: o desdém aristocrático que ele demonstrava para com os que lhe eram socialmente inferiores e seu estilo literário indiferente lhe granjearam o escárnio de Voltaire, ao dizer que os *Poemas sagrados* de Pompignan mereciam esse epíteto porque "ninguém ousaria tocar neles".[21]

Ela se casou aos dezesseis anos com um homem muito mais velho ("que eu não amava, e que não era nem rico nem de berço nobre"), que morreu quando ela tinha vinte anos. Recusando ser chamada de viúva Aubry após a morte do marido, como era o costume ditado, ela inventou para si um nome formado por um dos nomes cristãos da mãe e uma variação de seu sobrenome. Aspirava a ser uma dramaturga, mas como era analfabeta, como a maioria das mulheres de seu tempo que não eram criadas em círculos privilegiados, ela primeiro teve de aprender sozinha a ler e escrever. Em 1870, deixou Montauban e foi para Paris. Tinha 32 anos.[22]

Quase todos tentaram desencorajá-la de perseguir uma carreira de escritora. Seu pai, o velho marquês, ao mesmo tempo que se recusava a reconhecê-la como filha, também tentou dissuadi-la de se tornar dramaturga. Numa carta endereçada a ela pouco antes de sua morte, Pompignan disse o seguinte:

Se pessoas de seu sexo se tornarem lógicas e profundas naquilo que escreverem, o que nos tornaremos nós, homens, que hoje somos tão superficiais e insubstanciais? Adeus superioridade da qual tanto nos orgulhamos! As mulheres vão nos ditar as normas [...] Pode-se permitir às mulheres que escrevam, mas estão proibidas, para o bem de um mundo feliz, de cumprir essa tarefa com quaisquer pretensões.

Não obstante, ela persistiu, e escreveu mais de trinta peças, muitas hoje perdidas, mas várias foram apresentadas pela Comédie française. Ela estava tão convencida de seus talentos dramáticos, jactando-se de que era capaz de escrever uma peça inteira em cinco dias, que desafiou o mais bem-sucedido dramaturgo da época, Pierre Augustin Caron de Beaumarchais, autor de *As bodas de Fígaro*, para um duelo de escrita, porque ele tinha dito que a Comédie française não representaria peças escritas por mulheres. Se Gouges ganhasse, ela prometeu, usaria o dinheiro como um dote que permitisse a seis jovens mulheres se casarem. Beaumarchais não se deu o trabalho de responder.[23]

Em suas peças, mas também em seus tratados políticos, Olympe de Gouges lutou pela elusiva igualdade universal alardeada pelos revolucionários. Ela clamou pelos direitos das mulheres assim como pelos dos homens, e também contra a escravidão, alegando que os preconceitos que permitiam que negros fossem comprados e vendidos eram somente as justificativas de gananciosos mercadores brancos. A escravidão foi finalmente abolida por decreto da Assembleia Revolucionária em 4 de fevereiro de 1794; quase quinze anos depois, foi compilado um rolo de pergaminho em honra aos "homens corajosos que argumentaram ou labutaram pela abolição do comércio de escravos". Olympe de Gouges era a única mulher na lista.[24]

Diferentemente de outras mulheres revolucionárias, como a ardente girondina madame Roland, Gouges sustentava que as mulheres deveriam ter voz política e ter lugar na Assembleia. Enquanto madame Roland tinha meramente declarado "não queremos outro império além daquele governado por nossos corações, e nenhum trono que não o que está dentro de seus corações", Gouges tinha alegado "mulheres têm o direito de subir ao cadafalso; deveriam também ter o direito de subir à tribuna". O historiador do século XIX Jules Michelet, que registrou essas palavras, ao mesmo tempo descartou Gouges por ser uma mulher "histérica" que mudava de posição política segundo seu estado de espírito:

Olympe de Gouges, 1784 (*Musée Carnavalet, Paris*). (*INTERFOTO/Alamy.*)

Ela era revolucionária em julho de 1789, tornou-se monarquista em 6 de outubro depois de ver o rei prisioneiro em Paris. Tendo-se depois tornado republicana em junho de 1791, sob a impressão de que Luís XVI tinha fugido e era culpado de traição, ela concedeu-lhe novamente seu apoio quando ele foi levado ao tribunal.[25]

A *Declaração dos direitos da mulher e da cidadã feminina* contraria a avaliação misógina de Michelet. É um documento que não somente corrige e suplementa sua contrapartida masculina; ele acrescenta às liberdades civis listadas na *Declaração dos direitos do homem* os direitos de todos os indivíduos, propondo, entre outras coisas, o reconhecimento de filhos ilegítimos, ajuda legal para mães solteiras, o direito de exigir reconhecimento de paternidade de pais biológicos, o pagamento de pensão alimentícia em caso de divórcio, e a substituição dos votos matrimoniais por um "contrato social" que reconheça legalmente o status de casais tanto casados como não casados, um precursor dos atuais contratos de união civil. A proposta de Gouges de que se outorgasse a todas as crianças, filhos legítimos ou não, o direito de herança teve de esperar até 1975 para se tornar lei na França. Talvez por razões de cunho diplomático, Gouges dedicou a *Declaração dos direitos da mulher e da cidadã feminina* à rainha Maria Antonieta. Não foi uma decisão sábia.

Olympe de Gouges não foi nem uma dramaturga brilhante nem uma teórica política profunda; foi uma mulher incomodada com uma declaração de igualdade social que era visivelmente contradita pelos fatos. Às regras e regulamentos concebidos pelos legisladores da Revolução, Gouges trouxe sua crítica emocional, apontando suas deficiências e argumentando não a partir de um ponto de vista jurídico, mas político, um sentimento consciente e individual.

Em seus panfletos e seus discursos, ela, imprudentemente, expressou simpatia pelos girondinos, partido formado por diferentes facções que tinha buscado o fim da monarquia mas resistia à sempre crescente violência da revolução e cujo único ponto comum era sua oposição aos jacobinos no poder, que apoiavam um governo centralizado. Para puni-la, os jacobinos ordenaram que fosse despida e flagelada publicamente. (Era um procedimento comum contra mulheres rebeldes: mais ou menos na mesma época, Théroigne de Méricourt, outra revolucionária, foi chicoteada publicamente e depois trancada no hospício de La Salpêtrière, onde morreu dez anos depois, tendo perdido a razão devido ao tratamento brutal que recebeu.) Uma tarde, Gouges foi atacada na rua quando saía de uma loja, e seu agressor, rasgando seu vestido e agarrando-a pelos cabelos, gritou para a multidão: "Vinte e quatro centavos pela cabeça de madame de Gouges. Quem oferece esse lance?". Ao que ela calmamente respondeu, "Meu amigo, meu lance é de trinta, e reivindico preferência". Foi solta, entre risos da multidão.[26]

Posteriormente, sua simpatia pelos girondinos levou à sua prisão sob o pretexto de ter mandado imprimir um pôster subversivo que apareceu em seu nome. No violento verão de 1793, estava presa no terceiro andar da infamante Mairie, a prefeitura, perto do Palácio da Justiça. Tinha uma ferida na perna, estava com febre e teve de ficar num cômodo infestado de piolhos durante quinze dias, nos quais conseguiu escrever várias cartas apresentando seu caso e pedindo clemência, constantemente sob a vigilância de um policial. Após seu julgamento, no qual não teve uma só oportunidade de se defender, foi transferida para outras prisões, e finalmente para a Conciergerie, à cela reservada às mulheres condenadas à morte. Como último recurso, ela alegou estar grávida, porque mulheres grávidas eram poupadas da guilhotina.

Sua alegação foi rechaçada, e a execução foi anunciada para a manhã de 3 de novembro, mas como chovia foi adiada para a tarde. Uma das muitas testemunhas anônimas de sua morte disse depois que ela tinha morrido "calma e serena", vítima da ambição jacobina e de sua intenção de "denunciar os vilões".[27]

A determinação de Olympe de Gouges em sua busca de igualdade para todos não foi apenas por interesse próprio. A injustiça é, ou deveria ser, uma preocupação universal, e o gênero de quem luta contra ela não deveria ser considerado um argumento. "Somos ministros de Deus na terra", diz Dom Quixote, "e os braços mediante os quais Sua justiça é feita."[28] Olympe de Gouges teria concordado. A desigualdade pode ser causada principalmente pelos esforços de um sexo para defender seu poder social ou político, mas a igualdade não é uma questão de gênero.

Quase todos nós, mesmo os que cometem atrocidades imperdoáveis, sabem, como Sócrates, Dom Quixote, Gouges e Dante, o que é justiça e igualdade, e o que não é. O que obviamente não sabemos é como agir com justiça em cada ocasião, individual ou coletivamente, de modo a sermos todos tratados com justiça e igualdade como cidadãos e como pessoas na sociedade que chamamos de nossa. Alguma coisa em cada um de nós nos leva a buscar benefícios materiais que nos satisfaçam sem levar em consideração nossos vizinhos; uma força contrária nos arrasta aos benefícios mais sutis daquilo que podemos oferecer, partilhar, tornar útil para nossa comunidade. Algo nos diz que, embora a ambição por riqueza, poder e fama possa ser uma forte motivação, a experiência conosco e com o mundo acabará por nos demonstrar que por si mesma tal ambição não vale a pena.

Nas páginas finais de *A República*, Sócrates diz que quando se pediu à alma de Odisseu que escolhesse uma vida nova após sua morte, "deixando de lado sua ambição junto à memória de seus feitos anteriores", de todas as heroicas e magníficas vidas possíveis a seu dispor, o lendário aventureiro escolheu a vida de "um homem comum e livre de obrigações" e "ele escolheu isso alegremente".[29] É possível que este tenha sido o primeiro ato de verdadeira justiça de Odisseu.

Dante e Virgílio veem Cérbero atacando os glutões sob uma tempestade de granizo, água fétida e neve. Xilogravura que ilustra o Canto VI do Inferno, impressa em 1487 com comentário de Cristoforo Landino. (Biblioteca Beinecke de Livros e Manuscritos Raros. Universidade Yale.)

11. O que é um animal?

Poucos animais povoaram minha infância. Havia tartarugas gigantes escalando as dunas no parque em Tel Aviv, aonde às vezes me levavam para brincar. Havia animais tristes no zoológico de Buenos Aires, seus variados formatos representados nos biscoitos que comprávamos para alimentar patos e cisnes. Havia os animais da Arca de Noé que ganhei em um de meus aniversários, feitos de papel mâché. Foi só muito mais tarde, como adulto, que tive um cão.

O relacionamento que temos com um animal põe em questão tanto nossa identidade quanto a do animal. Em que consiste esse relacionamento? É estabelecido apenas por nossa vontade ou é determinado pela natureza do animal? Sei como me sinto e como reajo à presença de um animal, mas como um animal se sente e reage diante de mim? Minha língua não dispõe de elementos (exceto, talvez, metaforicamente) para expressar a natureza do outro lado do relacionamento, lado que certamente existe mas o qual não sou capaz de definir. A literatura não proporciona mais clareza: o cão de Odisseu, que morre aos pés do seu dono que retornou, na *Odisseia*; o cão de Elizabeth Barrett Browning, que se transforma quando sua dona se transforma, em *Flush: memórias de um cão*, de Virginia Woolf; o cão de Bill Sykes, que trai seu dono por fidelidade a ele, em *Oliver Twist*, de Dickens; o espancado cão do vizinho de Meursault, cuja morte causa a seu dono tanta angústia em *O estrangeiro*, de Camus — são todos definidos mediante a tradução de suas ações para o vocabulário emocional de seus companheiros humanos. Mas como falar explicitamente da outra margem da divisão das espécies?

Tive dois cães em minha vida (embora o verbo "ter", que implica posse, seja um disparate epistemológico). O primeiro cão, que meu filho chamou de Apple numa época anterior àquela na qual computadores se tornaram lugares-comuns, era um vira-lata inteligente, impaciente, brincalhão e vigilante, disposto a socializar com os outros cães em nosso parque, em Toronto. O segundo, Lucie, é uma inteligente, terna, amorosa cadela boiadeira de Berna que vive conosco na França. Ambos os cães me modificaram: sua presença obrigou-me a considerar meu próprio *self* além dos limites de meu mundo interior sem cair nos rituais sociais que são requeridos em interações humanas. Há rituais, é claro, mas são superficiais, disfarçando uma certa nudez que experimento quando estou com minha cadela. Na presença dela sinto-me obrigado a ser sincero comigo mesmo, como se o cão que me olha nos olhos fosse um espelho revelador de alguma lembrança instintivamente enterrada. Barry Lopez, falando daquele parente antigo do cão, o lobo (o mesmo lobo que para Dante era o símbolo de todos os vícios), diz que

> o lobo exerce uma influência profunda sobre a imaginação humana. Ele captura seu olhar e o devolve a você. Os índios Bella Coola acreditam que alguém, uma vez, tentou transformar todos os animais em homens mas só conseguiu tornar humanos os olhos dos

lobos. As pessoas de repente querem explicar os sentimentos que as acomemtem quando confrontadas com seu olhar fixo — seu medo, seu ódio, seu respeito, sua curiosidade.

Lucie é uma boa ouvinte. Ela fica sentada tranquilamente quando leio para ela qualquer livro que esteja comigo naquele momento, e eu me pergunto o que mantém sua atenção enquanto ouve a fluência verbal: O tom de minha voz? O ritmo das sentenças? A sombra de um significado para além das poucas palavras que ela compreende? "Permitir o mistério, que é como dizer a si mesmo 'Poderia haver mais, poderia haver coisas que não compreendemos'", diz Lopez, "não é condenar o conhecimento."

Intrigado com seu próprio relacionamento com seu cão, o jovem Pablo Neruda escreveu isto:

Perro mío,
Si Dios está en mis versos,
Dios soy yo.
Si Dios está en tus ojos doloridos,
tú eres Dios.
¡Y en este mundo inmenso nadie existe
*que se arrodille ante nosotros dos!**

---

* "Meu cão,/ Se Deus está em meus versos,/ eu sou Deus./ Se Deus está em teus olhos sofridos,/ tu és Deus./ E não há ninguém neste mundo imenso/ que se ajoelhe ante nós dois!" (N. T.)

Se o cão, com toda a sua força e braveza, vier a mordê-lo,
se você se jogar ao chão não se fará mal algum; e isso, por
misericórdia.

Fernando de Rojas, *La Celestina*, 4, 5

Cada um dos encontros de Dante com as almas no Outro Mundo envolve um ato de justiça humanamente engendrado contra a justiça final de Deus. No início, o que move Dante é a piedade pelos suplícios das almas no Inferno; à medida que avança cada vez mais fundo dentro dele, o reconhecimento da inquestionável justiça de Deus se sobrepõe a seus sentimentos humanos e, enquanto sua alma lentamente desperta, como vimos, ele amaldiçoa entusiasticamente os condenados que Deus puniu e até mesmo participa em seu castigo físico.

De todos os insultos e comparações depreciativas que Dante emprega tanto em relação a almas perdidas quanto a demônios malignos, um é recorrente. Os irados, segundo Virgílio, são todos "cães". Daí em diante, em suas notas de viagem pelo reino dos mortos, Dante ecoa o antigo vocabulário de seu mestre. Assim, Dante nos conta que os esbanjadores do sétimo círculo são perseguidos por "cadelas/ pretas repletas, ágeis e furentes"; os usurários que correm, ardendo, sob uma chuva de fogo comportam-se "como, no estio, tenta salvar-se o cão,/ co' o focinho e co' as patas, da mordida/ acre de pulga ou mosca ou de tavão"; um demônio que persegue um fraudador é como "um mastim, correndo tanto", e outros demônios são como "cães caindo em cima do mendigo" e mais cruéis que o "cão co' a lebre [que] ele enfim abocanha". O grito de dor de Hécuba é aviltado como um latido, "como um cão"; Dante percebe rostos como os de cães nos traidores presos no gelo de Caina, o não arrependido Bocca "ladrava" como um cão torturado, e o conde Ugolino mordendo o crânio do cardeal

Ruggiero, "co' os dentes,/ assim como em seu osso um cão absorto"; Guido del Duca, no segundo terraço do Purgatório, chama os aretinos de "cães que rosnam".[1] Há muito mais ocorrências como estas, de invectiva canina. Raivoso, ganancioso, selvagem, louco, cruel: estas são as qualidades que Dante parece ver nos cães e que aplica aos habitantes do Inferno.

As qualidades humanas, na visão cósmica de Dante, são modeladas de duas maneiras: pela graça divina, que distribui essas qualidades a todas as coisas no universo de acordo com hierarquias de perfeição, e pela influência dos corpos celestes, que as amadurecem, aprofundam ou até mesmo modificam. Essa influência, como Carlos Martel explica a Dante no céu de Vênus, pode alterar traços hereditários, de modo que os filhos muitas vezes não seguem as pegadas dos pais.[2] Essas qualidades, uma vez dadas, dependem de seus efeitos em nossa vontade individual: somos todos moralmente responsáveis por nossas ações. Nós decidimos como empregar nossa raiva, governada pelo planeta Marte, se em objetivos justos ou meramente egoístas; nós decidimos se nossa violência, também sob a influência de Marte, será dirigida contra os inimigos de Deus ou contra a sua obra.

Teologia e astrologia, assim como astronomia, eram consideradas na época de Dante ciências valiosas que nos facultavam entender melhor nossos propósitos como expressão da vontade de Deus e governados pela Mãe Igreja. A astrologia era considerada um instrumento necessário e prático de discernimento eclesiástico: em 1305, por exemplo, os cardeais reunidos em Perugia saudaram Clemente v, recentemente eleito na França para o trono papal, com o pronunciamento: "Vós que ocupais com segurança a cadeira de são Pedro, brilhais com radiante luz [...] pois [agora] cada um dos planetas tem uma grande força em sua própria casa".[3] A astrologia comprovava que Clemente era a escolha certa.

Segundo a cosmogonia medieval, os seres humanos são moldados, ao menos em parte, pela influência dos planetas e das estrelas fixas, aquelas que formam as constelações do zodíaco, e outras formações menos estelares, uma vez que todos os corpos celestes, como nos lembra Dante, são movidos pelo amor divino que tudo determina.[4] Entre essas constelações menores que afetam nosso comportamento há três que tradicionalmente têm nome de cães: Canis Major, Canis Minor e a Canes Venatici (hounds *of Venus*, Cães de caça). Embora não sejam mencionadas pelo nome em *A divina comédia*, a terceira, Canes Venatici, está implicitamente presente. Antes de chegar ao céu da Lua, Dante adverte seus leitores de que a partir daquele ponto eles terão dificuldade em acompanhá-lo, uma vez que, ao contrário dele, não contam com a ajuda dos deuses. "conduz-me Apolo e Minerva me inspira,/ e nove Musas indicam-me o rumo." A constelação da Ursa Maior é descrita na maioria das cartas cosmográficas como perseguida por dois galgos, os cães caçadores de Vênus, um galgo do Norte chamado Astério e um do Sul, chamado Chara. Como criaturas de Vênus, eles encarnam o desejo, a busca pelo amor, tanto o terreno quanto o sagrado. Embora tenha sido declarado que a ascensão de Dante ao Paraíso ocorre sob seu signo de nascença, Gemini [Gêmeos], todo o arranjo dos corpos celestes lhe é revelado quando entra no céu das Estrelas Fixas, a esfera cujo extremo norte é governado pela Ursa Maior, acossada pelos Canes Venatici. Esses dois galgos são emblemas daquele *disio*, "desejo", que no fim é transformado pelo amor.[5]

Talvez como eco desses galgos do firmamento astrológico "cujo rodar faz que se creia/ que altere as nossas circunstâncias", o único cão mencionado em *A divina comédia* como encarnação das qualidades caninas positivas é o *veltro*, ou galgo, primeiramente anunciado por Virgílio no início de sua jornada e mais tarde tacitamente invocado pelo próprio Dante: o galgo que um dia irá perseguir e matar a maligna loba.[6] O presságio é tradicional: o

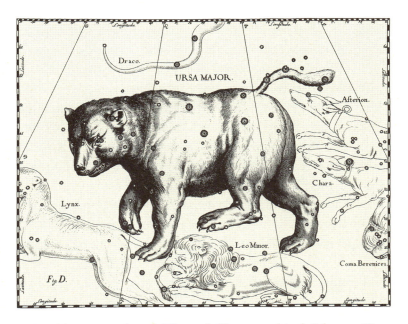

A Ursa Maior e os galgos de Vênus, da Uranographia *de Johannes Hevelius, 1687. (Fotografia © Jay Pasachoff/Superstock.)*

imperador Carlos Magno, na *Chanson de Roland*, vê esse cão num sonho, enquanto Giovanni Boccaccio, em seus comentários sobre os dezessete primeiros cantos de *A divina comédia* (apresentados em público em 1373), explicou que o "galgo é uma raça de cães maravilhosamente inimiga dos lobos — um desses galgos virá, 'pra a dura morte destiná-la [a loba]'". A maioria dos comentaristas identifica o galgo com o imperador Henrique VII de Luxemburgo, muito admirado por Dante, que o denominou "o sucessor de César e de Augusto".[7] Seja como for, o galgo é menos um cão do que o símbolo de uma esperada salvação, um *disio* coletivo ou social.

Chamar uma pessoa de "cão" é um insulto comum e pouco inspirado em quase todas as línguas, inclusive, é claro, no italiano falado na Toscana de Dante, nos séculos XIII e XIV. Mas em Dante meros lugares-comuns estão ausentes: uma expressão comum, quando usada por ele, não é lida como comum. Quando, por exemplo, ele usa o convencional "azul-safira" para descrever a cor do céu (como na famosa linha "a amena cor de oriental safira"), o epíteto carrega os significados contraditórios de "duro como pedra" e "tenro como o ar", assim como *oriental* tem um duplo sentido: o de uma joia que provém fisicamente do Oriente e uma figuração do céu do amanhecer, a Leste.[8] Os cães em *A divina comédia* têm outras conotações além da de mero insulto, mas sobrepondo-se a todas elas está a sugestão de algo infame e desprezível. Essa inexorabilidade demanda um questionamento.

Quase todos os livros de Dante foram escritos no exílio, em casas que nunca pôde considerar como suas porque não estavam em sua Florença, a qual em suas lembranças ele amou e odiou como a uma amante infiel, ao mesmo tempo a louvando por sua beleza e a fustigando por seus pecados. O *incipit* de seu poema revela essa ligação dupla: "Aqui começa *A divina comédia* de Dante Alighieri, florentino de nacionalidade, não de moral".[9] Sem dúvida seus anfitriões — Cangrande, Guido Novello e os demais — foram gentis com ele e lhe proveram aposentos confortáveis e conversas inteligentes, mas o lar sempre esteve em algum outro lugar, o lugar da ausência. Banido de Florença, ele deve ter sentido que o portão da cidade poderia ser uma paródia do portão do Inferno: seu dístico não seria "Deixai toda a esperança, ó vós que entrais" mas "Deixai toda a esperança, ó vós que saís".[10] E ainda assim Dante, como um cão açoitado, não conseguiu desistir de toda esperança de voltar para casa.

O romancista albanês Ismail Kadaré observou que os habitantes do *Inferno*

> se pareciam estranhamente com imigrantes exilados, inclusive os de nossa época. Os recortes de suas histórias, suas efusões sentimentais, suas irrupções de raiva, as notícias políticas de ambos os

lados, sua sede de informação, seus derradeiros desejos, tudo parece vir do mesmo barro e da mesma gente. A semelhança é tal que, se os misturássemos, seria difícil ao leitor de hoje distinguir em uma primeira leitura o texto de Dante do tipo de crônicas ou relatos jornalísticos de nossa época atual.[11]

A ausência relembrada é para cada exílio, no inferno ou num campo de refugiados, fonte constante de sofrimento. "Não há dor maior", diz Francesca no redemoinho dos lascivos, "do que relembrar tempos felizes/ em sofrimento". E o saqueador de Pistoia, Vanni Fucci, interrogado por Dante no abismo dos Ladrões assolado por serpentes, quando prediz os sofrimentos de Florença e a derrota dos Guelfos Brancos, torna explícita a intenção de infligir dor: "E eu lhe contei isso para que a dor o atormente!". Exilados dizem que seu sofrimento provém de um sentimento constante de alienação, por viverem num lugar não escolhido por eles, entre paredes que não erigiram, cercados de objetos emprestados, e na companhia daqueles de quem são sempre hóspedes, nunca anfitriões. Este é o cerne da mensagem entregue pelo tataravô de Dante, o cruzado Cacciaguida, no céu de Marte, quando descreve o (então ainda) futuro banimento de Dante:

> *De teus mais caros bens a aventurança*
> *tu perderás, e essa é a flecha fatal*
> *que, de primeiro, o arco do exílio lança.*
>
> *Tu provarás como tem gosto a sal*
> *o pão alheio e, descer e subir*
> *a alheia escada é caminho crucial.*[12]

O exílio tem a qualidade da escravidão, um estado no qual nada pertence a você e você pertence a outrem, ao capricho de autoridades estrangeiras: mesmo sua identidade se perde, se sujeita a seu patrono ou benfeitor. O exílio é uma forma de perda na qual as experiências fundamentais do espaço e do tempo se dissolvem num tempo e num lugar que não existem mais, a memória deste se tornou algo muitas vezes removido, a memória relembrada, a memória da memória da memória, até que posteriormente as coisas queridas e perdidas não são mais do que uma aparição longínqua. Talvez por esse motivo, *A divina comédia* seja um catálogo de perdas — a perda de Florença, é claro, a perda de tudo que está morto no passado de Dante por "não ter sido feito", a perda de mestres como Brunetto Latini, a perda de sua amada Beatriz quando ela morre na Terra, a perda de seu querido guia quando Virgílio não pode levá-lo mais além e depois a da celestial Beatriz, mais uma vez e para sempre no Empíreo — até mesmo a perda de são Bernardo depois que o ancião finalmente dirige Dante para o centro inefável e sagrado "superior/ à palavra".[13] Nada permanece por muito tempo em poder de Dante, exceto o memorável palimpsesto que ele agora tem de configurar para futuros leitores. Porque aos exilados só se permite uma tarefa: a transcrição.

O exílio é um estado de desalojamento, mas também é uma forma pervertida de viagem na qual a meta impossível do peregrino é o único lugar do qual ele sabe estar barrado; sua peregrinação é para o inatingível. Não é de surpreender que seja no exílio, um estado no qual Dante define, em *Convivio*, como "uma embarcação sem vela ou leme", que ele sonhe seu poema do Outro Mundo como uma viagem admonitória através de três reinos nos quais ele é o estrangeiro absoluto: um prodígio entre as almas que partiram, uma aberração que ainda possui um cerne mortal, um corpo que projeta uma sombra nos reinos eternos, um ser que ainda não está morto. "O que você me conta sobre meu percurso, eu escrevo", ele assegura, por exemplo, a Brunetto Latini, mas nunca diz, "Quando estiver em Florença mais uma vez", como se soubesse que nunca veria novamente sua amada cidade. Cacciaguida lhe tinha dito: "terá futuro inda a tua vida,/ pra lá da punição de suas perfídias". Nesse futuro, além da infâmia atual de seus camaradas cidadãos, há para Dante a promessa do reconhecimento literário, mas não do retorno.[14]

Comendo pão com sabor de lágrimas e escalando degraus não familiares, Dante deve ter muitas vezes buscado uma companhia viva que não fosse a de seus bem-intencionados anfitriões, alguém para o qual ele não tivesse de agir com obsequiosa gratidão, alguém que pudesse distraí-lo da saudade e da autocomiseração. Seus livros e suvenires (os poucos que conseguia carregar consigo de um lugar a outro), conquanto os considerasse boas companhias, só o faziam lembrar seu lar ausente, e cada novo objeto ou volume que adquiria, como cada experiência nova com que se deparasse no caminho, deve ter-lhe parecido uma traição. Como então suportar a lenta, implacável busca no futuro de sua vida, cada vez mais distante de seu querido e perdido núcleo? Sem Virgílio, sem Beatriz (a gélida Beatriz, proibitiva demais para ser companhia agradável, em qualquer circunstância), sem os amigos com os quais percorrera uma vez as ruas de Florença discutindo filosofia, poesia e as leis do amor, como iria colocar por escrito a visão que agora se desdobrava, como encontrar o ouvinte ideal para a música que estava escutando, um primeiro leitor que tudo perdoasse e com o qual pudesse ensaiar as palavras e as imagens? Em tal estado, Dante deve ter olhado para um dos cães de seus anfitriões.

Com a fácil nostalgia dos idosos, Cacciaguida lembra a Dante que em tempos antigos Florença era sóbria, modesta e recatada, e à moda da época, discreta; as mulheres estavam ocupadas com seus filhos e as tarefas domésticas, exímias em contar histórias exemplares sobre os antigos heróis de Troia e de Roma.[15] Na época de Dante, não obstante a crítica de Cacciaguida, a vida na maioria das casas da Toscana continuava a ser relativamente simples e informal. Descrições de interiores em Florença, Siena e outras cidades toscanas no século XIII mostram aposentos parcamente mobiliados, às vezes decorados com poucas tapeçarias e quadros com pinturas de *trompe-l'oeil*, frequentemente com vasos coloridos cheios de flores. Animais domésticos eram comuns. Pássaros em gaiolas penduradas nas janelas, como nos afrescos de Masaccio e Lorenzetti. Gatos aconchegados junto à lareira no quarto de dormir. (O florentino Franco Sacchetti advertiu homens que se levantavam da cama nus de que se assegurassem que o gato não confundisse "certos objetos pendulares" com brinquedos.) Até gansos eram às vezes mantidos dentro de casa; Leon Battista Alberti, em *Il libro della famiglia*, recomenda o uso de gansos como guardiãs da casa.[16] E, é claro, havia cães.

Cães se enroscavam aos pés da cama ou no chão junto à lareira; ficavam de guarda nos umbrais da casa ou esperando sobras debaixo da mesa. Cãezinhos faziam companhia às senhoras ao lado da roca, e galgos ficavam esperando pacientemente seus donos para irem caçar. Brunetto Latini observou em seu *Livre du trésor* que os cães amavam os humanos mais do que outros animais; só os cães nascidos da união de cadelas com lobos eram malvados. A maioria dos cães eram fiéis até a morte: não era incomum um cão ficar guardando o cadáver de seu dono dia e noite, e às vezes até morrer de tristeza. Segundo Latini, o cão é capaz de entender a voz humana. Um contemporâneo de Dante, Pierre de Beauvais, observou em seu *Bestiário* que os cães, por lamberem suas feridas para curá-las, são como padres que ouvem confissões e curam nossos pesares. Isidoro de Sevilha, em *Etimologias*, explicou que o cão (*canis*) recebeu esse nome porque quando o cão late é como se cantasse (*canor*) a letra composta por poetas.[17]

Segundo antiga tradição, diz-se que cães reconhecem a presença de anjos antes que os humanos consigam enxergá-los. O cão que acompanhava o filho de Tobit, Tobias, na jornada com o anjo é um exemplo disso (e o único cão bom em toda a literatura bíblica). Cães são capazes não só de ter ciência do numinoso; eles mesmos podem ser também santos. No século XIII, na região de Lyon, um galgo era venerado sob o nome de santo Guignefort. Segundo a tradição, o cão Guignefort foi deixado como guarda de um bebê em seu berço. Uma serpente tentou atacar a criança, e Guignefort a matou. Quando o dono voltou, viu o cão coberto com o sangue da serpente e pensou que ele tinha atacado a criança. Furioso, matou o fiel Guignefort, e depois descobriu que o bebê estava são e salvo. Tido como um mártir, o cão adquiriu o status de santo, invocado para proteger crianças.[18]

Em Verona e Arezzo, Pádua e Ravenna, Dante sentava-se a sua mesa emprestada, tomado pela visão do que queria pôr em palavras, e dolorosamente ciente de que como a floresta no início de sua viagem, "a tarefa de narrar é dura" porque a linguagem humana, ao contrário da do cão, é uma criatura infiel.[19] Os vastos

O galgo Guignefort, injustamente morto por seu dono, de Johannes Pauli, Schimpf und Ernst (Estrasburgo, 1535), fólio XLVI vº. (Bibliothèque Nationale de France.)

e esmagadores sistemas da teologia, da astronomia, da filosofia e da poesia pesavam sobre ele e lhe impunham suas regras e seus princípios. Sua imaginação era livre para inventar, mas sempre dentro daquela irrefutável estrutura cósmica, sempre na suposição de uma verdade universal, de sustentação divina. Os pecados imperdoáveis, as etapas da redenção, as nove esferas celestiais sobre as quais a divindade mantém controle absoluto, eram seus fatos; sua tarefa era construir com palavras pessoas, situações e paisagens que lhe permitissem e a seus leitores entrar na visão e explorá-la, como se fosse uma geografia feita de madeira, água e pedra; seu poeta mais amado, Virgílio; o objeto de seu desejo, a falecida Beatriz; os homens e mulheres que habitavam seu passado; os heróis pagãos que habitavam em seus livros; os santos do calendário da Igreja. Lugares e cenas também; a lembrança de ruas e prédios, montanhas e vales, céus noturnos e auroras, trabalhadores no campo e na aldeia, lojistas e artesãos, animais selvagens e especialmente os pássaros que voavam entre as nuvens de Florença — tudo para ilustrar, o melhor que pudesse, o que sabia não poder ser expresso com exatidão numa língua humana.

Observações feitas durante trinta e tantos anos de uma vida inquisitiva encontram seu lugar na visão: o boi lambendo seu focinho, uma vez vislumbrado talvez em algum lugar na Toscana rural, serve para representar o usurário retorcendo a boca no sétimo círculo; os peregrinos que Dante viu em Roma no ano do Jubileu, entrando e saindo da Basílica de São Pedro se parecem com os sedutores e alcoviteiros que avançam no Inferno em direções opostas; a surpresa de ser cegado por uma súbita neblina nos Alpes e sentir o sol ir gradualmente clareando seu caminho através das nuvens é comparada à lenta compreensão que alcança Dante na terceira cornija do Purgatório; o trabalhador no vinhedo que tem de zelar para que o vinho não seque no calor do verão é usado para descrever são Domingos no Paraíso, diligentemente mobilizado a servir o Senhor.[20]

Assoberbado pela inundação de imagens rememoradas, Dante pode ter olhado novamente para baixo, para o cão. Quando seus olhares se encontraram, Dante, para quem cada experiência era uma pedra de toque para outra, e cada lembrança uma conexão para uma interminável cadeia de lembranças, pode ter se lembrado de um cão (ou de vários) que perambulava pela casa de seus pais quando ele era criança, um cão que estava a seu lado quando, com cinco anos de idade, ele chorava a morte da mãe, e mais tarde, outro cão que o acompanhou quando o adolescente Dante estava de vigília ao corpo de seu emaciado pai. Um cão trotava ao lado de sua noiva, quatro anos depois, a caminho da igreja onde se casaram; um cão estava presente no nascimento de seu primeiro filho, Giovanni; um cão estava sentando quietamente num canto quando Dante soube que a fugidia e inesquecível Beatriz Portinari tinha morrido como esposa de outro homem. O cão diante do exilado Dante pode ter despertado em sua mente um bando de cães relembrados: cães florentinos, cães veronenses, cães de Veneza e de Ravenna, cães encontrados em estradas desgastadas e hospedarias imundas, uma longa linhagem de cães que lentamente se mesclavam, como as formas mutantes dos ladrões punidos no oitavo círculo do Inferno, de cão para cão para cão, inclusive seu anfitrião e protetor, Cangrande [Cão Grande] della Scala, a quem provavelmente dedicou o *Paraíso*.[21]

Tomás de Aquino alegou que após a morte, quando a alma deixou o corpo, como as pessoas não mais precisariam se alimentar, não haveria animais no céu. De acordo com isso, com exceção de umas poucas bestas alegóricas — a águia, o grifo —, o Paraíso de Dante é destituído de animais de pena e pelos. Santo Agostinho (que alegou de modo infame que os animais não sofrem) sugeriu que, embora animais obtusos não possam competir com as belezas celestiais, eles sem dúvida contribuem para adornar nosso reino terreno. "Seria ridículo", escreveu,

Galgos em Allegoria della Chiesa militante e trionfante [*Alegoria da Igreja militante e triunfante*], de Andrea di Bonaiuto, detalhe. (Museo di Santa Maria Novella, Cappellone degli Spagnoli, cortesia do Musei Civici Fiorentini.)

considerar as deficiências de bestas, árvores e outras coisas mutantes e mortais carentes de inteligência, sentidos, ou vida, como merecedoras de condenação. Essas deficiências realmente têm efeito na decadência de sua natureza, que é passível de dissolução; mas essas criaturas receberam sua maneira de ser por vontade do Criador, cujo propósito é que elas levem a parte inferior do universo à perfeição com sua mudança e sua sucessão na passagem das estações; e esta é uma beleza a seu modo próprio, e que encontra seu lugar entre as partes que constituem este mundo.

Agostinho está ecoando Cícero, que achava absurda a ideia de que o universo pudesse ter sido criado para outra coisa que não o homem. Poderia ter sido concebido "em benefício dos animais?", perguntava o aristocrático romano. "Não é mais provável que os deuses tenham se dado todo esse trabalho em prol de criaturas obtusas e irracionais. Em prol de quem então alguém iria pronunciar que fosse criado o mundo? Sem dúvida, em prol desses seres vivos que têm o uso da razão." Apesar das sempre crescentes extinções, da época de Santo Agostinho até a nossa, ainda existem 8,7 milhões de espécies de "obtusas, irracionais criaturas" na Terra, muitas das quais nos são desconhecidas; até o dia de hoje, nem um sétimo delas foram classificadas.[22]

Segundo uma crença popular, o demônio comumente se manifestaria como uma "criatura obtusa, irracional": uma serpente, um bode, um cão. Contudo, vários padres da Igreja, como santo Ambrósio em seu *Hexameron*, insistiam em que ao menos aprendêssemos com os cães a ser gratos.

> Que vou dizer sobre cães que têm o instinto natural de demonstrar gratidão e servir como vigilantes guardiãs da segurança de seus donos? Daí que a Escritura grita para os ingratos, os indolentes e os covardes: "Cães obtusos, incapazes de latir". Aos cães, portanto, é dada a capacidade de latir em defesa de seus donos e de suas casas. Assim você deveria aprender a usar sua voz em defesa de Cristo, quando lobos vorazes atacam Seu rebanho.[23]

Embora a experiência nos ensine que a maioria dos cães são servidores agradecidos (esperamos ver nos animais virtudes que muitas vezes faltam em nós mesmos), a gratidão é um aspecto nos cães que raramente aparece em relatos populares. Nas fábulas de Marie de France do século XII (que provavelmente Dante leu), só uma história mostra o exemplo de um cão leal; em todas as outras são rixentos, invejosos, fofoqueiros e glutões. É sua gula (como apontam comentaristas) que os fazem voltar a seu vômito. Cães também encarnam a fúria: por esse motivo, o Cérbero de três cabeças da mitologia antiga, colocado por Dante como guarda do círculo dos glutões, tem "as garras aguçadas,/ co' as quais as almas fere, esfola e abate". Havia uma superstição em Florença segundo a qual sonhar com um cão, especialmente se estivesse mordiscando seus calcanhares, era um prenúncio de doença ou até mesmo morte. Também de nascimento: a mãe de são Domingos, grávida do futuro fundador da ordem dos dominicanos, sonhou com um cão que levava uma tocha acesa na boca; para confirmar o presságio, são Domingos tornou-se inimigo ferrenho de toda heresia, e após sua morte sua ordem foi encarregada de acender as chamas da Inquisição.[24]

A divina comédia de Dante é a visão de um só homem mas que consegue ser universal. As experiências íntimas de Dante, suas convicções, suas dúvidas e medos, suas noções privadas de honra e dever cívico estão inscritas num sistema não criado por ele, um universo criado por um Deus inquestionável cujo terrível amor faculta ao poeta um vislumbre inefável de sua criação, idêntica à própria pessoa tripartite de Deus. Uma vez tendo chegado a essa visão, e embora faltem as palavras corretas para descrevê-la — "Declaro-me vencido [pela tarefa]", ele confessa —, ela tem de ser posta no papel, e o poema tem de encontrar uma forma na qual a língua, em toda a sua irritante e magnífica ambiguidade, torna-se uma epifania para o leitor. Para conseguir isso, Dante entretece ocasiões singulares de graça poética com confissões de incompetência, momentos de revelação com intervalos de ignorância, esse todo dentro de uma estabelecida, incontroversa, ideológica estrutura que só da teologia, mais do que da arte ou da razão, ela pode se aproximar. Dante, o poeta, pode às vezes discordar do sistema de Deus ou ficar perplexo com ele, ou até mesmo, quando assoberbado por sentimentos de piedade e horror, tentar atenuar sua severidade adamantina. Porém, Dante também sabe que para que sua própria passagem seja justificada, e sua própria voz seja ouvida, o sistema deve permanecer firme e, como poeta de Deus, ele tem de escrever "o assunto de que escriba me tornei".[25] A essa ortodoxia enquadradora pertencem os exemplares brutais do julgamento de Deus, as demonstrações gratuitas da misericórdia de Deus, as hierarquias divinas da bem-aventurança, e as gradações infernais do castigo: tudo além da compreensão humana, bem como nosso comportamento errático deve estar além da compreensão dos cães.

Mais ainda: para que Dante afirme sua humanidade, o sistema de Deus deve existir além de qualquer *possibilidade* de compreensão: a incompreensão tem de ser parte de sua própria substância, como é sua eternidade e sua onipresença, e tão majestosa quanto a fé na evidência das coisas não vistas, como está escrito na Epístola aos Hebreus (11,1). Uma vez definido o sistema de Deus por nossa incapacidade de compreender e nossa incapacidade de julgar, Dante pode recorrer aos poderes que constituem, em essência, sua identidade poética: a capacidade de usar palavras tanto como encantamentos quanto como fatos, uma sensibilidade que lhe permite compartilhar do sofrimento e da alegria de outros, uma sensibilidade que o faz capaz de raciocinar e de perceber os limites desse raciocínio. Para fazer tudo isso, Dante deve escolher dentre essa ampla massa de experiências, e deixar de lado certas realidades inspiradoras e esclarecedoras. Em lugar algum de *A divina comédia* estão sua mulher ou seus filhos, por exemplo, e este é apenas um par das ausências deliberadas num poema em que se supõe que contenha o mundo inteiro do poeta. E entre as experiências que Dante deixou de fora, infelizmente, está a do cão de companhia.

E, contudo, não o cão em si mesmo, mas o conhecimento de algo gentil, generoso e leal, pelo que o cão é responsável, algo que tenta compreender, seguir e obedecer, emerge de tempos em tempos em *A divina comédia*. Como vimos, Dante parece ser incapaz de usar palavras somente num sentido literal que nada empresta ao poema a não ser seu significado de lugar-comum. Cães e sua proverbial natureza irascível são de fato usados para qualificar bestialidade e infâmia nos três reinos, mas as outras verdadeiras características dos cães não estão de todo ausentes no poema.

Desde o primeiro canto do *Inferno* até o canto XXVII do *Purgatório*, Dante, o protagonista, é guiado e protegido por Virgílio, que dentro das capacidades limitadas de quem é iluminado não pela fé mas pelo intelecto ensina seu pupilo a confiar em sua razão, usar sua memória e atribuir significado a seu amor. Guiar e proteger são deveres tradicionalmente cumpridos por cães, mas aqui, no relacionamento forjado entre o poeta cristão perdido e o poeta da antiga Roma, é o guiado, Dante, que se comporta como um animal errante, um daqueles galgos de Vênus que encarnam seu *disio*. E quem realiza as funções de guardião é Virgílio, "meu mestre", como Dante o chama desde o início. Lá em cima no Monte Purgatório, no limiar do Paraíso Terrestre, pouco antes de se separarem, Dante se descreve como um bode pastoreado por Virgílio. "Bode" encaixa na cena bucólica, mas Dante também podia ter chamado a si mesmo de galgo de Virgílio, porque, durante sua longa e perigosa jornada, foi sempre Virgílio quem deu as ordens, era Virgílio quem pronunciava a palavra correta ou fazia o sinal certo, foi Virgílio quem elogiou ou reprovou as opiniões ou ações de Dante, era Virgílio quem, por assim dizer, "possuía" Dante, tendo sido encarregado por Beatriz de zelar por ele até que pudesse ser entregue à presença sagrada. As últimas palavras de Virgílio a Dante antes de partir são as que um adestrador poderia dirigir a um cão bem adestrado: "Não esperes de mim palavra ou gesto;/ é livre a tua vontade e reta e boa". Dante, que agora sabe como se comportar, entra no "pomar divino" do Éden, o qual os antigos poetas cantaram quando falavam da Idade de Ouro. Como a criatura fiel e amorosa em que agora se tornara, Dante olha uma vez mais para seu mestre, que ficara sorrindo à beira do pomar, e então volta-se obedientemente para uma linda dama que o conduzirá adiante até sua nova, expectante senhora.[26]

A divina comédia é um poema de evidências e de sutilezas quase invisíveis, de conotações explícitas e implícitas, de teologia ortodoxa e exegese subversiva, de rigorosas hierarquias e companheirismos niveladores. Para construir seu inimaginável edifício, as palavras são tomadas emprestadas de todo vocabulário disponível, do latim e do provençal, do falar comum e da poesia neologística, de discursos arcaicos e do balbuciar de bebês, do jargão científico e da linguagem dos sonhos — palavras despidas de sua função original e ainda assim ecoando conotações ancestrais, feitas para servir e revelar a si mesmas numa quase interminável pluralidade de significado. Toda vez que leitores curiosos acreditam estar seguindo um filão da história, descobrem um número de outros filões por baixo, acima e ao longo daquele; cada afirmação é ao mesmo tempo subvertida e reforçada, cada imagem ampliada e reduzida ao que é mais simples e essencial. A floresta na qual Dante nos diz pela primeira vez que se perdeu no caminho é uma floresta toscana comum, mas também é a floresta de nossos pecados, e a floresta na qual Virgílio conduziu Enéas em seu próprio poema. Essa primeira floresta abrange todas aquelas por meio das quais *A divina comédia* conta sua história: a floresta da árvore de Adão e a floresta da Cruz de Cristo, a floresta na qual o caminho da verdade é perdido, mas é também a floresta na qual se pode achar novamente o caminho da verdade, a floresta que leva aos Portões do Inferno e a floresta acima da qual se ergue o pico salutar do Monte Purgatório, a floresta onde as árvores guardam as almas vivas dos suicidas — o sombrio reflexo da floresta luminosa no Jardim do Éden. Nada em *A divina comédia* é uma coisa só. Assim como a escura floresta não é só uma floresta, Dante não é apenas Dante, o cão acostumado a amaldiçoar os malvados não é somente o cão malvado: é também o herói do poema, o próprio Dante peregrino e poeta, perdido como um cão desgarrado numa floresta selvagem e ameaçadora. Desde os primeiros versos de *A divina comédia* (os leitores subitamente deram-se conta, perplexos), o cão aos pés de Dante, em toda a sua essência poética, entrou sub-repticiamente no poema.

Virgílio e Dante começam a ascensão ao Monte Purgatório. Xilogravura que ilustra o Canto IV do Purgatório, *impressa em 1487 com comentário de Cristoforo Landino. (Biblioteca Beinecke de Livros e Manuscritos Raros. Universidade Yale.)*

12. Quais são as consequências de nossas ações?

Nunca disparei uma arma. Em meu último ano no colégio, um de meus amigos trouxe um revólver para a classe e se ofereceu para nos ensinar como usá-lo. A maioria de nós recusou. Meu amigo, descobri mais tarde, foi membro de um dos movimentos argentinos de guerrilha que combatiam o governo militar; seu pai, que ele detestava, tinha participado como médico nas sessões de tortura patrocinadas pelo governo na infame Escola de Mecânica da Marinha.

Deixei a Argentina em 1969, ano em que começaram as atrocidades. Deixei não por motivos políticos, e sim puramente particulares: eu queria conhecer o mundo. Durante a ditadura militar, mais de 30 mil pessoas foram sequestradas e torturadas, e muitas foram mortas. As vítimas não eram apenas ativistas dissidentes: qualquer parente, amigo ou conhecido de um dissidente poderia ser detido, e qualquer um que, por qualquer razão, desagradasse à Junta, era considerado um terrorista.

Só voltei à Argentina uma vez durante os anos de regime militar, e enquanto estava lá tomei consciência da atmosfera de terror que os militares tinham criado, mas não me tornei parte de um grupo de resistência. "Em tempos de injustiça como esses", disse-me uma vez outro amigo, "você tem duas alternativas. Ou fingir que nada está acontecendo, que os gritos que você ouve na porta ao lado são de vizinhos brigando e que a pessoa que parece ter desaparecido está provavelmente num longo e ilícito feriado. Ou você pode aprender a atirar com uma arma. Não existem outras opções." Mas talvez tornar-se uma testemunha seja outra opção. Stendhal, que achava que a política era uma pedra amarrada no pescoço da literatura, comparou opiniões políticas numa obra de ficção a um tiro disparado no meio de um concerto, endossando implicitamente a terceira opção.

O chefe do governo militar, general Jorge Rafael Videla, justificou suas ações dizendo que "um terrorista não é somente alguém que carrega uma bomba ou uma arma, mas alguém que difunde ideias contrárias à civilização ocidental cristã. Nós defendíamos a civilização ocidental cristã". Tais justificativas para o assassinato são lugares-comuns: defesa de nossa fé verdadeira, sobrevivência da democracia, proteção dos inocentes, prevenção de perdas maiores têm sido todas invocadas como justificativa para matar os outros. O engenheiro e jornalista freelance britânico Andrew Kenny, num artigo no *Spectator* de Londres, usou um argumento assim para defender o lançamento da bomba atômica em Hiroshima, que matou mais de 60 mil pessoas instantaneamente e mais 120 mil lenta e dolorosamente: "Não importa como eu olhe para isso, não posso enxergar outra coisa senão o fato de que a bomba salvou milhões de vidas, aliadas e japonesas". Numa visita a Hiroshima, Kenny admirou o Promotion Hall, um bloco de quatro andares com um pequeno domo verde projetado por um arquiteto tcheco em 1915, próximo ao centro do alvo da bomba. "A bomba atômica", escreveu Kenny, "o melhorou amplamente como objeto estético, transformando-o de um prédio corriqueiro e feio numa obra-prima de forma impactante."

Naquele dia, na classe, vendo a arma na mão de meu amigo, eu também a percebi como um objeto estético. Fiquei pensando em como algo tão belo poderia ter surgido. Eu me perguntava (como Blake, observando o tigre) o que seu criador tinha imaginado ao forjá-la, e se tinha justificado para si mesmo quais eram suas intenções; assim como me perguntava se o artesão que tão entusiasticamente tinha aperfeiçoado os instrumentos militares de tortura tinha sonhado quais seriam exatamente os usos a que sua obra seria destinada. Lembrei-me de uma história lendária sobre Joseph-Ignace Guillotin sendo executado, morto por sua própria invenção durante a Revolução Francesa; o ato final deve ter realizado para Guillotin o desejo que um artista tem de saber o significado de sua arte. E pensei que a arma de meu amigo era uma coisa bonita se se ignorasse seu uso. Fez-me lembrar o crânio de uma criatura pequena que uma vez descobri na Patagônia, polido pelos insetos e pela chuva, com um focinho alongado e uma só e escancarada órbita, como a de um ciclope em miniatura. Por muito tempo eu tive o crânio em minha escrivaninha, como um lembrete.

Einstein: Assim mesmo, não podemos fugir a nossas responsa-
bilidades. Estamos provendo a humanidade de colossais fontes
de poder. Isso nos dá o direito de impor condições. Se somos
físicos, temos então de nos tornar políticos do poder.

Friedrich Dürrenmatt, *Os físicos*, ato 2

Aprender, como um cão, as regras da fidelidade e da obediência é para Dante um longo e sofrido processo. Ao pé do Monte Purgatório, sem saber que caminho tomar (no País das Maravilhas de *A divina comédia* não existem sinais de estrada), Dante
e Virgílio encontram um grupo de figuras vindo lentamente em
sua direção. São as almas daqueles que, até o momento de sua
morte, recusaram obediência espiritual à Igreja, e depois se arrependeram ao exalar o último suspiro. Como haviam se rebelado
contra o Grande Pastor durante suas vidas, agora eles têm de ficar
sem pastor durante trinta vezes a duração de suas andanças terrenas. Virgílio, seguindo a sugestão de Dante, pergunta-lhes cor-
tesmente se sabem onde "ao monte alçar-nos sem detença e risco".

Como ovelhas que juntas saem do aprisco,
de uma, de duas, de três, e sua ocasião
outras perdem, baixando o olhar arisco;

e o que faz a primeira as outras vão
fazer, e encostam-se se ela parar,
quietinhas, sem cuidar de sua razão,

assim vi a frente mover-se e chegar
do ditoso rebanho, a nós disposta,
franca no aspecto e grave a caminhar.[1]

De maneira submissa, as almas dizem a Virgílio que ele e Dante têm de dar meia-volta e se afastar delas. Subitamente, um do grupo se destaca de seus companheiros e pergunta se Dante o reconhece. Dante olha cuidadosamente e vê que "louro era e belo e de garboso jeito,/ mas um seu cílio um talho havia fendido". Dante, cuja memória é, como ele, mortal, nega ter conhecido o homem. A alma, então, apontando para uma ferida que a identifica, no alto do peito, como a deixada por uma lança romana no flanco do Cristo moribundo, diz a Dante que ele é Manfredo, neto da imperatriz Constança, a qual Dante irá posteriormente encontrar no Paraíso.[2]

Manfredo, embora se tenha apresentado a Dante apenas como neto da imperatriz, era de fato o filho ilegítimo de Frederico II, o imperador condenado, com outros epicuristas, ao círculo dos heréticos no *Inferno*. (Mais tarde, Frederico se tornaria um herói romântico; no folclore alemão, supõe-se que ele tenha continuado a viver depois do momento de sua morte, graças a um encantamento mágico, num castelo subterrâneo, longe do mundo, guardado por corvos.)[3] O Manfredo histórico foi um personagem ambicioso, calculista, brutal. Tornou-se o líder da causa gibelina, opondo-se à aliança do papa com os guelfos e com Carlos de Anjou. Com a morte do pai, ele foi feito regente da Sicília até que seu meio-irmão Conrado pudesse assumir o trono; poucos anos depois, quando Conrado morreu, Manfredo assumiu a regência em nome do filho de Conrado. Em 1258, depois que um boato falso anunciou a morte do sobrinho, o próprio Manfredo foi coroado rei da Sicília e da Púglia.

O novo papa eleito, Urbano IV, declarou-o um usurpador e pôs a coroa da Sicília na cabeça de Carlos de Anjou. Marcado como o anticristo devido a sua ferrenha oposição a Roma, Manfredo foi excomungado duas vezes, uma em 1254 por Inocêncio IV, e uma em 1259, por Urbano. Sete anos depois, Carlos conseguiu matar seu rival na batalha de Benevento e, vitorioso complacente, queimou honrosamente seu corpo sob um dólmen de pedras, conquanto em solo não consagrado. No entanto, com retrospectivo rancor, o novo papa, Clemente IV, ordenou ao bispo de Cosenza que exumasse o corpo de Manfredo "em banimento" e o jogasse no rio Verde, que marcava a fronteira com o Reino de Nápoles.[4]

Os contemporâneos de Dante estavam muito divididos em seu juízo quanto a Manfredo. Para os gibelinos, era uma figura heroica, um combatente pela liberdade contra as ambições tirânicas do papado. Para os guelfos negros, era um assassino, um infiel que se tinha juntado aos sarracenos contra o papa Alexandre IV. Brunetto Latini acusou Manfredo de ter matado seu pai, seu meio-irmão e seus sobrinhos, assim como de ter tentado assassinar o filho infante de Conrado. O louro e belo herói com a sobrancelha fendida seria depois inspiração para Byron e Tchaikóvski.

Dante, que se alinhava com os guelfos brancos (agora associados à causa gibelina), considerava Manfredo, o último representante na Itália do Sacro Império Romano, uma encarnação simbólica do conflito entre Império e Igreja, um líder da oposição à interferência da Igreja em assuntos terrenos. Na visão de Dante, as forças civis da Igreja tinham degradado seus empenhos espirituais e transformado a instituição numa arena vulgar, politiqueira. Nada menos que a presença de são Pedro, ungido de Cristo, no céu das Estrelas Fixas, investe contra a corrupção e o abuso da Santa Sé:

Aquele que lá usurpa o posto meu,
o posto meu, o posto meu que vaga
ora em presença do Filho do Céu,

faz que de sangue e lia sua fossa traga
à minha tumba o nojo, onde o perverso,
caído daqui, lá embaixo se repaga.[5]

O Império e a Igreja devem seguir o *dictum* de Cristo de dar a César o que é de César e a Deus o que é de Deus: Manfredo realizou a primeira parte da equação. Assim como no *Inferno* a alma de Maomé rasga seu peito como símbolo do cisma que ele causou entre crentes cristãos ("agora vê como me achaco", ele diz a Dante), o peito ferido de Manfredo é o símbolo das feridas no corpo do Império, um Império no entanto redimido, aos olhos de Deus, pelo labor de Manfredo. Para Dante, Manfredo é o herói cristão que tentou corrigir os efeitos desastrosos da lendária Doação de Constantino.[6]

Segundo a lenda medieval, o imperador Constantino, em seu leito de morte, cedeu os direitos seculares imperiais à Igreja, limitando a autoridade imperial e permitindo que o papa interviesse em questões civis. (No século xv, o humanista Lorenzo Valla provou que a Doação de Constantino era uma hábil falsificação.) Beatriz iria comparar mais tarde a Doação de Constantino a uma catástrofe tão grande como a Queda de Adão. Não obstante o que ele considera ser um grave erro do imperador, Dante coloca Constantino no céu dos Governantes Justos e, por intermédio da voz de uma águia, o desculpa pela "boa intenção que deu mau resultado".[7]

Manfredo é também um exemplo dos poderes limitados da excomunhão papal. A misericórdia de Deus, afirma Dante repetidamente, é infinita, e mesmo um arrependido tardio, ao pronunciar sua confissão no último suspiro, pode ser salvo quando se volta "chorando a Quem de bom grado perdoa". Na época de Dante, a Igreja tentou excluir do anátema do papa o codicilo que reconhecia a prerrogativa de Deus de perdoar quem quer que no fim se arrependa.[8] Para Dante, maldições absolutas tinham mais a intenção de anunciar os poderes temporais do papa do que a de se sobrepor à qualidade da misericórdia de Deus. Uma verdadeira conclusão para a vida de um pecador não deve ser um ponto final, mas a continuação de uma frase, um infindável questionamento das próprias ações do pecador, um processo de regeneração espiritual conduzido pelo espírito de curiosidade para uma melhor compreensão do *self*. Para enfatizar esses argumentos, Dante compara o Manfredo ferido ao Cristo ascendido que mostra sua ferida ao incrédulo Tomé nos evangelhos de Lucas (24,40) e João (20,27). John Freccero, num ensaio esclarecedor sobre as feridas de Manfredo, observa que o texto do Evangelho está "cheio de signos que exigem do leitor o mesmo assentimento que é exigido do duvidante Tomé. Assim como o corpo marcado por cicatrizes de Cristo é visto pelos discípulos, assim o texto de João é lido pelos fiéis". Freccero ressalta que a mesma analogia opera no poema de Dante:

As feridas de Manfredo, retalhadas através de um corpo feito de ar tênue, representam a própria intromissão de Dante no curso da história. É como se fossem a própria escrita, as marcas do próprio Dante introduzidas na página da história como testemunho de uma verdade que, não fosse isso, talvez não fosse percebida.[9]

Manfredo explica ele mesmo a Dante nestas palavras:

Certo, grandes pecados cometi,
mas da excelsa Mercê o piedoso braço
sempre recolhe o arrependido a si.
[...]

Nem por tal maldição tanto se perde
que a Eterna Compaixão negada esteja
enquanto ainda restar um fio de verde.

Certo é que quem morrer, da Santa Igreja
em contumácia, e só ao fim penitente,
há de aguardar nesta encosta o que almeja,

trinta vezes o tempo que, intemente,
em vida transcorreu, salvo o prescrito
por boa prece encurtar, que o complemente.[10]

A história de Manfredo é feita de feridas e ossos. Antes, nesse canto, Virgílio sinaliza a hora ao observar que já é noite em Nápoles, onde jaz seu corpo mortal depois de ter sido tirado de Brindisi; Manfredo explica que seus ossos podem estar ainda debaixo da ponte, próximo a Benevento, se é que não foi arrastado pelo rio, varrido pela chuva e levado pelo vento. Os ossos de Virgílio foram espalhados por ordem do Império, os de Manfredo, por ordem da Igreja; em ambos os casos foram deslocamentos temporários, aguardando o prometido Dia da Ressurreição. Num mundo no qual a morte por violência era uma ocorrência diária, e a guerra não era exceção e sim a regra, a promessa de redenção para o pecador arrependido, uma resposta à pergunta do profeta "Poderão estes ossos viver?", era essencial.[11]

Um quase contemporâneo de Dante, o poeta francês Jean de Meung, argumentou que a violência da guerra era uma disputa na qual todos éramos peões; sua versão da história de Manfredo a apresenta em termos de um jogo de xadrez. A imagem é antiga, remontando aos textos sânscritos, como o *Mahābhārata*. Na epopeia galesa do início do século XIV, *Mabinogion*, dois reis inimigos entre si jogam xadrez enquanto num vale das proximidades seus exércitos se chocam. Finalmente, um dos reis, vendo que seu adversário não se renderá, esmaga as peças douradas do xadrez até virarem pó. Pouco depois, chega um mensageiro coberto de sangue e anuncia que seu exército foi exterminado. A imagem da guerra como um jogo de xadrez era tão lugar-comum que Carlos de Anjou a empregou quando se referiu à iminente batalha com Manfredo em Benevento: ele promete dar um xeque-mate ao canalha "movendo um peão que se tinha desgarrado no meio do tabuleiro".[12]

A batalha de Benevento, travada em 26 de fevereiro de 1266, é o cerne histórico da narrativa de Manfredo, e outro episódio emblemático no conflito entre o Império e a Igreja. O século de Dante testemunhou várias mudanças importantes na arte da guerra; um incrementado uso de mercenários, "táticas de choque" tais como cargas de cavalaria para atemorizar e dispersar tropas do inimigo, e a disposição de armas de fogo que disparavam projéteis, como as bombardas, o que capacitava os exércitos a matar um número maior de inimigos a uma distância maior.[13] Em Benevento, os dois exércitos empregavam forças mercenárias, mas foi Carlos quem adotou as táticas de choque que se mostraram tão bem-sucedidas contra o confiante Manfredo. Contudo, nenhum dos lados fez uso de projéteis: as armas tradicionais foram suficientes para infligir a Manfredo os ferimentos que impediram Dante de reconhecer o belo guerreiro. Uma iluminura do

Quadro de Giuseppe Bezzuoli, Descoberta do corpo de Manfredo após a Batalha de Benevento, 1266, *1838.* (© DcA Picture Library/Art Resource, NY.)

século xiv na *Nueva crônica* mostra Carlos espetando Manfredo com sua lança (representação obviamente alegórica, uma vez que não dispomos de evidência histórica de que foi isso que aconteceu), enquanto o talho na sobrancelha pode ter sido causado por uma espada ou um *doloire*, ou machado.[14] Espadas, lanças e machados eram as armas mais comuns dos exércitos; bombardas e outras armas disparadoras de projéteis eram ainda bastante raras naquela época.

Armas que disparavam projéteis provavelmente foram inventadas na China no século xii, e a pólvora uns três séculos antes. (A fórmula da pólvora aparece pela primeira vez num manual taoista do século ix, que adverte alquimistas a não misturar inadvertidamente as substâncias que a compunham.) Tradicionalmente, a pólvora chinesa foi associada a antigas práticas "fumígenas", rituais de fumigação, que se exigia que fossem por lei realizados em cada casa. Essas práticas eram usadas não apenas como medidas profiláticas, mas também em ações bélicas já no século iv a.C., para facultar a tropas em ofensiva se ocultarem atrás de cortinas de fumaça durante operações de cerco, assim como bombardear o inimigo com fumos tóxicos produzidos por bombas e fornalhas. Num estudo monumental sobre a ciência chinesa e a civilização, Joseph Needham observou que "uma característica cardeal da tecnologia e da ciência chinesas" era "a crença na efetividade de ação à distância". Na guerra, isso se manifestou no uso de flechas incendiárias e no assim chamado fogo grego, vagões incendiários que usavam como material inflamável um destilado de petróleo (nafta) produzido pela primeira vez em Bizâncio, no século vii, e provavelmente trazido à China por comerciantes árabes.[15]

Conquanto a bombarda ainda não tivesse aparecido na Europa até a morte de Dante — em 1343 os mouros de Algeciras a usavam para atacar exércitos cristãos —, a primeira menção europeia à composição da pólvora aparece num texto do erudito inglês Roger Bacon, um século antes. "Podemos", escreveu Bacon em 1248, "com salitre e outras substâncias, produzir artificialmente um fogo que pode ser lançado a grandes distâncias [...] Usando apenas uma pequena quantidade desse material pode-se criar um clarão acompanhado de um barulho terrível. Pode-se destruir uma cidade ou um exército."[16] Bacon, que ingressou na ordem franciscana e era amigo do papa Clemente IV, pode ter sabido da pólvora depois de testemunhar uma exibição de fogos de artifício chineses, que foram trazidos à Europa por outro franciscano que estivera no Extremo Oriente.

Ironicamente, as primeiras bombardas, ou canhões, europeias foram construídas pelos artesãos que faziam os tradicionais símbolos da paz: os fundidores de sinos. É provável que a primeira bombarda tenha sido um sino virado de cabeça para baixo e preenchido com pedras e pólvora. Esses primeiros canhões eram rudimentares, imprecisos e perigosos tanto para quem os usava como para quem era seu alvo. Nem era fácil transportá-los: no século XIV eram montados sobre grandes blocos, e desmontados quando o cerco terminava.[17]

Em nenhum lugar de *A divina comédia* Dante fala de pólvora, mas em sua descrição do abismo no qual são punidos os que traficavam nos serviços públicos, o Arsenal de Veneza é mencionado, descrito não como um lugar no qual se constroem navios de guerra, mas como uma oficina de consertos onde embarcações danificadas são calafetadas durante o inverno. É um centro de reparos, não de traficantes da morte, e contrasta com as cenas horrivelmente farsescas dos traficantes chafurdando em piche fervente, sua carne sendo arrancada pelos ganchos de demônios enraivecidos.[18]

A cena encaixa na história de Manfredo de outro modo. Aqui Dante se representa como um covarde espectador, comicamente temeroso do que possam fazer com ele os guardiães demoníacos.

Ataque a Mara: *detalhe de um mural do século X em Dunhuang, Província de Ginsu, que mostra demônios chineses carregando armas incendiárias.* (© *RMN-Grand Palais/Art Resource, NY.*)

Obedecendo às ordens de Virgílio, ele se esconde atrás de um rochedo para assistir, sem ser descoberto, às obscenas ocorrências, até que, depois de negociar com os demônios, Virgílio o chama para que saia dali.

E o guia a mim: "Ó tu que estás tua vez
a esperar, entre as pedras encolhido,
a mim podes voltar, com altivez".[19]

Em outras ocasiões, como quando atravessando o turvo Styx onde os irados e os mal-humorados são punidos mergulhados na lama pútrida, Dante ficou contente de ver a tortura dos pecadores. Mas, entre os traficantes punidos, a curiosidade de Dante é diferente. Agora ele quer observar sem ser visto, e seu prazer de *voyeur* parece derivar de algo indefinido e arquetípico.

Numa história que J. Robert Oppenheimer, conhecido como o pai da bomba atômica, contou mais tarde a seus amigos, ele ficara muito influenciado por uma situação semelhante de pervertida curiosidade em *No caminho de Swann*, de Proust. Ele decorou a passagem na qual mademoiselle Vinteuil instiga sua amante lésbica a cuspir numa fotografia de seu falecido pai: "Talvez ela não considerasse o mal como sendo um estado tão raro, tão extraordinário, tão alienante, para o qual se podia emigrar tão tranquilamente", comenta Proust sobre mademoiselle Vinteuil, "se fosse capaz de discernir nela mesma, como em todo mundo, aquela indiferença ante o sofrimento que alguém causa, uma indiferença a qual, qualquer que seja o nome que lhe demos, é a terrível e permanente forma da crueldade".[20] É esta indiferença ao sofrimento dos traficantes que distingue as reações de Dante das que teve em cenas anteriores.

Oppenheimer tem sido chamado de uma versão moderna do herói romântico, que como o Manfredo de Byron (mas não como o de Dante) é incapaz de se arrepender de seus pecados e se dilacera entre sua ânsia por explorar o desconhecido proibido e sentimentos de culpa por tê-lo feito. Filho de uma rica família judaica que tinha abandonado sua fé, Oppenheimer cresceu na cidade de Nova York, num amplo apartamento onde seu pai, um filantropo, tinha acumulado uma notável coleção de arte. Lá Oppenheimer cresceu entre Renoirs e Van Goghs, enquanto era educado por seus pais na obrigação de ajudar os menos afortunados, fundando organizações como o National Child Labor Committee e a National Association for the Advancement of Colored People. Oppenheimer foi uma criança precoce, solitária, interrogativa, apaixonadamente interessada em ciência, especialmente na química. No entanto, seu ponto fraco era a matemática, e mais tarde, quando ficou conhecido como um brilhante físico teórico, sua matemática, segundo padrões profissionais, não era considerada por seus colegas como impressionante. Como Manfredo, os processamentos materiais das substâncias que constituíam o mundo o interessavam mais do que as regras abstratas que as governavam.[21]

Como jovem solitário que era, Oppenheimer comportava-se um tanto erraticamente. Às vezes ficava melancólico, recusando-se a falar ou ter ciência da presença de outros; às vezes era estranhamente eufórico, recitando longas passagens de literatura francesa e textos sagrados hindus; algumas vezes pareceu a seus amigos que estava à beira da loucura. Uma vez, durante o ano que passou na Universidade de Cambridge, deixou uma maçã envenenada na mesa de seu tutor, caso que foi abafado após seu pai ter prometido que seu filho seria examinado por um psiquiatra. Anos depois, quando Oppenheimer tornou-se diretor do laboratório atômico de Los Alamos, seus colegas achavam que ele era enervante. Por um lado, parecia estar frequentemente perdido em suas próprias abstrações, silencioso e ausente; por outro, submetia-se sem compunção à supervisão de autoridades militares, apesar de os serviços de inteligência suspeitarem de que era um espião comunista devido a suas opiniões liberais, e o tratassem com pouca consideração. Quando, depois da guerra, Oppenheimer apelou para que os Estados Unidos e a União Soviética compartilhassem seu conhecimento tecnológico para evitar um confronto nuclear, seus opositores viram em sua atitude conciliatória motivo suficiente para classificá-lo como um traidor.

A questão de como desenvolver uma bomba nuclear, a descendente muito desenvolvida a partir das antigas e rudimentares bombardas da época de Dante, apresentava um problema não meramente teórico, mas também de engenharia. Devido ao temor de que os alemães pudessem desenvolver essa bomba antes dos cientistas estadunidenses, a construção de Los Alamos tinha de se processar rapidamente, mesmo enquanto os problemas básicos da física ainda estavam sendo resolvidos: a estratégia de "ação à distância" tinha de ganhar forma antes que estivesse totalmente formulada a questão de qual seria essa ação. Quando o general de brigada Leslie Groves escolheu Oppenheimer para o posto de diretor do laboratório de Los Alamos, o que mais o impressionou foi que esse cientista compreendera, mais do que seus colegas, os aspectos práticos do problema de como passar da teoria abstrata para a construção concreta.

A situação mudou em 7 de maio de 1945, quando a Alemanha se rendeu, cessando, com isso, a ameaça de um ataque nuclear. Em julho começou a circular uma petição entre os colegas de Oppenheimer instando o governo a não usar a bomba "a não ser que os termos que serão impostos ao Japão tenham se tornado públicos em detalhe e o Japão, conhecendo esses termos, tenha recusado a se render". Oppenheimer não foi um dos setenta signatários da petição de 17 de julho.[22]

Um dia antes, em 16 de julho, a bomba tinha sido testada num lugar que Oppenheimer tinha apelidado de Trinity. Observando o efeito da explosão controlada atrás de uma barreira de proteção, Oppenheimer deve ter se parecido com Dante atrás de seu rochedo observando a atividade demoníaca. Quando explodiu a primeira bomba atômica, desprendendo a famosa nuvem em forma de cogumelo, Oppenheimer, como ele mesmo comentou duas décadas depois, lembrou-se de uma linha do *Bhagavad Gita*, quando o deus Vishnu tenta convencer o príncipe mortal a cumprir seu dever e lhe diz: "Agora eu meu tornei a Morte, a destruidora de mundos".[23]

Após o teste bem-sucedido, quatro cidades japonesas foram propostas como alvos do bombardeio: Hiroshima, Kokura, Niigata e Nagasaki. Somente poucos dias antes do ataque a decisão foi tomada: por ser a única em que não havia um campo de prisioneiros de guerra aliados, a escolha recaiu sobre Hiroshima. Em 6 de agosto, às 8h14 a.m., hora local, o *Enola Gay*, avião cujo nome era o da mãe do piloto, Paul Tibbets, despejou a bomba. Duas ondas de choque seguiram-se a um clarão cegante, lembra Tibbets. Depois da segunda, "voltamos para olhar Hiroshima. A cidade estava oculta por aquela nuvem horrível […] fervendo e subindo em forma de cogumelo, terrível e incrivelmente alta".[24]

A dicotomia que tinha impactado Oppenheimer tão fortemente na passagem de Proust ficava aparente em sua própria vida. Por um lado, ele reverenciava a busca científica com a inteligente curiosidade que o levava a questionar a mecânica interior do universo; por outro, ele encarava as consequências dessa curiosidade, tanto na vida pessoal, na qual sua ambição autocentrada beirava um egoísmo a exemplo de Manfredo, quanto na vida pública, na qual, como cientista, se tornara o homem responsável pela mais potente máquina de matar já concebida. Oppenheimer nunca falou dessas consequências em termos de graus e limites, não da própria curiosidade, mas da instrumentação dessa curiosidade.

Após o bombardeio, um sacerdote jesuíta, padre Siemes, que estava nas vizinhanças de Hiroshima na época, escreveu num relato a seus superiores:

O ponto crucial da questão é se a guerra total, no atual formato, é justificável, mesmo que sirva a um objetivo justo. Não implica ela um mal material e espiritual em suas consequências que excede de longe qualquer bem que dela possa resultar? Quando é que nossos moralistas vão dar uma resposta clara a essa questão?

A resposta de Dante é dada pela águia no céu do Justo: a justiça de Deus não é a justiça humana.[25]

Um dos biógrafos de Oppenheimer, citando o parágrafo de Proust, comparou-o a uma declaração feita por Oppenheimer já no final da vida numa conferência patrocinada em parte pelo Congress for Cultural Freedom, uma organização anticomunista fundada depois da guerra (e financiada pela CIA):

Até agora, e mais ainda na época de minha quase indefinidamente prolongada adolescência, eu dificilmente empreendi uma ação, dificilmente fiz ou deixei de fazer qualquer coisa, fosse uma dissertação sobre física, ou uma conferência, ou a maneira de ler um livro, de falar com um amigo, de amar, que não despertasse em mim uma sensação muito grande de repulsão e de erro [...]. Tornou-se impossível [...] para mim viver com qualquer outra pessoa sem compreender que o que eu via era apenas parte da verdade [...] e em minha tentativa de romper com isso e ser um homem racional, eu teria de me dar conta de que minhas próprias preocupações sobre o que eu fiz eram válidas e importantes, mas que não eram a história toda, que deve haver um modo complementar de olhar para elas, porque outras pessoas não as viam como eu. E eu precisava daquilo que eles tinham visto, precisava *deles*.[26]

Manfredo também precisa. Suas próprias visões não bastam, ele precisa contar sua história a Dante, não só para obter as preces redentoras de sua filha, a "boa Constança", quando o poeta retornar à Terra. Manfredo, como símbolo e como alegoria, como peão no jogo da história e nas linhas do verso num poema imortal, parecia saber o que Dante vê traduzido nas palavras de sua narrativa. Nessa ação reflexiva Manfredo talvez sinta uma compaixão redentora pelas vítimas, compreenda a importância de seu total arrependimento e acredite na certeza de sua salvação, concedida apesar de seus indubitáveis "horríveis pecados".

Dante, saindo da floresta escura, é ameaçado por três feras. Xilogravura que ilustra o Canto I do Inferno, impresso em 1487 com comentário de Cristoforo Landino. (Biblioteca Beinecke de Livros e Manuscritos Raros. Universidade Yale.)

13. O que podemos possuir?

O conceito de dinheiro é algo que me escapa. Como criança, nunca senti que houvesse uma diferença real entre as cédulas de meu jogo Banco Imobiliário e as que saíam da bolsa de minha mãe, exceto num sentido convencional: umas eram usadas nos jogos que eu jogava com meus amigos, outras nos jogos de cartas que meus pais jogavam à noite. A artista Georgine Hu desenharia o que chamava de "cédulas bancárias" em papel higiênico e as usaria para pagar suas consultas psiquiátricas.

Como símbolo do valor de bens ou serviços, logo após sua invenção, o dinheiro, universalmente, perdeu seu significado e tornou-se meramente equivalente a si mesmo: dinheiro é igual a dinheiro. Símbolos literários e artísticos, ao contrário, facultam explorações ilimitadas, porque as coisas que simbolizam são reais. Em nível literário, *Rei Lear* é a história de um velho que perde tudo, mas nossa leitura não para aí: a realidade poética da história é persistente, ecoando ao longo de nossas experiências passadas, presentes e futuras. Uma cédula de um dólar, em vez disso, é apenas uma cédula de um dólar: seja produzida pela Federal Reserve dos Estados Unidos, seja por um artista naïf, ela não contém uma realidade por baixo de sua superfície de papel. Filipe VI da França disse que uma coisa valia o que ele dissesse que valia, porque ele era o rei.

Faz algum tempo, um amigo versado em questões financeiras tentou me explicar o truísmo de que os fabulosos valores mencionados em transações nacionais e internacionais na realidade não existem: são cifras presumidas, baseadas em estatísticas abstrusas e predições de videntes. Meu amigo fez com que a ciência da economia parecesse um ramo de literatura fantástica mais ou menos bem-sucedido.

O dinheiro é "desejo congelado", como o denomina James Buchan em seu extraordinário livro sobre o significado do dinheiro: "o desejo encarnado" que oferece "uma recompensa para a imaginação, como entre amantes". Em nossos primeiros séculos, explica Buchan, "o dinheiro parecia estar garantido por raras e belas substâncias, cuja natureza íntima e capacidade os homens só podiam conceber em sonho". Mais tarde, essa garantia tornou-se meramente "a autoridade projetada de uma autoridade", primeiro de príncipes, depois de comerciantes, depois de bancos.

Falsas crenças engendram monstros. Uma confiança em símbolos vazios pode fazer com que avultem burocracias financeiras de esquemas oportunistas e regulamentos burocráticos, com leis complicadas e temíveis punições para a maioria, e estratégias tortuosas de contabilidade e obscena riqueza para uns poucos afortunados. O tempo e a energia dedicados a enredar e desenredar o aparato financeiro do mundo lançam vergonha sobre as invenções da Academia de Projetos de Gulliver, cujos burocráticos membros trabalham duro para extrair luz solar de pepinos. A burocracia infecta cada uma de nossas sociedades, mesmo as do outro mundo. No sétimo círculo do Inferno, os culpados por crimes contra a natureza são obrigados a correr sem parar, mas, como explica

Georgine Hu, Cédulas de dinheiro *(detalhe).* (ABCD: Une Collection d'Art Brut [*Actes Sud: Paris, 2000*]. *Fotografia, por gentil permissão de Bruno Decharme.*)

Brunetto Latini a Dante, "qualquer um deste bando que pare por um momento terá de se deitar depois por cem anos/ sem se abanar quando o fogo o atingir". Como na maior parte dos procedimentos burocráticos, não é oferecida explicação alguma.

Durante a crise econômica na Argentina em 2006, quando

bancos como o Canadian Scotiabank e o espanhol Banco Santander fecharam da noite para o dia, roubando as economias de milhares de pessoas, segmentos inteiros da classe média argentina ficaram sem casa e foram obrigados a mendigar nas ruas. Obviamente, ninguém acreditava mais na justiça de uma sociedade civil. Para receber a culpa por essa perda de ideologia e de fé na estrutura legal havia os gigantes financeiros internacionais e suas políticas de ganho rápido e de corrupção institucional. Admitidamente, não era difícil corromper as classes mais altas, os militares, até mesmo os líderes dos sindicatos de trabalhadores, para quem propinas mais ou menos polpudas eram oferecidas *de facto* em toda transação econômica. Ao mesmo tempo, os usurários estavam bem atentos em não perder seus juros. Mesmo após os horrores da ditadura militar, quando parecia que a Argentina tinha sido dessangrada de todas as suas forças financeiras e intelectuais, os usurários tinham enormes lucros. Entre 1980 e 2000 (segundo os indicadores de desenvolvimento mundial do Banco Mundial de 2011), os credores privados dos governos da América Latina receberam 192 bilhões de dólares sobre seus empréstimos. Durante os mesmos anos, o Fundo Monetário Internacional emprestou à América Latina 71,3 bilhões de dólares, e recebeu de volta 86,7 bilhões de dólares, tendo um lucro de 15,4 bilhões de dólares.

Mais de cinquenta anos antes disso, durante seu longo período como presidente da Argentina, Perón gostava de se jactar de que, como o tio Patinhas da Disney, "não podia mais andar pelos corredores do Banco Central de tão cheios que estavam de lingotes de ouro". Mas depois que ele fugiu do país, em 1955, não havia ouro sobre o qual caminhar, e Perón aparecia nas listas financeiras internacionais como um dos homens mais ricos do mundo. Depois de Perón, os roubos continuaram, e aumentaram. O dinheiro várias vezes emprestado à Argentina pelo FMI foi embolsado pelos mesmos e conhecidos rufiões: ministros, generais, homens de negócio, industriais, congressistas, banqueiros, senadores, cujos nomes eram familiares a todo argentino.

A recusa do FMI em continuar emprestando baseou-se na premissa de segurança de que o dinheiro simplesmente seria novamente roubado (ladrões conhecem muito bem os hábitos uns dos outros). Não foi consolo para as centenas de milhares de argentinos que tinham ficado sem nada para comer e sem teto sob o qual dormir. Em muitas áreas, pessoas recorriam ao escambo, e, durante algum tempo, uma economia paralela lhes permitiu sobreviver. Assim como assar e cozinhar, a poesia tornou-se uma moeda: escritores trocavam um poema por uma refeição ou uma peça de vestuário. Por algum tempo, o improvisado sistema funcionou. Depois os usurários retornaram.

E o apetite, um lobo universal,
duplamente secundado por vontade e força,
fará por força uma presa universal,
e acabará comendo a si mesmo.

Shakespeare, *Troilo e Créssida*, 1, 3, 119-124

Os historiadores da época foram menos gentis com Manfredo do que foi Dante. No final do século xiv, Leonardo Bruni salientou o fato de que Manfredo era "o filho de uma concubina que tinha usurpado o nome real contra a vontade de seus parentes". O quase contemporâneo de Manfredo, Giovanni Villani, escreveu que ele "era tão dissoluto quanto o pai [...] e se comprazia na companhia de bufões, cortesãos e prostitutas, e sempre vestido de verde. Era um esbanjador [e] durante toda a vida foi um epicurista que não dava a menor importância a Deus nem a seus santos, mas somente a seu prazer corporal".[1] Mas o pecado de Manfredo, como o de Estácio (mais tarde que o deste), parece ter sido a prodigalidade, não a avareza.

Das três feras que estão no caminho de Dante quando tenta subir a bela montanha depois de sair da floresta escura, a pior, dir-lhe-á Virgílio, é a loba. A inspiração comum para as três feras é o livro bíblico de Jeremias, em que elas são convocadas a punir os pecadores de Jerusalém: "Pelo que um leão saído da floresta os matará, e um lobo das noites os trucidará, um leopardo vigiará suas cidades; todo aquele que de lá sair será feito em pedaços: porque são muitas suas transgressões e seus desvios se multiplicaram" (Jeremias 5,6). Mas como sempre em Dante, as criaturas que menciona e os lugares que descreve são ao mesmo tempo coisas reais e símbolos de coisas que são reais. Suas descrições nunca são meramente emblemáticas: sempre permitem os vários níveis de leitura que ele recomenda em sua carta a Cangrande, na qual expõe seu projeto poético, dizendo que seus leitores deveriam começar com uma interpretação literal, seguida das interpretações alegórica, moral e anagógica ou mística.[2] E mesmo esta leitura em múltiplas camadas não é suficiente.

A primeira fera, o leopardo ou a pantera, "leve e muito ágil, coberta de um manto mosqueado", é, segundo a tradição latina, como os cães do desejo, familiares de Vênus, e portanto, no bestiário de Dante, uma alegoria da luxúria, a tentação que nos assalta em nossa autoindulgente juventude. A segunda, o leão, "cabeça ereta e com rábida fome", não é a fera emblemática de são Marcos mas está lá como símbolo do orgulho, o pecado dos reis, que nos assedia quando adultos. A terceira é a loba.

E uma loba que parecia pesadamente
carregada de todos os desejos, em sua magreza,
e que fizera tantos de nós viverem na angústia.

Trouxe-me tão profundo pesar
com o terror que acomete só de vê-la,
que perdi toda esperança de ascender.[3]

Até esse ponto, as emoções de Dante tinham se alternado entre a esperança e o medo: medo da floresta, seguido da reconfortante vista do pico reluzente da montanha; a imagem de se afogar em alto-mar, seguida da sensação de ser resgatado à praia; pavor do leopardo, seguido de intuição de que à luz da manhã algum bem poderia advir do encontro com as bestas selvagens. Mas, após o encontro com a loba, Dante sente que não pode mais ter esperança de chegar ao topo da montanha em segurança. Assim, logo antes de Virgílio aparecer para guiá-lo, Dante sente-se carente de esperança.

Se os pecados do leopardo são os da autoindulgência, e os do leão os da irracionalidade, os pecados da loba são os da cupidez, o anseio por coisas vãs, a busca por riqueza terrena acima de todas as promessas de céu. Timóteo, companheiro de Paulo, escreveu que "o amor ao dinheiro é a raiz de todo mal: o qual, ao cobiçá-lo, alguns se desviaram da fé, e se traspassaram com muitas dores" (1 Timóteo 6,10). Dante, no caminho da salvação, é ameaçado por essa avidez gananciosa, que o tenta não talvez com ganhos materiais, mas com desejo por coisas que são assim mesmo deste mundo — a fama que vem por meio da riqueza, o reconhecimento que vem pela posse, o aplauso de seus colegas cidadãos — e esses anseios secretos o arrastam de volta à beira da floresta escura, e o acabrunham tão pesadamente que ele sente não poder mais ter a esperança de uma ascensão espiritual. Dante sabe que tem sido culpado de outros pecados — sua luxúria de juventude, que o fez passar da lembrança de Beatriz para o desejo por outra mulher; o orgulho recorrente que nunca está totalmente ausente, mesmo em suas conversas com os mortos, até ser humilhado por Beatriz no Jardim do Éden. Mas o pecado da loba é um pecado que ameaça não somente ele, mas toda a sociedade, até mesmo o mundo inteiro. Para evitar a ameaça, diz-lhe Virgílio, ele tem de tomar outro caminho:

> *Porque esta fera, que é a causa de seu grito*
> *a nenhum homem permite passar em seu caminho,*
> *e tão fortemente os impede, que os mata.*

> *E sua natureza é tão perversa e depravada,*
> *que nunca satisfaz seu ávido apetite;*
> *e depois de alimentada está mais faminta do que antes.*[4]

Mas o que é exatamente esse terrível pecado da cupidez? Nenhum pecado é exclusivo: todos os pecados se entrelaçam, e se alimentam reciprocamente. Um amor excessivo dirigido a um objeto errado leva à ganância, e a ganância é a raiz de vários outros vícios: avareza, usura, excessiva prodigalidade, exacerbada ambição e, com tudo isso, raiva daqueles que nos impedem de obter o que queremos e inveja daqueles que possuem mais do que nós. O pecado da loba, portanto, tem muitos nomes. São Tomás de Aquino (uma vez mais, fonte inevitável dos princípios morais de Dante), desta vez citando são Basílio, observa: "É o pão do faminto que você retém, é o manto do nu que você acumula, é o dinheiro do necessitado que você possui, e assim você está despojando tantos que poderia socorrer". E Tomás de Aquino acrescenta que a cupidez ou a cobiça, uma vez que, por um lado, consistem em tomar ou reter injustamente a propriedade de outrem, se opõem à justiça, e uma vez que, por outro lado, denotam um desmesurado amor aos ricos, põem-se acima da caridade. Embora Tomás de Aquino argumente que a cobiça, quando para antes de que se amem os ricos mais do que a Deus, não é um pecado mortal mas venial, ele conclui que "a luxúria da riqueza propriamente dita traz escuridão à alma". Se o orgulho é o maior dos pecados contra Deus, a cobiça é o maior pecado contra toda a humanidade. É um pecado contra a luz.[5]

Na cosmologia de Dante, os cobiçosos são alocados de acordo com o grau da cobiça. No quarto círculo do Inferno encontram-se os avarentos e os esbanjadores; no sexto, os tiranos que roubam seu povo e o violento salteador de estradas que os espolia; no sétimo, os usurários e os banqueiros; no oitavo, os ladrões comuns e os que venderam cargos eclesiásticos e públicos; no nono, o maior traidor de todos, Lúcifer, que ambicionou o poder supremo do próprio Deus. No Purgatório, o sistema é inverso (já que a subida leva dos piores aos melhores) e novas variantes e consequências da cobiça são acrescentadas. Na segunda cornija do Purgatório os invejosos são purgados; na terceira, os raivosos; na quinta, os avarentos.

A cobiça é punida e purgada de várias maneiras: no quarto

círculo do Inferno, guardado por Plutão, o deus da riqueza (a quem Virgílio chama de "lobo amaldiçoado"), os avarentos e esbanjadores devem empurrar, em grandes semicírculos opostos, grandes pedregulhos, que eles fazem se chocarem entre si, gritando, "Por que vocês acumulam?" e "Por que vocês jogam fora?". Dante observa que um grande número de avarentos tem tonsura: Virgílio explica que são sacerdotes, papas, e cardeais. Dante não reconhece nenhum deles, porque, diz Virgílio, "sua vida sem discernimento, que os fez ser obscenos,/ agora os torna obscuros demais para serem reconhecidos". Eles zombaram, ele continua, das coisas boas que a fortuna encerra, e agora "todo o ouro que está sob a lua,/ ou que já esteve, não poderá dar descanso/ a uma só dessas almas fatigadas". Humanos não conseguem penetrar a sabedoria de Deus, que permite à fortuna distribuir e redistribuir posses terrenas de uma pessoa a outra, fazendo uma ficar rica e a outra pobre num infindável e fluido curso.[6]

A avareza é tema recorrente em *A divina comédia*; o pecado dos esbanjadores não é muito explorado. O caso de Estácio é uma exceção. No Purgatório, Virgílio acredita que Estácio foi condenado por avareza e pergunta a seu colega poeta como foi que um homem sábio como Estácio pôde ser presa de tal erro. Estácio, sorrindo, explica que seu pecado foi o oposto:

> *Então dei-me conta de que nossas mãos poderiam abrir*
> *suas asas amplamente para gastar, e me arrependi*
> *dessa como de outras transgressões.*[7]

A questão da prodigalidade é então abandonada, mas a da avareza segue adiante. Entre as misteriosas manobras da Fortuna existem aquelas que não consistem apenas em avareza mas em tentar tirar proveito da miséria dos outros; essas Dante encontra no Inferno três círculos abaixo da avareza. Após convocar o monstro alado Gerión do abismo, Virgílio diz a Dante que enquanto ele estiver dando instruções a Gerión para os levar para baixo, Dante deveria falar a um grupo de pessoas reunidas à beira da areia ardente.

Através de seus olhos sua dor irrompia à frente;
deste e daquele lado, eles tentavam deixar de fora
às vezes o vapor, às vezes o solo ardente;

não fazem diferente os cães no verão
usando a boca ou a pata
quando mordidos por pulgas, moscas ou mutucas.[8]

Essa é a primeira (e única) vez em que Virgílio deixa Dante sozinho para observar um grupo de pecadores, e Dante não reconhece nenhum deles, assim como não reconhecera antes no círculo dos avarentos. Sentados na areia ardente com os olhos fixos no chão estão os banqueiros, culpados do pecado da usura: de seus pescoços pendem bolsas de dinheiro, bordadas com as armas de suas famílias. Um deles, que diz ser de Pádua, conta a Dante que as pessoas que o cercam são todas florentinas. A passagem é curta porque parece ser desnecessário se deter nessas almas condenadas, e Dante as trata com supremo desdém. São como animais destituídos de razão, prisioneiros de sua cupidez. São parecidas em seus gestos com os animais representados em suas bolsas de dinheiro — um ganso empanturrado, uma porca glutona —, e como um pisano,* vistas aqui por Dante, cujo último trejeito é lamber o focinho, como um boi.

A usura é um pecado contra a natureza porque encontra

---

* Natural da cidade de Pisa, mas, na língua inglesa, também "italiano". (N. T.)

alento no que é naturalmente estéril: ouro e prata. A atividade de usurários — ganhar dinheiro a partir do dinheiro — não se radica na terra nem em consideração por seus camaradas seres humanos. Seu castigo é, portanto, ficar eternamente fixando o olhar na terra de onde foram tirados seus tesouros e sentir-se despojado na companhia de outros. Um contemporâneo de Dante, Gerard de Siena, escreveu que a "usura é perversa e conexa ao vício porque ela faz com que uma coisa natural transcenda sua natureza, e que uma coisa artificial transcenda a habilidade que a criou, o que é completamente contrário à Natureza". O argumento de Gerard é que as coisas naturais — óleo, vinho, grãos — têm um valor natural; coisas artificiais — moedas e lingotes — têm um valor que é medido por seu peso. A usura falsifica ambos os tipos, cobrando mais pelo primeiro e solicitando que o último se multiplique de maneira não natural. A usura é o contrário do trabalho. O poeta espanhol Jorge Manrique, escrevendo no século XV, reconheceu que só a morte equalizaria este nosso mundo, dividido como está entre "os que vivem [do trabalho] de suas mãos,/ e os ricos".[9]

A Igreja adotou uma posição severa em relação à usura. Uma série de decretos emitidos desde o Terceiro Concílio de Latrão, de 1179, até o Concílio de Viena, de 1311, ordenava a excomunhão dos usurários, negava-lhes um enterro cristão a menos que antes restituíssem os juros a seus devedores, e proibia governos locais de autorizar suas atividades. Essas prescrições religiosas tinham raízes em antigas leis rabínicas judaicas, que proibiam a cobrança de juros em empréstimos a correligionários judeus (embora se pudessem cobrar juros a gentios). Ecoando isso, santo Ambrósio escreveu, um tanto drasticamente, que "você não tem direito de tomar juros, salvo de quem você tenha o direito de matar". Santo Agostinho pensava que cobrar juros, em qualquer caso, não era mais do que um roubo autorizado. Contudo, apesar de teoricamente a usura ser tanto um pecado quanto um crime canônico, na prática, na florescente economia da Itália medieval, essas proibições dificilmente eram mantidas. Os cidadãos de Florença, por exemplo, de tempos em tempos eram obrigados por decreto a emprestar dinheiro a seu governo a uma taxa de juros de cinco por cento. E advogados e contadores encontravam meios de contornar as leis antiusura, provendo documentos de vendas fictícias, apresentando o empréstimo como um investimento ou encontrando brechas nas próprias leis.[10]

As leis da Igreja contra a usura podem ser vistas como uma primeira tentativa sistemática de criar uma teoria econômica na Europa. Apoiava-se na suposição de que a abolição de juros nos empréstimos resultaria num crédito ao consumidor disponível para todos. A despeito dessas excelentes intenções, na prática, as exceções, como Dante deixa claro, superaram a regra teórica. Após três séculos de política antiusura, a Igreja mudou sua tática e suspendeu as restrições ao empréstimo de dinheiro, permitindo a cobrança de juros moderados. A usura, no entanto, continuou a ser considerada uma questão tão moral quanto prática, e apesar das crescentes práticas bancárias do Vaticano, nunca deixou de ser condenada como pecado.[11]

A usura tem sido há muito tempo um tema literário predileto e, ao menos no mundo anglo-saxão, Ebenezer Scrooge, de Dickens, é sua encarnação mais famosa. Assim como *A divina comédia*, *Um conto de Natal* é dividido em três partes e, como Dante, Scrooge percorre cada uma delas guiado por um espírito. Em *A divina comédia*, Dante é levado a testemunhar a punição dos pecadores, mas também sua purificação e sua redenção. Em *Um conto de Natal*, apresenta-se a Scrooge uma tríplice visão similar: a punição do pecador, a oferta de purgação e a possibilidade de salvação. Mas enquanto em *A divina comédia* são muitos os pecados, na história de Dickens o pecado é um só, a avareza, raiz de todos os outros. A avareza faz com que Scrooge renuncie ao amor, traia seus amigos, rejeite laços de família, recue ante seus camaradas seres humanos. Como lhe diz a jovem de quem ele fora noivo, ao liberá-lo de seus votos, "um ídolo de ouro" a tinha substituído no coração dele. Ao que Scrooge responde com a lógica dos banqueiros: "Esta é a maneira imparcial com que procede o mundo! [...] Não há nada nele que seja tão difícil quanto a pobreza; e não há nada que ele professe condenar com tanta severidade quanto a busca da riqueza!".[12]

Scrooge é evitado por todos, até mesmo pelos simpáticos cães que guiam os cegos. "Isso era", diz Dickens, "aquilo de que ele realmente gostava; seguir seu rumo ao longo dos abarrotados caminhos da vida, advertindo toda simpatia humana a que guardasse distância. Ele é um velho e ávido pecador que espreme, torce, apanha, sucateia, agarra", e seu pecado o condena a ser um pária, como os banqueiros na beira do sétimo círculo, sozinhos em suas agonias singulares. Sua vida miserável é uma paródia da vida contemplativa buscada por ermitões e místicos, os quais Macário, do Egito, chamou, no século IV, de "embriagados de Deus", e seu trabalho (contar dinheiro), uma paródia de um trabalho autêntico.[13]

Dickens foi o grande cronista da vida operária e um furioso crítico dos trabalhos estéreis de banqueiros e burocratas. Um desses financistas, Mr. Merdle, em *A pequena Dorrit*, é "homem de imensos recursos — capital enorme —, influência no governo". São dele "os melhores esquemas disponíveis. São seguros. Estão assegurados". Só depois de arruinar centenas de pessoas com seus esquemas é que Mr. Merdle é tido como um "consumado velhaco, é claro [...] mas notavelmente esperto! Não se pode deixar de admirar o camarada. Deve ter sido um mestre da fraude. Conhecia tão bem as pessoas — esquecia-se delas tão completamente —, fazia tanto uso delas!".[14] Um Mr. Merdle da vida real, Bernard Madoff, um dos homens que auferiu enormes lucros da crise econômica em 2010, conseguiu seduzir muita gente com sua fraude.

Mas diferentemente do despreocupado Madoff, após seus esquemas desabarem, Mr. Merdle, em sua vergonha, corta sua garganta. Os Mrs. Merdles deste mundo continuam a acreditar no dinheiro como símbolo do bem a ser alcançado em benefício de si mesmos.

O dinheiro é um símbolo complexo. O economista Paul Krugman, ganhador do Prêmio Nobel, em uma de suas colunas no *New York Times*, deu três exemplos de suas labirínticas representações.[15] O primeiro é um buraco aberto em Papua Nova Guiné, a mina de ouro de Porgera, com a infame reputação de abusos de direitos humanos e danos ambientais, e que continua a ser explorada porque os preços do ouro triplicaram desde 2004. O segundo é uma mina virtual, a mina Bitcoin em Reykjanesbaer, na Islândia, que usa uma moeda virtual, o bitcoin, que as pessoas compram porque acreditam que outros vão querer comprá-la no futuro. "E assim como o ouro, ela pode ser minerada", diz Krugman. "Podem-se criar novos bitcoins, mas só resolvendo problemas matemáticos muito complexos que requerem um bocado de potência computacional e um bocado de eletricidade para fazer funcionar os computadores". No caso da mina de bitcoin, recursos reais são usados para criar objetos virtuais cujo uso não está claro.

A terceira representação é hipotética. Krugman explica que em 1936 o economista John Maynard Keynes alegou que era necessário aumentar os dispêndios do governo para restaurar o pleno emprego. Mas então, como agora, houve uma forte oposição política a essa sugestão. E assim, Keynes, brincando, sugeriu uma alternativa: que o governo enterrasse garrafas contendo dinheiro em espécie em minas de carvão desativadas, e que o setor privado gastasse seu próprio dinheiro escavando as minas para tirar as garrafas. Este "dispêndio totalmente inútil" daria à economia nacional "um impulso muito necessário". Keynes foi ainda além. Ele ressaltou que a mineração de ouro na vida real era muito parecida com essa alternativa. Mineradores de ouro têm de percorrer longo trajeto para tirar dinheiro em espécie do solo, conquanto quantidades ilimitadas de dinheiro em espécie possam ser criadas praticamente sem custos com as impressoras. E assim que o ouro é escavado, boa parte dele é enterrada de novo em lugares como o cofre do Federal Reserve Bank de Nova York. Dinheiro é um símbolo despojado de tudo a não ser de seu significado virtual: tornou-se autorreferencial, como as bolsas dos banqueiros de Dante, que refletem seus donos e são refletidas de volta. O dinheiro gera a usura que gera dinheiro.

Mas onde começa nossa obsessão com dinheiro? Quando foi inventado o dinheiro? Os primeiros escritos não mencionam moedas, apenas transações e listas de bens e de animais de criação. Considerando a questão, Aristóteles alegou que o dinheiro teve origem no escambo natural: a necessidade de diferentes tipos de mercadoria levou à troca dessas mercadorias, e como muitas delas não eram facilmente transportáveis, foi inventado o dinheiro como um meio convencional de troca. "As quantias, no início, eram determinadas por tamanho e peso [das moedas]", escreveu Aristóteles, "mas posteriormente as peças de metal foram estampadas [com um valor]. Isso acabou com a necessidade de pesar e medir". Uma vez estabelecida uma moeda, continuou Aristóteles, a troca de mercadorias tornou-se comércio, e com o lucro monetário as atividades comerciais ficaram mais interessadas no dinheiro em forma de moeda do que nos produtos que se compravam e vendiam. "De fato", concluiu Aristóteles, "a riqueza frequentemente é vista como consistindo de uma pilha de dinheiro, já que o objetivo de cunhar dinheiro e do comércio é fazer essa pilha." Embora a cunhagem de dinheiro possa ser, para Aristóteles, necessária para propósitos administrativos, se ela levar à usura torna-se algo nocivo porque "de todos os modos de se conseguir riqueza, este é o mais contrário à natureza". Para Aristóteles, essa absurdidade tem origem numa confusão entre meios e fins, ou entre as ferramentas e a tarefa.[16]

Dante, em *Convivio*, analisa essa absurdidade a uma luz diferente.[17] Ao discutir a diferença entre dois caminhos para a felicidade, o contemplativo e o ativo, Dante remete ao exemplo de Maria e Marta no Evangelho de Lucas (10). Diferentemente dos cunhadores de dinheiro, que fingem ser ativos mas não realizam qualquer trabalho real, os trabalhos de Maria são excelentes, mesmo comparados com o de sua irmã, Marta, que se ocupa com atividades domésticas. Dante se recusa a considerar esforços manuais superiores aos intelectuais, e equipara os dois aos trabalhos das abelhas, que produzem tanto cera quanto mel.

Segundo Lucas, seis dias antes da festa do Pessach, em Betânia, Marta e Maria ofereceram um jantar em homenagem a Jesus, que tinha trazido de volta o irmão delas, Lázaro, de entre os mortos. Enquanto Marta trabalhava na cozinha, Maria sentou-se aos pés de seu convidado para ouvir suas palavras. Sobrecarregada com as muitas tarefas a serem cumpridas, Marta pediu a sua irmã que fosse ajudá-la, "Marta, Marta", disse Jesus, "você é cuidadosa e se preocupa com muitas coisas. Mas uma só é necessária: e Maria escolheu aquela parte boa". Dante interpreta as palavras de Jesus como significando que toda virtude moral tem origem na escolha da parte certa, seja qual for, de acordo com quem somos. Para Maria, a "parte boa" era aos pés de seu Salvador, mas Dante não descarta a inquietação e a azáfama de Marta.

A cena na casa em Betânia lança sua longa sombra no decorrer de muitos séculos. Tanto cristãos como não cristãos separam aqueles que são inclinados às tarefas subalternas cotidianas dos que se inclinam a atividades espirituais porque as ocupações destes supostamente têm lugar num plano mais elevado, espiritual. No início, a dicotomia foi entendida como espiritual — entre uma vida contemplativa e uma vida ativa —, mas rapidamente passou a ser entendida (ou mal-entendida) como uma divisão entre os privilegiados que se sentam aos pés (ou na cadeira) do poder divino (ou terreno), e os que são deixados para que se ocupem nas cozinhas e empregos escorchantes do mundo.

Maria, a irmã de Lázaro, é exaltada em suas muitas aparências: de príncipe e potentado, homens sábios e místicos, sacerdotes e figuras heroicas, todos aqueles a quem a sina destinou "a melhor parte". Porém Marta nunca está ausente. Acompanhando os faraós do Egito em seus suntuosos túmulos, rodeando imperadores chineses quando viajam ao longo da magnífica extensão de um rolo de bambu, incrustadas nos mosaicos dos pátios dos ricos em Pompeia, levando sua vida discreta no pano de fundo de uma Anunciação, servindo vinho num banquete de Belsazar, meio escondida nos capitéis de colunas de igrejas românicas, emoldurando um deus sentado numa porta entalhada de Dogon, Marta persevera em sua tarefa diária de prover alimento, bebida e alguma medida de conforto. Dante nunca esquece aqueles que "trabalham com suas mãos": em *A divina comédia* encontramos pedreiros construindo bastiões nos Países Baixos, fervedores de piche que calafetam navios danificados no Arsenal de Veneza, cozinheiros ordenando aos meninos que os ajudam na cozinha a mergulhar a carne em grandes caldeirões usando seus ganchos, camponeses desesperados quando a geada cobre suas culturas ainda novas, soldados da cavalaria mudando de acampamento, assim como o próprio Dante deve ter feito.

As primeiras representações de atividades de trabalhadores começaram a surgir na Europa no fim da Idade Média, não mais como acompanhamento a descrições da *Forja de Vulcano* ou da *Pesca milagrosa* para justificar o retrato de um ferreiro ou de pescadores, mas como temas explícitos, uma mudança que parece coincidir com o interesse de uma sociedade pós-feudal em descrições documentais dela mesma. A ilustração de cada mês no famoso manuscrito erudito do século xv, *Les Très Riches heures du duc de Berry*, mostra lavradores, carpinteiros, pastores e ceifadores engajados todos em suas atividades específicas menos como sinalizações das mudanças de estação do que como retratos em si mesmos desses membros da sociedade. Estão entre as primeiras tentativas de individualizar momentos particulares de uma vida dedicada ao trabalho.

Caravaggio é talvez um dos primeiros pintores a inverter a convenção dos empréstimos literários. Mesmo que, aparentemente, seus modelos proletários sirvam como atores nas dramáticas cenas bíblicas que ele constrói, na verdade as cenas bíblicas é que são um pretexto para representações de pessoas trabalhadoras comuns. Foi tão óbvio esse dispositivo e tão chocante a aparente intenção, que (diz a lenda) em 1606, as carmelitas recusaram seu *Morte da virgem*, que tinham encomendado, porque o pintor tinha usado como modelo o cadáver de uma jovem prostituta grávida que se tinha afogado no Tibre. O que via quem o contemplava não era, apesar do título, a Mãe de Deus em seu sono final mas o corpo grávido de uma mulher que a sociedade primeiro tinha explorado e depois abandonado. (Escândalo similar foi provocado pela exibição, em 1850, do *Cristo na casa de seus pais*, de John Everett Millais, quadro que foi atacado, entre outros, por Charles Dickens, por ousar representar a Sagrada Família menos como uma comunidade espiritual de contemplativas Marias do que como uma família de carne e osso de carpinteiros tipo Marta.)[18]

Mas só depois que as explorações dos impressionistas mostram o trabalho em si mesmo, com todas as suas heroicas e miseráveis conotações do cotidiano, é que ele se torna um tema digno de representação. As costureiras de Vuillard, os garçons de Monet, as lavadeiras de Toulouse-Lautrec e, mais tarde, as representações específicas do esforço dos trabalhadores na Escola Divisionista italiana introduzem o que parece ser, se não um novo tema, ao menos um tema ao qual finalmente fora concedido seu próprio palco. Nessas imagens, o labor humano é mostrado e comentado não só em sua ação mas também em suas consequências (exploração e exaustão), suas causas (ambição ou fome), e as tragédias que o acompanham (acidentes, repressão armada). Muitas dessas imagens, frequentemente sentimentalizadas ou romantizadas, adquiriram, após a Revolução de Outubro de 1917, na Rússia, valor decorativo, até mesmo puramente gráfico, na arte dos pôsteres soviéticos, e mais tarde dos chineses. Numa escala muito maior, perderam na estética comunista muito de sua singularidade combativa e, em certo sentido, voltaram ao papel impessoal que era dado aos trabalhadores nas primeiras representações medievais. Imagens do trabalho em propaganda política e comercial tornaram-se uma paródia do papel de Marta, muito semelhante a como a usura tornara-se paródia do papel de Maria.

No entanto, a fotografia, tecnologia que surgiu na época de Monet, ajudou a emprestar às imagens dos labores de Marta a dignidade que vem da compreensão de quem as contempla. Manipulando seu público para que assuma a posição de testemunha, a fotografia (quando fora do campo da publicidade) enquadrava as atividades dos trabalhadores tanto como documento quanto como um objeto estético, em imagens que solicitavam um contexto narrativo político e, ao mesmo tempo, seguiam variadas regras de composição e iluminação. Os minúsculos pedreiros que se arrastam escalando a *Torre de Babel* de Breughel, no século XVI (da qual existem três versões), são, na visão do espectador, menos escravos sofredores do que um elemento coletivo na narrativa bíblica. Quatro séculos depois de Breughel, o fotógrafo brasileiro Sebastião Salgado expôs uma série de imagens breughelianas que mostravam uma multidão de miseráveis mineradores de ouro, subindo e descendo as encostas de um monstruoso barranco amazônico, imagens que dificilmente suscitam outra leitura que não a de trabalhadores como vítimas, camaradas seres humanos condenados ao inferno na terra em nosso tempo. Em uma de suas primeiras exposições, Salgado citou a descrição de Dante das almas condenadas reunidas nas margens do Aqueronte:

Assim como no outono as folhas caem
uma após a outra, até que o galho
veja todos os seus despojos sobre o solo,

assim os descendentes malvados de Adão
se lançam daquela praia um por um
quando convocados, como uma ave que responde a seu chamado.[19]

Imagens documentais como as de Salgado ecoam invariavelmente histórias já estabelecidas que lhes emprestam, num formato metafórico ou alegórico, uma forma e um argumento. O exército de trabalhadores de Salgado pode ser comparado às almas castigadas no Inferno, mas são também aos construtores da Babilônia, aos escravos nas pirâmides, à imagem alegórica de toda a labuta humana nesta terra de suor e de sofrimento. Isso não acontece em detrimento da leitura literal do espectador, do valor factual das imagens de Salgado, mas permite que suas representações fotográficas adquiram ainda um outro nível de relato, como teria alegado Dante: voltar atrás na história e resgatar imagens de Marta que tiveram dificuldade em vir à tona.

Após o nascimento de seus filhos Cyril, em 1885, e Vyvyan, em 1886, Oscar Wilde compôs para eles uma série de contos que foram publicados mais tarde em duas coletâneas. A segunda, *Uma casa de toronjas*, começa com um conto chamado "O jovem rei". Descobre-se que um jovem pastor é o herdeiro do trono e ele é

Sebastião Salgado, trabalhadores em mina de ouro em Serra Pelada, Brasil, 1986. (© Sebastião Salgado/ Amazonas.)

levado ao palácio real. Na noite anterior à sua coroação, ele tem três sonhos nos quais vê sua coroa, seu cetro e seu manto serem feitos e tecidos "pelas mãos brancas da Dor", e se recusa a usá-los. Para fazê-lo mudar de ideia, as pessoas lhe dizem que o sofrimento sempre foi seu quinhão, e que "labutar para um senhor é amargo, mas não ter senhor para o qual labutar é ainda mais amargo". "O rico e o pobre não são irmãos?", pergunta o jovem rei. "Sim", eles respondem, "e o nome do irmão rico é Caim."[20]

O terceiro sonho do jovem rei mostra a Morte e a Avareza vigiando um exército de trabalhadores que trabalha duramente numa floresta tropical. Como a Avareza não quis repartir as poucas sementes que agarrava em sua mão ossuda, a Morte respondeu aniquilando todos os homens da Avareza. Essa é a descrição, por Wilde, da cena que Salgado iria fotografar um século mais tarde:

> Lá ele viu uma imensa multidão de homens labutando no leito de um rio seco. Eles se amontoavam subindo o barranco, como formigas. Cavavam grandes buracos no solo e desciam para dentro deles. Alguns deles fendiam as rochas com grandes machados; outros cavoucavam na areia [...] Estavam apressados, um chamando o outro, e ninguém estava ocioso.[21]

Então, fora do enquadramento da fotografia de Salgado, no quinto círculo do Inferno, a Avareza cerra seu punho.

Dante e Virgílio contemplam o castigo dos simonistas, cujas cabeças são postas à força em buracos na rocha. Xilogravura que ilustra o Canto XIX do Inferno, *impressa em 1487 com comentário de Cristoforo Landino. (Biblioteca Beinecke de Livros e Manuscritos Raros, Universidade Yale.)*

14. Como podemos pôr as coisas em ordem?

Mesmo criança, cresci acostumado a ver o mundo dividido em partes, de acordo com os pedaços coloridos em meu globo giratório. Aprendi a dizer "terra" para mencionar o pequeno torrão de sujeira que eu pegava no solo, e "Terra" para denotar o grande torrão de sujeira, grande demais para ser visto, e que meus professores diziam que girava sem parar em torno do Sol. Cada vez que mudo para outro lugar, torrões de terra marcam minha passagem pela vida como o tique-taque de um relógio, como se o tempo (o meu tempo) pudesse ser medido a mancheias, cada mancheia única e distinguível como parte do lugar onde alguma coisa me aconteceu — onde alguma coisa, bem literalmente, ocorreu. Como um lugar a marcar o tempo, a terra sobre a qual pisamos adquire, em nossos vocabulários simbólicos, os significados de nascimento, vida e morte.

Atlas, mapas, enciclopédias, dicionários tentam ordenar e rotular tudo que sabemos sobre a terra e sobre o céu. Nossos livros mais primevos são listas e catálogos sumerianos, como se dar nome às coisas e dispô-las sob várias categorias nos facultasse a compreensão delas. Quando era criança, a maneira de pôr meus livros numa certa ordem me sugeria associações curiosas, por assunto, tamanho, língua, autor, cor. Tudo parecia válido em minhas prateleiras e cada uma dessas ordens transformava os livros nela incluídos em algo que eu não tinha notado antes. *A ilha do tesouro* tinha lugar no grupo dos meus livros sobre piratas, no de meus livros com capas marrons, no de meus livros de tamanho médio, no de meus livros em inglês. Eu atribuí todos esses rótulos ao meu *A ilha do tesouro*, mas que significado tinham eles?

Várias mitologias têm a terra como a matéria da qual somos feitos, modelada à própria imagem de Deus por sua mão mágica e à qual se atribuiu um lugar e um papel específicos; a terra é também a fonte de nosso alimento e o recipiente da nossa bebida; no fim, a terra é a casa à qual voltamos e o pó no qual nos tornamos. Todas essas categorias a definem. Uma parábola Zen que um extravagante professor nos fez ler no colégio fala sobre um discípulo que pergunta a seu mestre o que é a vida. O mestre apanha um punhado de terra e a deixa escorrer entre os dedos. Então o discípulo pergunta o que é a morte. O mestre repete o mesmo gesto. O discípulo pergunta o que é Buda. Mais uma vez o mestre repete o gesto. O discípulo inclina a cabeça e agradece ao mestre por suas respostas. "Mas não eram respostas", diz o mestre. "Eram perguntas."

A terra não discute,
Não é patética, não envolve acordos,
Nem grita, se apressa, persuade, ameaça, promete,
Não discrimina, não tem falhas concebíveis,
Nada fecha, nada recusa, nada exclui,
De todas as forças, objetos, estados, dá notícia, nada exclui.

Walt Whitman, *Folhas de relva*

Dando um tempo para se acostumarem ao horrível fedor que se eleva do sétimo círculo, onde são punidos os violentos, Virgílio e Dante refugiam-se sob uma grande pedra que se anuncia como a lápide do papa Anastásio, castigado por suas opiniões heréticas. Virgílio aproveita a espera para instruir Dante quanto à disposição dos círculos do Inferno inferior, preparando-o para as terríveis regiões que ainda têm pela frente. Depois do encontro com os heréticos que tentaram desorganizar e confundir as leis divinas, a cuidadosa descrição que Virgílio faz da organização do Submundo pode ser lida como um poderoso lembrete de que tudo no universo, como tudo em *A divina comédia*, tem um lugar cuidadosamente determinado e singular. Contra esse pano de fundo rigorosamente ordenado, todos os dramas humanos no poema são representados às vezes com uma referência detalhada do cenário, outras vezes com quase nenhuma menção aos detalhes contextuais. Mas como tudo que ocorre nos três reinos da vida após a morte tem um motivo e uma justificativa lógica (mesmo que não sejam uma lógica humana ou um motivo humanamente compreensível), cada castigo, purgação e recompensa são estrita e imutavelmente confinados a um determinado lugar num sistema preestabelecido que reflete a ordem perfeita da mente de Deus. As palavras inscritas no portão do Inferno e já citadas são válidas para o Outro Mundo inteiro: "O Poder Divino me fez,/ Suprema sabedoria e Amor primal".[1] O Inferno, por ser criação de Deus como todo o resto do universo, não pode ser menos que perfeito.

A aula de geografia de Virgílio situa a jornada de pesadelo numa paisagem de sujeira e pedra com tal precisão que mais tarde Galileu, como vimos, sentiu que era capaz de calcular suas medidas. Virgílio faz sua exposição em duas partes: primeiro, descrevendo as seções do Inferno ainda por vir, depois respondendo às perguntas de Dante sobre as regiões já visitadas.

Depois do círculo dos heréticos ficam os círculos onde estão os pecadores culpados de malícia, em que o intelecto desempenha um papel voluntário. Essas almas danadas dividem-se entre as culpadas de perpetrar impensadamente a injustiça e aquelas que cometem injustiça por opção, transgressão muito mais grave. Os primeiros, no sétimo círculo, estão por sua vez divididos em três: os que foram violentos com outros, consigo mesmo e com Deus. Os culpados de terem perpetrado injustiça intencionalmente, punidos no círculo seguinte, incluem os culpados por fraude em seus vários aspectos. No nono e último círculo estão os traidores; bem no centro está o arquitraidor, Lúcifer. Respondendo às perguntas de Dante, Virgílio conta-lhe que os pecadores do segundo ao quinto círculos — os lascivos, os glutões, os avarentos e os esbanjadores, e os irosos — são culpados do pecado da incontinência, um pecado (segundo Aristóteles em sua *Ética a Nicômaco*) considerado menos grave que a malícia e, portanto, fora das flamejantes muralhas da cidade de Dis.[2]

Exatamente a meio-caminho na subida do Monte Purgatório, Virgílio retoma a mesma exposição categórica, para benefício de Dante (e dos leitores). A origem da ordenação aqui não é Aristóteles, mas o dogma cristão concernente à natureza de pecados e virtudes. Esperando o sol nascer (uma vez que as leis do Purgatório os proíbem de se locomover à noite), e antes de visitar as almas que se purgam do pecado da preguiça, Virgílio explica a Dante a cartografia do Purgatório. Aqui, diz Virgílio, a força governante é o amor, tanto o natural quanto o racional, amor que move não só o Criador como também suas criaturas.

> *O natural nunca erra, enquanto por*
> *mau objeto aqueloutro pode errar,*
> *ou por excesso ou falta de vigor.*[3]

As categorias do amor são representadas pelos vários pecados purgados na montanha. Aqueles que direcionam seu amor erradamente são os orgulhosos, os invejosos e os raivosos; aqueles cujo amor carece de vigor são os preguiçosos; aqueles cujo amor os inclina por demais fortemente para as coisas terrenas são os avarentos, os glutões, e os luxuriosos. Cada grupo tem lugar estritamente marcado na ascensão. A burocracia é muito rigorosa no Purgatório.

O Paraíso é um tanto diferente dos outros dois reinos porque, mesmo estando o Reino Celestial dividido, como vimos antes, em diversos céus, toda alma abençoada, onde quer que esteja, é completamente feliz. Como conta Piccarda a Dante, depois de ele ter-lhe perguntado se as almas desejavam uma posição mais elevada nas gradações do Céu:

> *Irmão, nossa vontade é satisfeita*
> *pela Virtude que nos faz querer*
> *só o que temos, e mais querer enjeita.*

Piccarda conclui, tocantemente: "E na Sua vontade a nossa paz". Pela vontade de Deus, o universo existe numa ordem perfeita e imutável onde a tudo, no Céu e na Terra (e abaixo dela), foi designado seu lugar apropriado.[4]

Somos criaturas organizadas. Desconfiamos do caos. Embora a experiência nos chegue sem um sistema reconhecível, por algum motivo ininteligível, com cega e descuidada generosidade, acreditamos, apesar de toda evidência em contrário, na lei e na ordem, e retratamos nossos deuses como arquivistas e dogmáticos bibliotecários. Seguindo o que acreditamos ser o método do universo, guardamos tudo em arquivos e compartimentos; freneticamente ordenamos, classificamos, rotulamos. Sabemos que isso que chamamos de mundo não tem um início significativo nem um fim compreensível, tampouco um propósito discernível nem um método em sua loucura. Mas insistimos: ele precisa fazer sentido, tem de significar alguma coisa. Assim, dividimos o espaço em regiões e o tempo em dias, e cada vez mais ficamos desorientados quando o espaço se recusa a manter-se nas fronteiras de nossos atlas, e o tempo transcende as datas de nossos livros de história. Coletamos objetos e construímos casas para eles na esperança de que paredes proporcionem ao conteúdo coerência e significado. Não aceitaremos a ambiguidade inerente a todo objeto ou coleção que atrai nossa atenção dizendo, como a voz na sarça ardente, "Eu sou o que sou". "Está bem", acrescentamos, "Mas você também é um espinheiro, *Prunus spinosa*", e lhe atribuímos um lugar no herbário. Acreditamos que a locação nos ajudará a compreender eventos e seus protagonistas, e que todos os pertences que levam em suas aventuras e desventuras serão definidos pelo lugar que atribuirmos a eles. Confiamos nos mapas.

Vladimir Nabokov, antes de proferir suas conferências em

Harvard sobre romances, costumava preparar gráficos das locações nas quais os romances que estava comentando tinham ocorrido, exatamente como aquelas plantas da "cena do crime" que costumavam acompanhar os romances policiais nas edições de bolso das décadas de 1940 e 1950: um mapa da Grã-Bretanha com os lugares de *A casa soturna*, o esquema de Sotherton Court em *Mansfield Park*, o apartamento da família Samsa em *A metamorfose*, o trajeto de Leopold Bloom através de Dublin em *Ulisses*.[5] Nabokov compreendeu a inextricável relação entre um cenário e sua narrativa (relação que é essencial em *A divina comédia*).

Um museu, um arquivo, uma biblioteca são, cada um, uma espécie de mapa, um lugar de categorias definitórias, um campo organizado de sequências predeterminadas. Mesmo uma instituição que abrigue uma coleção de objetos aparentemente heterogêneos, reunidos sem um propósito claro, poderia parecer, fica identificada por um rótulo que não é o de nenhuma de suas diversas peças: o nome de seu colecionador, por exemplo, ou as circunstâncias de sua reunião, ou a categoria genérica na qual os objetos estão inscritos.

O primeiro museu universitário — primeiro museu construído com o propósito de facilitar o estudo de um grupo específico de objetos — foi o Museu Ashmoleano em Oxford, fundado em 1683. Seu núcleo consistia numa coleção de coisas estranhas e fantásticas reunidas por dois botânicos e paisagistas do século XVII, pai e filho, ambos chamados John Tradescant, e enviadas numa barcaça de Londres a Oxford. Vários desses tesouros estão listados no primeiro catálogo do museu:

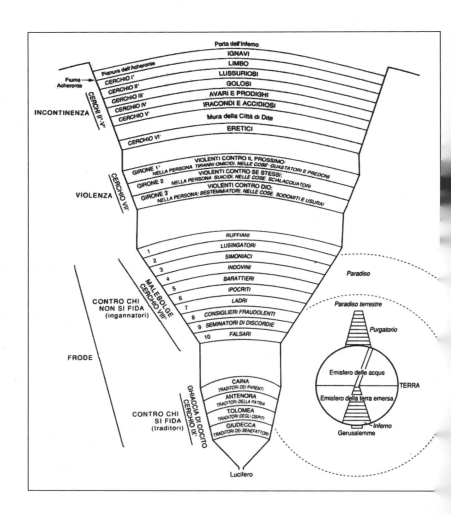

Mapa do Inferno de Dante na edição de A divina comédia *organizada por Anna Maria Chiavacci Leonardi (Milão: Mondadori, 2007), v. 1, pp. xlx--xlxi. (Usado com permissão.) Lendo de cima para baixo e da esquerda para a direita:* (primeira seção) *Portão do Inferno: As planícies do Aqueronte; Neutros; Rio Aqueronte; INCONTINÊNCIA/CÍRCULOS II-V: Círculo I: Limbo; Círculo II: os luxuriosos; Círculo III: glutões; Círculo IV: esbanjadores e acumuladores; Círculo V: os raivosos e taciturnos. Os muros da cidade de Dis; Círculo VI: heréticos;* (segunda seção) *VIOLÊNCIA; CÍRCULO VII: Cornija I: violentos para com os outros, em relação a pessoas: tiranos e assassinos, em relação a coisas: ladrões e saqueadores; Cornija II: violentos para com eles mesmos, em relação a pessoas: suicidas, em relação a coisas: desperdiçadores; Cornija III: violentos para com Deus, em relação a pessoas: blasfemos, em relação a coisas: sodomitas e usurários;* (terceira e quarta seções) *FRAUDE* (terceira seção) *CONTRA OS INCONFIÁVEIS (FRAUDES)/MALEBOLGE: CÍRCULO VIII: 1. Aduladores; 2. Sedutores; 3. Simoníacos; 4. Adivinhos; 5. Instigadores; 6. Hipócritas; 7. Ladrões; 8. Maus conselheiros; 9. Cismáticos; 10. Falsificadores;* (quarta seção) *CONTRA AQUELES QUE TRAEM A CONFIANÇA (TRAIDORES)/ O LAGO DE GELO: CÍRCULO IX: Cainã: traidores de parentes, Antenora: traidores de um país; Ptolomeia: traidores de seus hóspedes; Judeca: traidores de seus benfeitores; Lúcifer.* Esquema à direita: *Paraíso; Paraíso Terrestre; Purgatório; TERRA: Hemisfério da Água, Hemisfério das Terras Emersas, Inferno, Jerusalém. (Tradução* [para o inglês] *de Will Schutt.)*

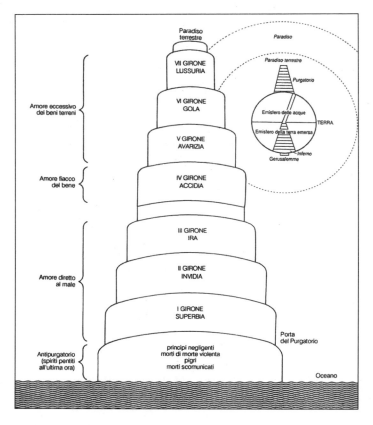

Mapa do Purgatório de Dante na edição de A divina comédia *organizada por Anna Maria Chiavacci Leonardi (Milão: Mondadori, 2007), v. 2, pp. xlviii-xlix. (Usado com permissão.) Lendo de cima para baixo, da esquerda para a direita: Paraíso terrestre;* (primeira seção) AMOR EXCESSIVO A BENS MATERIAIS: *Cornija VII: luxúria; Cornija VI: gula; Cornija V: avareza;* (segunda seção) AMOR DESVIRTUADO: *Cornija IV: preguiça;* (terceira seção) AMOR MAL DIRIGIDO: *Cornija III: ira; Cornija II: inveja; Cornija I: orgulho; Portão do Purgatório;* (quarta seção) ANTEPURGATÓRIO (ALMAS QUE SE ARREPENDERAM EM SUA HORA FINAL): *governantes negligentes; aqueles que morreram por violência; os letárgicos; excomungados; Oceano. Esquema da direita: Paraíso, Paraíso Terrestre; Purgatório; TERRA: Hemisfério da Água, Hemisfério das Terras Emersas, Inferno, Jerusalém. (Tradução [para o inglês] de Will Schutt.)*

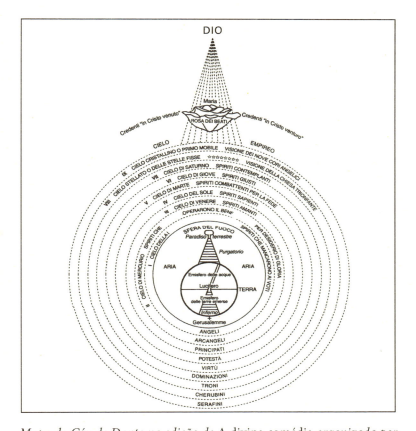

Mapa do Céu de Dante na edição de A divina comédia *organizada por Anna Maria Chiavacci Leonardi (Milão: Mondadori, 2007), v. 3, pp. lviii- -lix. (Usado com permissão.) Lendo de cima para baixo, da esquerda para a direita: Deus; Os que acreditam em Cristo; Maria/Rosa dos abençoados; Os que acreditam em Cristo; (anéis superiores) CÉU/EMPÍREO: IX (Céu) Céu Cristalino ou* Primum Mobile *(Empíreo) Visão dos Nove Coros Angélicos; VIII (Céu) Céu estrelado ou Estrelas Fixas (Empíreo) Visão da Igreja Triunfante; VII (Céu) Céu de Saturno (Empíreo) Almas Contemplativas; VI (Céu) Céu de Júpiter (Empíreo) Almas Justas; V (Céu) Céu de Marte (Empíreo) Almas que Lutaram Pela Fé; IV (Céu) Céu do Sol (Empíreo) Almas Sábias; III (Céu) Céu de Vênus (Empíreo) Almas dos que Amam; II (Céu) Céu de Mercúrio (Empíreo) Almas que Trabalharam pela Glória; I (Céu) Céu da Lua (Empíreo) Almas que não Mantiveram seus Votos; (esquema no centro) CÍRCULO DE FOGO; Paraíso Terrestre; Purgatório. AR/AR; TERRA: Hemisfério de Água, Lúcifer, Hemisfério de Terras Emersas, Inferno, Jerusalém; (anéis inferiores) Anjos; Arcanjos; Principados; Poderes; Virtudes; Domínios; Tronos; Querubim; Serafim. (Tradução [para o inglês] de Will Schutt.)*

- Um colete babilônio.
- Diversos tipos de ovos da Turquia; um deles tido como ovo de dragão.
- Ovos de Páscoa dos patriarcas de Jerusalém.
- Duas penas da cauda da Fênix.
- A garra do pássaro rocha: que segundo relato de autores, é capaz de trucidar um elefante.
- Dodô, das ilhas Maurício; tão grande que não é capaz de voar.
- Cabeça de lebre com chifres rudimentares de 7,5 centímetros de comprimento.
- Peixes-sapos, um deles com espinhos.
- Coisas de mergulhadores talhadas em ameixeiras.
- Uma bola de latão para aquecer as mãos das freiras.[6]

Uma pena de fênix e uma bola para aquecer freiras, um peixe-sapo e cabeças de lebres com chifres têm pouco em comum: o que os une é a fascinação que esses objetos exerciam, três séculos atrás, nas mentes e nos corações dos dois Tradescants. Quer representassem a cobiça dos Tradescants ou sua curiosidade, fossem reais ou fabulosos, sua maneira de ver o mundo ou o mapa obscuro de suas almas, os que visitavam o Ashmoleano no final do século XVII estavam entrando num espaço organizado, por assim dizer, pela paixão que dominava os Tradescants. Uma imaginação particular pode emprestar coerência e aparência de ordem ao mundo.

E, contudo, nenhuma ordem, como sabemos, mesmo coerente, é sempre imparcial. Qualquer sistema de categorização imposto a objetos ou almas ou ideias tem de ser suspeito já que necessariamente ele contamina com significado essas mesmas ideias, pessoas, objetos. O colete babilônio e os ovos de Páscoa do Ashmoleano formulam um conceito de propriedade privada do século XVII; os pecadores no Inferno e os abençoados no Céu encenam seus dramas singulares, representando coletivamente tanto uma cosmogonia cristã do século XVIII como uma visão íntima do mundo de Dante. *A divina comédia* é, nesse sentido, um museu universal imaginário, um palco para a representação de medos e desejos inconscientes, uma biblioteca de tudo que era a paixão e a visão de um poeta, arrumado e disposto para nosso esclarecimento.

Na Idade Média, essas coleções ecléticas eram reunidas pela Igreja e pela nobreza, mas o hábito de expor as paixões particulares de alguém à vista do público pode ser rastreado, na Europa, ao final do século XV. Numa época em que chefes de estado começaram a reunir algumas das maiores coleções de arte do mundo em Viena, no Vaticano, no El Escorial na Espanha, em Florença e Versalhes, coleções menores e mais pessoais também eram formadas por indivíduos. Uma dessas coleções foi a de Isabella d'Este, mulher do marquês de Mântua, e quem, em vez de adquirir arte por razões devocionais ou para mobiliar a casa, começou a colecionar obras de arte pelas obras em si mesmas. Até então, os ricos colecionavam arte principalmente para proporcionar a beleza ou prestígio a seu ambiente doméstico. Isabella inverteu o processo e separou um aposento que, ao contrário, seria [só] a moldura dos objetos que colecionava. Em seu *camerino*, ou "pequena câmara" (que se tornaria famosa na história da arte como um dos primeiros museus particulares), Isabella expunha "quadros que tinham uma história" dos melhores artistas contemporâneos. Tinha um bom olho: instruiu seus agentes a se aproximar de Mantegna, Giovanni Bellini, Leonardo, Perugino, Giorgione,

Rafael e Michelangelo com o objetivo de obter obras de arte para seu *camerino*. Vários desses artistas concordaram.[7]

Um século mais tarde, a paixão de colecionar tomou conta de casas não só de aristocratas como Isabella, mas também da burguesia rica, e possuir uma coleção particular tornou-se uma indicação de status social, financeiro ou erudito. O que Francis Bacon chamou de "um modelo da natureza universal tornado particular" podia ser visto nos gabinetes de muitos advogados e médicos. A palavra francesa *cabinet*, que ser referia à peça de mobiliário com gavetas que podiam ser trancadas, ou um pequeno aposento com painéis de madeira como o *camerino*, tornaram-se lugar-comum nas casas abastadas. Na Inglaterra, o gabinete chamava-se *closet*, do latim *clausum*, ou "fechado", indicando a natureza particular daquele espaço. No resto da Europa, a coleção particular de objetos heterogêneos veio a ser conhecida como *cabinet de curiosités*, ou *Wunderkammer*. Alguns dos mais famosos, reunidos ao longo dos séculos seguintes, eram os de Rodolfo II em Praga, de Fernando II no Castelo Ambras em Innsbruck, de Ole Worm em Copenhague, de Pedro, o Grande, em São Petersburgo, de Gustavo Adolfo em Estocolmo e do arquiteto Sir Hans Sloane em Londres. Estimulada por homens como estes, a curiosidade ganhou oficialmente um lugar na vida doméstica.[8]

Às vezes, quando faltava dinheiro, colecionadores de curiosidades recorriam a dispositivos engenhosos. Em 1620, o erudito Cassiano dal Pozzo reuniu em sua casa em Roma não as obras de arte originais, os autênticos modelos artesanais de prédios famosos, os espécimes de história natural procurados por seus pares mais ricos, mas desenhos, encomendados a desenhistas profissionais, de todo tipo de objetos, criaturas e antiguidades estranhos. Ele chamou isso de seu Museu de Papel. Aqui, novamente, como no *camerino* de Isabella e na coleção dos Tradescants, o projeto dominante, a ordem sendo imposta, era pessoal, uma gestalt criada pela história particular de uma pessoa — com o acréscimo de uma característica: os próprios objetos não eram mais necessários para ser a coisa real. Agora podiam ser substituídos por suas representações imaginadas. E já que essas reproduções eram muito mais baratas e mais fáceis de obter que os originais, o Museu de Papel permitiu que mesmo os que só dispunham de meios modestos se tornassem colecionadores. Tomando a noção de realidade substituta emprestada da literatura, onde a representação de uma experiência equivale à própria experiência, o Museu de Papel facultou ao colecionador possuir um modelo de sombras do universo sob seu próprio teto. Nem todos aprovaram, ecoando a crítica do estudioso neoplatônico Marsilio Ficino que, no século XVI, falou "daqueles que em sua miséria preferem as sombras das coisas às próprias coisas".[9]

A ideia de colecionar sombras é muito antiga. Os reis ptolemaicos, conscientes da impossibilidade de reunir a totalidade do mundo conhecido nas fronteiras do Egito, conceberam a ideia de colecionar em Alexandria, nas paredes de uma construção, a representação de cada conhecimento do mundo ao alcance de suas mãos e, assim, expediram ordens de que se trouxesse para sua biblioteca universal cada pergaminho ou tabuleta que se pudesse encontrar, adquirir, copiar ou roubar. Cada navio no porto de Alexandria tinha de entregar todo livro que carregasse para que se pudesse fazer uma cópia dele, depois disso, o original (e às vezes a cópia) era devolvido a seu dono. Supõe-se que no ponto culminante de sua fama, a Biblioteca de Alexandria mantivesse uma coleção de mais de meio milhão de pergaminhos.[10]

Dispor um espaço organizado para exibir informação é sempre um empreendimento perigoso uma vez que, como no caso de qualquer andaime ou estrutura, o arranjo, conquanto neutro em sua intenção, sempre afeta o conteúdo. Um poema de abrangência total, lido como alegoria religiosa, aventura fantástica ou peregrinação autobiográfica, muito semelhantemente a uma biblioteca universal de textos entalhados, manuscritos, impressos ou eletrônicos, traduz cada um dos elementos reunidos sob seu teto para a linguagem da moldura. Nenhuma estrutura é inocente em seu significado.

Um herdeiro espiritual dos ptolomeus alexandrinos foi um homem extraordinário chamado Paul Otlet, nascido em Bruxelas em 2 de agosto de 1868, numa família de financistas e planejadores urbanos. Quando criança, Otlet demonstrou notável interesse por arrumar coisas: seus brinquedos, seus livros, seus bichinhos. A brincadeira favorita, da qual participava o irmão mais novo, era a de contador, listando débitos e créditos em colunas bem-arrumadas, e preenchendo quadros de horário e catálogos. Também gostava de desenhar arranjos para as plantas no jardim e de construir fileiras de cercados para os animais do quintal. Mais tarde, quando a família mudou por um tempo para uma pequena ilha no Mediterrâneo ao largo da costa francesa, Otlet começou uma coleção de coisinhas variadas — conchas, minerais, fósseis, moedas romanas, crânios de animais — com as quais montou seu próprio gabinete de curiosidades. Com quinze anos fundou, juntamente com vários colegas de escola, a Sociedade Privada de Colecionadores e editou uma revista sisudamente intitulada *La Science*. Mais ou menos na mesma época, Otlet descobriu na biblioteca do pai a *Encyclopédie Larousse*, "um livro", ele disse mais tarde, "que explica tudo e dá todas as respostas".[11] Ainda assim a *Larousse* de muitos volumes era, para o ambicioso jovem, modesta demais em seu alcance, e Otlet deu início a um projeto que viria à luz várias décadas mais tarde: a preparação de uma enciclopédia universal que incluiria não apenas respostas e explicações, mas a totalidade do questionamento humano.

Em 1892, o jovem Otlet conheceu Henri Lafontaine, que em 1913 receberia o Prêmio Nobel por seus esforços em prol de um movimento internacional pela paz. Os dois homens se tornaram inseparáveis e, assim como Bouvard e Pécuchet, de Flaubert, em sua inesgotável busca por informação, Otlet e Lafontaine iriam esquadrinhar bibliotecas e arquivos para compilar uma enorme coleção de recursos bibliográficos em todo campo de conhecimento. Inspirado no sistema decimal de classificação de biblioteca inventado pelo americano Melvin Dewey em 1876, Otlet e Lafontaine decidiram usar o sistema de Dewey em escala bibliográfica mundial, e escreveram a Dewey pedindo permissão. O resultado foi a criação do Instituto Internacional de Bibliografia em 1895, sediado em Bruxelas, mas com correspondentes em muitos países. Nos primeiros anos de existência do instituto, um exército de jovens mulheres empregadas nele percorreram catálogos de bibliotecas e arquivos, transcrevendo os dados em cartões de indexação com 7,5 × 12,5 centímetros e num ritmo de aproximadamente 2 mil cartões por dia. Em 1912, o número de cartões do instituto chegava a mais de 10 milhões; 100 mil documentos iconográficos adicionais incluíam imagens fotográficas, transparências, fotogramas e rolos de filmes de cinema.

Otlet acreditava que o cinema, juntamente com a recém-inventada (mas ainda não tornada pública) televisão, era o meio pelo qual a informação seria transmitida no futuro. Para promover essa ideia, ele desenvolveu uma máquina revolucionária (semelhante ao microfilme) que copiava livros fotograficamente e projetava as páginas numa tela. Ele denominou sua invenção *bibliophote*, ou "livro projetado", e imaginou a possibilidade de livros falados, de livros transmitidos à distância, e de livros visualizados em três dimensões — cinquenta anos antes da invenção do holograma — que estariam disponíveis aos cidadãos em seus próprios lares, como hoje é a internet. Otlet chamou esses *gadgets* de "substitutos do livro".[12]

Para visualizar a extensão na qual o sistema decimal de Dewey poderia ser usado no vasto labirinto da documentação, Otlet desenhou um gráfico comparando o sistema de Dewey a um sol cujos raios se espalham e se multiplicam à medida que saem do centro, abrangendo cada ramo do conhecimento humano. O diagrama, misteriosamente, se parece com a visão final de Dante, de três círculos luminosos num só, espalhando sua luz combinada através do universo, contendo tudo e sendo tudo.

> *Ó eterna Luz que repousas só em Ti;*
> *a Ti só entendes e, por Ti entendida,*
> *respondes ao amor que te sorri!*[13]

Otlet sempre foi um entusiástico colecionador, e o arquivo universal que imaginou nada iria negligenciar. Como os judeus que preservaram na Guenizá do Cairo cada pedacinho de papel, pois poderia conter, sem que se soubesse, o nome de Deus, Otlet guardava tudo.[14] Um pequeno exemplo: antes de sair para a lua de mel em 1890, o jovem Otlet e sua noiva foram se pesar nos Grands Magasins du Louvre, em Paris. Os tíquetes, indicando que Otlet pesava 70 quilos e sua mulher 55, foram cuidadosamente preservados por Otlet em envelopes de celofane e hoje podem ser vistos numa caixa de papelão que contém seus diversos cartões e papéis. "Você vê o essencial no que é acessório", observou um amigo a Otlet, um modo interessante de explicar a curiosidade onívora de Otlet.[15]

Colecionar levou a catalogar e classificar. O neto de Otlet,

Jean, lembra que um dia, quando passeavam juntos pela praia, depararam com algumas águas-vivas que tinham sido varridas para a areia. Otlet parou, juntou as águas-vivas numa pirâmide, tirou um cartão em branco do bolso do colete e escreveu a classificação da criatura segundo o Instituto Internacional de Bibliografia: "5933". O número 5 indicava a categoria das ciências gerais, seguido de 9, que a estreitava para a zoologia, com o acréscimo de um 3, para celenterados, e outro 3, para água-viva, 5933. Depois ele fixou o cartão no topo daquela compilação gelatinosa e continuaram o passeio.[16]

A paixão organizacional de Otlet levou-o a apoiar o projeto utópico de um arquiteto norueguês, Hendrik Andersen, para uma cidade ideal que serviria como Centro Mundial para Paz e Harmonia. Foram sugeridos vários lugares: Tervuren, em Flandres, Fiumicino, perto de Roma, Constantinopla, Paris, Berlim, e algum lugar em Nova Jersey. O ambicioso sonho provocou muito ceticismo entre políticos bem como entre intelectuais. Henry James, que era um bom amigo de Andersen e admirava as esculturas do norueguês, abominou a ideia de um plano de dimensões tão elefantinas. Numa carta endereçada a Andersen, James chamou o amigo de megalomaníaco. "Como posso me pôr a seu lado", ele escreveu, "a ponto de usar uma única letra do alfabeto para endossá-lo, quando você me anuncia algo tão fantástico ou sem relação com qualquer realidade de qualquer tipo em todo este desgastado mundo???" James não deveria estar surpreso: como romancista, tinha demonstrado quão profundamente entendia o caráter megalomaníaco. Em 1897, seu livro *Os espólios de Poynton* tinha dissecado a obsessão de Mrs. Gereth com toda a quinquilharia colecionada no decurso de anos em sua esplêndida casa, Poynton. "Ter criado um tal lugar", tinha escrito James, "era ter tido dignidade bastante; quando estava em questão defendê-lo, a

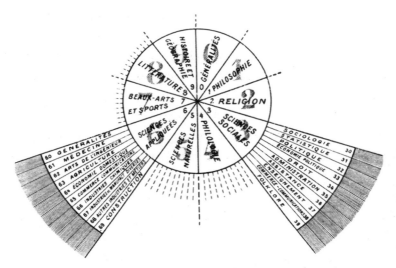

Gráfico de Otlet que mostra a divisão de todos os ramos do conhecimento, do livro de Françoise Levie, L'Homme qui voulait classer le monde: Paul Otlet et le Mundaneum *(Bruxelas: Les Impressions Nouvelles, 2006). (Ilustração © Collections Mundaneum [Bélgica].)*

postura mais feroz era a correta." A Cidade Ideal de Andersen, como as montanhas de dados reunidos por Otlet no Instituto, era, como Poynton para Mrs. Gereth, uma totalidade de coisas preciosas demais para que se admitisse qualquer tipo de repreensão. "Há coisas na casa pelas quais quase morríamos de fome!", diz Mrs. Gereth. "Eram nossa religião, era nossa vida, eram *nós*!" Como James deixa claro, essas

> "coisas" eram obviamente a soma do mundo; só que, para Mrs. Gereth, a soma do mundo era mobília francesa rara e porcelana oriental. Ela poderia imaginar, com esforço, que pessoas não as possuíssem, mas não conseguia imaginá-las não as querendo e não sentido falta delas.[17]

Andersen, como Otlet, tinha ideias semelhantes. A crítica de James foi ignorada.

Otlet ficou obcecado com o projeto, que ele agora chamava de seu Mundaneum, e o qual, em sua concepção, incluiria um museu, uma biblioteca, um grande auditório e um prédio separado dedicado à pesquisa científica. Propôs que o Mundaneum fosse construído em Genebra sob o moto "Classificação de tudo, por todos e para todos". O arquiteto mais famoso da época, Charles-Edouard Jeanneret-Gris, mais conhecido como Le Corbusier, apoiou o projeto e desenhou um audacioso plano para a cidade de Otlet; Andrew Carnegie, o milionário escocês-americano, ofereceu-se para financiá-lo. Mas em outubro de 1929 a quebra de Wall Street pôs um fim a todas as esperanças de apoio financeiro americano, e o projeto utópico de Otlet foi totalmente esquecido.[18]

Mas o conceito básico do Mundaneum, de várias coleções "concebidas como partes de um corpo universal de documentação, como um levantamento enciclopédico do conhecimento humano, como um enorme depósito intelectual de livros, documentos, catálogos e objetos científicos" sobreviveu, imutável, em suas sequências de catálogos, guardados no Palais du Cinquantenaire, em Bruxelas, até 1940.[19] Em 10 de maio daquele ano, o Exército alemão invadiu a Bélgica, e Otlet e sua mulher foram obrigados a abandonar a preciosa coleção e buscar refúgio na França. Desesperado por salvar seu universo classificado, Otlet escreveu cartas de apelo ao marechal Pétain, ao presidente Roosevelt, até mesmo a Hitler. Mas os esforços foram inúteis. O Palais, que abrigava a coleção, foi desmantelado, a mobília que ele projetara amorosamente foi transferida para o Palais de Justice, e os livros e documentos postos de lado, em caixas. Quando Otlet voltou para casa após a libertação de Bruxelas, em 4 de setembro de 1944, descobriu que os cartões indexadores e os arquivos iconográficos tinham sido substituídos por uma exposição da "nova arte" do Terceiro Reich, os nazistas tinham destruído sessenta toneladas de periódicos catalogados no instituto, e 200 mil volumes da biblioteca cuidadosamente montada tinham desaparecido. Paul Otlet morreu, com o coração partido, em 1944.

Após sua morte, os resquícios de seu projeto colossal foram depositados no insalubre Instituto de Anatomia de Bruxelas. Depois de mais alguns deslocamentos, em 1992, a desmembrada coleção encontrou afinal um lugar seguro numa loja de departamentos de 1930 que fora renovada, na cidade belga de Mons, onde, depois de laboriosamente reorganizado, o novo Mundaneum abriu suas portas em 1996.[20]

Talvez seja possível encontrar uma explicação para a obsessão de Otlet num registro de diário de 1916. Lá, Otlet diz que depois de uma doença que teve na adolescência (segundo ele, uma mistura de escarlatina, difteria, meningite e tifo), ele perdera a capacidade de memorizar textos e não pôde mais aprender de cor poemas ou trechos de prosa. Para remediar, explica, "aprendi a corrigir minha memória por meio da razão".[21] Incapaz de memorizar fatos e números, talvez Otlet tenha imaginado seu Instituto Internacional de Bibliografia, ou Mundaneum, como uma espécie de memória substituta que pudesse ser construída por meio de cartões indexadores, imagens, livros e outros documentos. É certo que Otlet amava o mundo e aspirava saber tudo sobre as coisas do mundo e, ainda assim, como os pecadores descritos por Virgílio, ele errou ao dirigir seu amor a um objetivo equivocado, ou com demasiado vigor. É de se esperar que o Deus em que ele acreditava tenha buscado no coração motivos para perdoar um colega catalogador.

Em 1975, Jorge Luis Borges, talvez inspirado no personagem de Otlet, escreveu uma longa história chamada "O congresso", na qual um homem tenta compilar uma enciclopédia em que nada sobre a terra seria excluído.[22] Essa versão virtual do mundo mostra-se no fim impossível ou, como conclui o narrador, inútil, visto que o mundo, para nossa alegria e nossa tristeza, já existe. Nas últimas páginas, o ambicioso enciclopedista leva seus colegas pesquisadores num passeio de charrete por Buenos Aires, mas a cidade que agora eles veem, com casas, árvores e pessoas não é estranha e individual: ela é a própria criação dos pesquisadores, aquela que eles corajosamente tentaram criar e que agora, subitamente e cheios de espanto, eles se dão conta de que sempre esteve lá.

Minos consignando a cada pecador o seu lugar no Inferno. Xilogravura que ilustra o Canto V do Inferno, impressa em 1487 com comentário de Cristoforo Landino. (Biblioteca Beinecke de Livros e Manuscritos Raros, Universidade Yale.)

15. O que vem em seguida?

Em algum momento na década de 1990, quando eu visitava Berlim, o escritor Stan Persky levou-me para ver o quadro da *Fonte da juventude*, de Lucas Cranach, o Velho, na Gemäldegalerie. É uma tela de tamanho médio que descreve, com grande detalhe, uma piscina retangular, vista em perspectiva, cheia de homens e mulheres que brincam alegremente. Pessoas idosas estão chegando da esquerda, em carroças e carrinhos de mão; jovens surgem nus do outro lado, onde os aguarda uma série de tendas vermelhas, como aquelas máquinas de banho das quais o Snark de Lewis Carroll gostava tanto.

O quadro de Cranach provocou uma discussão entre Stan e eu sobre se gostaríamos de estender a duração de nossas vidas caso tal coisa fosse possível. Eu disse que o previsível fim não me assustava ou preocupava; ao contrário, eu gostava da ideia de viver tendo em mente uma conclusão, e comparei a vida imortal a um livro interminável, que, mesmo que encantador, acabaria sendo tedioso. Stan, no entanto, argumentou que continuar a viver, talvez para sempre (contanto que estivéssemos livres de doença e enfermidades), seria uma coisa excelente. A vida, ele disse, era tão prazerosa que ele nunca ia querer que terminasse.

Quando tivemos essa conversa eu ainda não tinha cinquenta anos; quinze anos depois, estou mais convencido do que nunca de que uma vida sem fim não vale a pena ser vivida. Não que eu pense que me restam ainda muitas décadas: é difícil ter certeza sem ter o volume inteiro em minhas mãos, mas estou razoavelmente certo de que estou em um dos últimos capítulos. Tanta coisa já aconteceu, tantos personagens vieram e partiram, tantos lugares foram visitados que não creio que a história possa continuar por muito mais páginas sem se esvair num balbucio incoerente e incontinente.

"Os dias de nossa idade", diz-nos o salmista, "são sessenta mais dez; embora haja homens tão fortes que chegam aos oitenta anos; mas sua força então não será senão labuta e dor; assim que ultrapassada, estamos mortos." Estou agora a menos de uma dé-

Lucas Cranach, o Velho, Fonte da juventude, *1546 (Gemäldegalerie). (Staatliche Museen, Berlim, Alemanha. © Leemage/Bridgeman Images.)*

cada desse número, que até recentemente me parecia tão remoto quanto o último algarismo pi. Dou-me conta de que naquilo que tenho de chamar de minha velha idade, meu corpo está constantemente arrastando seu peso sobre minha mente consciente, como que com ciúmes da atenção que dou a meus pensamentos e tentando tirá-los de lá pela força bruta. Até pouco tempo atrás, eu imaginava que meu corpo governava apenas minha juventude e, que, com a maturidade, minha mente assumiria esse lugar privilegiado. E devido ao domínio que, como eu acreditava, cada um, corpo e mente, tinha sobre uma metade distinta de minha vida, imaginava que eles reinariam sem obstrução e equitativamente, um após outro, em tranquila sucessão.

No início, suspeito, foi isso que aconteceu. Na adolescência e início da idade adulta, minha mente parecia uma presença desordenada, incerta, intrometendo-se canhestramente na vida despreocupada do corpo dirigente, que sentia prazer onde quer que o encontrasse. Paradoxalmente, meu corpo se mostrava então menos sólido do que os pensamentos, e fazia sentir sua presença apenas por meio dos sentidos ecléticos, ao cheirar o ar fresco da manhã ou ao caminhar por uma cidade à noite, ao tomar o café da manhã à luz do sol ou tendo nos braços o corpo de minha amada, no escuro. Até mesmo ler era uma atividade corporal: o toque, o cheiro, a aparência das palavras na página era parte essencial da relação com os livros.

Agora o prazer vem principalmente pelo pensamento, e sonhos e ideias parecem mais ricos e mais claros do que jamais foram. A mente quer entrar em si mesma, mas o velho corpo, como um tirano deposto, recusa-se a recuar e insiste em ter atenção constante: doendo, coçando, pressionando, gemendo, ou caindo em estado de entorpecimento ou desautorizada exaustão. Uma perna arde, um osso enregela, uma mão se imobiliza, um embotamento anônimo incomoda em algum lugar do intestino, distraindo-me de livros e de conversação e até do próprio pensamento. Na juventude, sempre me sentia como se estivesse sozinho, mesmo na companhia dos outros, porque meu corpo nunca reclamava, nunca se mostrava como algo separado de mim, como um desonroso *doppelgänger*. Era absolutamente e indivisivelmente meu próprio eu, singular, invencível, sem fazer sombra, como o corpo de Peter Schlemihl. Agora, mesmo quando estou sozinho, meu corpo está sempre lá como um visitante indesejado, fazendo ruídos quando quero pensar ou dormir, acotovelando meus flancos quando quero sentar ou caminhar.

Num conto dos Irmãos Grimm de que gostava quando criança, a Morte é atingida numa estrada no campo e resgatada por um jovem camponês. Para agradecer-lhe, a Morte faz a seu salvador uma promessa: como não pode exemi-lo da morte, pois todo homem tem de morrer, antes de vir buscá-lo a Morte enviará seus mensageiros. Vários anos depois, a Morte aparece na porta do camponês. O homem, aterrorizado, lembra à Morte sua promessa.

> Mas eu não lhe enviei meus mensageiros?, pergunta a Morte. A Febre não veio acometê-lo, fazê-lo tremer e derrubá-lo? A Vertigem não desorientou sua cabeça? A Cãibra não contraiu seus membros? A Dor de Dente não atormentou suas bochechas? E, além disso, meu irmão Sono não o fez se lembrar de mim toda noite? Você não ficou estendido à noite como se já estivesse morto?

Meu corpo parece dar boas-vindas diárias a esses mensageiros, preparando-se para receber seu amo. A perspectiva de um sono mais longo não me perturba, e isso também mudou. Na juventude, a morte era meramente parte da imaginação literária, algo que acontecia a madrastas malvadas e a heróis destemidos, ao maligno professor Moriarty e ao bravo Alonso Quijano. O final de um livro era concebível e (se o livro fosse bom) lamentado, mas eu não conseguia imaginar a possibilidade de meu próprio fim. Como todos os jovens, eu era imortal, e o tempo que me fora concedido não tinha prazo para expirar. Como expressa May Swenson:

Pode ser que houve um só
verão em que eu tinha dez anos? Deve
ter sido então um longo verão —

Hoje os verões são tão curtos que mal tiramos para fora as cadeiras de jardim e já as estamos guardando novamente; penduramos as luzes de Natal durante o que parecem ser apenas algumas horas enquanto o novo ano vem e vai embora, e segue-se uma nova década. Essa pressa não me perturba: estou acostumado ao ritmo acelerado das páginas finais de uma história que apreciei. Sinto um leve pesar, sim. Estou ciente de que os personagens que cheguei a conhecer tão bem terão de dizer as últimas palavras, realizar os últimos gestos, circular só uma vez mais em torno do inacessível castelo ou se distanciar nas brumas montados nas costas de uma baleia. Mas tudo que precisa ser arrumado está arrumado, e tudo que tem de permanecer pendente permanecerá pendente. Sei que minha escrivaninha está organizada como eu gosto, minhas cartas quase todas respondidas, meus livros em seus devidos lugares, minha escrita mais ou menos terminada (não minhas leituras, mas isso, é claro, é a natureza da fera). Minha lista de "coisas a fazer", alçada bem à minha frente, tem nela certo número de itens ainda não riscados; mas eles têm estado sempre lá e sempre estarão, embora muitas vezes eu chegue até o fim da lista. Como minha biblioteca, minha lista de "coisas a fazer" não está destinada a se esgotar.

Os talmudistas dizem que a rigorosa injunção para garantir que, mediante pensamentos e ações, o nome de alguém seja inscrito no Livro da Vida, é a de que devemos nos tornar responsáveis por essa inscrição, que temos de ser nossos próprios escribas. Nesse caso, até onde me lembro, tenho escrito meu nome nas palavras de outros, como que a tomar ditados daqueles autores (como Stan Persky) que tive a boa sorte de tornar meus por meio de seus livros. Petrarca, em uma de suas cartas, confessa que havia lido Virgílio, Boécio e Horácio não uma vez, mas milhares de vezes, e que se parasse de lê-los agora (escreve isso com quarenta anos), seus livros ainda permaneceriam dentro dele pelo resto da vida "uma vez que lançaram raízes em meu coração, tão profundamente que com frequência esqueço quem os escreveu e, como alguém que possuiu e usou um livro durante tanto tempo, torno-me eu mesmo seu autor e o tenho como se fosse meu". Reitero suas palavras. Como Petrarca compreendeu, a convicção íntima dos leitores é de que não há livros escritos individualmente: há apenas um texto, infinito e fragmentado, que folheamos sem preocupação com a continuidade ou com o anacronismo ou com reivindicações burocráticas de propriedade. Desde que comecei a ler, sei que penso por meio de citações e que escrevo com aquilo que outros escreveram, e que não posso ter outra ambição senão a de reestruturar e reorganizar. É uma tarefa que me proporciona grande satisfação. E ao mesmo tempo estou convencido de que nenhuma satisfação pode verdadeiramente durar para sempre.

Acho mais fácil imaginar minha morte do que imaginar a morte de todas as coisas. A despeito da teologia e da ficção científica, é difícil conceber o fim do mundo a partir de nosso ponto de vista egocêntrico: como é o palco depois que o público vai embora? E como será o universo após seu último momento já que não restou ninguém para vê-lo? Esses enigmas aparentemente banais demonstram até que ponto a capacidade de imaginar está condicionada pela consciência da primeira pessoa do singular.

Sêneca conta a história de Sextus Turannius, de noventa

anos, um administrador a serviço de Calígula que, quando o imperador o liberou do cargo,

> ordenou aos membros da família que agissem como se estivessem preparando seu corpo para cremação e começassem a chorar junto ao leito como se ele estivesse morto. A família ficou de luto pela exoneração de seu idoso chefe e não largou o luto até o cargo lhe ser restituído.

Com esse estratagema, Turannius conseguiu o que parecia impossível e tornou-se testemunha do próprio funeral. Dezessete séculos mais tarde, e por razões práticas, o excêntrico homem de negócios americano "Lord" Timothy Dexter encenou a própria morte para ver como as pessoas reagiriam. Como a apócrifa viúva não demonstrou sinais suficientes de aflição no funeral, ao se restituir a vida o desapontado Dexter aplicou-lhe uma tremenda surra.

Minha imaginação é mais modesta: simplesmente me considero terminado, destituído de decisões, de pensamentos, de medos e de emoções, não mais presente aqui e agora em qualquer sentido perceptível, incapaz de usar o verbo "ser".

Não existe... morte... Só existe... eu... eu... que estou morrendo...

André Malraux, *A estrada real*

O mundo está sempre aqui, mas nós não estamos. Contudo, em *A divina comédia* não existe morte. Ou melhor, a morte das almas que Dante encontra ocorreu antes de a história começar. Depois disso, cada alma humana nos três terríveis reinos está viva até o Dia do Juízo. Como Dante descobre, a morte do corpo despojou os indivíduos de muito pouco, exceto talvez de vontade própria. E a língua ainda é delas, de modo que tanto as perdidas quanto as salvas podem pôr em palavras o que elas eram e o que elas são, e reviver o momento de sua morte agora traduzido em palavras. São muitas as referências fugazes às mortes de indivíduos: entre as mais prestigiosas, a de Virgílio, que diz a Dante que seu corpo "dentro do qual eu fiz sombra", foi removido de Brindisi e jaz sepultado em Nápoles; o de Beatriz, que acusa Dante de tê-la traído quando ela "estava no limiar/ de minha segunda idade" (ela morreu com 25 anos); a morte terrível do conde Ugolino, emparedado na Torre da Fome por seu inimigo, o cardeal Ruggiero, e condenado a morrer de fome e a devorar os próprios filhos (segundo Borges, na realidade histórica ele deve ter feito uma ou outra coisa, mas no poema ele faz as duas); os suicídios na floresta sangrenta; a brevemente anunciada morte de Peter Damian e a de Manfredo, já antes comentada.[1] *A divina comédia* é um exercício não sobre a morte, mas em memória da morte. Para saber o que o aguarda, o mortal Dante faz perguntas aos que passaram pela experiência da mortalidade. É aonde sua curiosidade o leva.

No "lugar medonho", diz-lhe Virgílio, ele verá "as antigas almas sofredoras/ cada uma clamando por uma segunda morte", implorando pela aniquilação final anunciada no livro do Apocalipse (a Revelação de são João no cânon em língua inglesa).[2] Segundo seu autor, João de Patmos, naquele dia terrível os mortos irão se erguer para serem julgados, e buscarão seus nomes no Livro da Vida: se não constarem das inconcebíveis páginas, estão condenados às chamas por toda a eternidade. "E morte e inferno foram lançados no lago de fogo", diz João. "Esta é a segunda morte" (Apocalipse 20,14).

Alegoricamente, na Europa cristã, a iconografia da Morte tem raízes antigas: o esqueleto animado representado, por exemplo, num mosaico em Pompeia, começa sua dança macabra no início da Idade Média, chamando todas as pessoas a juntarem-se a ele (ou ela, porque nas línguas latinas a Morte é uma mulher), jovens e velhos, ricos e pobres. Essa aterrorizadora imagem da Morte não é universal. Por exemplo, um escrito de Yukio Mishima observava, em 1967,

O povo japonês tem sido sempre consciente do fato de que a morte jaz à espera por trás de todos os atos cotidianos. Mas sua ideia de morte é franca e alegre. Ideia diferente da noção de morte abominável e horrenda que têm os estrangeiros. O conceito de uma morte personalizada em forma de um esqueleto empunhando uma gadanha, como imaginaram os europeus na Idade Média, não existia no Japão. Também difere da ideia de morte como senhor e mestre que é a prevalente nesses países nos quais, até hoje, junto a cidades modernas e sob um sol ardente, há ruínas antigas cobertas de vegetação luxuriante. Refiro-me às dos povos astecas e toltecas no México. Não, nossa morte não é agressiva, mas uma espécie de fonte de água pura da qual nascem arroios que fluem interminavelmente pelo mundo e, isso, durante muito tempo até agora, alimentou e enriqueceu a arte do povo japonês.[3]

Quer seja a morte aguardada com um sentimento de felicidade quer com trêmulo terror, a questão permanece: o que existe além do último umbral, se for um umbral? O budismo acredita que as quatro verdades nobres ensinadas pelo Buda fornecem uma escapatória do infindável círculo de morte e renascimento, uma libertação experimentada primeiro pelo próprio Buda. Após sua morte (ou *Parinibbana*, que significa "encerramento em todos os sentidos da existência terrena"), Buda continua a existir como o que os adeptos chamam de "uma presença na ausência". Um Buda ulterior, Maitreya ou Metteyya, compôs um texto poético para esclarecer a seus alunos quanto ao mundo por vir, *O sermão da crônica por vir*, anunciando "cinco desaparecimentos" que se seguirão à morte do último Buda: "o desaparecimento das realizações, o desaparecimento do método, o desaparecimento do aprendizado, o desaparecimento dos símbolos, o desaparecimento das relíquias". Essa ausência múltipla vai proclamar uma época na qual a verdade não mais será obtenível pela humanidade. O fim de todas as coisas verá o último sacerdote quebrar os preceitos sagrados, a memória dos textos sacros fenecer, as vestimentas e atributos dos monges perder seu significado, e a destruição de todas as sagradas relíquias budistas no fogo. "Então o *kapa*, ou ciclo do mundo, será aniquilado" diz este documento solene.[4]

Para os zoroastristas, a morte é uma criação do Espírito do Mal, Angra Mainyu. No início, o mundo existiu em duas consecutivas idades de 3 mil anos cada uma, primeiro em forma espiritual, depois em forma material, antes de ser atacado pelo Espírito do Mal, que criou a doença para se opor à saúde, à feiura, à beleza, à morte, à vida. Três mil anos depois, em algum momento entre 1700 e 1400 a.C., o profeta Zaratustra (ou Zoroastro) nascia na Pérsia, anunciando a revelação divina que permitiria à humanidade lutar contra Angra Mainyu. Segundo o livro sagrado zoroastriano, o *Zend-Avesta*, a era atual vai durar mais 3 mil anos a partir da morte de Zoroastro, no fim da qual o mal será derrotado para sempre. Até então, cada morte individual é um passo a mais que nos aproxima da hora abençoada que os zoroastrianos denominam *Frashokereti*.[5]

Na tradição judaico-cristã, a literatura apocalíptica primeva pode ser rastreada ao final do século v a.C., quando, segundo o Talmude, a profecia clássica judaica chegou ao fim com os últimos profetas, Malachi, Haggai e Zechariah [Malaquias, Ageu e Zacarias].[6] Mas as visões proféticas continuaram a ser registradas, não mais como voz individual, quando o profeta proclama o próprio nome, mas anonimamente, ou sob o nome de sábios antigos, tomados por empréstimo. Com exceção do livro de Daniel, o resto dessa nova literatura profética veio formar parte da *Agadah*, o corpo judaico constituído principalmente de textos talmúdicos que tratam de tópicos não referentes às leis. A literatura profética clássica descreveu eventos que resultariam da má conduta humana e que aconteceriam quando o tempo chegasse a um fim, anunciando uma eterna Idade de Ouro. Esses cataclismos causariam a queda de reinos pagãos, a redenção dos eleitos, o retorno do exílio para a Terra Prometida e o estabelecimento da paz e da justiça universais. Ao mesmo tempo em que admitiam tais visões, os novos profetas anunciavam uma batalha: não apenas um conflito mortal entre o povo de Deus e os incréus, mas uma ampla guerra sobrenatural entre as hostes do bem e as do mal. Nas primeiras profecias bíblicas, o Redentor era o próprio Deus; as novas anunciavam a vinda do Messias, cuja natureza seria tanto humana como divina. Esses escritos proféticos posteriores iriam alimentar, é claro, as crenças emergentes dos seguidores de Cristo.

O Antigo Testamento ensinou que a relação com Deus só é possível durante o período de vida de uma pessoa. Após a morte — reino em que a linguagem é excluída na tradição judaica —, todo contato com o divino é cortado. "Os mortos não louvam o

Senhor, nem os que baixam ao silêncio", escreveu o salmista (Salmos, 115:17). O que quer que uma pessoa possa fazer para agradar a Deus tem de ser realizado na terra ou de modo algum. Mas durante o século I a.C., conceitos diferentes e mais esperançosos começaram a medrar no povo judeu. A existência de um além--mundo, a retribuição ao bom ou mau comportamento e o conceito de ressurreição do corpo (embora todos estes, em forma rudimentar, possam ser identificados nos textos canônicos) tornaram-se princípios fundamentais da crença judaica. Com eles, a busca de Deus era reconfirmada mesmo após a morte da carne, e se assegurava à humanidade uma imortalidade que atribuía tremenda importância ao que quer que uma pessoa fizesse no aqui e agora. Essas certezas antigas, assimiladas e transformadas em sucessivas leituras exegéticas que culminam no Apocalipse, são o cerne de *A divina comédia* de Dante. Para Dante, nós, os viventes, somos responsáveis por nossas ações e nossas vidas, na terra e além dela, e forjamos nossas próprias recompensas e punições ao percorrermos a estrada da vida em direção ao inevitável fim. Elas constituem a declaração fundamental do dever do indivíduo por vir. Para Dante, não estamos condenados ao silêncio após a vida: os mortos conservam o dom da língua e assim podem refletir por meio de palavras sobre o que lhes veio a acontecer.

O islã promete que após a morte haverá punições para os infiéis e recompensas para os crentes.

Para os incréus Nós preparamos correntes e grilhões e um Fogo ardente. Mas os justos beberão de uma taça temperada na Fonte de Cânfora, uma nascente borbulhante na qual os servos de Deus se refrescarão: os que cumprem seus votos e temem os abrangentes terrores do dia do Juízo; os que, conquanto apegados ao que têm, dão sustento aos destituídos, aos órfãos e aos cativos dizendo: "Nós os alimentamos somente em atenção a Deus; não queremos de vocês nem recompensa nem agradecimentos; pois tememos, de nosso Senhor, um dia de angústia e de infortúnio".

Esse medo irá se mostrar frutífero: após a morte do corpo, Deus recompensará os crentes com túnicas de seda, divãs reclinados, árvores sombrosas, oferendas de fruta, pratos de prata e taças de água com sabor de gengibre servidas por rapazes eternamente jovens, reluzentes como pérolas orvalhadas. No século XII, Ibn 'Arabi explicou que os condenados "seriam reunidos sob formas tão feias que macacos e suínos teriam melhor aspecto". A acumulação de riqueza é um obstáculo à bem-aventurança eterna: de acordo com o companheiro do Profeta, Abu Huraryra, o Profeta disse que os fiéis pobres entrarão no Paraíso meio dia antes dos ricos.[7]

O Dia da Ressurreição, ou *Al-yawm al-qiyama* (também chamado *Al-yawm al-fasal*, ou Dia da Discriminação, e *Al-yawm al--din*, ou Dia da Religião), no qual a humanidade prestará testemunho contra si mesma, é mencionado mais especificamente na sura 75 do Corão. "Nesse dia haverá rostos jubilosos olhando para seu Senhor. Nesse dia haverá rostos lamentosos temendo uma grande aflição." A data exata desse acontecimento terrível não é fornecida (só Deus a conhece e nem mesmo o Profeta pode mudá-la), mas nesse dia os mortos serão ressuscitados, "mesmo que você tenha virado pedra ou ferro, ou qualquer outra substância que julgue improvável ganhar vida". O Dia da Ressurreição será anunciado por vários e importantes sinais: o aparecimento de Masih-ad-Dajjal, o falso messias; a deserção de Medina; o retorno de Isa (Cristo na nomenclatura islâmica), que derrotará Masih-ad-Dajjal e as falsas religiões; a libertação dos povos gog e magog; o ataque a Meca e a destruição da Caaba; e a morte de todos os verdadeiros fiéis causada por uma suave brisa do sul. Nesse momento todos os versículos do Corão serão esquecidos, todo o conhecimento do islã cairá no esquecimento, uma besta demoníaca surgirá para se dirigir aos sobreviventes, que participarão de uma frenética orgia sexual, uma imensa nuvem negra cobrirá a terra, o sol nascerá no oeste, e o anjo Israfil soará o primeiro clarim causando a morte de todas as criaturas vivas. Finalmente, o segundo clarim soará e os mortos serão ressuscitados.[8]

O erudito espanhol Miguel Asín Palacios alegou que Dante pode ter conhecido a escatologia islâmica por meio de traduções latinas do *hadith,* feitas em Córdoba. Embora as teorias de Asín Palacios referentes às influências islâmicas em *A divina comédia* tenham sido amplamente desacreditadas, seus críticos foram obrigados a aceitar a possibilidade de uma "intrusão de temas islâmicos no pensamento religioso cristão medieval". Uma vez sugerido, o argumento básico de Asín Palacios parece óbvio: que a partir de Al-Andalus (uma civilização que promoveu um fluente diálogo entre as três culturas da Espanha: a islâmica, a cristã e a judaica), os textos islâmicos, traduzidos para o latim, poderiam facilmente ter chegado aos centros culturais da Itália, onde certamente teriam atraído a atenção de um leitor onívoro como Dante. Um texto notável entre estes é a *Epístola do perdão,* uma excursão satírica pelo céu e pelo inferno, escrita pelo poeta sírio do século XI Abu l-'Ala' al-Ma'arri, que, para o leitor ocidental, evoca irresistivelmente o Outro Mundo de conversas de *A divina comédia* de Dante. Na *Epístola,* o autor zomba de um obscuro e pedante gramático que ele conhecia, e quem, após a morte, ao superar as dificuldades da burocracia do outro mundo, envolve-se num diálogo com poetas famosos, filósofos e heréticos do passado, e fala até mesmo com o próprio diabo.[9]

Diferenciando a "segunda morte" da primeira, os autores islâmicos têm alegado que morrer é o ato positivo de coroamento da vida de um verdadeiro fiel. Uma coleção de escritos do século X de autoria de membros anônimos de uma fraternidade esotérica baseada em Basra e Bagdá, conhecida com Ikhwan al-Safa, ou

Irmãos da Pureza ou Sinceridade, contém um texto chamado "Por que morremos" que descreve o ato de morrer mediante uma série de extensas metáforas. O corpo é um navio, o mundo é o mar, a morte é a costa para onde nos dirigimos; o mundo é uma pista de corrida de cavalos, o corpo é um cavalo de raça, a morte é a chegada, onde Deus é o rei que entrega os prêmios; o mundo é uma lavoura, a vida é a sucessão de estações, o além é o assoalho da debulha que separa o grão da palha. "Portanto", lê-se no texto, "a morte é algo sábio, uma misericórdia e uma bênção, já que só podemos chegar a nosso Senhor depois de termos deixado esta estrutura física e partido de nossos corpos."[10]

Sem dúvida o Dia da Ressurreição islâmico compartilha certos aspectos com sua contraparte cristã. Segundo Irineu, um líder da Igreja cristã no século II, a visão de João de Patmos foi-lhe concedida nos últimos anos do reinado de Domiciano, em 95 ou 96. Tradicionalmente (e erroneamente), João de Patmos é identificado como João, o Evangelista, discípulo amado por Jesus que, em sua velhice, assim se supõe, retirou-se para o deserto rochoso de Patmos para pôr sua visão em palavras.[11]

O Apocalipse de João é um texto poético perturbador e misterioso que retrata a morte não como o fim, mas como uma fase da luta entre o bem e o mal. Estrutura-se em torno do numinoso número sete: sete letras, sete selos, sete clarins, sete visões, sete frascos e, finalmente, mais sete visões. Para a angustiante pergunta "O que acontecerá conosco?", o livro de João respondeu com uma riqueza de imagens terríveis de "coisas que devem acontecer em breve" (Apocalipse 1,1) e instiga os leitores a decifrá-las. Os mistérios da revelação foram descritos como um livro lacrado com sete selos, a promessa de compreensão como um livro aberto que o Anjo dá a João para que o coma, refletindo uma metáfora do livro de Ezequiel (2,10) na qual o profeta também recebe um livro "escrito por dentro e por fora: e lá estavam escritas lamentações e luto e infortúnio". Assim a visão concedida por Deus era ininteligível (lacrada) para o incréu e inteligível (edível) para os que acreditavam. Esta é uma das mais antigas e duradouras imagens do ato de ler: devorar o texto para assimilá-lo, fazendo-o parte do próprio corpo do leitor.

A mais antiga interpretação conhecida do Apocalipse, em latim, foi escrita no século IV por Victorino, bispo de Pettau, na Estíria (hoje Áustria), que foi martirizado sob o imperador Diocleciano. Victorino escreveu comentários sobre a Bíblia, dos quais nenhum sobrevive, exceto fragmentos das leituras do primeiro e do último livro, o Gênesis e o Apocalipse. Acreditando que a perseguição sofrida pelos cristãos era uma prova de que o fim do mundo se aproximava, Victorino viu no Apocalipse de João o anúncio de eventos contemporâneos que culminariam (assim pensava) mil anos após o início do reinado de Cristo.[12]

A leitura de Victorino mostrou-se convincente. Muito depois do ano 1000, leitores continuavam a interpretar a visão de João como uma crônica da história presente. Ainda em 1593, John Napier, um matemático escocês que inventara a vírgula [ponto, nas notações em inglês] decimal e o logaritmo, publicou *A Pleine Discoverie of the Whole Revelation of St. John*, que ecoava os comentários de Victorino. Ferrenhamente anticatólico, Napier desenvolveu em seu livro uma cronologia baseada na leitura do Apocalipse. Usando a derrota da Armada Espanhola como prova de que Deus apoiava a causa protestante, ele explicava que a sétima e última era da história tinha começado com o toque do clarim final, em 1541, ano em que John Knox começou a Reforma Escocesa, e terminaria, de acordo com seus cálculos, no ano de 1786. Os herdeiros atuais dessas leituras bem-arrumadas são revivalistas evangélicos americanos como Billy Graham, que veem na visão de João a ameaça, ou promessa, do Armagedom.[13]

Mas no século IV a leitura histórica do Apocalipse por Vic-

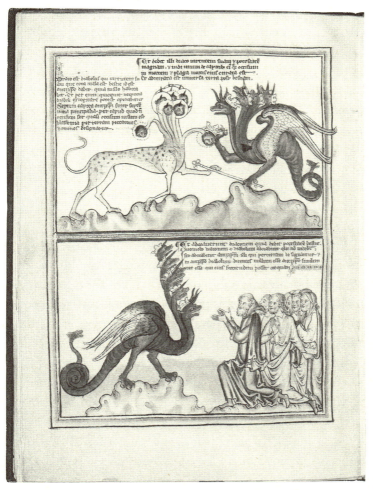

Manuscrito sobre o Apocalipse, do século XV, com iluminuras, descrevendo (em cima) a Besta e o Dragão e (embaixo) o culto à Besta e ao Dragão. (Biblioteca Pierpont Morgan, Nova York, MS M.0524, fol. 10v, 1. Fotografia © Biblioteca Pierpont Morgan/Art Resource, NY.)

torino não foi considerada aceitável pelas autoridades eclesiásticas, especialmente à luz do poder crescente da Igreja após Constantino. Os comentários de são Jerônimo sobre os comentários de Victorino, embora concedendo ao martirizado erudito um lugar de distinção entre os escritores eclesiásticos, sugeriam que sua interpretação era equivocada e que o Apocalipse requeria uma leitura alegórica e não literal. Engenhosamente, Jerônimo achou uma solução que abraçava as ideias de Victorino, mas não negava a existência atual de uma Igreja triunfante. Jerônimo sugeriu que o Apocalipse apresentava uma série de eventos típicos recorrentes no decorrer da história, que nos lembram periodicamente que o Dia do Juízo está próximo: os clarins que começaram a soar na Babilônia ainda estão soando hoje em dia. A segunda morte ainda nos aguarda.[14]

Em *A cidade de Deus*, Santo Agostinho parece concordar com a interpretação inclusiva de Jerônimo. O Apocalipse, segundo Agostinho, revela a seus pretendidos leitores a história da verdadeira Igreja e também os próprios conflitos pessoais mediante uma série de imagens que para alguns podem parecer desconcertantes, mas que, lidas à luz de certas passagens esclarecedoras, falam a cada leitor sobre uma luta privada para superar a escuridão e ir ao encontro da luz. Agostinho é crítico severo daqueles que acreditam que o fim do reino de mil anos anuncia uma ressurreição do corpo para que ele possa usufruir "dos mais irrestritos festins materiais". Essa primeira ressurreição, diz Agostinho, propiciará a todos a quem for concedido "não só [voltar a] viver novamente da morte do pecado, mas [continuar] nesta nova condição de uma nova vida". Agostinho conclui: "Voltar à vida novamente os teria feito partícipes da primeira ressurreição; e então a segunda morte não teria tido poder sobre eles".[15] O surgimento de Dante de dentro da floresta escura e sua peregrinação à visão final segue a leitura de Agostinho.

Acalentados por esses comentários, os escatologistas cristãos medievais assumiram que a morte não é o fim: há um além-mundo das almas. Mas nem mesmo este é o estádio final do ser. O derradeiro momento virá quando soarem os últimos clarins e, numa ordenação final, as almas conhecerão a verdadeira conclusão de suas histórias. Na expectativa de uma retribuição justa, supunha-se que os verdadeiros cristãos enfrentariam os últimos momentos com uma equanimidade ritual, entregando tranquilamente sua alma a seu Criador, o aristotélico bem supremo ao qual todas as coisas têm de retornar.

Segundo o historiador Philippe Ariès, essa atitude submissa em relação à morte pode ser rastreada ao final do primeiro milênio. A Europa cristã concebia a morte como "domesticada" — vale dizer, controlada por um sistema de rituais que permitia ao morrente ser um protagonista consciente de seu último momento.[16] Esperava-se que o agonizante aguardasse a morte com resignação ativa, colocando o corpo numa posição predeterminada, deitado de costas com o rosto voltado para o céu, e aceitando participar de cerimônias convencionais que transformavam a câmara mortuária num espaço público.

A morte veio a ser entendida como um consolo, um conceito esperançoso que prevaleceu talvez até o ceticismo do Iluminismo; era vista como um abrigo seguro, um lugar de descanso final das labutas da vida na terra. Às imagens islâmicas da morte como um almejado porto, o assoalho da debulha depois da colheita, a linha de chegada de uma corrida, a imaginação cristã acrescentou à de uma pousada, esperando no final da jornada de uma vida. "Louco, minha senhora, é o viajante que, aborrecido com as fadigas do dia, quer voltar ao começo da jornada e retornar ao mesmo lugar", lemos em *La Celestina*, pois todas essas coisas que possuímos na vida, melhor possuí-las do que esperar por elas, porque o fim está mais próximo quanto mais avançamos a partir do início. Não há nada mais doce ou aprazível para um homem do que uma pousada. Tanto assim que, mesmo sendo a juventude feliz, o ancião verdadeiramente sábio não a deseja, porque só aquele a quem falta razão e bom senso ama quase nada além daquilo que perdeu.[17]

O fim do primeiro milênio, segundo Ariès, marcou mais uma mudança em nossas tratativas com a morte: a aceitação da morte dentro do reino dos vivos. Na Roma antiga, a lei civil proibia o sepultamento *in urbe*, dentro dos muros da cidade. Essa convenção mudou, diz Ariès, não devido a uma reconsideração dos rituais europeus, mas por causa do costume norte-africano de venerar os restos mortais dos mártires e de sepultá-los em igrejas, primeiro fora da cidade e depois onde quer que estivesse a igreja.[18] Igreja e sepultura tornaram-se um só e mesmo lugar, e parte da vizinhança dos vivos.

Com a inclusão dos mortos no mundo dos ainda viventes, o ritual de morrer adquiriu um duplo sentido: uma "encenação" de morte, uma representação de um Dia de Julgamento singular em primeira pessoa que se conclui com o fim do "eu", e o testemunho dessa encenação por aqueles que permanecem com vida, que assumem o dever do luto e da memória, e transferem a parafernália da morte para o campo do erotismo, como, por exemplo, na arte e na literatura do movimento romântico. A morte adquire uma beleza gótica. Edgar Allan Poe considerava a morte de uma mulher bela "inquestionavelmente o tema mais poético do mundo".[19]

As sociedades industrializadas dos séculos xx e xxi tendem a excluir a morte. A morte em nossa época acontece em hospitais e casas de repouso para idosos, longe do olhar doméstico ou público. A morte "torna-se vergonhosa e proibida", alega Ariès, escondendo até mesmo do paciente a proximidade do momento final. E a guerra moderna, até certo ponto, despoja da morte a sua singularidade. As duas guerras mundiais e as chacinas que engendraram e que continuam até os dias de hoje tornaram a morte plural, absorvendo cada morte individual em estatísticas intermináveis e memoriais coletivos. Era a este apagamento por meio de números que se referia Christopher Isherwood quando falava a um jovem produtor de filmes judeu. Isherwood tinha mencionado que 600 mil homossexuais tinham sido mortos em campos de concentração nazistas. O jovem não ficou impressionado. "Mas Hitler matou 6 milhões de judeus", ele disse gravemente. Isherwood olhou para ele e perguntou: "O que você é? Do ramo imobiliário?".[20]

A despeito de morrermos fora de cena, a despeito de morrermos anonimamente ou como parte de uma multidão, a despeito da possibilidade de consolo e da certeza de que é um encerramento, parece que ainda não queremos, absolutamente, morrer. Em 2002, Jeremy Webb, editor da *New Scientist*, ofereceu um prêmio aos leitores: após a morte do vencedor, o corpo seria preparado e lentamente congelado a uma temperatura incrivelmente baixa no Instituto de Criônica de Michigan, onde seria mantido indefinidamente em nitrogênio líquido. "Conquanto esperma, embriões, vírus e bactérias tenham sido congelados e depois trazidos de volta à vida, grandes massas de carne e osso e cérebro e sangue representam um desafio maior. Não há processo de putrefação, nenhuma ação biológica abaixo de -196° C", explicou Webb. "Toda a ênfase da criônica está em colocá-lo em congelamento profundo até que a tecnologia tenha descoberto a técnica de trazê-lo de volta."[21]

As perguntas "O que acontecerá conosco?"; "Vamos desaparecer para sempre?"; "Podemos retornar da sepultura?" implicam muitos conceitos diferentes do que é a morte. Se concebemos a morte como um último capítulo ou a imaginamos no início de um segundo volume, se a tememos por não poder saber ou acreditar que além dela está a retribuição por nossa conduta na terra, se ficamos prematuramente nostálgicos ante a ideia de não mais existir ou não mais empatizar com aqueles que vamos deixar para trás, nossa imagem da morte como um estado de ser (ou não ser) determina nossa percepção dela como um ato, final ou perambulatório. "Mesmo se eu estiver enganado em minha crença de que a alma é imortal", escreveu Cícero no século I a.C. com uma simplicidade incomum, "cometo o engano alegremente, pois a crença me faz feliz, e é uma crença que eu quero manter enquanto viver."[22]

Além da impossível constatação de nossa própria morte, à medida que ficamos mais velhos vamos tomando ciência, persistentemente, da crescente ausência de outros. Para nós é difícil dizer adeus. A cada despedida assalta-nos uma suspeita secreta de que talvez esta seja a última; tentamos ficar acenando na porta o maior tempo possível. Não nos conformamos com ausências definitivas. Não queremos acreditar no poder absoluto da dissolução. Essa incredulidade é um consolo para os fiéis. Quando são Bernardo reza à Virgem pela salvação de Dante, ele pede que "lhe disperse toda nuvem de mortalidade com suas preces,/ de modo que a suprema alegria se desdobre para ele".[23]

Sêneca (que Dante com certeza leu, mas só menciona com um único epíteto, "Sêneca moral" no Nobre Castelo do Limbo) estudou os estoicos gregos mas não seguiu, em sua própria vida, seu excelente conselho. Em seus escritos, no entanto, ele observa com estoica sobriedade que a morte não nos deve amedrontar: "Não se trata de dispormos de tão pouco tempo", ele escreve em termos de banqueiro ao amigo Paulinus, supervisor do fornecimento de grãos a Roma, "mas de perdermos tanto. A vida é suficientemente longa e a porção que nos é destinada, generosa o bastante para nossos projetos mais ambiciosos se neles investirmos com cuidado".[24] Essas ideias, é claro, não eram novas na Roma do século i d.C. Desde os primeiros tempos, os romanos haviam concebido a vida após a morte condicionada a quão bem (ou mal) tenhamos administrado esta vida.

A ideia de haver uma sequência desta vida, uma continuação, uma arraigada imortalidade, é lindamente resumida na inscrição colhida no *Corpus Inscriptionum Latinarum*, a grande coleção de epitáfios em latim: "Sou cinzas, cinzas são a terra, a terra é uma deusa, portanto não estou morto".[25] Dogmas religiosos, legislações civis, estética e ética, filosofias intelectual e chã, misticismo: tudo se apoia nesse límpido silogismo.

Se os mortos não desaparecem completamente, então pode ser conveniente manter com eles algum tipo de relacionamento: uma oportunidade de falar com eles e, acima de tudo, uma oportunidade para que eles falem, como fazem em *A divina comédia*. Os primeiros exemplos literários de tais diálogos podem ser vistos em lápides antigas com inscrições de palavras atribuídas aos mortos, como as mencionadas por Dante após entrar na infernal cidade de Dis.[26] Entre as tumbas mais antigas na paisagem italiana estão as construídas pelos etruscos, elegantemente decoradas com cenas de funerais festivos e retratos do falecido. Os romanos deram continuidade aos costumes da desaparecida civilização etrusca, acrescentando inscrições em suas lápides. No início, estas meramente anunciavam o nome do morto, louvando-o com palavras sóbrias e desejando a sua alma uma viagem indolor ao que vem depois ("Que a terra lhe seja leve!") ou se dirigiam ao estranho que por ali passava ("Saudações, a você que passa por aqui!"). Embora a brevidade continuasse a ser uma característica dos epitáfios, com o tempo eles tornaram-se menos convencionais, mais líricos, simulando uma conversa com o amigo ou parente ausente, ou estabelecendo uma conexão de mortalidade comum entre o morto e os que ainda viviam. E ainda assim, traduzidos em palavras, os sentimentos mais sinceros e a tristeza mais profunda podem se tornar artificiais. Por fim, o epitáfio tornou-se um gênero literário, irmão mais moço da elegia.

No primeiro capítulo de O jardim dos Finzi-Contini, de Giorgio Bassani, um grupo de pessoas visita um cemitério etrusco ao norte de Roma. Uma jovem pergunta ao pai por que as sepulturas mais antigas nos entristecem menos do que as mais recentes. "É fácil de entender", diz o pai. "Os que morreram recentemente estão mais próximos de nós, e exatamente por isso nós os amamos mais. Enquanto os etruscos, eles estão mortos há tanto tempo que é como se nunca tivessem vivido, como se sempre estivessem mortos."[27]

Quer próximos a nós quer perdidos no tempo, os mortos despertam nossa curiosidade porque sabemos que, mais cedo ou mais tarde, vamo-nos juntar a eles. Queremos saber como as coisas começam, mas também queremos saber como vão acabar. Tentamos imaginar o mundo sem nós, num perturbador esforço de conceber uma história sem um narrador, uma cena sem uma testemunha. Dante, engenhosamente, inverteu o procedimento: imaginou o mundo não sem ele, mas sem os outros, ou melhor, com ele vivo e os outros mortos. Ele se concedeu o poder de explorar a morte do ponto de vista dos vivos, perambulando entre aqueles para os quais a pergunta final tinha sido terrível ou jubilosamente respondida.

A divina comédia é um poema sem fim. A conclusão é também o começo, já que é somente após a visão final, quando Dante finalmente vê o inefável, que o poeta pode começar a contar a crônica da jornada. Borges, pouco antes de sua morte em Genebra em 1986, imaginou um conto (que não teve a oportunidade de escrever) sobre Dante em Veneza, sonhando com a sequência de A divina comédia. Borges nunca explicou o que poderia ser essa sequência, mas talvez neste segundo volume de sua peregrinação

Dante poderia ter voltado à terra e morrido e, como num espelho de sua obra-prima, sua alma teria vagado pelo mundo de carne e sangue engajando-se em conversas com seus contemporâneos. Afinal, em seu fatigante exílio, ele deve ter se sentido como se sentem os exilados, um fantasma entre os vivos.

Dante e Virgílio encontram os maus conselheiros. Xilogravura que ilustra o Canto XXVI do Inferno, *impressa em 1487 com comentário de Cristoforo Landino. (Biblioteca Beinecke de Livros e Manuscritos Raros, Universidade Yale.)*

16. Por que as coisas acontecem?

Minha governanta escapou da Alemanha nazista no início da década de 1940 e, após uma difícil viagem com sua família, chegou ao Paraguai para ser saudada por bandeiras com a suástica nas docas de Assunção. (Foi durante o regime militar de Alfredo Stroessner.) Posteriormente, ela chegou à Argentina, e lá foi empregada por meu pai para nos acompanhar como governanta na missão diplomática de meu pai em Israel. Ela raramente falava dos anos que passou na Alemanha.

Pessoa melancólica e calada, não fez muitos amigos em Tel Aviv. Entre os poucos que tinha, havia uma mulher suíça com quem ia de tempos em tempos ao cinema, e que tinha tatuado no antebraço um número, um tanto apagado. "Nunca pergunte a Maria o que é isso", ela me advertiu, mas não deu explicação alguma. Eu nunca perguntei.

Maria não escondia sua tatuagem, mas evitava olhar para ela, ou tocar nela. Eu tentava desviar os olhos, mas era irresistível, como uma linha escrita vista debaixo d'água, provocando-me a decifrar seu significado. Só quando muito mais velho foi que eu soube do sistema usado pelos nazistas para identificar suas vítimas, principalmente em Auschwitz. Um velho bibliotecário polonês em Buenos Aires, também sobrevivente de Auschwitz e portador de uma tatuagem dessas, disse-me uma vez que ela o fazia lembrar os números de referência dos livros que ele costumava classificar na Biblioteca Municipal de Lublin, onde tinha trabalhado como auxiliar em sua longínqua adolescência.

Acredito estar no inferno, portanto estou.

Arthur Rimbaud, *Nuit de l'enfer*

Há lugares nesta Terra dos quais os que retornam, retornam para morrer.

Em 13 de dezembro de 1943, o jovem de 24 anos Primo Levi foi detido pela milícia fascista e preso num campo de concentração em Fossoli, próximo a Módena. Nove semanas mais tarde, tendo admitido ser um "cidadão italiano da raça judaica", foi enviado a Auschwitz junto com outros prisioneiros judeus. Todos, ele diz, "mesmo as crianças, mesmo os idosos, mesmo os doentes".[1]

Em Auschwitz, uma das tarefas designadas a Levi e outros cinco em seu *Kommando* foi raspar as paredes internas de um tanque de petróleo subterrâneo. O trabalho era exaustivo, brutal e perigoso. O mais jovem do grupo era um estudante alsaciano chamado Jean, de 24 anos, a quem fora dada a tarefa de *Pikolo*, ou funcionário mensageiro, na desvairada burocracia do campo. Durante um dos turnos, Jean e Levi foram obrigados a passar algumas horas juntos, e Jean pediu a Levi que lhe ensinasse italiano. Levi concordou. Ao relembrar a cena, ele escreve anos mais tarde, em suas memórias *Se questo è un uomo* [*É isto um homem?*], que subitamente o canto de Ulisses em *A divina comédia* lhe veio à mente, como ou por que ele não sabe. Enquanto os dois homens caminham em direção às cozinhas, Levi tenta explicar ao alsaciano, em seu francês ruim, quem era Dante e em que consiste *A divina comédia*, e por que Ulisses e seu amigo Diomedes queimam eternamente numa chama dupla por terem enganado os troianos. Levi recita para Jean os admiráveis versos:

O maior chifre da antiga flama
começou a se sacudir, murmurando
bem como uma chama que luta contra o vento;

depois, fazendo oscilar o topo
como se fosse a língua que falava
emitiu uma voz, e disse: "Quando..."

Depois disso, nada. A memória, que no melhor dos momentos nos atraiçoa, nos piores não faz nada melhor do que isso. Fragmentos, farrapos do texto lhe retornam, mas isso não basta. Então Levi lembra-se de outro verso, "*ma misi me per l'alto mare aperto...*":

Eu me lancei no profundo mar aberto...[2]

Jean tinha sido transportado pelo mar, e Levi acredita que a experiência lhe permitirá compreender a força do "*misi me*", muito mais forte que "*je me mis*" na rústica tradução de Levi para o francês; "*misi me*", o ato de alguém se jogar do outro lado da barreira, para "coisas amenas, ferozmente distantes". Pressionado pela aproximação do fim de sua breve trégua, Levi lembra-se de um pouco mais:

Considerem suas origens:
vocês não foram feitos para viver como seres brutos
mas para seguir virtude e conhecimento.[3]

Subitamente, Levi ouve os versos em sua cabeça como se os estivesse ouvindo pela primeira vez, "como o toque de um clarim", ele diz, "como a voz de Deus". Por um momento, ele esquece o que é e onde está. Tenta explicar os versos a Jean. Então relembra:

então nos apareceu uma montanha,
escura por estar tão distante, e a mim parecia mais alta
do que qualquer outra que jamais vi.[4]

Faltam-lhe mais versos. "Eu daria a sopa de hoje", diz Levi, "para saber como conectar 'do que qualquer outra que jamais vi', com os versos finais." Ele fecha os olhos, morde os dedos. É tarde, os dois homens chegaram à cozinha. E então a memória lhe atira os versos, como se fossem moedas atiradas a um mendigo:

Três vezes o fez remoinhar com todas as águas;
e na quarta fez a popa se erguer
e a proa afundar, como do agrado de Outrem.[5]

Levi retarda Jean na fila para a sopa: sente que é vitalmente necessário ao jovem que o ouça, que compreenda as palavras "como do agrado de Outrem" antes que seja tarde demais; amanhã, um dos dois pode estar morto, ou eles podem nunca mais se encontrar. Ele tem de lhe explicar, diz Levi, "sobre a Idade Média, sobre o tão humano e tão necessário e ainda assim inesperado anacronismo, mas ainda, sobre algo gigantesco que eu mesmo somente agora percebi, num relance de intuição, quiçá qual é o motivo de nossa sina, de estarmos hoje aqui".

Eles chegam à fila, entre os sórdidos, esfarrapados carregadores de sopa de outros *Kommandos*. É feito um anúncio oficial de que a sopa de hoje será de repolho e nabo. O último verso do canto volta a Levi:

Até que o mar se feche sobre nós.[6]

Sob a onda engolfante de Ulisses, o que é aquele "algo gigantesco" do qual Levi se dá conta e quer comunicar?

389

A experiência de Primo Levi talvez seja a experiência definitiva que um leitor pode ter. Hesito em dar-lhe qualquer qualificação, mesmo a de definitiva, porque há coisas que estão além da capacidade da língua de denominá-las. Contudo, sem jamais ser capaz de expressar a inteireza de qualquer experiência, a língua pode, em certos momentos de graça, chegar ao inominável. Muitas vezes, no decorrer de sua jornada, Dante diz que lhe faltam as palavras; essa falta é precisamente o que permite que Levi expresse com as palavras de Dante algo de sua própria e incompreensível condição. A experiência por que passa Dante está nas palavras de seu poema; a de Levi, nas palavras feitas carne, ou dissolvidas na carne, ou perdidas na carne. Os prisioneiros dos campos estavam despojados e tosquiados, seus corpos e rostos emaciados, seus nomes substituídos por um número tatuado em sua pele; as palavras restauravam por breve tempo algo do que tinha sido despedaçado.

Se os prisioneiros de Auschwitz quiserem manter seus nomes, isto é, se quiserem ser ainda humanos, têm de encontrar em

Primo Levi. (Fotografia © Rene Burri/ Magnum/ Magnum Photos/ Latinstock.)

si mesmos (diz Levi) a força para fazer isso, "de fazer com que de algum modo, por trás do nome, algo de nós, de nós como éramos, ainda permaneça". Essa conversa com Jean foi a primeira vez (diz Levi) que ele teve a consciência de que na língua faltam palavras para expressar a agressão que é a demolição de um homem. O termo "campo de extermínio" adquire aqui um duplo significado, mas tampouco esse termo é suficiente para denotar o que está acontecendo. Este é o motivo pelo qual Virgílio não pode abrir a Dante as portas da Cidade de Dis no nono canto do *Inferno*: porque o Inferno, o Inferno absoluto, não pode ser conhecido pela razão como a maioria das coisas é conhecida por meio da língua — nem mesmo mediante as palavras prateadas do magistral poeta Virgílio. A experiência do Inferno escapa à língua porque só pode ser submetida ao inefável, ao que Ulisses se refere quando diz "do agrado de Outrem".

Mas existe uma diferença essencial, da mais alta importância entre Auschwitz e o Inferno de Dante. Mais além do inocente primeiro círculo onde o único sofrimento é o da espera sem esperança, o Inferno é um lugar de retribuição, onde cada pecador é responsável pela punição que ele ou ela suporta. Auschwitz, em vez disso, é um lugar de punição sem que tenha havido transgressão, ou, se houve transgressão (como existe em cada um de nós), não é por essa transgressão que a punição está sendo aplicada. No Inferno de Dante, todos os pecadores sabem por que estão sendo punidos. Quando Dante lhes pede que contem suas histórias, eles conseguem pôr em palavras os motivos de seus sofrimentos; mesmo que não concordem que os tenham merecido (como no caso de Bocca degli Abati), isso se deve apenas a seu orgulho ou sua raiva, ou ao desejo de esquecer. A necessidade do homem, diz Dante em *De vulgari eloquentia*, é mais de ser ouvido do que de ouvir, "por causa da alegria que sentimos ao traduzir numa ação ordenada nossas afeições naturais".[7] É por isso que os pecadores falam com Dante, de modo que ele os ouça falar. É por isso que os mortos preservam a linguagem, ao contrário da opinião do salmista. É ao Dante vivo que, mais e mais, faltam as palavras para descrever os horrores, e depois as glórias, e não aos condenados, os quais, destituídos de todo conforto e toda paz, estão miraculosamente de posse de uma língua para falar do que fizeram para poder continuar a ser. A língua, mesmo no Inferno, nos proporciona existência.

Em Auschwitz, contudo, a língua era inútil seja para explicar a não existente transgressão ou para descrever as punições sem sentido, e as palavras adquiriam outros, pervertidos e terríveis significados. Havia uma piada em Auschwitz (porque mesmo num lugar de agonia existe humor): "Como se diz 'nunca' na gíria do campo?" 'Morgen früh, amanhã de manhã'".

Para os judeus, no entanto, a língua — especificamente a letra *beth* — foi o instrumento com o qual Deus efetivou sua Criação e, portanto, não poderia ser aviltada, por mais que fosse mal usada.[8] O intelecto, onde se assenta a linguagem, foi a força impulsionadora da humanidade, e não o corpo, seu duto. Por isso, os judeus ortodoxos acreditam que o conceito de heroísmo era inextricavelmente ligado ao de coragem espiritual, e o conceito de "bravura com santidade", ou, em hebraico, *Kiddush ha-Shem* (santificação do nome de Deus) estava na raiz de sua resistência aos nazistas. Acreditavam que o mal não devia ser combatido fisicamente pelos mortais, porque o mal não pode ser derrotado mediante ação física: apenas a Providência Divina pode decidir se o mal triunfará ou não. As verdadeiras armas de resistência eram, para a maioria dos judeus ortodoxos, a consciência, a oração, a meditação e a devoção. "Eles acreditavam que recitar um capítulo dos Salmos teria mais efeito no curso dos acontecimentos do que matar um alemão — não necessariamente de imediato, mas em algum momento do curso infinito das relações entre o Criador e Suas criaturas."[9]

Ulisses, como outras almas no Inferno de Dante, sofre um castigo que ele mesmo concebera durante o limitado decurso de suas relações com seu Criador. Na imaginação de Dante, nós, não Deus, somos responsáveis por nossas ações e por suas consequências. O mundo de Dante não é o mundo de Homero, onde deuses caprichosos brincam com nossos destinos humanos para sua diversão, ou propósitos pessoais. Deus, acredita Dante, deu a cada um de nós certas capacidades e possibilidades, mas também o dom do livre-arbítrio, que nos permite fazer nossas próprias escolhas e assumir as consequências dessas escolhas. Até mesmo a qualidade do próprio castigo é, segundo Dante, determinada por nossa transgressão. Ulisses é condenado a arder invisivelmente na chama bifurcada porque seu pecado, de aconselhar outros a praticarem fraude, é furtivo, e já que ele mesmo o cometeu por meio da fala, da língua, é nas línguas das chamas que ele será eternamente torturado. No Inferno de Dante, toda punição tem um motivo.

Mas Auschwitz é um tipo muito diferente de inferno. Logo após a chegada de Levi, em meio a um inverno terrível, doente e com sede, trancado num amplo barracão sem aquecimento, ele vê um pingente de gelo do lado de fora da janela. Ele estende uma das mãos e quebra o pingente, mas um guarda o tira dele, joga fora e empurra Levi de volta a seu lugar. "*Warum?*", pergunta Levi em seu alemão ruim, "Por quê?". "*Hier ist kein warum*", responde o guarda. "Aqui não existe por quê."[10] Essa infame resposta é a essência do inferno de Auschwitz: em Auschwitz, não como no reino de Dante, não existe "por quê".

No século XVII, o poeta alemão Angelus Silesius, ao tentar falar da beleza de uma rosa, escreveu: "*Die Rose ist ohne warum*" [A rosa é sem por quê].[11] Este, claro, é um "por quê" diferente: o "por quê" da rosa jaz meramente além das capacidades descritivas da língua, mas não além do âmbito epistemológico da língua. O "por quê" de Auschwitz está além dos dois. Para entender isso, devemos, como Levi e Dante, nos manter teimosamente curiosos, porque nosso relacionamento com a língua é sempre insatisfatório. Pôr nossas experiências em palavras, seguidamente, não atende a nosso objetivo: a língua é pobre demais para conjurar plenamente a experiência, ela nos desaponta quando os acontecimentos são felizes e nos molesta quando não o são. Para Dante, "contar como realmente foi, é difícil", e ainda assim ele diz que tem de tentar fazê-lo, "para dirigir-me ao bem que lá encontrei". Mas, como lhe diz Beatriz, "a vontade e os instrumentos [dessa vontade] entre mortais [...] são penas desigualmente distribuídas em suas asas".[12] Ao tentar, como poderia Dante, e ao tentar, como podemos nós, tão menos talentosos, afirmar nossa vontade, o instrumento da língua cria seu próprio campo semântico.

Esse campo semântico tem sempre múltiplas camadas porque nosso relacionamento com a língua é sempre um relacionamento com o passado, assim como com o presente e o futuro. Quando usamos palavras, estamos fazendo uso da experiência acumulada em palavras antes de nosso tempo; estamos fazendo uso da multiplicidade de significados depositados nas sílabas que empregamos para tornar nossa leitura do mundo compreensível para nós mesmos e para os outros. Os usos que precederam os nossos alimentam e alteram, sustentam e solapam nosso uso atual: quando quer que falemos, falamos em vozes, e mesmo a primeira pessoa do singular é na realidade plural. E quando falamos com línguas de fogo, muitas dessas línguas são chamas antigas.

Os primeiros padres cristãos, empenhando-se por achar uma estratégia que fizesse a sabedoria dos pagãos ficar de acordo com as doutrinas de Jesus, decidiram, após lerem nos Atos dos Apóstolos (7,22) que "Moisés se instruíra em toda a sabedoria dos egípcios, e era poderoso em palavras e em ações", que fora de Moisés que os gregos tinham aprendido sua filosofia. Moisés tinha sido ensinado pelos egípcios, e foi por meio de suas palavras que os precursores de Platão e Aristóteles receberam noções da verdade. Por uma mudança de sílabas, dizia-se, o nome de Moisés tornou-se Musaeus, lendário poeta pré-homérico que tinha sido discípulo de Orfeu.[13] Por esse motivo, no século XII, o instruído Ricardo de são Vítor, o qual Dante colocou no Paraíso junto a são Isidoro de Sevilha e o venerável Beda, declarou que "o Egito é a mãe de todas as artes".[14]

No final do século IV, são Jerônimo defendeu-se da acusação de favorecer as antigas chamas da poesia pagã em detrimento do fogo redentor cristão, com a alegação de que, para explorar plenamente a palavra de Deus, dever-se-iam usar os melhores instrumentos. Cícero e seus confrades, conquanto surdos à palavra verdadeira, tinham aperfeiçoado o instrumento da língua, que os escritores cristãos podiam agora usar para seu próprio benefício. Mas não poderia haver dúvida quanto a qual seria a melhor fonte de sabedoria. Escrevendo para a enclausurada Heloísa, perto de 1160, Pedro, o Venerável, a elogiou por ter entrado no mosteiro após seu amor trágico com Pedro Abelardo. "Você trocou seus estudos em várias disciplinas", ele escreveu, "por outros que são muito melhores, e em vez de Lógica você escolheu o Evangelho, em vez de Física, os Apóstolos, em vez de Platão, Cristo, em vez da academia, o mosteiro. Você agora é uma mulher completa e verdadeiramente filosófica".[15]

Mil anos depois de Jerônimo, Dante alegou que não apenas a língua e as ideias primevas, mas todo o *imaginaire* pagão poderia servir para propósitos mais elevados, e em todo o decurso de *A divina comédia* santos cristãos e deuses antigos, cidadãos de Florença e heróis da Grécia e de Roma compartilham a longa aventura tripartite na qual não há lugar para anacronismo. No primeiro círculo do Inferno, Virgílio é saudado pelos poetas que o precederam, e o próprio Homero dá boas-vindas a Virgílio em sua volta ao Nobre Castelo com um solene "Honra ao eminente poeta". Dante também é bem-vindo nessa "bela escola", saudado pelos companheiros de Homero, e mesmo que Virgílio sorria dessa talvez exagerada apreciação do florentino, a arte de Dante agora faz parte daquele mesmo grande e atemporal círculo de poesia, compartilha com a obra de seus mestres os mesmos triunfos e derrotas verbais.[16]

É uma questão de herança compartilhada. Os mesmos "traços da antiga chama" confessados por Dido na *Eneida* ardem novamente no discurso de Dante a Virgílio no Purgatório, depois de finalmente ver Beatriz: "Reconheço os traços da antiga chama", diz Dante em seu assombro.[17] E uma imagem idêntica serve para Dante descrever, no contexto muito diferente, e não mais como metáfora, a chama bifurcada da qual lhe fala a alma de Ulisses no Inferno: uma chama colorida por seus antecedentes amorosos. Não devemos esquecer, no entanto, que a antiga chama que envolve a alma de Ulisses envolve também a de Diomedes. A antiga chama tem duas línguas, mas só uma das pontas, a maior, tem permissão para se fazer ouvir. Talvez então seja lícito perguntar como Diomedes, que ficou calado, teria contado a história compartilhada.

Relembrando as línguas da antiga chama em Auschwitz, Primo Levi ouve nas palavras de censura "*fatti non foste a viver come bruti*" [vocês não foram feitos para viver como brutamontes] uma alusão a sua própria e maltratada humanidade, uma advertência a não desistir nem mesmo agora, um esboço de palavras revivificantes que nem Virgílio nem Dante, mas o intrépido e superambicioso Ulisses (como sonhado, é claro, por Dante) dirige a seus homens para convencê-los a segui-lo "para além do Sol, para o mundo sem pessoas". Mas Levi não se lembra com exatidão dessas últimas palavras na fala de Ulisses. Os versos que dançam na cabeça de Levi evocam memórias de outra vida: a montanha, "escura por estar tão longe", o faz lembrar outras montanhas vistas na penumbra do anoitecer quando voltava de trem de Milão para Turim, e o terrível "do agrado de Outrem" o compele a fazer Jean compreender, num lampejo de intuição, por que eles estão onde estão.[18] Mas a revelação não prossegue adiante. A memória, que mergulha em nossas bibliotecas submersas e resgata das páginas há muito repassadas somente alguns parágrafos aparentemente aleatórios, escolhe melhor do que sabemos escolher, e talvez sua sábia seleção tenha evitado a Levi a constatação de que mesmo que ele pudesse ter seguido o apelo de Ulisses e se recusado a viver como um brutamontes, assim mesmo ele chegaria como Ulisses e seus homens a um mundo além do suave Sol, um lugar condenado habitado por seres que tinham sido, incompreensivelmente, atirados abaixo da condição humana.

Diomedes é na *Ilíada* o homem confiável, um guerreiro corajoso e sedento de sangue, um estrategista disciplinado disposto a lutar até o fim se acreditar que sua causa é justa. "Nem uma palavra de recuo", ele diz quando alertado quanto ao perigo de um carro troiano que avança. "Vocês jamais me convencerão./ Não é minha natureza encolher-me da batalha, curvar-me ao medo/ com a força de combater ainda firme em meu peito." Diomedes é mais razoável que Ulisses, mais dependente que Aquiles, melhor soldado que Enéas. Diomedes é impelido por uma quase inconsciente curiosidade de saber se nosso destino depende de nós mesmos ou totalmente da vontade de deuses aparentemente onipotentes; isso o leva a atacar até mesmo os próprios deuses. A Guerra de Troia é uma guerra na qual participam tanto homens quanto deuses. Quando Afrodite vem salvar seu filho Enéas de um enorme pedregulho que lhe foi atirado por Diomedes, este atinge seu pulso com sua lança, depois avança sobre Apolo, de modo que o deus do Sol tem de apelar para Ares, deus da guerra, para que o detenha. "O temerário Diomedes, ele lutou com o Pai Zeus!" Diomedes ataca então o próprio deus da guerra. "Os deuses não têm sangue, assim podemos dizer que são imortais", diz Homero, mas podem ser feridos e quando sangram não é de sangue humano, mas de um fluido etéreo conhecido como icor.[19] Ao atacar os deuses imortais, Diomedes descobre que eles também sentem dor, e que podem portanto conhecer e compreender o que os humanos sofrem: esse sofrimento dos antigos deuses prenuncia outra tortura e morte de um deus, séculos depois, numa cruz no Monte Gólgota [Calvário]. Um deus que pode sofrer e que permite o sofrimento que ele mesmo compreende: esse é o paradoxo.

Martin Buber conta esta história:

O imperador de Viena emitiu um edito que se destinava a levar à miséria total os já oprimidos judeus da Galícia polonesa. Naquela época, um homem sério e estudioso chamado Feivel vivia na casa de estudos do rabi Elimelech. Uma noite ele se levantou, entrou no quarto do *tsadik* [homem justo] e lhe disse: "Mestre, tenho um processo judicial contra Deus". E ao falar, ficou horrorizado com suas próprias palavras.

Mas rabi Elimelech respondeu-lhe: "Muito bem, mas o tribunal não está em sessão esta noite".

No dia seguinte, dois *tsadikim* vieram a Lizhensk, Israel de Koznitz e Iaakov Itzchak de Lublin, e ficaram na casa do rabi Elimelech. Depois do almoço, o rabi mandou chamar o homem que lhe tinha falado na véspera e disse: "Agora conte-nos de seu processo judicial".

"Não tenho a força necessária para fazer isso agora", disse Feivel hesitantemente.

"Então eu lhe dou essa força", disse rabi Elimelech.

E Feivel começou a falar. "Por que nos mantêm em servidão neste império? Deus não disse na Torá: 'Pois é de mim que os filhos de Israel são servidores'? E mesmo que nos tenha enviado a países estranhos, ainda assim, onde quer que estejamos, ele nos deve dar plena liberdade para servi-lo."

Ao que rabi Elimelech replicou: "Sabemos qual é a réplica de Deus, pois também está escrita na passagem de reprovação de Moisés e dos profetas. Mas agora, tanto o pleiteante quanto o réu deixarão o recinto da corte, como prescreve a lei, para que os juízes não sejam influenciados por eles. Assim, saia, rabi Feivel. Vós, Senhor do mundo, não podemos mandar sair, porque vossa glória preenche a Terra, e sem vossa presença nenhum de nós poderia viver por um instante sequer. Mas juntamente com isso vos informamos que não nos deixaremos influenciar por vós tampouco".

Então os três se puseram a julgar, silenciosamente e com os olhos fechados. Uma hora depois, chamaram Feivel e lhe deram o veredicto: ele estava com a razão. Na mesma hora, o edito em Viena foi cancelado.[20]

Se Diomedes podia falar da chama bifurcada, ciente como devia estar de que os deuses são falíveis, talvez tenha sido isso que ele disse a Dante: que o fato de sermos humanos não nos livra de sofrer tortura desumana, de que todo empreendimento humano tenha uma inefável sombra, que nesta "breve vigília" de nossa vida podemos ser levados a capotar à vista da tão almejada montanha sem qualquer motivo inteligível, meramente devido ao capricho ou à vontade de Algo ou Alguém.[21] Diomedes pode ter falado a Dante com as mesmas palavras de Ulisses, mas se elas vieram da outra ponta da chama, Dante pode tê-las ouvido diferentemente, não como uma orgulhosa ambição, mas como desespero e fúria, e Levi pode então se ter lembrado da fala não como uma promessa de redenção mas como uma sentença injusta e também incompreensível. Talvez as palavras não faladas de Diomedes sejam parte do "algo gigantesco" que Levi subitamente compreende e quer comunicar a Jean.

A literatura nada promete a não ser que por mais duramente que tentemos alcançar seu horizonte mais distante, vamos fracassar. Mas apesar de nenhuma leitura ser jamais completada, e nenhuma página ser jamais a última, voltar a um texto com o qual estamos familiarizados, seja relendo ou rememorando, nos permite uma navegação mais ampla, e nosso "louco voo", como Dante descreve a busca de Ulisses, nos levará sempre um pouco além no significado.[22] E como descobre Ulisses, seja qual for a compreensão a que finalmente cheguemos, ela não será a que esperávamos. Séculos de palavras transformam a antiga chama de Virgílio numa floresta de significados, nenhum perdido, nenhum definitivo, e pode ser que quando as palavras retornem a nós em nosso momento de necessidade, elas realmente nos salvem, mas apenas provisoriamente. Palavras sempre encerram outro significado que nos escapa.

Franz Kafka imaginou em *Na colônia penal* uma máquina que pune prisioneiros inscrevendo em seus corpos uma misteriosa escrita.[23] Apenas quando a agulha já penetrou profundamente na carne os prisioneiros são capazes de perceber a natureza de sua transgressão e o motivo de sua punição, um instante antes do último. Kafka morreu dezesseis anos antes de Auschwitz ser construído, e sua máquina, conquanto implacável e mortal, oferece, não obstante, uma espécie de resposta à pergunta "Por quê?" — uma resposta no entanto ininteligível, entretanto tardia. Auschwitz, não. Após a libertação de Levi em janeiro de 1945, ele continuou a viver por algum tempo como um escritor entre novos leitores. Não lhe veio qualquer compreensão do "por quê". E ainda assim, captando traços da outra voz oculta em algum lugar da dupla chama, Levi dever ter chegado a um entendimento melhor de por que nenhum "por quê" jamais existiu lá.

Menos de um ano antes de sua morte, numa carta endereça-da ao poeta latino Horácio, Levi escreveu isto:

Nossa vida é mais longa do que a sua, mas não é nem mais alegre nem mais segura, nem temos a certeza de que os deuses vão con-ceder um amanhã a nossos ontens. Nós também nos iremos juntar a nosso pai Enéas, Túlio, Anco e você, no reino das sombras. Nós também, tão insolentes, tão seguros de nós mesmos, voltaremos ao pó e às sombras.[24]

Ao pó e às sombras Levi voltou, como Dante e Virgílio, também Horácio, e como a deles, a chama de Levi continua a falar conos-co. Talvez a perseverança de uma voz seja a única verdadeira jus-tificação da poesia.

A poesia não oferece respostas, a poesia não pode apagar o sofrimento, a poesia não vai trazer os amados mortos de volta à vida, a poesia não nos protege do mal, a poesia não nos concede força ética ou coragem moral, a poesia não vinga a vítima nem pune o vitimizador. Tudo o que a poesia pode fazer, e somente quando as estrelas forem gentis, é emprestar palavras a nossas perguntas, ecoar nosso sofrimento, nos assistir na lembrança dos mortos, dar um nome aos feitos do mal, nos ensinar a refletir sobre atos de vingança e punição, e também de bondade, mesmo quando a bondade não mais está ali presente. Uma antiga prece judaica humildemente nos faz lembrar: "Senhor, remova a pedra do meio da estrada, para que o ladrão não tropece à noite".[25]

Esse poder da poesia é algo que conhecemos há muito tempo, ou talvez sempre tenhamos conhecido, desde o início da lingua-gem, um conhecimento que se fez maravilhosamente evidente nos primeiros cantos do *Purgatório*. Ofuscando sutilmente esses can-tos está a sombra da fracassada tentativa de Ulisses de alcançar a montanha solitária. Seguindo as instruções de Catão, o guardião do Purgatório, Virgílio cinge Dante com o junco, como é "do agrado de Outrem" (as mesmas palavras que Ulisses usou na história de sua aventura). Estando com Virgílio na praia, Dante vê, em cada lado do navio que se aproxima com almas a bordo, "um não sei o quê branco" que se revela serem as asas do anjo que pilota o barco; no relato de Ulisses, ele e seus homens "fizeram seus remos serem asas". A poderosa defesa de Ulisses para sua ardente curiosidade é contraposta pelo frio e eloquente silêncio do anjo, que adverte todas as almas errantes a voltar ao verdadeiro caminho. E mesmo antes da chegada do navio, Dante contrapõe implicitamente suas expectativas às do intrépido Ulisses, que fisicamente navegou adiante, mas cuja alma permaneceu presa à terra firme:

Ficamos imóveis à beira do mar
como aqueles que pensam qual caminho vão tomar
e vão com o coração, mas com seu corpo ficam.[26]

E então tem lugar uma cena extraordinária.

Entre as almas que descem do navio, Dante reconhece seu amigo Casella, que em dias mais felizes tinha musicado alguns dos versos do amigo. Dante, para abrandar sua alma, "a qual, com seu corpo/ viajando para este lugar, está tão desgastada", pede a Casella que cante para ele mais uma vez — contanto que "uma nova lei não tenha privado/ sua memória ou talento da arte das canções de amor/ que costumavam aplacar meus anseios". Casella consente, e começa a cantar as palavras de um poema composto pelo próprio Dante durante os anos de sua amizade. A beleza da voz de Casella no ar puro da praia do Purgatório faz Virgílio e as outras almas recém-chegadas se reunirem em volta para ouvir, fascinados. Eles ficam lá, "fixos e atentos a suas notas" até que o velho Catão corre até eles, invocando-os raivosamente a voltar a seus assuntos sagrados, lembrando-os do tremendo propósito de sua jornada com ecos da advertência de Deus a Moisés: "Não deixe que nem os rebanhos nem as multidões se alimentem antes daquele monte".[27]

As almas, envergonhadas, se dispersam como um bando de pombos assustados, pondo fim à canção de Casella, mas não antes que Dante nos tenha mostrado, tão humanamente, tão delicadamente, tão verdadeiramente, que mesmo nos momentos de grande importância na jornada de nossa vida, mesmo quando a própria salvação de nossa alma está em questão, a arte ainda será essencial. Mesmo em Auschwitz, onde nada mais parecia ter importância ou significado, a poesia ainda podia despertar em prisioneiros, como Levi, fragmentos de vida, podia oferecer a intuição de "algo gigantesco", iluminar nas cinzas uma centelha da velha curiosidade, e fazê-la arder mais uma vez em chamas eternas.

Após lançar Gerion no abismo, Dante vê os usurários, com suas bolsas heráldicas, serem punidos. Xilogravura que ilustra o Canto XVII do Inferno, *impressa em 1487 com comentário de Cristoforo Landino. (Biblioteca Beinecke de Livros e Manuscritos Raros, Universidade Yale.)*

17. O que é verdade?

Em algum momento no fim da década de 1980, a revista canadense *Saturday Night* enviou-me a Roma para cobrir uma história curiosa. Duas irmãs quebequenses com cinquenta e tantos anos de idade, a mais moça uma viúva com um filho e uma filha, a mais velha solteira, tinham viajado juntas de sua cidadezinha no Québec para a Índia, no que insistiam serem férias exóticas. Numa escala em Roma, descobriu-se que carregavam vários quilos de heroína em uma de suas malas, e foram detidas pela polícia italiana. As irmãs explicaram que a mala lhes tinha sido dada na Índia por um amigo da filha, o homem que tinha organizado sua viagem e as levado numa excursão guiada em várias cidades indianas. A polícia, no entanto, não conseguiu rastrear o homem; a filha explicou que o tinha conhecido casualmente, e que ele tinha gentilmente se oferecido para ajudar sua mãe e sua tia a programar as férias de suas vidas.

Em Roma, recebi permissão para entrevistar ambas as irmãs. Tinham sido poupadas de ficar numa cela de prisão e foram alojadas numa residência religiosa sob a supervisão de freiras beneditinas. Ambas fizeram um relato coerente e crível de seu suplício, dizendo que desconheciam completamente o fato de que a mala que lhes fora dada continha drogas. Depois daquilo que o homem tinha feito por elas, elas acharam que não poderiam simplesmente recusar seu singelo pedido de levar uma mala de volta para o Canadá. No Québec, a filha confirmou a história.

Durante as entrevistas, realizadas na residência das beneditinas sob a supervisão de uma freira sorridente, percebi na irmã mais velha um olhar intrigado e um tom de voz que interpretei como de incredulidade ou raiva. Algo em sua atitude me fez pensar que talvez ela suspeitasse de que sua irmã tinha uma parte na trama, talvez com a ajuda da filha. Ou suspeitasse de que a sobrinha as tinha enganado, e que agora a mãe a protegia não contando a história inteira. Ou talvez eu tivesse interpretado mal seu semblante e seu tom de voz, e ambas as irmãs fossem culpadas. Talvez tivessem planejado juntas aquele contrabando, talvez a filha nada soubesse sobre isso. Ou talvez ambas fossem inocentes e estavam contando a simples verdade. A atitude da mais velha queria dizer uma coisa que eu era incapaz de decifrar. O que realmente acontecera? Era-me impossível saber.

No fim, após um julgamento caótico, o juiz achou que as duas mulheres não eram culpadas e elas foram autorizadas a voltar para sua cidadezinha. Contudo, permaneceu a dúvida. Vários anos depois, a irmã mais moça declarou que suas vidas tinham se tornado insuportáveis porque tanta gente ainda suspeitava delas em relação a um crime que elas não tinham cometido.

Todos sabemos que os acontecimentos por que passamos, em seu sentido mais completo e mais profundo, escapam às fronteiras da língua. Que nenhum relato, mesmo da mais ínfima ocorrência em nossa vida, pode realmente fazer justiça ao que aconteceu, e que nenhuma lembrança, conquanto intensa, pode ser idêntica à coisa lembrada. Tentamos relatar o que aconteceu, mas

nossas palavras são insuficientes, e constatamos, após muitos in-
sucessos, que a maior aproximação a uma versão fiel da realidade
só se pode encontrar nas histórias que inventamos. Em nossas
ficções mais poderosas, por baixo da teia da narrativa pode-se
discernir a complexidade da realidade, como se fosse um rosto
por trás de uma máscara. Nossa melhor maneira de contar a verdade é mentir.

"O que é a verdade?", disse gracejando Pilatos, e não ficou para esperar a resposta.

Francis Bacon, *Da verdade*

Segundo o cabalista do século XVII Nathan de Gaza, a luz que irrompe das chamas perpétuas da divindade é dupla, como a língua bifurcada que contém Ulisses e Diomedes: a primeira é uma luz "prenhe de pensamento", a outra é "vazia de pensamento", e ambas as qualidades estão presentes no mesmo fogo, em diálogo uma com a outra. "Isto", escreveu Gershom Scholem, "é a afirmação mais radical e extrema do processo de materialismo dialético no Próprio Deus."[1]

A luz do Deus de Dante corporifica, da mesma forma, essa aparente oposição. Isso se torna claro quando, guiado por Virgílio, Dante chega à beira da segunda cornija do sétimo círculo do Inferno. Depois de circundar as areias incandescentes onde são punidos os que foram violentos com a natureza, Virgílio leva Dante para perto de uma ruidosa cachoeira. Lá Virgílio faz Dante afrouxar a corda em volta de seu peito (a mesma corda com a qual, ele diz agora, tentou pegar o leopardo que primeiro cruzou seu caminho fora da floresta escura) e a lança no abismo. A esse sinal, emerge das profundezas do abismo a figura emblemática da fraude, o monstro alado Gerión.

O significado dessa corda tem preocupado comentaristas, desde o início. A maioria dos primeiros leitores de *A divina comédia* interpretava a corda como um símbolo da fraude, mas a explicação não é convincente: a fraude não é capaz de subjugar a luxúria (o leopardo) mas, em vez disso, é usada para incitá-la (porque a luxúria envolve enganação, bem como falsas promessas são parte da arte do sedutor). Virgílio tem de usar algo bom para se contrapor ao mal, e não um pecado contra outro pecado. O crítico Bruno Nardi sugeriu que a corda tem um significado bíblico duplamente simbólico: tanto no Antigo quanto no Novo Testamento, a corda é o cinturão da justiça usado contra a fraude e um cinto de castidade usado contra a luxúria.[2]

Qualquer que seja seu significado simbólico, Dante dá-se conta de que o gesto de Virgílio vai trazer uma *novità*, algo novo, em resposta ao *nuovo cenno*, o novo sinal dado por seu guia. E Dante acrescenta uma advertência ao leitor:

Ah, como os homens devem ser cautelosos
com aqueles que percebem não só os feitos
mas também os pensamentos, com seu sentido![3]

Gerión conduzindo Dante e Virgílio para baixo, em direção a Malebolge, uma das 102 aquarelas produzidas por William Blake entre 1824 e 1827 para ilustrar A divina comédia. (National Gallery de Victoria, Melbourne, Austrália, Felton Bequest/Bridgeman Images.)

Prestes a entrar no círculo da fraude, Dante lembra ao leitor que embora o esclarecido Virgílio possa ler seus pensamentos, a maioria das pessoas comuns julgam os outros apenas por suas ações, e são incapazes de ver o pensamento que existe por trás dos feitos. Com demasiada frequência, ações que são tidas como prova de uma verdade são demonstradas como sendo falsas.

Conjurado do abismo, o monstro Gerión aparece como a encarnação da fraude, uma criatura com um rosto de homem honesto,[4] patas peludas, corpo coberto de espirais e círculos, como um tapete oriental, e a cauda mortal de um escorpião. Mas antes de descrever essa visão prodigiosa ao leitor, Dante faz uma pausa, e diz:

> *Sempre, quanto à verdade que tem um ar de falsidade*
> *um homem deveria selar os lábios, tanto quanto possa,*
> *pois mesmo sem culpa, será exposto à vergonha;*
>
> *mas aqui não posso silenciar; e, pelas notas*
> *de minha* Divina comédia, *leitor, eu juro,*
> *para que elas não sejam privadas de duradoura fama,*
>
> *Eu vi* [...][5]

E então Dante nos fala sobre Gerión.

O leitor, que acompanhou a história de Dante até esse ponto e ouviu falar de muitos prodígios e maravilhas (sendo uma delas a jornada do próprio Dante), é, pela primeira vez, confrontado com uma maravilha tão grande que o poeta sente a necessidade de parar e jurar por sua própria obra que aquilo que vai contar agora é verdadeiro. Vale dizer, quase exatamente a meio caminho no percurso do Inferno, Dante jura pela verdade de seu poema, ou melhor, de sua ficção, que o episódio que se segue no poema realmente aconteceu. Num vertiginoso círculo lógico, Dante informa ao leitor, seu cúmplice nessa elaborada fabricação, que a mentira poética que vai contar tem o peso de uma verdade factual, e oferece como prova disso o próprio edifício ficcional: a rede de mentiras poéticas dentro da qual ele se dirige ao leitor. Qualquer credibilidade que o leitor tenha concedido ao poeta até esse ponto é agora posta à prova: se o leitor sentiu que realmente havia uma floresta, e uma alta montanha à distância, e uma companhia fantasmagórica, e um terrível, eloquente portal que leva à paisagem circular do Inferno (e poucos são os leitores que não sentiram, verso após verso, a realidade sólida da história de Dante), agora esse mesmo leitor deve admitir a verdade do que o poeta está prestes a contar, ou estará privado de tudo. Dante não está solicitando ao leitor o tipo de fé demandada pela religião cristã; está solicitando uma fé poética, a qual, ao contrário dos dogmas da verdade divinamente revelada, só existe por meio de palavras.

No entanto, Dante permite que as duas verdades coexistam na *Divina comédia*. Quando, no cume do Purgatório, acompanhando o cortejo divino, Dante vê as quatro bestas do Apocalipse avançando em sua direção, ele descreve sua aparência — "cada uma emplumada com seis asas" — e acrescenta, em benefício do leitor: "leia Ezequiel, que as descreve", "exceto […] quanto às asas,/ onde João e eu discordamos dele".[6] Dante reivindica para seu lado a autoridade de João de Patmos, que disse serem seis as asas (Apocalipse 4,8), enquanto Ezequiel (1,6), em sua visão, declarou que eram quatro. Dante não é modesto, ao se pôr no mesmo plano autoral do autor do Apocalipse: ele, o poeta da *Divina comédia*, certifica a autoridade divina de João.

E Virgílio certifica a autoridade de Dante. Ao encontrar pela primeira vez a sombra de Virgílio vindo para guiá-lo, Dante se dirige ao autor da *Eneida* como "meu mestre, meu autor", confessando, "Só você é aquele de quem eu tomo/ o suave estilo que me trouxe honra".[7] Da poesia de Virgílio, Dante aprendeu a expressar sua própria experiência, e *mio autore* encerra o duplo sentido de "escritor do livro que mais admiro" e "aquele que me fez". Palavras, sintaxe, música: tudo mentiras por meio das quais a mente do leitor recebe e reconstrói uma experiência do mundo.

Um dos mais lúcidos comentaristas de Dante, John Freccero, pergunta se "um autor humano pode imitar uma alegoria teológica [...] imitando a realidade". Ele continua:

> Na verdade, a mimese tem o efeito oposto, provocando um curto--circuito na alegoria e a transformando em ironia. Em vez de ir buscar alegoricamente um significado, o realismo causa uma reviravolta no significado ao repetidamente afirmar, e depois negar seu próprio *status* como ficção. Nos termos de Dante, poderíamos dizer que o realismo é alternadamente verdade com aparência de mentira, e uma fraude que se parece com a verdade.[8]

Em sua famosa carta a Cangrande della Scala, Dante, citando explicitamente Aristóteles, observa que é de acordo com quão longe ou quão perto de seu [próprio] ser alguma coisa esteja que podemos dizer se está longe ou perto da verdade.[9] Está se referindo à forma literária que Freccero menciona, a alegoria, cuja verdade depende de quão próximo do tema alegorizado o poeta conseguiu trazer a imagem. Dante compara a uma relação de dependência: a do filho com o pai, do servo com seu amo, do singular com o duplo, da parte com o todo. Em todos esses casos, o "ser" de uma coisa depende de outra coisa (não podemos saber o que é uma dupla se ignoramos o singular), e portanto a verdade daquela coisa depende de outra coisa. Se essa outra coisa é fraudulenta, a coisa considerada também está infectada pela fraude. O logro, como Dante fica a nos lembrar, é contagioso.

Santo Agostinho, no primeiro de seus dois longos tratados

sobre o ato de mentir (com o qual Dante bem poderia estar familiarizado), alegou que uma pessoa que diz algo falso não está contando uma mentira se acredita, ou está convencido de que é verdade. Agostinho faz distinção entre "acreditar" e "estar convencido": os que acreditam podem reconhecer que não sabem muita coisa sobre aquilo em que acreditam, sem duvidar de sua existência; os que estão convencidos pensam que sabem algo sem se dar conta de que não sabem muito sobre ele. Segundo Agostinho, não existe mentira sem a intenção de mentir: o ato de mentir é uma questão de diferenciar entre aparência e verdade. Uma pessoa, ele diz, pode estar enganada ao supor que uma árvore, por exemplo, é um muro, mas não haverá nisso fraude a não ser que haja vontade de cometê-la. "Fraude", diz Agostinho, "não está nas coisas em si mesmas, mas nos sentidos." Satã, o grande enganador, "mentiroso e pai das mentiras" (como lembra a Virgílio uma alma condenada no Inferno), estava consciente de estar cometendo fraude quando enganou Adão e Eva, cujo pecado foi optar por aquilo que sabiam estar proibido. Nossos antepassados, usando seus sentidos voluntários, poderiam ter optado por não serem cúmplices da fraude; em vez disso, se distanciaram da verdade e usaram seu livre-arbítrio para tomar o caminho errado. Cada viajante pode escolher o caminho que vai seguir. Dante, que se tinha perdido na floresta escura, a qual Agostinho chamara de "esta floresta imensa, tão cheia de armadilhas e perigos", optou por seguir o conselho de Virgílio e segue agora o caminho da verdade.[10]

A origem do argumento de Agostinho na questão da mentira é uma passagem controversa na Epístola de Paulo aos Gálatas. "Agora, as coisas que vos escrevo, sustento, diante de Deus, que não minto" diz Paulo (1,20), para estabelecer uma perspectiva favorável a seus argumentos. E, como exemplo de enganação, Paulo conta então uma história tirada de sua própria experiência, descrevendo um momento em que foi confrontado com o comportamento peculiar de um colega apóstolo. Saul (como então se chamava Paulo) tinha sido um judeu devoto, notório por sua renhida perseguição aos judeus que se tinham convertido ao cristianismo. A caminho de Damasco ele viu uma luz ofuscante e ouviu a voz de Jesus perguntando por que o estava perseguindo. Saul caiu ao solo e descobriu que não conseguia mais enxergar. Três dias depois sua visão foi restaurada por Ananias, que o batizou com o nome de Paulo (Atos 8,9). Em seguida à sua conversão, Paulo dividiu seus esforços missionários com o apóstolo Pedro: este iria predicar aos judeus, enquanto Paulo se dirigiria aos gentios.

Quatorze dias mais tarde, os líderes da Igreja cristã, reunidos em Jerusalém, decidiram que os gentios não precisariam ser circuncidados (isto é, tornarem-se judeus) antes de se converterem à fé de Jesus. Após a conferência, Paulo foi para Antioquia, onde Pedro se juntou a ele algum tempo depois. No início, Pedro comia com os gentios da Igreja de Antioquia, mas quando chegaram membros judeus da Igreja de Jerusalém, ele abandonou a mesa dos gentios, porque "eles que eram da circuncisão" (os membros judeus) insistiam em que os gentios cristãos observassem as leis dietéticas judaicas. Paulo, aborrecido com Pedro por este não reconhecer que a única condição requerida para se sentar numa mesa de Cristo era a fé, "postou-se diante dele, porque ele devia ser censurado"; "Se você, sendo judeu, vive à maneira dos gentios, e não como vivem os judeus, por que você obriga os gentios a viver como os judeus?" (Gálatas 2,12.11.14).

São Jerônimo, em seu comentário à epístola de Paulo, assim como em uma carta a Agostinho escrita em 403, alega que essa passagem não representa uma autêntica discórdia entre os dois apóstolos. Sem chegar ao ponto de dizer que os dois líderes encenaram uma cena didática para sua audiência, Jerônimo se recusou a ver uma oposição doutrinária entre eles. Segundo Jerônimo, a controvérsia era uma questão de pontos de vista diferentes na qual nenhum dos apóstolos agiu de forma enganosa, meramente adotaram posições diferentes para ilustrar o debate.[11] A ideia de Agostinho era diferente. Admitir que mesmo uma leve dissimulação tinha ocorrido durante o encontro em Antioquia seria, ele diz, admitir uma mentira na exposição de um dogma religioso e, portanto, na Escritura. Além disso, a crítica de Paulo a Pedro era bem fundamentada porque os antigos ritos judaicos não tinham significado para um convertido à nova fé; portanto, uma dissimulação teria sido inútil para qualquer dos dois homens. O que acontecera, segundo Agostinho, foi que Pedro não estava consciente de sua dissimulação até que Paulo lhe expôs a verdade. Um logro, sejam quais forem as circunstâncias, nunca é justificado no comportamento de um verdadeiro cristão.

Vistas sob essa luz, serão as mentiras da ficção realmente verdades disfarçadas? Ou são histórias fraudulentas que nos distraem da verdade e deveriam ser nossa principal preocupação? Nas *Confissões*, Agostinho diz que, em sua adolescência, ao ler na escola os clássicos latinos,

> Fui obrigado a memorizar as andanças de um herói chamado Enéas, e enquanto isso não conseguia lembrar meus próprios e erráticos caminhos. Aprendi a lamentar a morte de Dido, que se matou por amor, enquanto em meio a essas coisas eu estava morrendo, separado de vós, meu Deus e minha Vida, e não derramei lágrimas por minha própria agrura.

O jovem Agostinho, se lhe fosse proibido ler esses livros, "ficaria triste por não poder ler aquelas mesmas coisas que [o] deixavam triste". O velho Agostinho achava que as cortinas penduradas na entrada da sala de aula em que se ensinava literatura eram "nem tanto símbolos em honra do mistério quanto véus a ocultar um erro".[12]

Quando Dante vê Gerión pela primeira vez, a aparência do monstro lhe parece "maravilhosa para todo coração firme". Somente quando Virgílio já lhe explicou quem realmente é o monstro é que Dante compreende a verdade quanto a ele.

Vejam a besta com sua afiada cauda em ponta,
que cruza montanhas e irrompe através de muros e braços!
Contemplem este que polui o mundo inteiro!

As referências de Virgílio são históricas: mediante uma fraude, Tômiris, rainha dos massagetas, cruzou as montanhas e derrotou Ciro, rei dos persas; por meio de fraude, os gregos romperam os muros de Troia. Mas a fraude de Gerión é pior. Diz a lenda que ele era um rei ibérico com três corpos gigantescos unidos pela cintura, que dava boas-vindas a viajantes para poder despojá-los e depois matá-los. Dante mantém o nome mas modifica sua forma: Gerión é concebido para se parecer com a serpente do Jardim do Éden, que enganou Eva, causando com isso a queda de todo o gênero humano.[13]

Um debate sobre a relação da ficção com a verdade ocorre na terceira cornija do Purgatório: Dante encontra um instruído cortesão veneziano, Marco Lombardo, que se está purgando do pecado da ira numa nuvem de fumaça sufocante. Lombardo discursa a Dante sobre o problema do livre-arbítrio. Se tudo é predeterminado, então um pecado não pode ser julgado como certo ou errado, e a ira é simplesmente uma resposta mecânica a uma situação inevitável. Mas conquanto muitas coisas possam ser totalmente predispostas por leis universais, dentro desse quadro os seres humanos estão livres para optar. Os astros podem ter certas influências em nossa conduta, mas não são responsáveis por nossas decisões finais.

Vocês, os viventes, atribuem todas as causas
apenas aos céus, como se somente eles
tenham de movimentar cada coisa em seu percurso.

Se fosse assim, o livre-arbítrio seria
destruído, e não seria justo
o bom ficar alegre e o mau pesaroso.

Os céus põem seus impulsos em ação;
não digo tudo, mas suponha que disse,
uma luz lhe é concedida para conhecer o bem e o mal,

e o livre-arbítrio, se resiste
a seus primeiros embates com os céus,
a tudo vence, se bem nutrido.

A uma força melhor e melhor natureza
você se submete em sua liberdade, que em sua mente
cria o que os céus são incapazes de controlar.[14]

O que Marco Lombardo está alegando é que o universo é quase indiferente a nossas ações: nós criamos em nossas mentes as leis que somos obrigados a seguir. Se é assim, então a ficção (o mundo criado por nossa imaginação, o da *Eneida* para Agostinho e Dante, e o da *Divina comédia* para nós) tem o poder de dar forma a nossa visão e a nosso entendimento do mundo. E a língua, o instrumento por meio do qual nossa imaginação se nos apresenta e comunica nossos pensamentos a outros, não só assiste nossos esforços como recria a própria realidade que estamos tentando comunicar.

Quatro séculos após Dante, David Hume (com quem nos encontramos no começo deste livro) iria reconsiderar a questão sob o ponto de vista do Iluminismo. Em seu *Tratado da natureza humana* ele alega que os seres humanos inventaram as "leis fundamentais da natureza, quando acataram a necessidade de uma sociedade, para sua subsistência mútua, e descobriram que era impossível manter uma correspondência entre eles sem alguma contenção de seus apetites naturais", mas depois ele continua dizendo que não poderíamos ter inventado outras leis senão essas: essas são as leis requeridas para explicar o universo que habitamos.[15] Como qualquer lei, as leis da natureza podem ser transgredidas, mas não podem ser transgredidas indiscriminadamente, ou em qualquer momento arbitrário.

O raciocínio de Hume diz respeito à questão da verdade. A verdade é como uma lei que pode ser desconsiderada, mas é impossível a alguém desconsiderá-la continuadamente. Se eu desconsiderar a verdade dizendo "branco" toda vez que a verdade é "preto", meu "branco" será ulteriormente interpretado como "preto", e as palavras com que eu minto vão simplesmente mudar de significado mediante meu uso constante. Do mesmo modo, as leis morais devem se originar de uma percepção do que é verdadeiro, enraizada em nossa consciência e expressa de um modo comumente aceito: o que Hume chama de "qualquer obrigação *natural* de moralidade".[16] Se não for assim, a moralidade não será mais que um conceito relativo, e argumentos a favor da tortura, por exemplo, de acordo com a "lei natural" particular de um Stálin ou um Pinochet, seriam tão válidos quanto os argumentos contra ela. O livre-arbítrio permite questionar se uma ação é boa ou má com base na "obrigação natural de moralidade", e independe de se a pessoa que pratica a ação é culpada ou não.

A questão torna-se mais complexa no caso de uma ação que pode ser julgada como má em si mesma mas é praticada para uma causa considerada boa. Quando Nelson Mandela morreu, em 5 de dezembro de 2013, políticos de todo o mundo elogiaram o homem que tinha acabado com o apartheid na África do Sul e defendido uma lei moral comum a todos. Um punhado de parlamentares conservadores britânicos, no entanto, lembrando que Margaret Thatcher tinha descrito o Congresso Nacional Africano de Mandela como uma "típica organização terrorista" que queria estabelecer uma "ditadura negra de estilo comunista", recusaram-se a aderir ao luto por Mandela e continuaram a alegar que ele tinha sido um terrorista que atirava bombas de uma motocicleta a toda velocidade. E o parlamentar Tory Sir Malcolm Rifkind declarou que "Nelson Mandela não foi um santo, como temos ouvido", mas sim "um político até a ponta dos dedos. Ele na verdade acreditava na luta armada no início de sua carreira e talvez em alguma medida durante o resto de sua carreira". Santos, na opinião de Rifkind, que obviamente nunca tinha ouvido falar de são Francisco Xavier ou santa Joana d'Arc, nunca poderiam ser políticos.[17]

Em 1995, cinco anos antes da abolição oficial do apartheid, o povo da África do Sul criou o que foi chamado de Comissão da Verdade e Reconciliação, um corpo jurídico formado para permitir que as vítimas de abusos dos direitos humanos prestassem testemunho. Não apenas as vítimas eram chamadas para depor; os que tinham cometido os abusos também podiam se defender e solicitar uma anistia da acusação civil e criminal. Em 2000, a Comissão foi substituída pelo Instituto para Justiça e Reconciliação. A mudança de nomenclatura foi vista como uma evolução, do estabelecimento da verdade para o estabelecimento da justiça. Reconhecimento de culpa sem um sistema no qual pudesse ser julgada foi considerado um exercício estéril. "Culpa", declarou Nadine Gordimer em 1998, "é e foi improdutiva."[18]

Mandela tinha dito em seu julgamento, em 1963, que ele queria viver por e alcançar o ideal de uma sociedade democrática e livre, mas que esse era um ideal pelo qual também estava disposto a morrer. "Eu, que nunca fui um soldado, que nunca lutei numa batalha, que nunca disparei uma arma contra um inimigo, recebi a tarefa de começar um exército", ele escreveu em sua autobiografia.[19] Quando saiu um mandado para sua prisão, Mandela foi para a clandestinidade, aprendendo como fazer bombas e se movimentando pela África sob disfarce. Depois de ser pego e condenado à prisão em 1963, rejeitou ofertas de ser libertado, até que o governo da África do Sul removesse todos os obstáculos a uma audiência judicial adequada. Mais tarde ele disse que o que o sustentou durante sua provação foi "uma crença na dignidade humana". As atividades que o parlamentar conservador chamou de "atos terroristas" foram necessárias para alcançar essa dignidade. Transgredir uma lei injusta, praticar os assim chamados atos terroristas, foi para Mandela uma ação justa e uma obrigação moral.

Gordimer, cuja ficção oferece um registro longo e profundo da injustiça do regime de apartheid, alegou que numa sociedade de leis injustas, crime e castigo (assim como verdade e falácia) tornam-se conceitos morais aleatórios. "Se você é negro", ela disse,

> e se você viveu durante a época do apartheid, você se acostumou a que pessoas entrassem e saíssem da prisão o tempo todo. Elas não traziam os documentos certos no bolso quando saíram de casa. Elas não podiam ir livremente de uma cidade a outra sem com isso agir contra a lei e estar sujeitas à prisão, porque não era preciso ser um criminoso para ir para a prisão.[20]

Mas, então, seriam ações de cunho terrorista cometidas sob um regime criminoso, elas mesmas, criminosas?

A questão não é simples, como Dante sabia muito bem. Quando participa na tortura de Bocca degli Abate no buraco gelado do Inferno, a ação de Dante estaria moralmente justificada meramente por ele estar contaminado pelo pecado de traição cometido por Bocca, e pela inescrutabilidade do julgamento divino?

Ou foi tentado a um ato imoral por um quadro no qual a traição de alguém em quem confiava tornou toda convenção social arbitrária, e a língua não é mais capaz de comunicar o que é verdadeiro? Estará Dante realmente agindo dentro das leis morais naturais do gênero humano, ou está transgredindo essas leis, assim como os pecadores, que agora sofrem, fizeram antes de sua punição?

O livre-arbítrio é, para Dante, uma opção intelectual baseada numa dada realidade, mas uma realidade que é transformada por nossa inteligência, nossa imaginação, nossos sonhos e nossos sentidos físicos. Somos livres para optar, mas ao mesmo tempo estamos condicionados pelo conhecimento do mundo que adquirimos, traduzido por nosso entendimento. Para compreender esse paradoxo, Dante oferece a metáfora da lei civil, que necessariamente restringe a liberdade absoluta do cidadão, mas simultaneamente permite uma escolha de como agir dentro dos termos daquela lei. Porque a alma, como uma criança, se satisfaz primeiramente com os prazeres que lhe são oferecidos e depois, a menos que orientada por um mestre, os persegue com a avidez de uma criança mimada, alguma restrição deve ser aplicada ao desejo humano. Ulisses e Nemrod são exemplos da punição daí advinda. Na terceira cornija do Monte Purgatório, Marco Lombardo explica:

> *Portanto, as leis são necessárias como uma restrição;*
> *e é necessário ter um governante que possa discernir*
> *ao menos a torre da Cidade Verdadeira.*[21]

A Cidade Celestial é inatingível nesta vida, mas um governante justo pode ajudar a pólis a viver segundo seus princípios mesmo tendo apenas um longínquo vislumbre dela, uma noção daquele ideal. As leis, então, e um bom governo sustentarão nossas escolhas morais. Infelizmente, segundo Dante, nenhum tal governo existia em sua época (e nenhum tal governo existe na nossa). Entre a cidade esperançosa fundada por Enéas e a dividida Roma do século XIV, com um papa corrupto que degradava seu santo ofício para presidir o reino baseado nesta terra, Dante reivindicou nosso direito natural a uma sociedade que não promovesse a fraude.

Um século após Hume, Percy Bysshe Shelley escreveu que, em contraposição a uma sociedade enganadora, o que precisamos fazer é "ter esperança/ até que a esperança crie/ de sua própria ruína aquilo que ela contempla".[22] Esta era, também, a convicção de Mandela.

Cinco séculos depois de Dante, outro italiano tentou investigar a natureza da verdade e a arte de mentir. De todas as aventuras que Carlo Collodi imaginou para seu boneco de madeira, uma em particular tornou-se parte do folclore universal: quando Pinóquio mente para a Fada Azul, seu nariz cresce. Depois que ele é resgatado do carvalho no qual tinha sido deixado pendurado pelos malvados Gato e Raposa, ele é posto na cama pela gentil Fada Azul, que lhe pergunta o que tinha acontecido. Mas Pinóquio está amedrontado ou envergonhado demais para contar a verdade, e, como sabemos todos, após cada mentira seu nariz vai ficando um pouco mais comprido. "Mentiras, meu querido menino", explica-lhe a Fada, "são descobertas rapidamente; porque são de dois tipos. Há mentiras com pernas curtas, e mentiras com narizes compridos."[23] As de Pinóquio eram, obviamente, desta última variedade.

Mas o que significa a distinção feita pela Fada? As mentiras de nariz comprido de Pinóquio são meios obstinados de que ele se vale para evitar ter de confessar alguma coisa que fez. Em consequência, seu nariz estendido torna-se um empecilho para que se movimente com liberdade, e até mesmo impede que ele saia do quarto. Essas são as mentiras do statu quo, lorotas que o deixam pregado a um lugar, do qual, por não reconhecer a verdade de seus próprios atos, está proibido de seguir adiante e avançar na história de sua vida. Como as mentiras de políticos e financistas, as mentiras de Pinóquio solapam sua própria realidade e destroem até mesmo aquela da qual ele supõe estar se apropriando. Como as aventuras de Pinóquio e *A divina comédia* tornam explícito, o conhecimento de nossa realidade nos faz avançar, de capítulo em capítulo, e de canto em canto, para a revelação de nosso verdadeiro *self*. A negação dessa realidade torna todo relato verdadeiro impossível.

Quanto às mentiras de pernas curtas, a Fada Azul não nos dá exemplos, mas podemos imaginar com o que se pareceriam. No Canto v de *Paraíso*, no inconstante céu da Lua, Beatriz explica a Dante a maneira pela qual a caridade procede, "movimentando seu pé em direção ao bem apreendido". Freccero observou que Tomás de Aquino, em um de seus comentários a *Sentenças*, de Pedro Lombardo, alegou que a mente tem de mover-se para Deus por meio do intelecto e da afeição, mas, devido a nossa condição de caídos, nosso intelecto é mais forte no entendimento do que são nossas afeições no amor. E, uma vez que nossa capacidade de enxergar o bem se distanciou de nossa capacidade de fazermos nós mesmos o bem, viajamos pela vida com um pé atrás. É exatamente assim que Dante descreve sua própria progressão no início da *Divina comédia*, depois de deixar a floresta escura e ver o pico da montanha iluminar-se à luz da aurora:

> *Depois de dar breve descanso a meu corpo fatigado*
> *sigo novamente o caminho ao longo da margem do deserto*
> *de modo que o pé firme seja sempre o que está mais abaixo.*[24]

Bocaccio, em seu comentário à *Divina comédia*, dá uma explicação literal a esse avanço trôpego, descrevendo meramente o processo de uma subida que, naturalmente, faz com que um pé esteja sempre mais abaixo que o outro. No entanto, Freccero, em seu debate erudito das funções simbólicas das partes do corpo, interpreta a imagem de Dante como a descrição de uma alma avançando com os "pés" gêmeos do intelecto e da afeição, assim como nossos pés de carne e osso nos permitem movimentarmo-nos para a frente. Acompanhando os pensadores escolásticos da época de Dante, que achavam que o pé mais forte (*pes firmior*) era o esquerdo, Freccero associa o pé direito ao intelecto ("o começo da opção, a apreensão, ou a razão") e o esquerdo à afeição.[25] Ainda enraizado na terra, o pé esquerdo impede o viajante de avançar adequadamente, de se desvencilhar das preocupações terrenas e sintonizar a mente em coisas mais elevadas.

Incapaz de, sem a ajuda da graça divina, atingir perfeitamente o bem, o poeta continua a lutar, tolhido pelo amor ávido de seu pé esquerdo, que quer permanecer agarrado ao mundo da sensação, e instado pelo intelecto de seu pé direito a ir em frente na jornada da descoberta metafísica. Dante precisa, o máximo que puder, usar seu intelecto para conceber algo coerente a partir de suas percepções confusas e intuições incertas. Ele sabe que agora está vendo "através de um vidro, obscuramente, mas depois face a face", nas palavras de são Paulo, e acredita na promessa de que "então conhecerei até mesmo como também eu sou conhecido" (1 Cor. 13,12). As palavras de são Paulo são de seu discurso sobre a caridade, a mesma caridade que Beatriz descreve com a imagem dos pés que se movem e que agora prendem Dante a coisas terrenas. Para ser fiel ao que lhe foi permitido ver e compreender, Dante precisa, por um lado, não se distrair da caridade, o "calor do amor" que lhe foi concedido, e, por outro, aguçar seu intelecto para pôr em palavras a visão vindoura. Beatriz lhe diz:

Vejo distintamente como em seu intelecto
brilha intensamente a luz eterna,
que, uma vez vista, acende para sempre o amor.[26]

Ao se aproximar de seu visado objetivo, o amor de Dante terá de se voltar para o inefável Deus Supremo, e seu intelecto terá de ir buscar embaixo seus companheiros peregrinos na terra. E, tanto para abraçar essa visão quanto para relatá-la, Dante entende que ele tem de mentir, mentir sinceramente, admitir "erros que não são falsidades",[27] construir um monstro muito parecido com Gerión, mas que vai exaltar e não trair a matéria de que é feito. E assim, como todos os verdadeiros poetas que reconhecem seu falho intelecto e sua restrita afeição, Dante oferece a nós, seus leitores, mentiras de pernas curtas, para que nós também possamos compartilhar algo da jornada e seguir esperançosos em nossas próprias buscas.

O conhecimento que os escritores buscam, tanto por meio de afeto quanto de intelecto, se oculta entre o que eles percebem e o que eles imaginam, e esse frágil conhecimento é passado a nós, seus leitores, como mais uma tensão entre nossa realidade e a realidade da página. A experiência do mundo e a experiência da palavra competem por nossa inteligência e nosso amor. Queremos saber onde estamos porque queremos saber quem somos: acreditamos, magicamente, que contexto e conteúdo se explicam de forma mútua. Somos animais autoconscientes — talvez os únicos animais autoconscientes no planeta — e somos capazes de experimentar o mundo fazendo perguntas, pondo nossa curiosidade em palavras, como demonstra a literatura. Num processo contínuo de dar e receber, o mundo nos provê da intrigante evidência de que nos tornamos histórias, o que por sua vez empresta ao mundo um duvidoso sentido e uma incerta coerência que leva a mais perguntas. O mundo nos dá as pistas que nos permitem perceber isso, e nós organizamos essas pistas em sequências narrativas que nos parecem mais verdadeiras do que a verdade, concebendo-as à medida que avançamos, de modo que o que contamos sobre a realidade acaba sendo para nós a realidade. "Pelo simples fato de eu chegar a conhecê-las, as coisas deixam de existir", diz o Diabo em *As tentações de santo Antão*, de Flaubert. "A forma talvez seja um engano de seus sentidos, a substância, uma fantasia de seus pensamentos. A menos que, já que o mundo está num constante fluir de coisas, a aparência, pelo contrário, seja a mais verdadeira das verdades, e a ilusão, a única realidade."[28] A ilusão é a única realidade: é isso que talvez queiramos dizer quando afirmamos que um escritor sabe.

Dante e Virgílio encontram Plutão, o antigo deus dos ricos. Xilogravura que ilustra o Canto VII do Inferno, *impressa em 1487 com comentário de Cristoforo Landino. (Biblioteca Beinecke de Livros e Manuscritos Raros, Universidade Yale.)*

Agradecimentos

Para escrever este livro, utilizei-me de várias edições e comentários de *A divina comédia* de Dante. A melhor edição italiana, a meu ver, é a de Anna Maria Chiavacci Leonardi, publicada primeiro pela Mondadori em 1994. Em inglês, a versão que, para meu gosto, mais se aproximou da música e da força do original é a de W. S. Merwin, que infelizmente só traduziu o *Purgatório* e dois cantos do *Inferno* porque disse que não gostava de são Bernardo e não queria sofrer sua companhia ao longo de grande parte do *Paraíso*. Além de Dante, *duca, signore e maestro*, informo que vários outros escritores me conduziram ao longo dessas páginas: Platão, Santo Agostinho, São Tomás de Aquino, Montaigne, Hume e os autores secretos do Talmude parecem estar mais presentes neste livro do que em todos os meus livros anteriores, cujas divindades a presidi-los foram Lewis Carroll, Flaubert, Cervantes e Borges.

Vários de meus editores me ajudaram dedicadamente com seus comentários e correções. Entre eles, Hans-Jürgen Balmes, Valeria Ciompi, John Donatich, Luiz Schwarcz e Marie-Catherine

Vacher: para eles, meus mais profundos agradecimentos. Também para Fabio Muzi Falconi, Françoise Nyssen, Guillermo Quijas, Arturo Ramoneda, Javier Setó e Güven Turan por confiarem num livro que, na maior parte do tempo, consistia simplesmente num título de uma só palavra. E a Lise Bergevin, por sua constância, amizade e generosidade.

Meus profundos agradecimentos à designer do livro, Sonia Shannon, à pesquisadora de ilustrações, Danielle D'Orlando, à indexadora, Alexa Selph, ao revisor, Jack Borrebach, e à editora com olhos de águia Susan Laity, cujo meticuloso copidesque revelou meus *errori falsi*.

Minha mais profunda gratidão, como sempre, a meu amigo e agente Guillermo Schavelzon, pelos dias em que nossas conversas não eram sobre doenças. E também a Bárbara Graham, por todos os seus esforços em meu benefício.

Vários outros amigos ajudaram-me com seu apoio e suas informações: professor Shaul Bassi, professora Lina Bolzoni, padre Lucien-Jean Bord, professores José e Lucio Burucúa, professora Ethel Groffier, professor Tariq S. Khawaji, Piero Lo Strologo, dr. José Luis Moure, Lucie Pabel, Gottwalt Pankow, Ileene Smith (com quem discuti o projeto pela primeira vez e que me encorajou a prosseguir com ele), dra. Jillian Tomm, dr. Khalid S. Yahya e Marta Zocchi.

Tive uma ampla ajuda de alguns bibliotecários de grande eficiência, especialmente Donatino Domini, diretor da Biblioteca Classense, em Ravenna; Patricia Jaunet, das Bibliothèques départementales de la Vienne. Arthur Kiron, diretor do Jewish Institute Collections da Universidade da Pennsylvania; e Guy Penman, Amanda Corpo e Emma Wigham na London Library. Eles justificam a definição que, segundo Diodorus Siculus, foi inscrita acima das portas das antigas bibliotecas egípcias: "Clínica da Alma".

Obrigado também a C. Jay Irwin por sua ajuda nas primeiras etapas do projeto.

Algumas páginas deste livro, em vários formatos prévios, foram publicadas em *Descant, Geist, New York Times, Parnassus, La Repubblica, Threepenny Review* e *Théodore Balmoral*. A Thierry Bouchard, Kyle Jarrard, Herbert Leibowitz, Wendy Lesser, Karen Mulhallen, Stephen Osborne e Dario Pappalardo, muitos agradecimentos.

Dante acreditava que durante nossa viagem pela vida, se a sorte o permitir, encontraremos uma alma amiga para nos assistir em nosso caminho além da floresta escura, para refletir de volta nossas perguntas e ajudar-nos a descobrir, seja lá o que for, aquilo que se supõe que sejamos; acima de tudo, alguém cujo amor nos mantenha vivos. Para Craig, *dolce guida e cara*, como sempre.

Alberto Manguel
Mondion, 5 de maio de 2014.

Notas

A menos que esteja indicado, todas as traduções para o inglês são do autor. Todas as citações bíblicas são da *Bíblia de Jerusalém*.

INTRODUÇÃO [pp. 11-23]

1. "Crianças falam, em parte, para restabelecer experiências de 'estar com' [...] ou restabelecer a 'ordem pessoal'." Daniel N. Stern, *The Interpersonal World of the Infant: A View from Psychoanalysis and Developmental Psychology* (Nova York: Harper Collins, 1985, p. 171).

2. Michel de Montaigne, "Apology for Raymond Sebond", livro 2, ensaio 12. In: _____, *The Complete Essays*. Trad. e org. de M. A. Screech. Harmondsworth, RU: Penguin, 1991, p. 591. Segundo Pausanias (século II d.C.), os ditos "Conhece-te a ti mesmo" e "Nada em excesso" estavam inscritos no frontal do templo dedicado a Apolo em Delfos. Ver Pausanias, *Guide to Greece*, v. 1: *Central Greece*, trad. de Peter Levi (Harmondsworth, RU: Penguin, 1979), 10.24, p. 466. Há seis diálogos platônicos que discutem a inscrição em Delfos: *Charmides* (164D), *Protágoras* (343B), *Phaedrus* (229E), *Philebus* (48C), *Leis* (2.923A), *I. Alcibiades* (124A, 129A e 132C). Ver *The Collected Dialogues of Plato*, org. de Edith Hamilton e Huntington Cairns (Princeton: Princeton University Press, 1973).

3. Michel de Montaigne, "On Physiognomy", livro 3, ensaio 12. In: _____, *The Complete Essays*, op. cit., p. 1176.

4. Id., "On Educating Children", livro 1, ensaio 25. In: _____, *The Complete Essays*, op. cit., p. 171. [Ed. bras.: "Sobre a educação das crianças". In: *Os ensaios: uma seleção*. São Paulo: Companhia das Letras, 2010.]

5. Jó 28,20. O Livro de Jó não apresenta respostas, mas propõe uma série de "perguntas reais" que são, segundo Northrop Frye, "estágios numa melhor formulação de perguntas; respostas desviam do direito de fazer isso". Ver Northrop Frye, "The Great Code: The Bible and Literature", org. de Alvin A. Lee *Collected Works*, v. 19 (Toronto: University of Toronto Press, 2006), p. 217. Michel de Montaigne, "On Democritus and Heraclitus", livro 1, ensaio 50. In: _____, *The Complete Essays*, op. cit., p. 337.

6. Ver Richard Dawkins, *The Selfish Gene*. Oxford: Oxford University Press, 2006, pp. 63-5. [Ed. bras.: *O gene egoísta*. São Paulo: Companhia das Letras, 2007.]

7. Samuel Beckett, *Worstward Ho*. Londres: John Calder, 1983, p. 46.

8. Honoré de Balzac, *Le Chef-d'oeuvre inconnu*. Paris: Editions Climats, 1991, p. 58.

9. Francis Bacon, *New Atlantis*, em *The Advancement of Learning and New Atlantis*. Org. de Arthur Johnston. Oxford: Oxford University Press, 1974, p. 245.

10. Pôr uma questão em palavras distancia nossa própria experiência e permite que seja explorada verbalmente. "A linguagem força um espaço na experiência interpessoal como vivida e como representada." Daniel N. Stern, *Interpersonal World of the Infant*, op. cit., p. 182.

11. MS lat. 6332, Bibliothèque Nationale, Paris, reproduzido em M. B. Parkes, *Pause and Effect: An Introduction to the History of Punctuation in the West*. (Berkeley: University of California Press, 1993), pp. 32-3.

12. *Paraíso*, XXV, 2. "al quale ha posto mano e cielo e terra." Trad. de Italo Eugenio Mauro. São Paulo: Ed. 34.

13. Giovanni Boccaccio, *Trattatello in laude di Dante*. Org. de Luigi Sasso. (Milão: Garzanti, 1995), p. 81; Jorge Luis Borges, "Prólogo". Em *Nueve ensayos dantescos*. Org. de Joaquin Arce. (Madri: Espasa-Calpe, 1982), pp. 85-6; Giuseppe Mazzotta, *Reading Dante*. (New Haven: Yale University Press, 2014), p. 1; Osip Mandelstam, "Conversation on Dante". Em *The Selected Poems of Osip Mandelstam*. Trad. de Clarence Brown e W. S. Merwin (Nova York: New York Review of Books, 2004), p. 151; Olga Sedakova, "Sotto il cielo della violenza", org. de Simone Invernizzi, *Esperimenti Danteschi: Inferno 2008* (Milão: Casa Editrice Mariett, 2009), p. 107.

14. Esse texto jamais foi escrito, mas em 1965 fui testemunha da discussão

entre Borges e Bioy quanto a sua intenção de escrevê-lo como parte de sua coleção de ensaios satíricos, *Crónicas de Bustos Domecq* (Buenos Aires: Losada, 1967).

15. *Paraíso*, XVIII, 20-1. "Volgiti e ascolta;/ ché non pur ne' miei occhi è paradiso." Trad. de Italo Eugenio Mauro.

16. Martin Buber, *Tales of the Hasidim*, v. 1. Trad. de Olga Marx. Oxford: Oxford University Press, 1948, p. 76.

17. *Inferno*, I, 91. "A te convien tenere altro viaggio."

18. Michel de Montaigne, "Apology for Raymond Sebond", livro 2, ensaio 12, em *The Complete Essays*, op. cit., p. 512, citando *Purgatório*, XXVI, 34-6: "così per entro loro schiera bruna/ s'ammusa l'una con l'altra formica,/ forse a spïar lor via e lor fortuna."

19. Id., "Sobre a educação das crianças", em *Os ensaios* (São Paulo: Companhia das Letras, 2010), p. 93; *Inferno*, XI, 93. "Non men che saver, dubbiar m'aggrata." Trad. de Italo Eugenio Mauro.

20. *Paraíso*, II, 1-4. "O voi che siete in piccioletta barca,/ desiderosi d'ascoltar, seguiti/ dietro al mio legno che cantando varca,// tornate a riveder li vostri liti."

1. O QUE É CURIOSIDADE? [pp. 25-49]

Abertura do capítulo: Sir Arthur Conan Doyle, *The Hound of the Baskervilles* (1902). Londres: John Murray, 1971, p. 28.

1. Roger Chartier, "El nacimiento del lector moderno. Lectura, curiosidad, ociosidad, raridad". In: Francisco Jarauta (Org.), *Historia y formas de la curiosidad*. Santander: Cuadernos de la Fundación Botín, 2012, pp. 183-210; *The Jerusalem Bible: Reader's Edition*. Org. ger. Alexander Jones. Garden City, NY: Doubleday, 1966, p. 905.

2. Platão, *Theaetetus* 149A-B. Trad. de F. M. Cornford. In: *The Collected Dialogues of Plato*. Org. de Edith Hamilton e Huntington Cairns. Princeton: Princeton University Press, 1973, pp. 853-4.

3. *Inferno*, VIII, 1. "Io dico, seguitando, che assai prima."

4. Giovanni Boccaccio, *Trattatello in laude di Dante*. Org. de Luigi Sasso. Milão: Garzanti, 1995, p. 70.

5. Ibid., pp. 71-2. Luigi Sasso observa que esses versos vêm da carta de irmão Ilaro para Ugoccione della Faggiuola, preservada no próprio *Zibaldone Laurenziano* de Boccaccio; a carta é muito provavelmente criação do próprio Boccaccio.

6. Francesco Petrarca, *Familiares*, 21:15 apud John Ahern, "What Did the First Copies of the *Comedy* Look Like?". In: Teodolina Barolini e H. Wayne Storey (Orgs.), *Dante for the New Millennium*. Nova York: Fordham University Press, 2003, p. 5.

7. Gennaro Ferrante, "Forme, funzioni e scopi del tradurre Dante da Coluccio Salutati a Giovanni da Serravalle". *Annali dell'Istituto Italiano per gli Studi Storici*, Bolonha, Il Mulino, n. 25, pp. 147-82, 2010.

8. *Inferno*, I, 114. "per luogo etterno"; II, 31-2. "Ma io, perché venirvi? o chi 'l concede?/ Io non Enea, io non Paulo sono."

9. "Apocalypse de Pierre", 16,2-3 e "Apocalypse de Paul", 32 a-b. *Écrits apocryphes chrétiens*, v. 1. Org. de François Bovon e Pierre Geoltrain. Paris: Gallimard, 1999, pp. 773, 810.

10. Dante Alighieri, *Vita nova*, II, 5. *Le opere di Dante: Testo critico della Società dantesca italiana*. Org. de M. Barbi et al. Florença: Bemporad, 1921, p. 3.

11. Id., *Questio de aqua et terra*, I, 3. *Opere di Dante*, op. cit., p. 467.

12. *Paraíso*, XXXIII, 33. "sí che 'l sommo piacer li si dispieghi"; *Convivio*, III, XI, 5. *Opere di Dante*, op. cit., p. 229.

13. *Paraíso*, X, 89. "la tua sete"; X, 90. "se non com' acqua ch'al mar non si cala."

14. G. K. Chesterton, *Saint Thomas Aquinas*. Nova York: Doubleday, 1956, p. 59.

15. Ibid., p. 21.

16. Tomás de Aquino, "Prologue". *Summa Theologica*. Trad. de Fathers of the English Dominican Province [1948]; repr. Notre Dame, Ind.: Christian Classics, 1981, v. 1, p. XIX.

17. Aristóteles, *Metafísica*, 980.a.21; Tomás de Aquino, "Exposition of Metaphysics" 1.1-3. In: _____, *Selected Writings*. Org. e trad. de Ralph McInerny. Harmondsworth, Reino Unido: Penguin, 1998, pp. 721-4.

18. Santo Agostinho, *The Retractions*, 2.24. In: Mary Inez Bogan (Org. e trad.), *The Fathers of the Church*. Washington, DC: Catholic University of America Press, 1968, v. 60, p. 32; Id., *De Morib. Eccl.* 21 apud Aquin, *Summa Theologica*, pt. 2.2, q. 167, art. 1, v. 4, p. 1868.

19. Tomás de Aquino cita Jerônimo (Epist. XXI *ad Damas*): "Vemos padres abandonando os Evangelhos e os profetas, e lendo peças teatrais e cantando as canções de amor de idílios pastorais" (*Summa Theologica*, pt. 2, art. 1, v. 4, p. 1869).

20. Bernard de Clairvaux, *Sermones super Canticum Canticorum*, ser. 36. In: *S. Bernardi Opera II*. Org. de J. Leclerq. Roma: Cistercienses, 1958, p. 56; Alcuin, *De Grammatica*, PL 101, 850 B, apud Carmen Lozano Guillén, "El con-

cepto de gramatica en el Renacimiento". *Humanistica Lovaniensia: Journal of Neo-Latin Studies*, n. 41, p. 90, 1992.

21. Bruno Nardi, "L'origine dell'anima umana secondo Dante". In: _____, *Studi di filosofia medievale*. Roma: Edizioni di Storia e Letteratura, 1960, p. 27.

22. *Paraíso*, XXXIII,142-5. "All' alta fantasia qui mancò possa;/ ma già volgeva il mio disiro e il velle,/ sì come rota ch' egualmente è mossa,// l'amor che move il sole e l'altre stelle." Trad. de Italo Eugenio Mauro.

23. David Hume, "My Own Life" (1776) apud Ernest C. Mossner, "Introduction". In: David Hume, *A Treatise of Human Nature*. Org. de Ernest C. Mossner. Harmondsworth, Reino Unido: Penguin, 1969, p. 17.

24. Id., *A Treatise of Human Nature* (Londres, 1739), página de rosto; Id., "My Own Life" apud Ernst C. Mossner, "Introduction", op. cit., p. 17.

25. Id., "My Own Life," apud Ernst C. Mossner, "Introduction", op. cit., p. 17.

26. Isaiah Berlin, *The Age of Enlightenment: The Eighteenth Century Philosophers* (1956) apud Ernst C. Mossner, "Introduction", op. cit., p. 7; David Hume, *Treatise of Human Nature*, op. cit., p. 41.

27. David Hume, *Treatise of Human Nature*, op. cit., pp. 499-500; Tomás de Aquino, *Summa Theologica*, op. cit., pt. 2.2, q. 167, v. 4, p. 1870.

28. David Hume, *Treatise of Human Nature*, op. cit., pp. 495, 497.

29. The chevalier de Jaucourt, "Curiosité". In: Denis Diderot e Jean Le Rond d'Alembert, *Encyclopédie; ou, Dictionnaire raisonné des sciences, des arts et des métiers*. Paris, 1751, v. 4, pp. 577-8.

30. *Inferno*, XXVIII, 139-141. "Perch' io partii cosi giunte persone,/ partito porto il mio cerebro, lasso!/ dal suo principio ch' è in questo troncone." Trad. de Italo Eugenio Mauro.

31. Giovanni Boccaccio, *Trattatello in laude di Dante*, op. cit., p. 51.

32. *Inferno*, XX, 19-21. "Se Dio ti lasci, lettor, prender frutto/ di tua lezione, or pensa per te stesso/ com' io potea tener lo viso asciutto." Trad. de Italo Eugenio Mauro.

33. Ver Denise Heilbronn, "Master Adam and the Fat-Bellied Lute". *Dante Studies*, n. 101, pp. 51-65, 1983.

34. *Inferno*, XXX,131-2. "Or pur mira!/ che per poco è teco non mi risso"; 148, "ché voler ciò udire è bassa voglia". Trad. de Italo Eugenio Mauro.

35. Sêneca, "On Leisure", 5.3. In: *Moral Essays*. Trad. de John W. Basore. Cambridge: Harvard University Press, 1990, v. 2, pp. 190-1. Alterei ligeiramente a tradução.

2. O QUE QUEREMOS SABER? [pp. 51-73]

Abertura do capítulo: Jean-Jacques Rousseau, *Emile; ou, De l'éducation.* Org. de Charles Wirz e Pierre Burgelin. Paris: Gallimard, 1969, livro 1, p. 89. [Ed. bras.: *Emílio; ou da educação.* 4. ed. São Paulo: Martins Fontes, 2004.]

1. *Inferno,* XXVI, 25, 29. "Quante 'l villan ch'al poggio si riposa,/ [...] vede lucciole giù per la vallea"; 52-53. "chi è 'n quel foco che vien sì diviso/ di sopra"; 82. "quando nel mondo li alti verse scrissi"; 93. "prima che si Enea la nomasse." Trad. de Italo Eugenio Mauro.

2. Ibid., 97-98, "dentro a me l'ardore/ ch'i' ebbi a divenir del mondo esper-to"; Alfred, Lord Tennyson, "Ulysses" (1842). In: _____, *Selected Poems.* Org. de Michael Millgate. Oxford: Oxford University Press, 1963, p. 88.

3. Torquato Tasso, *Gerusalemme liberata.* Org. Lanfranco Caretti. Milão: Mondadori, 1957, XV, 25, p. 277.

4. 'Abd-ar-Rahmân n. Khaldûn Al-Hadramî, *Al-Muqaddina: Discours sur l'Histoire Universelle.* Trad. do árabe e org. por Vincent Monteil. 3. ed., 6.39. Paris: Sinbad; Actes Sud, 1997, p. 948. Ibn Khaldun cita Alcorão 2,142.

5. *Inferno,* XI, 60, "e simile lordura"; XXVI, 58-63, "e dentro da la lor fiamma si geme/ l'agguato del caval che fé la porta/ onde uscì de' Romani il gentil seme.// Piangesvisi entro l'arte per che, morta,/ Deîdemìa ancor si duol d'Achille,/ e del Palladio pena vi si porta". Leah Schwebel, "'Simile lordura', Altra Bolgia: Authorial Conflation in Inferno 26". *Dante Studies,* n. 133, pp. 47-65, 2012.

6. Ver Giuseppe Mazzotta, *Dante, Poet of the Desert: History and Allegory in the "Divine Comedy".* Princeton: Princeton University Press, 1979, pp. 66-106.

7. Não está claro se o Ulisses de Dante partiu para sua última e fatal jornada após seu retorno a Ítaca (como acreditava Tennyson) ou se nunca retornou e continuou viajando após suas aventuras homéricas.

8. Oscar Wilde, *The Importance of Being Earnest.* Londres: Nick Hern Books, 1995, p. 32. [Ed. bras.: *A importância de ser prudente e outras peças.* São Paulo: Companhia das Letras; Penguin, 2011.]

9. "Fílon". In: Louis Jacob, *The Jewish Religion: A Companion.* Oxford: Oxford University Press, 1995, p. 377.

10. Santo Agostinho, *On Genesis.* Hyde Park, Nova York: New City Press, 2002, p. 83.

11. Hesíodo, *Theogony and Works and Days.* Trad. de Dorothea Wender. Harmondsworth, Reino Unido: Penguin, 1973, pp. 42, 61; Joachim du Bellay, *Les Antiquités de Rome* apud Dora e Erwin Panofsky, *Pandora's Box: The Changing Aspects of a Mythical Symbol.* 2. ed. rev. Nova York: Harper and Row, 1962, pp. 58-9.

12. Robert Louis Stevenson, "Letter to Mrs. Thomas Stevenson", 26 dez.

1880. In: _____, *The Letters of Robert Louis Stevenson to His Family and Friends.* Org. de Sidney Colvin. Nova York: Scribner's, 1899, v. 1, pp. 227-9.

13. *Paraíso*, XXXIII, 94-6. "Un punto solo m'è maggior letargo/ che venticinque secoli a la 'mpresa/ che fé Nettuno ammirar l'ombra d'Argo."

14. Nachman de Breslau apud "Questions". In: Louis Jacob, *The Jewish Religion*, op. cit., p. 399.

15. *Paraíso*, XXXIII, 85-87. "Nel suo profondo vidi che s'interna,/ legato con amore in un volume,/ ciò che per l'universo si squaderna." Trad. de Italo Eugenio Mauro.

16. Ver Agostino Ramelli, *Diverse et artificiose macchine.* Paris, 1588. Discutido em Lina Bolzoni, *La stanza della memoria: modelli letterari e iconografici nell'età della stampa.* Milão: Einaudi, 1995, p. 64.

17. Orazio Toscanella, *Armonia di tutti i principali retori.* Veneza, 1569. Discutido em Lina Bolzoni, *La stanza della memoria*, op. cit., pp. 69-73.

18. Ludovico Castelvetro, "La scienza del perche" apud Lina Bolzoni, *La stanza della memoria*, op. cit., p. 48.

19. *Purgatório*, II, 11-2. "gente che pensa suo cammino/ che va col core, e col corpo dimora." O canto termina com um símile do impulso oposto: "come uom che va, nè sa dove riesca" (132) [qual quem vai sem saber aonde está andando]. Trad. de Italo Eugenio Mauro.

20. Carlo Ossola, *Introduzione alla Divina Commedia.* Veneza: Marsilio, 2012, p. 40.

21. Dante Alighieri, *Epistola*, XIII, 72. In: _____, *Le opere di Dante: testo critico della Società dantesca italiana.* Org. de M. Barbi et al. Florença: Bemporad, 1921, p. 440; *Inferno*, I, 91 "A te convien tenere altro viaggio"; V, 22 "Non impedir lo suo fatale andare".

22. Sêneca, *Epistulae morales.* Org. e trad. de R. M. Gummere. Cambridge: Harvard University Press, 1985, v. 1, ep. 88; Heráclito, *Allégories d'Homère*, 70, 8. Trad. do grego por Félix Buffière. Paris: Belles Lettres, 1962, p. 75; Dião Crisóstomo, "Discourse 71". In: *Discourses 61-80.* Trad. H. Lamar Crosby. Cambridge: Harvard University Press, 1951, p. 165; para Epicteto, ver Silvia Montiglio, *From Villain to Hero: Odysseus in Ancient Thought.* Ann Arbor: University of Michigan Press, 2011, pp. 87-94.

23. Ver Raymond Klibansky, Erwin Panofsky e Fritz Saxl, *Saturn and Melancholy.* Londres: Nelson, 1964, p. 77.

3. COMO RACIOCINAMOS? [pp. 75-93]

Abertura do capítulo: Fernando de Rojas e "Antiguo Autor", *La Celestina: Tragicomedia de Calisto y Melibea*, 3.3. Org. de Francisco J. Lobera et al. Madri:

Real Academia Española, 2011, p. 110; Simone Weil apud Roberto Calasso, *I quarantanove gradini*. Milão: Adelphi, 1991, p. 121.

1. *Paraíso*, XXIV, 25-7. "Però salta la penna e non lo scrivo:/ ché l'imagine nostra a cotai pieghe,/ non che 'l parlare, è troppo color vivo." Trad. de Italo Eugenio Mauro.

2. Ibid., 40 "ama bene e bene spera e crede"; 46-51 "Sí come il baccialier s'arma e non parla/ fin che l'maestro la question propone,/ per approvarla, non per terminarla,// cosí m'armava io d'ogne ragione/ mentre ch'ella dicea, per esser presto/ a tal querente e a tal professione". Trad. de Italo Eugenio Mauro.

3. Ibid., 79-81. "Sé quantunque s'acquista/ giú per dottrina, fosse cosí 'nteso,/ non lí avria loco ingegno di sofista." Trad. de Italo Eugenio Mauro.

4. Boaventura, "Les Sentences 2". In: *Les Sentences. Questions sur Dieu: Commentaire du premier livre de sentences de Pierre Lombard*. Trad. do latim por Marc Ozilou. Paris: PUF, 2002, p. 1.

5. Ver Etienne Gilson, *History of Christian Philosophy in the Middle Ages*. Nova York: Random House, 1955, pp. 246-50.

6. Aristóteles, *Topics, Books I and VIII with Excerpts from Related Texts*. Trad. de Robin Smith. Oxford: Clarendon, 1997, p. 101 (caluniadores e ladrões); Aristóteles, *On Sophistical Refutations; On Coming-to-be and Passing Away; On the Cosmos*. Trad. de E. S. Forster e D. J. Furley. Cambridge: Harvard University Press, 2001, esp. pp. 13-5 (induzir outros ao erro); Aristóteles, *Topics*, op. cit., p. 127 (premissa irrelevante).

7. G. B. Kerferd, *The Sophistic Movement*. Cambridge: Cambridge University Press, 1981, p. 1.

8. Thomas Mautner, *The Penguin Dictionary of Philosophy*. 2. ed. Harmondsworth, Reino Unido: Penguin, 2005, p. 583; Martin Heidegger, *Plato's Sophist*. Trad. de Richard Rojcewicz e Andre Schuwer. Bloomington: Indiana University Press, 2003, p. 169; Lucian, "The Passing of Peregrinus". In: *Lucian*. Org. e trad. de A. M. Harmon. Cambridge: Harvard University Press, 1936, v. 5, cap. 13.

9. Frei Luis de Carvajal apud Marcel Bataillon, *Erasmo y España*. Trad. do francês por Antonio Alatorre. Cidade do México: Fondo de Cultura Económica, 2007, p. 506.

10. François Rabelais, *Gargantua and Pantagruel*. Trad. de Sir Thomas Urquhart e Pierre Le Motteux. Nova York: Knopf, 1994, livro 1, cap. 19, p. 66.

11. Ver Lucien Febvre, *Le problème de l'incroyance au XVIᵉ siècle: La religion de Rabelais*. Paris: Albin Michel, 1942.

12. Ver Mikhail Bakhtin, *Rabelais and His World*. Trad. de Helene Iswolsky. Bloomington: Indiana University Press, 1984, pp. 362-3.

13. François Rabelais, *Gargantua and Pantagruel*, op. cit. livro. 5, cap. 48, p. 806; cap. 37, p. 784; cap. 48, p. 807.

14. Gilles Deleuze apud Barbara Cassin, *L'Effet sophistique*. Paris: Gallimard, 1995, p. 20.

15. Ver W. K. C. Guthrie, *A History of Greek Philosophy*. Cambridge: Cambridge University Press, 1969, v. 3, p. 282.

16. Ver G. B. Kerferd, *The Sophistic Movement*, op. cit., p. 38.

17. *The Greek Sophists*. Org. e trad. de John Dillon e Tania Gregel. Harmondsworth, Reino Unido: Penguin, 2003, pp. 119-32.

18. Platão, *Lesser Hippias*, 363c-d. Trad. de Benjamin Jowett. In: _____, *The Collected Dialogues of Plato*. Org. de Edith Hamilton e Huntington Cairns. Princeton: Princeton University Press, 1973, p. 202.

19. W. K. C. Guthrie, *The Greek Philosophers from Thales to Aristotle*. Londres: Routledge, 1960, p. 66.

20. I. F. Stone, *The Trial of Socrates*. Boston: Little, Brown, 1988, pp. 41-2 [Ed. bras.: *O julgamento de Sócrates*. São Paulo: Companhia de Bolso, 2005]; Harry Sidebottom, "Philostratus and the Symbolic Roles of the Sophist and the Philosopher". In: *Philostratus*. Org. de Ewen Bowie e Jas Elsner. Cambridge: Cambridge University Press, 2009, pp. 77-9.

21. Xenófones, "On Hunting" 13 apud Jacqueline de Romilly, *Les Grands Sophistes dans l'Athène de Périclès*. Paris: Editions de Fallois, 1988, p. 55.

22. Filóstrato apud Sidebottom, "Philostratus and the Symbolic Roles of the Sophist and the Philosopher", op. cit., p. 80; Luciano de Samósata, *The Rhetorician's Vade Mecum*, 15. In: _____, *The Works of Lucian of Samosata*. Trad. de H. W. e F. Fowler. Oxford: Oxford University Press, 1905, p. 52.

23. Ver Mario Untersteiner, *I sofisti* (1948; reimpr. Milão: Mondadori, 2008), p. 280.

24. Platão, *The Republic*. Trad. de Paul Shorey. In: _____, *Collected Dialogues of Plato*, op. cit., livro 5, 462c-e, 463a-e, pp. 701-3.

25. Platão, *Protagoras*. Trad. de W. K. C. Guthrie. In: _____, *Collected Dialogues of Plato*, op. cit., pp. 319-20.

26. Platão, *Lesser Hippias*, op. cit., 365b, p. 202.

27. Ibid., 376a-b, p. 214.

28. Ibid., 376c, p. 214.

29. I. F. Stone, *The Trial of Socrates*, op. cit., p. 57.

30. Michel de Montaigne, "An Apology for Raymond Sebond". In: _____, *The Complete Essays*. Trad. e org. de M. A. Screech. Harmondsworth, Reino Unido: Penguin, 1991, livro, 2, ensaio 12, p. 656.

31. George Steiner, "Where Was Plato?". *Times Literary Supplement*, 26 jul. 2013, p. 11.

32. Platão, *Theaetetus*. Trad. de F. M. Cornford. In: _____, *The Collected Dialogues of Plato*, op. cit., 149A-B, pp. 853-4.

4. COMO PODEMOS VER O QUE PENSAMOS? [pp. 95-117]

Abertura do capítulo: Dante Alighieri, *De vulgari eloquentia.* Org. e trad. do latim por Vittorio Coletti. Milão: Garzanti, 1991, p. 25.

1. R. H. Charles, *The Apocrypha and Pseudepigrapha of the Old Testament.* Oxford: Clarendon, 1913, p. 75.

2. *Paraíso*, XVIII, 73-78. "E come augelli surti di rivera,/ quasi congratulando a lor pasture,/ fanno di sé or tonda or altra schiera,// sí dentro ai lumi sante creature/ volitando cantavano, e faciensi/ or D, or I, or L in sue figure." Trad. de Italo Eugenio Mauro.

3. Em Fariduddin Attar's *Conference of the Birds* (século XII), as aves partem para buscar seu rei, o Simurgh. Após muitas aventuras elas se dão conta de que são todas Simurgh e que o Simurgh são todas elas. Jorge Luis Borges associou as duas aves em "El Simurgh y el aguila". In: *Nueve ensayos dantescos.* Madri: Espasa-Calpe, 1982, pp. 139-44.

4. *Purgatório*, X, 95 "visibile parlare"; *Inferno*, III, 1-9 "Per me si va ne la città dolente,/ per me si va ne l'etterno dolore,/ per me si va tra la perduta gente.// Giustizia mosse il mio alto fattore;/ fecemi la divina podestate,/ la somma sapïenza e 'l primo amore.// Dinanzi a me non fuor cose create/ se non etterne, e io etterno duro./ Lasciate ogne speranza, voi ch'intrate". Trad. de Italo Eugenio Mauro.

5. *Inferno*, III, 17 "genti dolorose"; 21 "dentro alle segrete cose". Trad. de Italo Eugenio Mauro.

6. *Purgatório*, IX, 112-114; 131-132. "Intrate; ma facciovi accorti/ che di fuor torna chi 'n dietro si guata."

7. Santo Agostinho, *De Magistro*, 8. In: _____, *Les Confessions, précédées de Dialogues philosophiques.* Org. de Lucien Jerphagnon. Paris: Gallimard, 1998, livro 1, p. 370.

8. Julian Jaynes, *The Origin of Consciousness in the Breakdown of the Bicameral Mind.* Nova York: Houghton Mifflin, 1976.

9. Platão, *Phaedrus.* Trad. de R. Hackforth. In: _____, *The Collected Dialogues of Plato.* Org. de Edith Hamilton e Huntington Cairns. Princeton: Princeton University Press, 1973, 274d-e, p. 520; G. K. Chesterton, "A Defense of Nonsense". In: _____, *The Defendant.* Londres: Dent, 1901, p. 14.

10. Nic Dunlop, *The Lost Executioner: A Journey to the Heart of the Killing Fields.* Nova York: Walker, 2005, p. 82.

11. Inca Garcilaso de la Vega, *Comentarios reales.* In: _____, *Obras completas del Inca Garcilaso.* Madri: Colección Rivadeneira, 1960, v. 2.

12. Ibid., p. 67.

13. Toda informação sobre Sansevero provém da soberba edição de *Carta Apologética* de Sansevero, traduzida para o espanhol e editada por Jose Emilio e Lucio Adrian Burucua: Raimondo di Sangro, *Carta Apologética*. Buenos Aires: Unsam, 2010.

14. Isso vale para sociedades tanto de escrita quanto orais. "Toda sociedade conhecida como 'oral' emprega dois sistemas de comunicação diferentes e paralelos: um baseado na língua, o outro na visão." Anne-Marie Christin, *L'Image écrite ou la déraison graphique*. Paris: Flammarion, 1995, p. 7.

15. Robert Bringhurst, *The Elements of Typographic Style*. Vancouver: Hartley and Marks, 1992, p. 9.

16. Ver Marcia and Robert Ascher, *Code of the Quipu: A Study in Media, Mathematics and Culture*. Ann Arbor: University of Michigan Press, 1981, p. 102.

17. Pedro Cieza de León, *Crónica del Perú: Cuarta parte*. Org. de Laura Gutierrez Arbulu. Lima: Pontificia Universidad Católica del Perú y Academia Nacional de la Historia, 1994, v. 3, p. 232.

18. Robert Bringhurst, *The Elements of Typographic Style*, op. cit., p. 19.

5. COMO NÓS PERGUNTAMOS? [pp. 119-49]

Abertura do capítulo: Solomon Volkov, *Conversations with Joseph Brodsky: A Poet's Journey Through the Twentieth Century*. Trad. Marian Schwartz. Nova York: Free Press, 1998, p. 139; Joseph Brodsky, "The Condition We Call Exile". In: _____, *On Grief and Other Reasons: Essays*. Nova York: Farrar, Straus and Giroux, 1995, p. 33; id., "Venetian Stanzas I". In: _____, *To Urania*. Nova York: Farrar, Straus and Giroux, 1988, p. 90.

1. *Purgatório*, III, 34-42. "Matto è chi spera che nostra ragione/ possa trascorrer la infinita via/ che tiene una sustanza in tre persone.// State contenti, umana gente, al quia:/ ché, se potuto aveste veder tutto,/ mestier no era parturir Maria;// e disïar vedeste sanza frutto/ tai che sarebbe lor disio quetato,/ ch' etternalmente è dato lor per lutto."; 43-44, "io dico d'Aristotile e di Plato/ e di molt' altri". Trad. de Italo Eugenio Mauro.

2. Tomás de Aquino, *Summa Theologica*, pt. 1, q. 2, art. 2. Trad. de Padres da Província Dominicana Inglesa. (1948) reimpr. Notre Dame: Christian Classics, 1981, v. 1, p. 12; Francis Bacon, *The Advancement of Learning*, I, v. 8. In: _____, *The Advancement of Learning and New Atlantis*. Org. de Arthur Johnston. Oxford: Oxford University Press, 1974, p. 35.

3. *Paraíso*, XXVI, 115-117 "non il gustar del legno/ fu per sé la cagion di tanto esilio,/ ma solamente il trapassar del segno"; 124-132 "La lingua ch'io

parlai fu tutta spenta/ innanzi che a l'ovra iconsummabile/ fosse la gente di Nembròt attenta:// ché nullo effetto mai razïonabile,/ per lo piacere uman che rinovella/ seguendo il cielo, sempre fu durabile.// Opera naturale 'ch'uom favella;/ ma cosí o cosí, natura lascia/ poi fare a voi secondo che v'abbella". Trad. de Italo Eugenio Mauro.

4. Ibid., 132-138.

5. Dante Alighieri, *De vulgari eloquentia*. Org. e trad. do latim por Vittorio Coletti. Milão: Garzanti, 1991, pp. 14-5.

6. Ver Louis Ginzberg, *The Legends of the Jews*, v. 1: *From the Creation to Jacob*. Trad. Henrietta Szold. Baltimore: Johns Hopkins University Press, 1998, pp. 5-8. 7 v.

7. Citado em Gershom Scholem, *Kabbalah*. Nova York: Dorset, 1974, p. 12. Na tradição judaica a *Mishnah* é considerada infalível.

8. Cf. Mateus 6,22-23: "The light of the body is the eye: if therefore thine eye be single, thy whole body shall be full of light" ["A luz do corpo é o olho: se portanto teu olho for único, teu corpo inteiro será cheio de luz"].

9. Jorge Luis Borges, "La biblioteca de Babel". In: _____, *Ficciones*. Buenos Aires: Sur, 1944, pp. 85-95.

10. As dez *sefirot* são coroa, sabedoria, entendimento, ternura amorosa, poder do julgamento, beleza, vitória, esplendor, fundamento e soberania. Contam-se 613 *mitsvot*, das quais 365 são negativas ("não faça") e 248 positivas ("faça isto"). Veja Louis Jacobs, *The Jewish Religion: A Companion*. Oxford: Oxford University Press, 1995, pp. 450, 350.

11. *Purgatório*, XXII, 137-8. "cadea de l'alta roccia un liquor chiaro/ e si spandeva per le foglie suso." Trad. de Italo Eugenio Mauro. Na condenação de Dante aos epicuristas em *Inferno*, VI, só é mencionado seu conceito de que a alma more com o corpo, e não a exaltação dos epicuristas ao prazer.

12. Sobre a fonte, veja *Purgatório*, XXII, 65; XXI, 97-98. "mamma/ fumi, e fummi nutrice, poetando." Trad. de Italo Eugenio Mauro.

13. *Purgatório*, XXI, 131-132. "Frate/ non far, ché tu se' ombra e ombra vedi"; 136 "trattando l'ombre come cosa salda"; *Inferno*, I, 82-84 "lungo studio e 'l grande amore/ che m' ha fatto cercar lo tuo volume". Trad. de Italo Eugenio Mauro.

14. Ver Sandra Debenedetti Stow, *Dante e la mistica ebraica*. Florença: Editrice La giuntina, 2004, pp. 19-25.

15. Umberto Eco, *La ricerca della lingua perfetta*. Roma: Laterza, 1993, pp. 49-51.

16. Ver Sandra Debenedetti Stow, *Dante e la mistica ebraica*, op. cit., pp. 41-51; *Paraíso*, XXXIII, 140, "la mia mente fu percossa". Trad. de Italo Eugenio Mauro.

17. Ver Platão, *The Republic*. Trad. de Paul Shorey. In: _____, *The Collected Dialogues of Plato*. Org. por Edith Hamilton e Huntington Cairns. Princeton: Princeton University Press, 1973, livro 2, 376d-e, p. 623; *Purgatório*, xv, 117.

18. Giovanni Carlo Federico Villa, *Cima da Conegliano: Maître de la Renaissance vénitienne*. Trad. do italiano por Renaud Temperini. Paris: Réunion des musées nationaux, 2012, p. 32.

19. Hermann L. Strack e Günter Stemberger, *Introducción a la literatura talmúdica y midrásica*. Valencia: Institución San Jerónimo, 1988, p. 76.

20. Ver Benzion Netanyahu, *Don Isaac Abravanel, Statesman and Philosopher*. 5. ed. rev. Ithaca: Cornell University Press, 1998, p. 122.

21. Ver Herbert A. Davidson, *Moses Maimonides: The Man and His Works*. Oxford: Oxford University Press, 2005, p. 72.

22. *Pirke de Rabbi Eliezer: The Chapters of Rabbi Eliezer the Great According to the Text of the Manuscript Belonging to Abraham Epstein of Vienna*. Trad. de Gerald Friedlander. Nova York: Sepher Hermon Press, 1981, p. 63.

23. Ver Umberto Eco, *La ricerca della lingua perfetta*, op. cit., p. 50.

24. Ver Attilio Milano, *Storia degli ebrei in Italia*. Turim: Einaudi, 1963, p. 668; Rainer Maria Rilke, "Eine Szene aus dem Ghetto von Venedig". In: _____, *Geschichten vom lieben Gott* (Wiesbaden: Insel Verlag, 1955), p. 94. [Ed. bras.: *Histórias do bom deus*. São Paulo: 7 letras, 2013.]

25. A promessa de salvação matematicamente fundamentada invocada por Abravanel (a qual sem dúvida ele próprio teria repudiado com horror) projeta sua extensa sombra sobre os séculos seguintes da paciência judaica, a ponto de, já em 1734, o conselho rabínico de Veneza ter de emitir um decreto de excomunhão contra um certo Mosè Chaím Luzzatto por ter proclamado que um de seus associados era o esperado Messias, com sua chegada inexplicavelmente adiada em 231 anos a partir do cálculo de Abravanel. Ver Riccardo Calimani, *The Ghetto of Venice*. Trad. Katherine Silberblatt Wolfthal. Nova York: M. Evans, 1987, pp. 231-5.

26. Gideon Bohak, *Ancient Jewish Magic: A History*. Cambridge: Cambridge University Press, 2008, pp. 358-9.

27. Ver Marvin J. Heller, *Printing the Talmud: A History of the Earliest Printed Editions of the Talmud*. Brooklyn, Nova York: Im Hasefer, 1992, p. 7.

28. Daniel Bomberg apud Riccardo Calimani, *Ghetto of Venice*, op. cit., pp. 81-2.

29. *Editoria in ebraico a Venezia*. Catalogo de la mostra organizzata da Casa di Risparmio di Venezia, Comune di Sacile. Veneza: Arsenale Editrice, 1991.

30. Marvin J. Heller, *Printing the Talmud*, op. cit., pp. 135-82.

31. Apud ibid., p. 142.

32. Marc-Alain Ouaknin, *Invito al Talmud*. Trad. Roberto Salvadori. Turim: Bottati Boringhieri, 2009, p. 56; para o mapa, ver a guarda da frente em Riccardo Calimani, *Ghetto of Venice*, op. cit.

33. Gilbert K. Chesterton, *Orthodoxy*. Nova York: John Lane, 1909, p. 108.

34. Sou grato a Arthur Kiron, do Jewish Institute Collections da Universidade da Pennsylvania, por esta informação. Mr. Kiron fez-me consultar George M. Stratton, "The Mnemonic Feat of the 'Shass Pollak'". *Psychological Review*, v. 24, n. 3, pp. 181-7, maio 1917.

35. São Boaventura, *Collationes in Hexaemeron*, 13,12 apud Hans Blumenberg, *Die Lesbarkeit der Welt*. Frankfurt: Suhrkamp, 1981, p. 73.

36. Ver, por exemplo, Marina del Negro Karem, "Immagini di Potere: Il Leone Andante nel Battistero di San Marco di Venezia". *Atti dell'Istituto Veneto di Scienze, Lettere ed Arte*, n. 162, pp. 152-71, 2003-2004.

37. *Mishneh Torá: The Book of Knowledge by Maimonides*. Editado segundo o codex bodleiano, com introdução, referências bíblicas e talmúdicas, notas, trad. para o inglês de Moses Hyamson. Jerusalém: Feldheim, 1981.

6. O QUE É LINGUAGEM? [pp. 151-75]

Abertura de capítulo: Lewis Carroll, *Through the Looking-Glass and What Alice Found There*. In: _____, *The Annotated Alice*. Org. de Martin Gardner (Nova York: Clarkson Potter, 1960), p. 269; *Paraíso*, xxxiii, 140-141 "la mia mente fu percossa/ da un fulgore in che sua voglia venne"; *Inferno*, xxviii, 139-141. Trad. de Italo Eugenio Mauro.

1. Ver, por exemplo, *Inferno*, xxx, 130-132; *Purgatório*, xiii, 133-141.

2. *Inferno*, xxviii, 4-6. "Ogne lingua per certo verria meno/ per lo nostro sermone e per la mente/ c'hanno a tanto comprender poco seno." Trad. de Italo Eugenio Mauro.

3. Ovídio, *Les Métamorphoses*, 6, 382-400. Ed. bilíngue, org. e trad. do latim por Daniele Robert. (Paris: Actes Sud, 2001), pp. 246-9; *Paraíso*, i, 19-21. "Entra nel petto mio, e spira tue/ sí come quando Marsïa traesti/ de la vagina de le membra sue." Trad. de Italo Eugenio Mauro.

4. *Inferno*, i, 1-7.

5. Embora não haja prova de que Cervantes tenha lido *A divina comédia*, alguns de seus episódios eram bem conhecidos no século xvii, e a cena na qual Dom Quixote ataca os moinhos de vento acreditando serem gigantes pode ter sido inspirada pelo episódio no qual Dante acredita que os gigantes são torres.

6. Gênesis 6,4; A fonte de Dante para a história, além do próprio Gênesis,

é o comentário de Santo Agostinho; cf. *The City of God*, 15.23. Trad. Henry Bettenson (Harmondsworth, Reino Unido: Penguin, 1984), p. 639; *Inferno*, xx--xi, 76-81. "Elli stessi s'accusa;/ questi è Nembrotto per lo cui mal coto/ pur un linguaggio nel mondo non s'usa.// Lasciànlo stare e non parliamo a vòto;/ ché cosí e a lui ciascun linguaggio/ come 'l suo ad altrui, ch'a nullo è noto." Trad. de Italo Eugenio Mauro.

7. Domenico Guerri, *Di alcuni versi dotti della "Divina Commedia"*. Citta di Castello: Casa Tipografica-Editrice S. Lappi, 1908, pp. 19-47.

8. Jorge Luis Borges, "La muerte y la brújula". In: _____, *La muerte y la brújula*. Buenos Aires: Emece Editores, 1951, p. 131.

9. *Inferno*, vii, 1. Uma breve história das várias interpretações do verso pode ser encontrada na edição da *Divina comédia* de Anna Maria Chiavacci Leonardi (Milão: Mondadori, 1994), p. 233. (Seguindo a tradição medieval, Dante pode ter confundido Plutão, deus do Mundo Inferior, com Pluto, deus dos ricos.); *Inferno*, vii, 14 "l'alber fiacca".

10. Heródoto, *The Histories*, ii, 2. Trad. de Aubrey de Selincourt, revista e com introdução e notas de A. R. Burn. Harmondsworth, Reino Unido: Penguin, 1972, pp. 129-30.

11. Salimbene de Adam, *Chronicle of Salimbene de Adam*. Org. e trad. de Joseph L. Baid, B. Giuseppe e J. R. Kane. Tempe: University of Arizona Press, 1986, p. 156.

12. Oliver Sacks, *Awakenings*, rev. ed. (Nova York: Dutton, 1983), pp. 188-9 [ed. bras.: *Tempo de despertar*. São Paulo: Companhia das Letras, 1997]; Rainer Maria Rilke, "A pantera". In: _____, *Poemas*. Trad. de José Paulo Paes (São Paulo: Companhia das Letras, 2012), p. 95.

13. *Inferno*, xxxi, 127-9 "Ancor ti può nel mondo render fama,/ ch'el vive, e lunga vita ancor aspetta/ se 'nnanzi tempo grazia a sé nol chiama"; 142-143 "al fondo che divora/ Lucifero con Giuda"; 145 "come albero in nave". Trad. de Italo Eugenio Mauro.

14. Louis Ginzberg, *The Legends of the Jews*, v. 1: *From the Creation to Jacob*. Trad. de Henrietta Szold (Baltimore: Johns Hopkins University Press, 1998), 7 v., pp. 177-80. Ginzberg lista fontes rabínicas que apresentam Deus, no momento da Criação, como o primeiro governante. A Deus seguiram-se sete mortais: Nemrod, José, Solomão, Acab, Nabucodonosor, Ciro e Alexandre da Macedônia. Estes por sua vez serão seguidos pelo nono e último governante universal, o Messias. Id., *Legends of the Jews*, v. 5: *From the Creation to Exodus*, op. cit., p. 199.

15. Ibid., v. 1, p. 180.

16. Michael A. Arbib, *How the Brain Got Language: The Mirror System Hypothesis*. Oxford: Oxford University Press, 2012, p. ix.

17. Ibid., pp. 84-5.

18. Franz Kafka, "Ein Bericht fur eine Akademie". In: _____, *Die Er-zählungen*. Org. de Roger Hermes (Frankfurt: Fischer, 2000), pp. 322-33. Em 1906, o escritor argentino Leopoldo Lugones imaginou uma história na qual um homem tenta ensinar um macaco a falar, convencido de que os macacos são capazes de falar, mas que durante milhares de anos não o fizeram para não serem forçados a trabalhar para humanos. Na história, o homem tenta primeiramente um método para ensinar surdos-mudos. Depois recorre a ameaças e castigos, mas nada dá certo. Os esforços acabam por enfraquecer o pobre animal, até o homem dar-se conta de que ele está morrendo. De repente, em sua agonia, o macaco grita ("como explicar o tom de uma voz que não tinha falado durante dez mil séculos?") as palavras: "Senhor, água, senhor, meu senhor". Para Lugones, no início, humanos e macacos partilhavam uma língua comum: Leopoldo Lugones, "Yzur". In: _____, *Las fuerzas extrañas* (Buenos Aires: Arnoldo Moen y Hermanos, 1906), pp. 133-44.

19. *Paraíso*, I, 70-71, "Trasumanar significar per verba/ non si poria". Trad. de Italo Eugenio Mauro; Tomás de Aquino, *Summa Theologica*, pt. 1, q. 12, art. 6, 5 v. Trad. Padres da Província Dominicana Inglesa (1948; repr. Notre Dame: Christian Classics, 1981), v. 1, p. 53.

20. Do *Nîti Sataka* de Bhartrihari apud Barbara Stoler Miller (Org. e trad.), *The Hermit and the Love-Thief: Sanskrit Poems of Bhartrihari and Bilhana*. Nova York: Columbia University Press, 1978, p. 3.

21. I-Tsing apud Amartya Sen, "China and India" In: *The Argumentativē Indian: Writings on Indian Culture, History and Identity*. Londres: Allen Lane, 2005, p. 161.

22. Ver R. C. Zaehner (org. e trad.), *Hindu Scriptures*. Nova York: Knopf, 1992, p. x.

23. *The Upanishads*. Trad. Swami Paramananda. Hoo, Reino Unido: Axiom, 2004, p. 93; Ralph Waldo Emerson, "Brahma". In: _____, *Selected Writing of Ralph Waldo Emerson*. Org. de William H. Gilman. Nova York: New American Library, 1965, p. 471.

24. Ver Romila Thapar, *A History of India*. Harmondsworth, Reino Unido: Pelican, 1966, v. 1, pp. 140-2.

25. K. Raghavan Pillai (Org. e trad.), *The "Vâkyapadîya": Critical Text of Cantos I and II, with English Translation, Summary of Ideas and Notes*. Delhi: Motilal Banarsidass, 1971, p. 1.

26. B. K. Matilal, *The Word and the World: India's Contribution to the Study of Language*. Delhi: Oxford University Press, 1992, p. 52.

27. Jorge Luis Borges, "La biblioteca de Babel". In: _____, *El jardín de los senderos que se bifurcan* (Buenos Aires: Sur, 1941), pp. 85-95;. Cícero, *De natu-*

ra deorum, 2.37.93. Trad. de H. Rackham (Cambridge: Harvard University Press, 2005), p. 213 apud Jorge Luis Borges, "La biblioteca total". *Sur*, n. 59, pp. 13-6, ago. 1939.

28. Lewis Carroll, *Through the Looking-Glass and What Alice Found There*, op. cit., p. 251.

29. Ver Tandra Patnaik, *Sabda: A Study of Bhartrihari's Philosophy of Language*. Nova Delhi: D. K. Print World, 1994.

30. Italo Calvino, *Se um viajante numa noite de inverno*. São Paulo: Companhia das Letras, 1999, p. 15.

31. Dante Alighieri, *De vulgari eloquentia*. Org. e trad. do latim por Vittorio Coletti. Milão: Garzanti, 1991, p. 23.

32. Ibid., p. 99.

7. QUEM SOU EU? [pp. 177-99]

Abertura de capítulo: Inferno, XIII, 105. "chè non è giusto aver ciò ch'om si toglie." Trad. de Italo Eugenio Mauro.

1. *Inferno*, I, 66, "qual che tu sii, od ombra od omo certo!". Trad. de Italo Eugenio Mauro.

2. Craig E. Stephenson, "Introduction". In: _____, *Jung and Moreno: Essays on the Theatre of Human Nature*. Londres: Routledge, 2014, p. 14.

3. *Purgatório*, XXII, 127-29. "Elli givan dinanzi, ed io soletto/ diretro, ed ascoltava i lor sermoni/ h'a poetar mi davano intelletto"; XXIII, 32-33, "Chi nel viso de li uomini legge 'omo'/ ben avria quivi conosciuta l'emme"; Pietro Alighieri, *Il "Commentarium" di Pietro Alighieri nelle redazioni Ashburnhamiana e Ottoboniana*. Org. de Roberto della Vedova e Maria Teresa Silvotti. Florença: Olschki, 1978.

4. Ver Diógenes Laércio, *Lives of the Philosophers*, 3.6. Trad. de R. D. Hicks (Cambridge: Harvard University Press, 1995), v. 1, p. 281; Platão, "Cratylus". Trad. Benjamin Jowett. In: _____, *The Collected Dialogues of Plato*. Org. de Edith Hamilton e Huntington Cairns (Princeton: Princeton University Press, 1973), p. 422.

5. *Paraíso*, VI, 10, "Cesare fui, e son Giustiniano"; XII, 68-69, "quinci si mosse spirito a nomarlo/ dal possessivo di cui era tutto"; Vincenzo Presta, "Giovanna". In: *Enciclopedia Dantesca* (Milan: Mondadori, 2005), v. 9, p. 524; *Paraíso*, XII, 79-81. "Oh padre suo veramente Felice!/ oh madre sua veramente Giovanna,/ se, interpretata, val come si dice!" Trad. de Italo Eugenio Mauro.

6. *Purgatório*, XXX, 62-63. "quando mi volsi al suon del nome mio,/ che di necessità qui si registra"; 73-75 "Guardaci ben! Ben son, ben son Beatrice./ Come degnasti d'accedere al monte?/ non sapei tu che qui è l'uom felice?" Trad. de Italo Eugenio Mauro.

7. Ibid., 76-78. "Li occhi mi cadder giú nel chiaro fonte;/ ma veggendomi in esso, i trassi a l'erba,/ tanta vergogna mi gravò la fronte."

8. William Shakespeare, *All's Well That Ends Well*, 4, 1, 48-49 e 4, 3, 371-74. In: _____, *The Complete Works of Shakespeare*. Org. de W. J. Craig. Londres: Oxford University Press, 1969.

9. William Butler Yeats, "A Woman Young and Old". In: _____, *The Collected Poems of W. B. Yeats* (Londres: Macmillan, 1979), p. 308; Platão, *Symposium*. Trad. de Michael Joyce. In: _____, *Collected Dialogues of Plato*, op. cit., pp. 542-5.

10. David Macey, "Mirror-phase". In: *The Penguin Dictionary of Critical Theory* (Harmondsworth, Reino Unido: Penguin, 2000), p. 255; Arthur Rimbaud, "Lettre à Georges Izambard, 13 mai 1871". In: *Correspondance*. Org. de Jean-Jacques Lefrère (Paris: Fayard, 2007), p. 64. Uma expressão quase idêntica é usada na carta de Rimbaud a Paul Demeny, 15 maio 1971.

11. Carl Gustav Jung, "Conscious, Unconscious and Individuation". In: _____, *The Archetypes and the Collective Unconscious*. Trad. R. F. Hull (Princeton: Princeton University Press, 1980), p. 279; Santo Agostinho, *Confessions*, 11.28. Trad. R. S. Pine-Coffin (Harmondsworth, Reino Unido: Penguin, 1961), p. 278.

12. Carl Gustav Jung, "Conscious, Unconscious and Individuation", op. cit., p. 275; id., *Memories, Dreams, Reflections*. Gravado e ed. por Aniela Jaffe, trad. de Richard e Clara Winston, rev. ed. (Nova York: Vintage, 1965), p. 359.

13. Id., *Memories, Dreams, Reflections*, op. cit., p. 318.

14. Lewis Carroll, *Alice's Adventures in Wonderland*. In: _____, *The Annotated Alice*. Org. de Martin Gardner. Nova York: Clarkson Potter, 1960, p. 22.

15. Ibid., pp. 22-3; Osip Mandelstam, "Conversation on Dante". In: _____, *The Selected Poems of Osip Mandelstam*. Trad. de Clarence Brown e W. S. Merwin. Nova York: New York Review of Books, 2004, p. 117.

16. *Purgatório*, XXVIII, 139-141.

17. Herman Melville, *Moby-Dick; or, The Whale*. Org. de Luther S. Mansfield e Howard P. Vincent. Nova York: Hendricks House, 1962, p. 54.

18. Lewis Carroll, *Alice's Adventures in Wonderland*, op. cit., p. 158.

19. William Shakespeare, *Hamlet*, 2, 2, 93. In: _____, *Complete Works*, op. cit.; Lewis Carroll, *Alice's Adventures in Wonderland*, op. cit., p. 30-1.

20. Lewis Carroll, *Alice's Adventures in Wonderland*, op. cit., p. 161.

21. Ibid., p. 67.

22. Ibid., p. 32; id., *Through the Looking-Glass*, op. cit., p. 238.

23. Id., *Alice's Adventures in Wonderland*, op. cit., pp. 37-8, 59, 75; id., *Through the Looking-Glass*, op. cit., pp. 201, 287; Oscar Wilde, "Narcissus". In: _____, *Poems in Prose*, in *The Works of Oscar Wilde*. Org. de G. F. Maine. Londres: Collins, 1948, p. 844.

24. Lewis Carroll, *Alice's Adventures in Wonderland*, op. cit., p. 39.

8. O QUE ESTAMOS FAZENDO AQUI? [pp. 201-21]

Abertura de capítulo: Peter Levi, *Virgil: His Life and Times*. Londres: Duckworth, 1998, p. 35; Drieu La Rochelle, *L'Homme à cheval*. Paris: Gallimard, 1943, p. 15; José Hernández, *El gaucho Martín Fierro*. Buenos Aires: Ediciones Pardo, 1962, pp. 44, 10 (elipse no original).

1. John Ruskin, *Modern Painters*. In: _____. *The Complete Works of John Ruskin*. Londres: Chesterfield Society, n.d., v. 3, pp. 208-9; *Purgatório*, XXVIII, 2. "foresta spessa"; *Inferno*, I, 2. "selva oscura"; John Ruskin, *Modern Painters*, op. cit., p. 214.

2. *Inferno*, XIII, 1-11. "Non ra ancor di là Nesso arrivato,/ quando noi ci mettemmo per un bosco/ che da neun sentiero era segnato.// Non fronda verde, ma di color fosco,/ non rami schietti, ma nodosi e 'nvolti;/ non pomi v'eran, ma stecchi con tòsco.// Non han sì aspri sterpi né sí folti/ quelle fiere selvagge che 'n odio hanno/ tra Cecina e Cornetto i luoghi cólti."

3. *Inferno*, XIII, 21. "cose che torrien fede al mio sermone"; 32. "Perché mi schiante?"; 35-39. "ricomociò a dir: 'Perché mi scerpi?/ non hai tu spirto di pietade alcuno?// Uomini fummo, e or siam fatti sterpi:/ ben dovrebb' esser la tua man piú pia/ se state fossimo anime di serpe.". Trad. de Italo Eugenio Mauro; Virgílio, *Eneida*, 3.19-33. In: _____. *Eclogues, Georgics, Aeneid.*, 2 vols. Trad. de H. Rushton Fairclough. Cambridge: Harvard University Press, 1974, v. 1, pp. 348-50.

4. *Inferno*, XIII, 52-53. "'n vece/ d'alcun' ammenda"; 72. "ingiusto fece me contra me giusto." Trad. de Italo Eugenio Mauro.

5. Santo Agostinho, *City of God*, 1.20. Trad. de Henry Bettenson. Harmondsworth, Reino Unido: Penguin, 1972, p. 32.

6. *Inferno*, XIII, 37. "uomini fummo"; Olga Sedakova, "Sotto il cielo della violenza". In: Simone Invernizzi (Org.). *Esperimenti Danteschi: Inferno 2008*. g. Milão: Casa Editrice Marietti, 2009, p. 116; Dante Alighieri, *De vulgari eloquentia*. Org. e trad. do latim por Vittorio Coletti. Milão: Garzanti, 1991, p. 9.

7. Ver Sir Paul Harvey, *The Oxford Companion to Classical Literature*. Oxford: Clarendon, 1980, p. 194.

8. John Ruskin, *Modern Painters*, op. cit., p. 212.

9. *Inferno*, I, 39-40. "quando l'amor divino/ mosse di prima quelle cose belle." *Contrapasso* é um termo que Dante tomou emprestado de Tomás de Aquino para descrever a punição do purgatório para um pecado específico. Por exemplo, ladrões, que tomam o que não pertence a eles, são punidos com a perda de tudo que pertence a eles, inclusive sua forma humana.

10. Virgílio, *Georgics*, 1.155-9. In: _____, *Eclogues, Georgics, Aeneid*, op. cit., v. 1, pp. 90-1.

11. Porfírio, *De abstinentia*, 1.6 e Plínio, o Velho, *Naturalis historia*, 16.24.62, apud J. Donald Hughes, "How the Ancients Viewed Deforestation". *Journal of Field Archeology*, v. 10, n. 4, pp. 435-45, 1983.

12. Alfred Wold, "Saving the Small Farm: Agriculture in Roman Literature". *Agriculture and Human Values*, v. 4, n. 2-3, pp. 65-75, primavera-verão 1987. Na Inglaterra do século XVII, Samuel Johnson zombou dos interesses bucólicos de seus contemporâneos. Comentando sobre um certo dr. Grainger em seu "The Sugar-Cane, a Poem", ele observou ao biógrafo e amigo James Boswell: "O que ele pode fazer com uma cana-de-açúcar? Alguém poderia escrever também 'Canteiro de salsa, um Poema', ou 'O jardim de repolho, um Poema'": veja James Boswell, *The Life of Samuel Johnson*. Londres: T. Cadell and W. Davies, 1811, v. 3, p. 170. Na América do Sul, o exemplo clássico do século XIX é do chileno Andrés Bello, "Silva a la agricultura en la zona tórrida".

13. *Inferno*, XI, 48. "spregiando Natura, e sua bontade." Trad. de Italo Eugenio Mauro.

14. Linda Lear, "Afterword". In: Rachel Carson, *Silent Spring*. Harmondsworth, Reino Unido: Penguin, 1999, p. 259; Charles Williams, *The Figure of Beatrice: A Study in Dante*. Woodbridge, Reino Unido: Boydell and Brewer, 1994, p. 129. Tradicionalmente, os "pecadores contra a natureza" são sodomitas que voluntariamente abdicam do intercurso, o propósito "legal" das relações sexuais. Contudo, alguns eruditos, notadamente André Pézard (*Dante sous la pluie de feu*. Paris: Vrin, 1950), sugerem que os "pecadores contra a natureza" pecaram de maneira diferente, por uma "cegueira de julgamento" do que é o natural. Nem "sodomia" nem "sodomitas" são mencionados na *Divina comédia*. Em *Purgatório*, XXVI, 40, no entanto, um grupo de almas grita "Sodoma e Gomorra" referindo-se ao "grande pecado" das cidades da planície (Gênesis 18,20), ao que outro grupo responde nos dois versos seguintes, com referência a Pasifae, mulher de Minos, que copulou com um touro e deu à luz o Minotauro. Ambos os grupos pertencem aos excessivamente luxuriosos, homossexuais e heterossexuais e, uma vez que estão na mais alta cornija da montanha (a mais próxima do Éden), representam para Dante o menos grave dos sete pecados.

15. Rachel Carson, *Silent Spring*, op. cit., p. 257.

16. Aristóteles, *The Politics*, 1.8. Trad. de T. A. Sinclair. Harmondsworth, Reino Unido: Penguin, 1962, pp. 38-40.

17. "Assessing Human Vulnerability to Environmental Change: Concepts, Issues, Methods, and Case Studies". Nairobi: United Nations Environmental Programme, 2003. Disponível em: <www.unep.org/geo/GEO3/pdfs/Assessing-HumanVulnerabilityC.pdf>; "Social Issues, Soy, and Defenestration", *WWF Global*. Disponível em: <http://wwf.panda.org/about_our_earth/about_forests/deforestation/forest_conversion_agriculture/soy_deforestation_social/>.

18. Theodore Roszak, *The Voice of the Earth*. Grand Rapids, Mich.: Phanes, 1992, p. 2; John Ruskin, *Modern Painters*, op. cit., p. 155; Anita Barrows, "The Ecological Self in Childhood". *Ecopsychology Newsletter*, n. 4, outono 1995), apud David Suzuki (com Amanda McConnell), *The Sacred Balance: Rediscovering Our Place in Nature*. Vancouver/ Toronto: Greystone/Douglas and McIntyre, 1997, p. 179.

19. *Inferno*, XXIV, 1-15. "In quella parte del giovanetto anno/ che 'l sole i crin sotto l'Aquario tempra/ e già le notti al mezzo dí sen vanno,// quando la brina in su la terra assempra/ l'imagine di sua sorella bianca,/ ma poco dura a la sua penna tempra,// lo villanello a cui la roba manca,/ si leva, e guarda, e vede la campagna/ biancheggiar tutta; ond' ei si batte l'anca,// ritorna in casa, e qua e là si lagna,/ come 'l tapin che non sa che si faccia;/ poi riede, e la speranza ringavagna,// veggendo 'l mondo avec cangiata faccia/ in poco d'ora, e prende suo vincastro/ e fuor le pecorelle a pascer caccia.". Trad. de Italo Eugenio Mauro; Virgílio, *Georgics*, 1.145-46, op. cit., v. 1, pp. 90-1; ibid., 2.9-16, pp. 116-7.

20. Working Group II, AR5, Final Drafts, IPCC. Disponível em: <http://ipcc-wg2.gov/AR5/report/final-drafts/>. Acesso em: nov. 2013. O painel intergovernamental não foi o primeiro grupo de cientistas de renome internacional a divulgar um alerta desse tipo. Em 18 de novembro de 1992, cinco meses após a conferência sobre o planeta ocorrida no Rio de Janeiro, a maior reunião de chefes de Estado da história, 1600 cientistas de todo o mundo, muitos deles vencedores do prêmio Nobel, divulgaram seu "Aviso dos cientistas do mundo à humanidade", que explicitava os riscos em uma linguagem forte: "Os seres humanos e o mundo natural estão em curso de colisão. As atividades humanas infligem graves danos, muitas vezes irreversíveis, no meio ambiente e nos recursos não renováveis. Se não forem revistas, muitas de nossas práticas colocam em sério risco o futuro que desejamos para a sociedade e para os reinos animal e vegetal, e podem alterar o mundo vivo de modo a não sustentar mais a vida da maneira como conhecemos hoje. Mudanças fundamentais são urgentes se desejamos evitar a colisão que o curso atual nos trará... Não restam mais do que uma ou algumas décadas antes que a chance de evitar os perigos que agora enfrentamos esteja perdida e as perspectivas para a humanidade sejam diminuídas dras-

ticamente. Nós, signatários, membros seniores da comunidade científica mundial, alertamos aqui toda a humanidade do que virá a seguir. Uma mudança radical no uso dos recursos da Terra e da vida é necessária caso se queira evitar que grande parte da humanidade caia na miséria e que nosso lar global neste planeta não seja mutilado de modo irreversível". Em *The Sacred Balance* (pp. 4-5), o ecologista David Suzuki observa que, quando o documento foi divulgado para a imprensa, poucos jornais deram destaque. Tanto o *Washington Post* quanto o *New York Times* o rejeitaram como "não merecedor de ser notícia"; os editores dos jornais deliberadamente evitaram reconhecer o alerta e sua responsabilidade na falta de reação que se seguiu.

21. *Inferno*, IV, 131. "maestro di color che sanno."

9. QUAL É O NOSSO LUGAR? [pp. 223-43]

Abertura de capítulo: Derek Walcott, "The Star-Apple Kingdom". In: _____, *Selected Poems*. Org. de Edward Baugh. Nova York: Farrar, Straus and Giroux, 2007, p. 129; James Joyce, *A Portrait of the Artist as a Young Man*. Nova York: Random House, 1928, pp. 11-2; Johann Wolfgang Goethe, *Die Wahlverwadtschaften*. Org. de Hans-J. Weitz. Frankfurt: Insel, 1972, p. 174; Lawrence Durrell, *Constance; or, Solitary Practices*. Londres: Faber and Faber, 1982, p. 50; Tayeb Salih, *Season of Migration to the North*. Trad. de Denys Johnson-Davies. Harmondsworth, Reino Unido: Penguin, 2003, p. 30; Lewis Carroll, *The Hunting of the Snark*. Org. de Martin Gardner. Harmondsworth, Reino Unido: Penguin, 1967, p. 55; Northrop Frye, "Haunted by Lack of Ghosts: Some Patterns in the Imagery of Canadian Poetry" (26 abr. 1976). In: Jean O'Grady e David Staines (Orgs.). *Northrop Frye on Canada*. Toronto: University of Toronto Press, 2003, p. 476.

1. *Inferno*, I, 5. "selvaggia e aspra e forte"; 7. "amara"; 21. "la notte, ch'i' passai con tanta pieta." Trad. de Italo Eugenio Mauro.

2. Ver *Purgatório*, II, 146; *Convivio*, II, 1, 6-8; e *Epístola*, XIII, 21. In: M. Barbi et al. (Org.). *Le opere di Dante: testo critico della Società dantesca italiana*. Florença: Bemporad, 1921, pp. 172, 438, respectivamente.

3. A única exceção é quando Virgílio envia seu pupilo para que observe por si mesmo a punição dos usurários em *Inferno*, XVII, 37-78.

4. Henry James, *Substance and Shadow; or, Morality and Religion in Their Relation to Life*. Boston: Ticknor and Fields, 1863, p. 75.

5. *Inferno*, XXXII, 100-102. "Ond' elli a me: 'Perchè tu mi dischiomi,/ nè ti dirò ch'io sia, nè mostrerolti,/ se mille fiate in sul capo tomi'"; 104. "più d'una ciocca"; 106. "Che hai tu, Bocca?". Trad. de Italo Eugenio Mauro.

6. Ibid., XXXIII, 94. "Lo pianto stesso lí pianger non lascia"; 112. "i duri veli"; 116-17. "s'io non ti disbrigo,/ al fondo de la ghiaccia ir mi convegna"; 150. "e cortesia fu lui esser villano." Trad. de Italo Eugenio Mauro.

7. Ibid., VIII, 45. "benedetta colei che 'nte s'incinse." Trad. de Italo Eugenio Mauro.

8. Tomás de Aquino, *Summa Theologica*, pt. 1.2, q. 47, art. 2,. Trad. de Padres da Província Dominicana Inglesa. (1948). reimpr. Notre Dame: Christian Classics, 1981, v. 2, p. 785. Entre os defensores de Dante está Luigi Pietrobono, "Il canto VIII dell' *Inferno*," *L'Alighieri* 1, n. 2 (1960): 3-14, e G. A. Borgese, "The Wrath of Dante". *Speculum*, n. 13, pp. 183-93, 1938; entre seus detratores, E. G. Parodi, *Poesia e storia nella "Divina Commedia"*. Vicenza: Neri Pozza, 1965, p. 74, e Attilio Momigliano, *La "Divina Commedia" di Dante Alighieri*. Florença: Sansoni, 1948, pp. 59-60, mas há inúmeras opiniões de ambos os lados da questão.

9. Giovanni Boccaccio, *Il Decamerone*, 9.8. Turim: Einaudi, 1980, pp. 685-9.

10. *Inferno*, V, 141-42.

11. Tomás de Aquino, *Summa Theologica*, op. cit., pt. 1, q. 21, art. 2, v. 1, p. 119.

12. Ricardo Pratesi, "Introduction to Galileo Galilei". In: *Dos lecciones infernales*. Trad. do italiano por Matias Alinovi. Buenos Aires: La Compañía, 2011, p. 12.

13. Galileu Galilei, *Studi sulla Divina Commedia*. Florença: Felice Le Monnier, 1855; ver também id., *Dos lecciones infernales*, op. cit.; e id., *Leçons sur l'Enfer de Dante*. Trad. do italiano por Lucette Degryse. Paris: Fayard, 2008.

14. *Inferno*, XXXI, 58-59 (o rosto de Nemrod); XXXIV, 30-31 (o braço de Lúcifer).

15. Nicola Chiaromonte, *The Worm of Consciousness and Other Essays*. Org. de Miriam Chiaromonte. Nova York: Harcourt Brace Jovanovich, 1976, p. 153.

16. Homero, *The Odyssey*, 8.551. Trad. Robert Fagles. Nova York: Viking Penguin, 1996, p. 207.

17. Ver François Hartog e Michael Werner, "Histoire". In: *Vocabulaire européen des philosophies*. Org. de Barbara Cassin. Paris: Editions du Seuil, 2004, p. 562; Georg Wilhelm Friedrich Hegel, *Lectures on the Philosophy of World History*. Trad. de Hugh Barr Nisbet. Cambridge: Cambridge University Press, 1975, pp. 27, 560.

18. László Földényi, *Dostoyevski lee a Hegel en Siberia y rompe a llorar*. Trad. do húngaro por Adan Kovacsis. Madri: Galaxia Gutenberg, 2006; Max Brod, *Franz Kafka*. Nova York: Schocken, 1960, p. 75.

19. László Földényi, *Dostoyevski lee a Hegel en Siberia y rompe a llorar*, op. cit., p. 42.

20. Ver John Hendrix, *History and Culture in Italy*. Lanham, Md.: University Press of America, 2003, p. 130.

21. Al-Biruni, *Le Livre de l'Inde*. Org. e trad. do árabe por Vincent Mansour-Monteil. Paris: Sinbad/Unesco, 1996, pp. 41-2; Virgílio, *The Aeneid*, 6, 847--53. Trad. de C. Day Lewis. Oxford: Oxford University Press, 1952, p. 154.

22. Claude Lévi-Strauss, *Tristes tropiques*. Trad. de John and Doreen Weightman. Londres: Jonathan Cape, 1973, p. 411. [Ed. bras.: *Tristes trópicos*. São Paulo: Companhia das Letras, 1996.]

23. *Inferno*, II, 121-123. "Dunque: che è? perché, perché restai,/ perché tanta viltà nel core allette?/ perché ardire e franchezza no hai?". Trad. de Italo Eugenio Mauro.

24. Lévi-Strauss, *Tristes tropiques*, op. cit., p. 414.

10. EM QUE SOMOS DIFERENTES? [pp. 245-67]

1. Platão, *The Republic*, 1.20. Trad. de Paul Shorey. In: _____, *The Collected Dialogues of Plato*. Org. de Edith Hamilton and Huntington Cairns. Princeton: Princeton University Press, 1973, p. 597.

2. Ibid., 2.1, p. 605; 2.10, p. 614.

3. Ibid., 1.12, p. 589.

4. Virginia Woolf, "Speech to the London and National Society for Women's Service". In: _____, *The Essays of Virginia Woolf*, v. 5: *1929-1932*. Org. de Stuart N. Clarke (Londres: Hogarth, 2009), p. 640; Sófocles, *Oedipus at Colonus*, ll. 368--70. In: *The Theban Plays*. Trad. de David Grene (Nova York: Knopf, 1994), p. 78. O argumento sobre os papéis masculinos e feminos na *Ilíada* é feito por Alessandro Baricco, *Omero, Iliade* (Milão: Feltrinelli, 2004), pp. 159-60.

5. Homero, *The Odyssey*, 1, 413. Trad. de Robert Fagles (Nova York: Viking Penguin, 1996), p. 89; Mary Beard, "Sappho Speaks". In: _____, *Confronting the Classics* (Londres: Profile, 2013), p. 31. (No posfácio de sua coleção, Beard observou que, em retrospecto, ela pode ter sido "talvez um pouco entusiástica demais" quanto às diferentes bocas das sacerdotisas de Delfos — ibid., p. 285.)

6. Santo Agostinho, *The City of God*, 18.9. Trad. de Henry Bettenson (Harmondsworth, Reino Unido: Penguin, 1984), pp. 771-2; Gerda Lerner, *The Creation of Patriarchy* (Nova York: Oxford University Press, 1986), p. 213.

7. Simone de Beauvoir, *Le Deuxième Sexe* (Paris: Gallimard, 1949), p. 31; *Paraíso*, I, 109-114. "Ne l'ordine ch'io dico sono accline/ tutte nature, per diverse sorti,/ più al principio loro e men vicine;// onde si muovono a diversi porti/

per lo gran mar de l'essere, e ciascuna/ con istinto a lei dato che la porti." Trad. de Italo Eugenio Mauro.

8. *Purgatório*, v, 130-136. "Siena mi fé, disfecemi Maremma." Trad. de Italo Eugenio Mauro.

9. *Inferno*, v, 142. "E caddi come corpo morto cade." Trad. de Italo Eugenio Mauro. Os romances do século XIII *Lancelot du lac* e *Mort Artu* foram ambos sugeridos como possibilidades para o livro de Paolo e Francesca.

10. *Paraíso*, III, 117 "non fu dal vel del cor già mai disciolta"; 123 "come per acqua cupa cosa grave." Trad. de Italo Eugenio Mauro.

11. Gerda Lerner, *Creation of Patriarchy*, op. cit., p. 222.

12. *Inferno*, II, 94-95 "che si compiange/ di questo'mpedimento"; 98 "il tuo fedele"; 104 "ché non soccori quei che t' amò tanto." Trad. de Italo Eugenio Mauro.

13. Marina Warner relatou essa história em uma comunicação pessoal.

14. "S'il y a cent femmes et un cochon, le cochon l'emporte." Nicole Brossard, "The Volatility of Meaning", conferência Paget/Hoy feita em 11 de março de 2013 na Universidade de Calgary.

15. Robespierre, "Discours du 15 mai". In: _____, *Oeuvres de Robespierre*, 10 v. Paris: Armand Colin, 2010, v. 6, p. 358.

16. J.-P. Rabaut Saint-Étienne, *Précis historique de la Révolution* (Paris, 1792), p. 200 apud Jeremy Jennings, "The *Déclaration des Droits de l'Homme et du Citoyen* and Its Critics in France: Reaction and *Idéologie*". *Historical Journal*, v. 35, n. 4, p. 840, 1992.

17. Conde d'Antraigues apud ibid., p. 841; *Archives parlementaires*, VIII (Paris, 1875), p. 453 apud ibid.

18. Ibid., pp. 842-3.

19. Pierre-Gaspard Chaumette apud Wallach Scott, "French Feminists and the Rights of 'Man'". *History Workshop*, n. 28, outono 1989, p. 3; Marquês de Condorcet, *Sur l'admission des femmes au droit de cité* (1790). In: _____, *Oeuvres*. Org. de A. Condorcet O'Connor e A. F. Arago, 3 v. Paris: Firmin Didot, 1847, v. 2, pp. 126-7.

20. Convenção de 1893 apud Benoîte Groult, *Ainsi soit Olympe de Gouges*. Paris: Grasset, 2013, p. 57.

21. Ibid., p. 50; *Voltaire en sa correspondence*. Org. de Raphaël Roche. Bordeaux: L'Escampette, 1999, v. 8, p. 65.

22. Olympe de Gouges, *Mémoire de Mme de Valmont*. Paris: Côté-Femmes, 2007, p. 12.

23. Marquês Le Franc de Pompignan apud Benoîte Groult, *Ainsi soit Olympe de Gouges*, op. cit., pp. 25-6.

24. O movimento antiescravista na América leu na *Divina comédia* argu-

mentos que apoiavam sua luta, e nos séculos XIX e XX, escritores afro-americanos nela encontraram inspiração e orientação. Ver Dennis Looney, *Freedom Readers: The African American Reception of Dante Alighieri and the "Divine Comedy"* (Notre Dame, Ind.: University of Notre Dame Press, 2011).

25. Jules Michelet, *Les Femmes de la Révolution*. 2. ed. rev. Paris: Adolphe Delahays, 1855, p. 105.

26. Benoîte Groult, *Ainsi soit Olympe de Gouges*, op. cit., pp. 75-7.

27. MS 872, fols. 288-9, Bibliothèque historique de la Ville de Paris apud Olympe de Gouges, *Écrits politiques, 1792-1793*. Paris: Côté-Femmes, 1993, v. 2, p. 36.

28. Miguel de Cervantes, *El Ingenioso Hidalgo Don Quijote de la Mancha*, 1, 13.

29. Platão, *The Republic*, 10, 15, op. cit., p. 835.

11. O QUE É UM ANIMAL? [pp. 269-89]

Abertura de capítulo: Barry Holstun Lopez, *Of Wolves and Men*. Nova York: Scribner's, 1978, pp. 4, 284; Pablo Neruda, "Si Dios está en mi verso". In: _____, *Obras Completas*. Barcelona: Galaxia Gutenberg/Circulo de Lectores, 1999, v. 1, pp. 131-2.

1. *Inferno*, VIII, 42 "via costà con li altri cani"; XIII, 125 "nere cagne, bramose e correnti"; XVII, 49-51 "non altrimenti fan di state i cani/ or col ceffo or col piè, quando son morsi/ o da pulci o da mosche o da tafani"; XXI, 44 "mastino sciolto"; XXI, 68 "cani a dosso al poverello"; XXIII, 18 "'l cane a quella lievre ch'elli acceffa"; XXX, 20 "si come cane"; XXXII, 71 "visi cagnazzi"; XXXII, 105 "latrando"; XXXIII, 77-78 "co' denti,/ che furo a l'osso, come d'un can, forti"; *Purgatório*, XIV, 46-47 "botoli [...] ringhiosi." Trad. de Italo Eugenio Mauro.

2. *Paraíso*, VIII, 97-148.

3. Guillaume Mollet, *Les Papes d'Avignon*. 9. ed. rev. Paris: Letouzey and Ane, 1950, p. 392.

4. *Paraíso*, XXXIII, 145.

5. Ibid., II, 8-9, "Minerva spira, e conducemi Appollo,/ e nove Musi mi dimostran l'Orse"; XXII, 152; XXXIII, 143. Trad. de Italo Eugenio Mauro.

6. *Purgatório*, XX, 13-14, "nel cui girar par che si creda/ le condizion di qua giù trasmutarsi"; *Inferno*, I, 101; *Purgatório*, XX, 13-15. Trad. de Italo Eugenio Mauro.

7. "D'enz de sale uns veltres avalat", *La Chanson de Roland*, 57, 730. Org. e trad. para o francês moderno por Joseph Bédier (Paris: L'Edition d'art, 1922),

p. 58; Giovanni Boccaccio, *Esposizioni sopra la Comedia di Dante*. Org. de Giorgio Padoan. In: _____, *Tutte le opere di Giovanni Boccaccio*. Org. de Vittore Branca (Milão: Mondadori, 1900), v. 6, p. 73; *Inferno*, I, 102 "che la fara morir con doglia". Trad. de Italo Eugenio Mauro; Dante Alighieri, *Epistola*, VII, 5. In: _____, *Le opere di Dante: testo critico della Società dantesca italiana*. Org. de M. Barbi et al. (Florença: Bemporad, 1921), p. 426.

8. *Purgatório*, I, 13. "dolce color d'oriental zaffiro." Trad. de Italo Eugenio Mauro.

9. Dante Alighieri, *Epistola* XIII, 10. In: *Opere di Dante*, op. cit., p. 437.

10. *Inferno*, III, 9. "Lasciate ogne speranza, voi ch'intrate." Trad. de Italo Eugenio Mauro.

11. Ismail Kadare, *Dante, l'incontournable*. Trad. do albanês por Tedi Papavrami. Paris: Fayard, 2005, pp. 38-9.

12. *Inferno*, V, 121-123 "Nessun maggior dolore/ che ricordarsi del tempo felice/ ne la miseria"; XXIV, 151 "E detto l'ho perché doler ti debbia!"; *Paraíso*, XVII, 55-60 "Tu lascerai ogne cosa diletta/ più caramente; e questo è quello strale/ che l'arco de lo essilio pria saetta.// Tu proverai sì come sa di sale/ lo pane altrui e come è duro calle/ lo scendere e 'l salir per l'altrui scale." Trad. de Italo Eugenio Mauro.

13. Ibid., XXXIII, 55-56. "maggio/ che 'l parlar mostra." Trad. de Italo Eugenio Mauro.

14. Dante Alighieri, *Convivio* I, 3. In: _____, *Opere di Dante*, op. cit., p. 147; *Inferno*, XV, 88 "Ciì che narrate di mio corso scrivo"; *Paraíso*, XVII, 98-99 "s'infutura la tua vita/ via più là che 'l punir di lor perfidie." Trad. de Italo Eugenio Mauro.

15. *Paraíso*, XV, 97-126.

16. Franco Sacchetti, *Trecentonovelle*. Roma: Salerno, 1996, p. 167; Leon Battista Alberti, *Il libro della famiglia*. Org. de Ruggiero Romano e Alberto Tenenti; ed. rev. org. de Francesco Furlan. Turim: Giulio Einaudi, 1996, p. 210.

17. Brunetto Latini, *Li Livres dou tresor*. Trad. Paul Barrette e Spurgeon Baldwin (Nova York: Garland, 1993), pp. 133-4; Pierre de Beauvais, *Bestiaire, in Bestiaires du Moyen Age*, transcrito para o francês moderno por Gabriel Bianciotto (Paris: Editions Stock, 1980), p. 65; San Isidoro de Sevilla, *Etimologías*, cap. 12. Org. de J. Oroz Reta e M. A. Marcos Casquero (Madri: Biblioteca de Autores Cristianos, la Editorial Catolica, 2009).

18. Tobias 5,16 e 11,4; David Gordon White, *Myths of the Dog-Man*. Chicago: University of Chicago Press, 1991, p. 44.

19. *Inferno*, I, 4. "dir qual era è cosa dura." Trad. de Italo Eugenio Mauro.

20. *Inferno*, XVII, 74-75; XVIII, 28-33; *Purgatório*, XVII, 1-9; *Paraíso*, XII, 86-87.

21. *Inferno*, XXV, 58-66.

22. Tomás de Aquino, *Summa Theologica*, pt. 1, q. 102, art. 2, 5 v. Trad. Padres da Província Dominicana Inglesa (1948; repr. Notre Dame, Ind.: Christian Classics, 1981), v. 1, p. 501; Santo Agostinho, *On the Free Choice of the Will*, 3, 23, 69. In: _____, *On the Free Choice of the Will, On Grace and Free Choice, and Other Writings*. Org. e trad. de Peter King (Cambridge: Cambridge University Press, 2010), p. 52 (animais não sofrem); id., *The City of God*, 2, 4. Trad. de Henry Bettenson (Harmondsworth, Reino Unido: Penguin, 1984), p. 475; Cícero, *De natura deorum*, 2, 53, 133. Trad. de H. Rackham (Cambridge: Harvard University Press, 2005), p. 251; Pierre Le Hir, "8,7 millions d'espèces". *Le Monde*, 27 ago. 2011.

23. Santo Ambrósio, *Hexameron*, cap. 4. Trad. John. J. Savage. Washington, DC: Catholic University of America Press, 1961, p. 235.

24. Marie de France, "Le Lai de Bisclavret". In: _____, *Lais*. Org. de G. S Burgess. Londres: Bristol Classical Press, G. Duckworth, 2001; *Inferno*, VI, 18 "graffia li spiriti ed iscoia ed isquatra"; *Paraíso*, XII, 58-60. Trad. de Italo Eugenio Mauro.

25. *Paraíso*, XXX, 22, "vinto mi concedo"; X, 27 "quella materia ond'io son fatto scriba." Para esta última, trad. de Italo Eugenio Mauro.

26. *Inferno*, I, 85 "lo mio maestro"; *Purgatório*, XXVII, 86; XXVII, 139-40 "Non aspettar mio dir più ne mio cenno;/ libero, dritto e sano e tuo arbitrio"; XXVIII, 2 "la divina foresta." Trad. de Italo Eugenio Mauro.

12. QUAIS SÃO AS CONSEQUÊNCIAS DE NOSSAS AÇÕES? [pp. 291-309]

Abertura de capítulo: Stendhal, *Le Rouge et le noir*. Org. de Henri Martineau (Paris: Editions Garnier Frères, 1958), p. 376; obituário do general Jorge Rafael Videla, *El País*, 17 maio 2013; Andrew Kenny, "Giving Thanks for the Bombing of Hiroshima". *The Spectator*, 30 jul. 2005.

1. *Purgatório*, III, 76-77 "dove la montagna giace,/ sì che possibil sia l'andare in suso"; 79-87 "Come le pecorelle escon del chiuso/ a una, a due, a tre, e altre stanno/ timedette atterando l'occhio e l'muso;// e ciò che fa la prima,/ l'altre fanno,/ addossandosi a lei, s'ella s'arresta,/ semplici e quete, e lo 'mperché non sanno;// sí vid' io muovere a venir la testa/ di quella mandra fortunata allotta,/ pudica in faccia e ne l'andare onesta." Trad. de Italo Eugenio Mauro.

2. Ibid., 107-8, "biondo era e bello e di gentile aspetto/ ma l'un de' cigli un colpo avea diviso"; *Paraíso*, III, 109-20.

3. *Inferno*, x, 119; Friedrich Ruckert, "Barbarossa" (1824). In: _____, *Kranz der Zeit*. Stuttgart: Cotta, 1817, v. 2, pp. 270-1.

4. *Purgatório*, iii, 132, "a lume spento." Trad. de Italo Eugenio Mauro. "Sine croce, sine luce" [sem cruz, sem luz] era um encantamento medieval usado para o sepultamento de excomungados.

5. *Paraíso*, xxvii, 22-27 "Quelli ch'usurpa in terra il luogo mio,/ il luogo mio, il luogo mio che vaca/ ne la presenza del Figliuol di Dio,// fatt' ha del cimitero mio cloaca/ del sangue e de la puzza; onde 'l perverso/ che cadde di qua sú, là giú si placa." Trad. de Italo Eugenio Mauro.

6. A injunção de Cristo aparece três vezes: Marcos 12,17; Mateus 22,21; e Lucas 20,25; *Inferno*, xxviii, 30 "vedi com'io mi dilacco." Trad. de Italo Eugenio Mauro.

7. Lorenzo Valla, *On the Donation of Constantine*. Trad. de G. W. Bowersock. Cambridge: Harvard University Press, 2007; *Purgatório*, xxxiii, 55-57; *Paraíso*, xx, 56 "sotto buona intenzion che fé mal frutto." Trad. de Italo Eugenio Mauro.

8. *Purgatório*, iii, 120, "piangendo, a quei che volontier perdona"; 137, "al fin si penta". Trad. de Italo Eugenio Mauro. A *Catholic Encyclopedia* define *anátema* assim: "O Pontifical Romano diferencia três tipos de excomunhão: a excomunhão menos grave, antigamente imposta a uma pessoa que se comunica com qualquer pessoa que está banida por excomunhão; excomunhão mais grave, pronunciada pelo papa lendo uma sentença; e anátema, ou a penalidade incorrida por crimes da mais alta ordem, e solenemente promulgada pelo papa. Ao passar essa sentença, o pontífice veste amicto, estola e uma capa de asperges violeta, usa sua mitra, e assistido por doze sacerdotes vestidos com suas sobrepelizes e segurando velas acesas. Ele toma assento em frente ao altar ou em outro lugar adequado, e pronuncia a fórmula do anátema, que termina com estas palavras: 'Pelo que em nome de Deus Todo-Poderoso, o Pai, o Filho e o Espírito Santo, do abençoado Pedro, Príncipe dos Apóstolos, e de todos os santos, em virtude do poder que nos foi dado de permitir e de proibir no Céu e na Terra, nós privamos N — ele mesmo e todos os seus cúmplices e todos os seus instigadores da Comunhão com o Corpo e o Sangue de Nosso Senhor, nós o separamos da sociedade com todos os cristãos, nós o excluímos do seio de nossa Santa Mãe a Igreja no Céu e na Terra, nós o declaramos excomungado e anatematizado e o julgamos condenado ao fogo eterno com Satã e seus anjos e todos os depravados, enquanto ele não romper os grilhões do demônio, fizer penitência e satisfizer à Igreja; nós o entregamos a Satã para que mortifique seu corpo, que sua alma seja salva no dia do juízo'. Ao que todos os que assistem respondem: '*Fiat, fiat, fiat*'. O pontífice e os doze sacerdotes jogam então ao chão as velas acesas que estavam carregando, e se envia aos sacerdotes e bispos das redondezas, por escrito, o nome de quem foi excomungado e o motivo da excomu-

nhão, para que não se comuniquem com ele" (*Catholic Encyclopedia*, Nova York: Appleton, 1905-14, v. 1).

9. John Freccero, "Manfred's Wounds". In: *Dante: The Poetics of Conversion*. Org. de Rachel Jacoff. Cambridge: Harvard University Press, 1986, pp. 200-1.

10. *Purgatório*, III, 121-41. "Orribili furon li peccati miei;/ ma la bontà infinita ha sì gran braccia,/ che prende ciò che si rivolge a lei.// [...] Per lor maladizion sí non si perde,/ che non possa tornar, l'etterno amore,/ mentre che la speranza ha fior del verde.// Vero è che quale in contumacia more/ di Santa Chiesa, ancor ch'al fin si penta,/ star li convien da questa ripa in fore,// per ognun tempo ch'elli è stato, trenta,/ in sua presunzïon, se tal decreto/ piú corto per buon prieghi non diventa."

11. *Purgatório*, III, 25-27, 124-132; Ezequiel 37,3.

12. Guillaume de Lorris e Jean de Meung, *Le Roman de la rose*, Continuação por Jean de Meung, vv. 6705-6726. Org. de Daniel Poition (Paris: Garnier--Flammarion, 1974), p. 204; *The Mabinogion*. Trad. de Lady Charlotte Guest (Londres: Dent, 1906), pp. 142-50; Carlos de Anjou apud Arno Borst, *Medieval Worlds: Barbarians, Heretics and Artists*. Trad. de Eric Hansen (Chicago: University of Chicago Press, 1992), p. 209.

13. Ver Charles W. C. Oman, *The Art of War in the Middle Ages, A.D. 378-1515*. Rev. e org. de John H. Beeler. Ithaca: Cornell University Press, 1953, pp. 7-9.

14. Giovanni Villani, *Nuova cronica*. Org. de Giovanni Porta. Parma: Ugo Guanda, 1991.

15. Joseph Needham com a colaboração de Ho Ping-Yu, Lu Gwei-Djen e Wang Ling, *Chemistry and Chemical Technology: Military Technology; The Gunpowder Epic*, v. 5, pt. 7 de *Science and Civilisation in China*. Cambridge: Cambridge University Press, 1986, pp. 1-7, 579.

16. Francis Bacon, *The Works of Francis Bacon*, 10 v. Londres/Dublin: W. Baynes and Son/R. M. Tims, 1824, v. 9, p. 167.

17. James Burke, *Connections*. Londres: Macmillan, 1978, p. 70.

18. *Inferno*, XXI, 7-18.

19. Ibid., 88-90. "E 'l duca mio a me: 'O tu che siedi/ tra li scheggion del ponte quatto quatto,/ sicuramente omai a me to riedi.'"

20. Marcel Proust apud Ray Monk, *J. Robert Oppenheimer: A Life Inside the Center*. Nova York: Anchor, 2012, p. 114.

21. Kai Bird e Martin J. Sherwin, *American Prometheus: The Triumph and Tragedy of J. Robert Oppenheimer*. Nova York: Knopf, 2005.

22. "A Petition to the President of the United States", 17 jul. 1945, U.S. National Archives, Record Group 77, Registros do Chefe de Engenheiros, Man-

hattan Engineer District, Arquivo Harrison-Bundy, pasta 76, disponível em: <http://www.dannen.com/decision/ 45-07-17.html>.

23. J. Robert Oppenheimer apud Robert Jungk, *Brighter than a Thousand Suns: A Personal History of the Atomic Scientists*. Trad. de James Cleugh. Harmondsworth, Reino Unido: Penguin, 1960.

24. Paul Tibbets apud Ray Monk, *J. Robert Oppenheimer*, op. cit., p. 462, elipse no original.

25. Padre Siemes apud John Hersey, *Hiroshima*. Nova York: Knopf, 1946, pp. 117-8; *Paraíso*, XVIII, 91-93.

26. J. Robert Oppenheimer apud Ray Monk, *J. Robert Oppenheimer*, op. cit., p. 115, elipse no original.

13. O QUE PODEMOS POSSUIR? [pp. 311-33]

Abertura de capítulo: Bruno Ducharme, Estelle Lemaître e Jean-Michel Fleury (Orgs.), *ABCD: Une collection d'Art Brut,* ouvrage réalisé à l'occasion de l'exposition "Folies de la beauté", au Musée Campredon de l'Isle-sur-la Sorgue, de 8 jul. a 22 out. 2000 (Arles: Actes Sud, 2000), pp. 282-3; James Buchan, *Frozen Desire: The Meaning of Money* (Nova York: Farrar, Straus and Giroux, 1997), pp. 18, 269; *Inferno*, XV, 37-39, "qual di questa gregga/ s'arresta punto, giace poi cent' anni/ sanz' arrostarsi quando 'l foco il feggia"; World Bank indicators in *Le Monde diplomatique*, fev. 2002, p. 13; Felix Luna, *Argentina: de Perón a Lanusse, 1943-1973* (Buenos Aires: Planeta, 2000), p. 43.

1. Leonardo Bruni, *History of the Florentine People*, 1, 2, 30. Org. e trad. de James Hankins. Cambridge: Harvard University Press, 2001, p. 141; Giovanni Villani, *Nuova cronica*. Org. de Giovanni Porta. Parma: Ugo Guanda, 1991, v. 2, p. 52.

2. Dante Alighieri, *Epistola* XIII. In: _____, *Le opere di Dante: testo critico della Società dantesca italiana*. Org. de M. Barbi et al. Florença: Bemporad, 1921, pp. 436-46.

3. *Inferno*, I, 32-33 "leggera e presta molto,/ che di pel macolato era coverta"; sobre o leopardo como familiares de Vênus, ver Virgílio, *Aeneid*, 1, 323; *Inferno*, I, 47, "con la test' alta, e con rabbiosa fame"; 49-54, "Ed una lupa, che di tute brame/ sembiava carca ne la sua magrezza,/ e molte genti fé già viver grame,// questa mi porse tanto di gravezza/ con la paura ch'uscia di sua vista,/ ch'io perdei la speranza de l'altezza."

4. Ibid., 94-99. "ché questa bestia, per la qual tu gride,/ non lascia altrui passar per la sua via,/ ma tanto lo 'mpedisce che l'uccide; // e ha natura sì mal-

vagia e ria,/ che mai non empie la bramosa voglia,/ e dopo 'l pasto ha più fame che pria."

5. Tomás de Aquino, *Summa Theologica*, pt. 2, q. 32, art. 5, 5 v. Trad. Padres da Província Dominicana Inglesa (1948; repr. Notre Dame, Ind.: Christian Classics, 1981), v. 3, p. 1322.

6. *Inferno*, VII, 8 "maledetto lupo"; 30 "'Perchè tieni?' e 'Perchè burli?'"; 53-54 "la sconoscente vita che i fé sozzi,/ ad ogne conoscenza or li fa bruni"; 64-66, "tutto l'oro ch'è sotto la luna/ e che già fu, di quest' anime stanche/ non potrebbe fare posare una."

7. *Purgatório*, XXII, 43-45. "Allor m'accorsi che troppo aprir l' ali/ potean le mani spendere, e pente' mi/ così di quel come de li altri mali."

8. *Inferno*, XVII, 46-51. "Per li occhi fora scoppiava lor duolo;/ di qua, di là soccorrien con le mani/ quando a' vapori, e quando al caldo suolo: // non altrimenti fan di state i cani/ or col ceffo o col piè, quando son morsi/ o da pulci o da mosche o da tafani."

9. Gerard de Siena, "On Why Usury Is Prohibited". Traduzido de MS 894, fol. 68r-68v, Leipzig, Universitätsbibliothek apud Katherine L. Jansen, Joanna Drell e Frances Andrews (Orgs.), *Medieval Italy*. Filadélfia: University of Pennsylvania Press, 2009, p. 106; Jorge Manrique, "Coplas a la muerte de su padre". In: _____ *Obras completas*. Org. de Augusto Cortina. Madri: Espasa--Calpe, 1979, p. 117.

10. John T. Gilchrist, *The Church and Economic Activity in the Middle Ages*. Nova York: Macmillan, 1969, p. 218.

11. Ibid., p. 221.

12. Charles Dickens, "A Christmas Carol". In: _____, *The Complete Works of Charles Dickens*. Nova York: Society of English and French Literature, s.d., v. 25, p. 34.

13. Ibid., pp. 5, 4; Pseudo-Macarius, *Spiritual Homilies* apud Jacques Lacarrière, *Les Hommes fous de Dieu*. Paris: Fayard, 1975, p. 1.

14. Charles Dickens, "Little Dorrit". In: _____, *Complete Works of Charles Dickens*, op. cit., v. 25, pp. 171, 352.

15. Paul Krugman, "Bits and Barbarism". *New York Times*, 22 dez. 2013.

16. Aristóteles, *The Politics*, 1, 8 e 1, 11. Trad. de T. A. Sinclair. (Harmondsworth, Reino Unido: Penguin, 1962), pp. 42-3, 46.

17. Dante Alighieri, *Convivio*, IV, XVII, 10. In: _____, *Opere di Dante*, op. cit., p. 285.

18. Helen Langdon, *Caravaggio: A Life*. Londres: Chatto and Windus, 1998, pp. 250-1; Peter Ackroyd, *Dickens*. Londres: Sinclair-Stevenson, 1990, p. 487.

19. Sebastião Salgado, *Trabalhadores: uma arqueologia da era industrial*. São Paulo: Companhia das Letras, 1997, pp. 318-9; *Inferno*, III, 112-117 "Come

d'autunno si levan le foglie/ l'una appresso de l'altra, fin che 'l ramo/ vede a terra tutte le sue spoglie, // similmente il mal seme d'Adamo/ gittansi di quel lito ad una ad una/ per cenni come augel per suo riciamo." A imagem aparece em Homero; Dante provavelmente a pegou de Virgílio.

20. Oscar Wilde, "The Young King". In: _____, *The Works of Oscar Wilde*. Org. de G. F. Maine. Londres: Collins, 1948, p. 232.

21. Ibid., p. 229.

14. COMO PODEMOS PÔR AS COISAS EM ORDEM? [pp. 335-57]

1. *Inferno*, III, 5-6. "fecemi la divina podestate,/ la somma sapïenza e 'l primo amore."

2. Aristóteles, *Nicomachean Ethics*. 7.1-6 [ed. bras.: *Ética a Nicômaco*. Trad. Edson Bini. São Paulo: Edipro, 2014].

3. *Purgatório*, XVII, 94-6. "Lo naturale è sempre sanza errore,/ ma l'altro puote errar per mal obietto/ o per troppo o per poco di vigore." Trad. de Italo Eugenio Mauro.

4. *Paraíso*, III, 70-2. "Frate, la nostra volontà quieta/ virtù di carità, che fa volerne/ sol quel ch'avemo, e d'altro non ci asseta"; 85. "E 'n la sua volontade è nostra pace." Trad. de Italo Eugenio Mauro.

5. Vladimir Nabokov, *Lectures in Literature*. Org. de Fredson Bowers. Nova York: Harcourt Brace Jovanovich, 1980, pp. 62, 31, 257, 303. [Ed. bras.: *Lições de literatura*. Trad. de Jorio Dauster. São Paulo: Três Estrelas, 2015.]

6. Ashmolean Museum Catalogue. (Oxford, Inglaterra) apud Jan Morris, *The Oxford Book of Oxford*. Oxford: Oxford University Press, 1978, pp. 110-1.

7. George R. Marek, *The Bed and the Throne: The Life of Isabella d'Este*. Nova York: Harper and Row, 1976, p. 164.

8. Francis Bacon, *Gesta Grayorum* (1688). Oxford: Oxford University Press, 1914, p. 35; *A History of Private Life*, v. 3: *Passions of the Renaissance*. Org. de Roger Chartier. Trad. de Arthur Golhammer. Cambridge: Harvard University Press, 1989, p. 288 [ed. bras.: *História da vida privada: da Renascença ao século das Luzes*. Trad. Hildegard Feist. São Paulo. Companhia de Bolso, 2009]; Patrick Mauriès, *Cabinets of Curiosities*. Londres: Thames and Hudson, 2011, p. 32.

9. *Cassiano dal Pozzo: I segreti di un Collezionista*. Org. de Lorenza Mochi e Francesco Solinas. Roma: Galleria Borghese, 2000, p. 27; Marsilio Ficino, *Book of Life*. Trad. de Charles Boer. Irving, Tex.: Spring, 1980, p. 7.

10. Luciano Canfora, *La biblioteca scomparsa*. Palermo: Sellerio, 1987, p.

56; Mustafa El-Abbadi, *La antigua biblioteca de Alejandría: Vida y destino*. Trad. do árabe por José Luis García-Villalba Sotos. Madri: Unesco, 1994, p. 34.

11. Paul Otlet apud Françoise Levie, *L'Homme qui voulait classer le monde: Paul Otlet et le Mundaneum*. Bruxelas: Impressions Nouvelles, 2006, p. 33.

12. Ibid., pp. 107, 271.

13. *Paraíso*, XXXIII, 124-126. "O luce etterna che sola in te sidi,/ sola t'intendi, e da te intelleta/ e intendente te ami e arridi!" Trad. de Italo Eugenio Mauro.

14. Ver Adina Hoffman e Peter Cole, *Sacred Trash: The Lost and Found World of the Cairo Geniza*. Nova York: Schocken, 2011.

15. Apud Françoise Levie, *L'Homme qui voulait classer le monde*, op. cit., p. 72.

16. Ibid., pp. 69-70.

17. Henry James, Carta de 4 de abril de 1912. In: *Letters*. Org. de Leon Edel. Cambridge: Harvard University Press, 1984, v. 4, p. 612; Henry James, *The Spoils of Poynton*. Londres: Bodley Head, 1967, pp. 38, 44 [ed. bras.: *Os espólios de Poynton*. São Paulo: Companhia das Letras, 2008].

18. Françoise Levie, *L'Homme qui voulait classer le monde*, op. cit., p. 225.

19. Apud W. Boyd Rayward, "Visions of Xanadu: Paul Otlet (1868-1944) and Hypertext". *Jasis*, n. 45, 1994, p. 242.

20. Françoise Levie, *L'Homme qui voulait classer le monde*, op. cit., pp. 293-308.

21. Ibid., pp. 47-8.

22. Jorge Luis Borges, "El congreso". In: _____, *El libro de arena*. Buenos Aires: Emece, 1975.

15. O QUE VEM EM SEGUIDA? [pp. 359-83]

Abertura de capítulo: The Book of Common Prayer (1662), 90, 10. Cambridge: Cambridge University Press, 2003, p. 463; Jakob e Wilhelm Grimm, "Die Boten des Todes", *Die Märchen der Brüder Grimm*. Leipzig: Insel Verlag, 1910, pp. 294-5; May Swenson, "The Centaur". In:_____, *To Mix with Time: New and Selected Poems*. Nova York: Scribner's, 1963, p. 86; Francesco Petrarca, *Le familiar*. Trad. de Vittorio Rossi. Florença: Casa editrice Le Lettrere, 2009, v. 3: bks. 12-19, 22:2, p. 68; Sêneca, "On the Shortness of Life". In: _____. *The Stoic Philosophy of Seneca*. Trad. de Moses Hadas. Garden City, Nova York: Doubleday, 1958, p. 73; Samuel L. Knapp, *The Life of Lord Timothy Dexter, with Sketches of the Eccentric Characters That Composed His Associates, Including His Own Writings*. Boston: J. E. Tilton, 1858.

1. *Purgatório*, III, 26. "dentro al quale io facea ombra"; *Purgatório*, XXX, 124-25. "su la soglia fui/ di mia seconda etade"; *Inferno*, XXXIII, 13-75; "O famoso verso 75 do penúltimo canto do *Inferno* criou [para os comentaristas de Dante] um problema originário de uma confusão entre arte e realidade... Na obscuridade de sua Torre de Fome, Ugolino devora e não devora os amados corpos, e essa hesitante imprecisão, essa incerteza é a matéria estranha da qual ele é feito. E assim, com duas possíveis agonias, Dante o sonhou e assim o sonharão as gerações por vir". Jorge Luis Borges, "El falso problema de Ugolino". In: _____, *Nueve ensayos dantescos*. Madri: Espasa Calpe, 1982, pp. 105, 111; *Inferno*, XIII, 31-151; *Paraíso*, XXI, 124; ver capítulo 12 deste livro.

2. *Inferno*, I, 116-17. "li antichi spiriti dolenti/ ch'a la seconda morte ciascun grida."

3. Yukio Mishima, *La ética del samurái en el Japón moderno*. Trad. do japonês de Makiko Sese e Carlos Rubio. Madri: Alianza Editorial, 2013, p. 108.

4. *Anagata Vamsadesance: The Sermon of the Chronicle-To-Be*. Org. de John Clifford Holt. Trad. de Udaya Meddagama, Delhi: Motilal Banarsidass, 2010, p. 33.

5. Mary Boyce, *Zoroastrians: Their Religious Beliefs and Practices*. Londres: Routledge, 2001, pp. 56-70.

6. *Talmud Megillah* 15a.

7. *The Koran*, sura 76. Trad. de N. J. Dawood, atual. Harmondsworth, Reino Unido: Penguin, 1993, p. 413-4; Ibn 'Arabi apud Mahmoud Ayoub, *The Qur'an and Its Interpreters*. Albany: State University of New York Press, 1984, v. 1, p. 125; Abu Huraryra apud ibid., v. 1, p. 89.

8. *The Koran*, op. cit., sura 75, p. 412; sura 33, p. 299; sura 6, p. 97; sura 17, p. 200; Imam Muslim, *Sahih Muslim*. Trad. de Abdul Hamid Sidiqi. Dehli: Kitab Bharan, 2000, v. 1-4, p. 67.

9. Miguel Asín Palacios, *Dante y el Islam* (1927). Pamplona: Urgoiti, 2007, p. 118; Louis Massignon, "Les recherches d'Asín Palacios sur Dante", *Ecrits mémorables*. Paris: Robert Laffont, 2009, v. 1, p. 105; Abu l-'Ala' al-Ma'arri, *The Epistle of Forgiveness: A Vision of Heaven and Hell*. Org. e trad. de Geert Jan van Gelder e Gregor Schoeler. Nova York: New York University Press, 2013, v. 1, pp. 67-323.

10. "Why We Die". In: *Rasa'il Ikhwan al-Safa*. (The Epistles of the Sincere Brethren), *Classical Arabic Literature: A Library of Arabic Literature Anthology*. Org. e trad. de Geert Jan van Gelder. Nova York: New York University Press, 2013, pp. 221-2.

11. G. B. Caird, *A Commentary on the Revelation of St. John the Divine*. Nova York: Harper and Row, 1966, p. 11.

12. "Victorino". In: *The New Catholic Encyclopedia*. Farmington Hills, Mich.: CUA Press and the Gale Group, 2002.

13. Ver Crawford Gribben e David George Mullan, *Literature and the Scottish Reformation*. Cape Breton, Canada: Ashgate, 2009, p. 15. O cientologista L. Ron Hubbard e seus seguidores adotam esta leitura apocalíptica.

14. Veja E. Ann Matter, "The Apocalypse in Early Medieval Exegesis". In: Org. de Richard K. Emmerson e Bernard McGinn. *The Apocalypse in the Middle Ages*. Ithaca: Cornell University Press 1992, pp. 38-9.

15. Santo Agostinho, *The City of God*. Trad. de Henry Bettenson (Harmondsworth, Reino Unido: Penguin, 1984), pp. 906-18, 907, 918.

16. Philippe Ariès, *Essais sur l'histoire de la mort en Occident du Moyen Age à nos jours*. Paris: Editions du Seuil, 1975, p. 21.

17. Fernando de Rojas y "Antiguo Autor", *La Celestina: Tragicomedia de Calisto y Melibea*, 4.5. Org. de Francisco J. Lobera, Guillermo Serés, Paloma Díaz-Mas, Carlos Mota, Iñigo Ruiz Arzalluz e Francisco Rico. Madri: Real Academia Espanola, 2011, p. 110. A imagem da pousada aparece também em Cícero, "Da Senectude" (*De senectute*): "Quando deixo a vida, portanto, sentirei como se estivesse deixando uma pousada, mais do que um lar". In: Cícero, *Selected Works*. Trad. de Michael Grant, atual. Harmondsworth, Reino Unido: Penguin, 1971, p. 246.

18. Philippe Ariès, *Essais sur l'histoire de la mort en Occident*, op. cit., p. 30.

19. Edgar Allan Poe, "The Philosophy of Composition". In: *On Poetry and the Poets*, v. 6 de *The Works of Edgar Allan Poe*. Org. de E. C. Stedman e G. E. Woodberry. Nova York: Scribner's, 1914, p. 46.

20. Philippe Ariès, *Essais sur l'histoire de la mort en Occident*, op. cit., p. 67; Isherwood apud Gore Vidal, "Pink Triangle and Yellow Star". *Nation*, 14 out. 1981.

21. Tim Radford, "A Prize to Die For". *The Guardian*, 19 set. 2002. Para esses vencedores que preferiram não esperar pelo prêmio da ressurreição, a alternativa era uma viagem ao Havaí. Congelar o corpo para ser ressuscitado no futuro é tema de uma história de Howard Fast, "The Cold, Cold Box". In: _____, *Time and the Riddle*. Pasadena, Calif.: Ward Ritchie Press, 1975, pp. 219-31.

22. Cícero, "On Old Age", op. cit., p. 247.

23. *Paraíso*, XXXIII, 32-33. "ogne nube li disleghi/ di sua mortalità co' prieghi tuoi."

24. *Inferno*, IV, 141. "Seneca morale"; Sêneca, "On the Shortness of Life", op. cit., p. 48.

25. O *Corpus Inscriptionum Latinarum* (*CIL*) é uma coleção abrangente de inscrições latinas antigas de todos os cantos do Império Romano. Inscrições públicas e pessoais lançam luz sobre todos os aspectos da vida e da história ro-

manas. O *Corpus* continua a ser atualizado com novas edições e suplementos pela Berlin-Brandenburgische Akademie der Wissenschaften. Disponível em: <http://cil.bbaw.de/cil_en/index _en.html>.

26. *Inferno*, IX, 112-120.

27. Giorgio Bassani, *Il giardino dei Finzi-Contini*. Turim: Giulio Einaudi, 1962, p. 3.

16. POR QUE AS COISAS ACONTECEM? [pp. 385-403]

1. Primo Levi, *Se questo è un uomo*. Milão: Einaudi, 1958, p. 10 [ed. bras.: *É isto um homem?* São Paulo: Rocco, 2013].

2. *Inferno*, XXVI, 85-90. "Lo maggior corno de la fiamma antica/ cominciò a crollarsi mormorando/ pur come quella cui vento affatica.// Indi, la cima in qua e in là menando/ come fosse la lingua che parlasse,/ gittò voce di fuori e disse: 'Quando […]'"; 100 ("ma misi […]").

3. Primo Levi, *Se questo è un uomo*, op. cit. O episódio é mencionado nas pp. 102-5; *Inferno*, XXVI, 118-20, "Considerate la vostra semenza:/ fatti non foste a viver come bruti,/ ma per seguir virtute e conoscenza."

4. *Inferno*, XXVI, 133-35. "quando n'apparve una montagna, bruna/ per la distanza, e parvemi alta tanto/ quanto veduta non avëa alcuna."

5. *Inferno*, XXVI, 139-41. "Tre volte il fé girar con tutte l'acque;/ a la quarta levar la poppa in suso/ e la prora ire in giù, com' altrui piacque."

6. *Inferno*, XVI, 142. "infin che 'l mar fu sovra noi richiuso."

7. Dante, *De vulgare eloquentia*, I, v. Org. e trad. do latim por Vittorio Coletti. Milão: Garzanti, 1991, pp. 10-1.

8. Louis Ginzberg, *Legends of the Jews*, v. 1: *From the Creation to Jacob*. Trad. Henrietta Szold (Baltimore: Johns Hopkins University Press, 1998), pp. 5-8. Para mais informações sobre essa lenda da Criação, ver o capítulo 5 deste livro.

9. Philip Friedman, *Roads to Extinction: Essays on the Holocaust*. Org. de Ada June Friedman. Nova York: Jewish Publication Society of America, 1980, p. 393.

10. Primo Levi, *Se questo è un uomo*, op. cit., p. 25.

11. Angelus Silesius, *Cherubinischer Wandersmann*, lv. 1, seç. 289. Org. de Louise Gnadinger. Stuttgart: Philipp Reclam, 1984, p. 69.

12. *Inferno*, I, 4 "dir qual era è cosa dura"; 8 "per trattar del ben ch'i' vi trovai"; *Paraíso*, XV, 79-81 "Ma voglia e argomento ne' mortali […] diversamente son pennuti in ali."

13. Henri de Lubac, *Medieval Exegesis: The Four Senses of Scripture*. Trad.

de Mark Sebac (Grand Rapids, Mich.: Eerdmans, 1998), v. 1, p. 41. Lubac diz que Musaeus foi mestre de Orfeu, não seu discípulo.

14. *Paraíso*, X, 131; Richard de Saint-Victor, *Liber exeptionum*, pt. 1, lv. 1, cap. 23, p. 3. Org. de Jean Chatillon. Paris: Vrin, 1958, p. 12.

15. Giles Constable, *The Letters of Peter the Venerable*, v. 1, lv. 4, cap. 21. Cambridge: Harvard University Press, 1967.

16. *Inferno*, IV, 80 "Onorate l'altissimo poeta"; 94 "bella scuola".

17. Virgílio, *Eneida*, 4, 23 "veteris vestigia flammae"; *Purgatório*, XXX, 48 "cognosco i segni de l'antica fiamma".

18. *Inferno*, XXVI, 117 "di retro al sol, del mondo sanza gente"; 133-134 "bruna/ per la distanza".

19. Homero, *The Iliad*, 5, 279-81, 526, 384. Trad. de Robert Fagles. Harmondsworth, Reino Unido: Viking/Penguin, 1990.

20. Martin Buber, *Tales of the Hasidim*. Trad. de Olga Marx. Nova York: Schocken, 1991, pp. 258-9.

21. *Inferno*, XXVI, 114. "picciola vigilia."

22. Ibid., 125. "folle volo."

23. Franz Kafka, "In der Strafkolonie". In: _____, *Die Erzählungen und andere ausgewählte Prosa*. Org. de Roger Hermes. Frankfurt: Fischer, 2000. [Ed. bras.: *O veredicto; Na colônia penal*. Trad. de Modesto Carone. São Paulo: Companhia das Letras, 1998.]

24. Primo Levi, "Caro Orazio". In: _____, *Racconti e saggi*. Turim: La Stampa, 1986, p. 117.

25. "Lord, let Your light". In: George Appleton (Org.), *The Oxford Book of Prayer*. Oxford: Oxford University Press, 1985, p. 275.

26. *Purgatório*, I, 133 "com' altrui piacque"; II, 23 "un non sapeva che bianco"; *Inferno*, XXVI, 125 "de' remi facemmo ali"; *Purgatório*, II, 10-12. "Noi eravam lunghesso mare ancora,/ come gente che pensa a suo cammino,/ che va col cuore e col corpo dimora."

27. *Purgatório*, II, 110-111 "l'anima mia, che, con la sua persona/ venendo qui, è affannata tanto!"; 106-108 "Ed io: 'Se nuova legge non ti toglie/ memoria o uso a l'amoroso canto/ che mi solea quetar tutte mie voglie"; o poema está em *Convivio*, lv. 3: "Amor che ne la mente mi raggiona"; *Purgatório*, II, 118-119 "[...] tutti fissi e attenti/ a le sue note"; Êxodo 34,3.

17. O QUE É VERDADE? [pp. 405-26]

Abertura do capítulo: As irmãs contaram sua história poucos meses após sua libertação. Ver Laurence e Micheline Levesque, *Les Valises rouges* (Ottawa: Editions JCL, 1987).

1. Gershom Scholem, *Dix propositions anhistoriques sur la Cabale*. Paris: Editions de l'éclat, 2012, p. 43.

2. Bruno Nardi, *Saggi e note di critica dantesca*. Milão: Riccardo Ricciardi Editore, 1966, p. 333; ver, por exemplo, Isaías 11,5: "E a retidão irá cingir sua cintura, e a fidelidade irá cingir suas rédeas". Na Igreja católica, antes da missa o sacerdote veste sua faixa e reza, "Cinge-me, Ó, Senhor, com a faixa da pureza".

3. *Inferno*, XVI, 118-120, "Ahi quanto cauti li uomini esser dienno/ presso a color che non veggion pur l'ovra,/ ma per entro i pensier miran col senno!"

4. Boccaccio fala de Gerión no feminino, "filha de Erebus e da Noite" (*Genealogy of the Pagan Gods*, lv. 1, cap. 21. Org. e trad. de Jon Solomon. Cambridge: Harvard University Press, 2011, pp. 137-9). William Blake, em uma de suas ilustrações para *A divina comédia*, deu a Gerión um rosto imberbe e andrógino.

5. *Inferno*, XVI, 124-130. "Sempre a quel ver c'ha faccia di menzogna/ de' l'uom chiuder le labbra fin ch'el puote,/ però che sanza colpa fa vergogna;// ma qui tacer non posso; e per le note/ di questa comedìa, lettor, ti giuro,/ s'elle non sien di lunga grazia vòte,// ch'i' vidi [...]"

6. *Purgatório*, XXIX, 94 "ognuno era pennuto di sei ali"; 100, "ma leggi Ezechïel, che li dipigne"; 104-105 "salvo ch'a le penne,/ Giovanni è meco e da lui si diparte".

7. *Inferno*, I, 85 "lo mio maestro, e il mio autore"; 86-87 "tu se' solo colui da cu'io tolsi/ lo bello stilo che m'ha fatto onore".

8. John Freccero, "Allegory and Autobiography". In: *The Cambridge Companion to Dante*. 2. ed. Org. de Rachel Jacoff. Cambridge: Cambridge University Press, 2007, pp. 174-5.

9. Dante Alighieri, *Epistola* XIII, 5. In: _____, *Le opere di Dante: testo critico della Società dantesca italiana*. Org. de M. Barbi et al. Florença: Bemporad, 1921, p. 436.

10. *Inferno*, XXIII, 144 "bugiardo e padre di mensogna"; Santo Agostinho, *Confessions,* 10, 35. Trad. de R. S. Pine-Coffin. Harmondsworth, Reino Unido: Penguin, 1961, p. 242.

11. Jerônimo apud Jean-Yves Boriaud, nota em "Le Mensonge". In: Santo Agostinho, *Les Confessions, précédées de Dialogues philosophiques*. Org. de Lucien Jerphagnon. Paris: Pléiade, 1998, v. 1, p. 1363.

12. Santo Agostinho, *Confessions*, 1, 13, op. cit., pp. 33-4.

13. *Inferno*, XVI, 132 "meravigliosa ad ogni cor sicuro"; XVII, 1-3 "Ecco la fiera con la coda aguzza,/ che passa i monti e rompe muri e l'armi!/ Ecco colei che tutto 'l mundo apuzza!"; Heródoto, *The Histories*, 1, 205-216. Trad. de Aubrey de Selincourt; revista, com introdução e notas de A. R. Burn (Harmondsworth, Reino Unido: Penguin, 1972, pp. 123-6; para a lenda de Gerión, ver Giovanni Boccaccio, *Genealogy of the Pagan Gods*, op. cit., lv. 1, cap. 22, v. 1, p. 139.

14. *Purgatório*, XVI, 67-81. "Voi che vivete ogne cagion recate/ pur suso al cielo, pur come se tutto/ movesse seco di necessitate.// Se così fosse, in voi fora distrutto/ libero arbitrio, e non fora giustizia/ per ben letizia, e per male aver lutto.// Lo cielo i vostri movimenti inizia;/ non dicco tutti, ma posto ch'i 'l dica,/ lume v'è dato a bene e a malizia,// e libero voler; che, se fatica/ ne le prime battaglie col ciel dura,/ poi vince tutto, se ben si notrica.// A maggior forza e a miglior natura/ liberi soggiacete; e quella cria/ la mente in voi, che 'l ciel non ha in sua cura."

15. David Hume, *A Treatise of Human Nature*, 3, 2, 8. Org. de Ernest C. Mossner. Harmondsworth, Reino Unido: Penguin, 1969, p. 594.

16. Ibid., p. 594.

17. Julian Borger, "World Leaders Not Ready for Reconciliation with Mandela". *The Guardian*, 6 dez. 2013; Jason Beattie, "Tory Grandee Smears Nelson Mandela". *Daily Mirror*, 9 dez. 2013.

18. Dwight Garner, "An Interview with Nadine Gordimer". *Salon*, 9 mar. 1998.

19. Nelson Mandela, *Long Road to Freedom*. Nova York: Holt, Rinehart and Winston, 2000, p. 176.

20. Dwight Garner, "Interview with Nadine Gordimer", op. cit.

21. *Purgatório*, XVI, 94-96. "Onde convenne legge per fren porre;/ convenne rege aver, che discernesse/ de la vera cittade almen la torre."

22. Percy Bysshe Shelley, *Prometheus Unbound*, 4, 573-4. In: _____, *The Major Works*. Org. de Zachary Leader and Michael O'Neill. Oxford: Oxford University Press, 2003, p. 313.

23. Carlo Collodi, *Le avventure di Pinocchio*. Ed. bilíngue, trad. de Nicolas J. Perella. Berkeley: University of California Press, 1986, p. 211.

24. *Paraíso*, V, 6 "così nel bene appreso move il piede"; John Freccero, "The Firm Foot on a Journey Without a Guide". In: *Dante: The Poetics of Conversion*. Org. de Rachel Jacoff. Cambridge: Harvard University Press, 1986, pp. 29-54.

25. *Inferno*, I, 28-30 "Poi ch'èi posato un poco il corpo lasso,/ ripresi via per la pieaggia diserta,/ sì che 'l piè fermo sempre era 'l più basso"; John Freccero, "Firm Foot on a Journey Without a Guide", op. cit., p. 31.

26. *Paraíso*, V, 1 "caldo d'amore"; 7-9 "Io veggio ben sì come già resplende/ ne l'intelletto tuo l'etterna luce,/ che, vista, sola e sempre amore accende".

27. *Purgatório*, XV, 117. "non falsi errori."

28. Gustave Flaubert, *La Tentation de Saint Antoine*. Org. de Claudine Gothot-Mersch. Paris: Gallimard, 1983, p. 214. [Ed. bras.: *As tentações de santo Antão*. São Paulo: Iluminuras, 2004.]

Índice remissivo

Abelardo, Pedro, 395

Abravanel, Isaac, 132-7, 140, 143

Abulafia, Abrahão, 127-30, 134, 138, 148

Adão, 60-1, 63, 98, 114, 123-5, 130, 163, 182, 289, 297, 331, 413; Ulisses como, 57

África do Sul: apartheid na, 419-20

Afrodite, 397

Agadah, 369

Agostinho, Santo, 39-40, 61, 102, 187, 209-10, 226, 250, 283-5, 322, 376, 412-5, 417; *A cidade de Deus*, 376; animais como vistos por, 283-4; *Confissões*, 415; sobre o ato de mentir, 413-5

agricultura: e a responsabilidade humana em relação à natureza, 213-5; na Roma antiga, 214

Akiba ben Iossef, 139

Alberti, Leon Battista, 280

Alberto Magno, 38

Al-Biruni, 240

Alcidamas, 88

Alcorão, 56, 371; *ver também* islã

Alcuin de York, 41

Alemanha, 306, 360, 385

além-mundo *ver* morte e além-mundo

Alexandre IV, papa, 296

Alexandria, Biblioteca de, 349

alfabeto: hebraico, 126-7; possibilidades combinatórias do, 172

Alighieri, Dante: e a composição da *Divina comédia*, 28-9; exilado de Florença, 32, 98, 276-8, 283; mulheres na sociedade de, 252-5; retrato de, 31; sobre a história da linguagem, 123; *ver também Divina comédia*; *Convivio*; *De vulgari eloquentia*; *Questio de aqua et terra*; *Vita nova*

Alighieri, Jacopo, (filho de Dante), 29, 34

Alighieri, Pietro, (filho de Dante), 20, 182

al-Ma'arri, Abu l-'Ala', 372

alquimia, 110

Al-Rashid, Harun, 96

al-Safa, Ikhwan, 372

Ambrósio, santo, 285, 322

amor, categorias do, 339

Anastásio, papa, 337

anátema, 297

Andersen, Hendrik, 353-5

animais, 21, 132, 165, 174, 196, 203, 208, 213-4, 217, 269-70, 280, 282-5, 321, 326, 350, 425; como Agostinho via os, 283-4; como constelações, 274; o demônio manifestando-se como, 285; *ver também* cães

Anteu, 162-3

Antigo Testamento, 369, 409

Antioquia, 414-5

apicultura, 203

Apocalipse (Revelação), 35, 367, 370, 373-6, 411; como descrito na *Divina comédia*, 411; interpretações do, 373-6

"Apocalipse de Paulo", 35

"Apocalipse de Pedro", 35

Apócrifos, Evangelhos, 35

Aquiles, 57, 90, 254, 397

Aquino *ver* Tomás de Aquino, São

'Arabi, Ibn, 371

Argenti, Filippo, 230

Argentina, 201, 291, 314, 385; atrocidades dos militares na, 291-2; na; crise econômica na, 313-4; sob Perón, 314

Argonautas, 64

Ariès, Philippe, 377-8

Aristófanes, 186

Aristóteles, 21, 37-9, 41, 80, 82, 122, 128, 132, 153, 214, 216-7, 232, 326, 338, 395, 412; *Ética a Nicômaco*, 338; natureza vista por, 214-5, 218-9, 221; sobre o dinheiro, 326

arte como "imagens falsas", 130; *ver também* literatura; poesia, poder da; histórias

Ashmoleano, Museu, 341, 346-7

Ásia, 106, 170

Asher, Ia'akov ben, 139

Asín Palacios, Miguel, 372

astecas, 367

astrologia, como ciência na época de Dante, 273

Atena (deusa grega), 54, 61, 250

Atenas, 84, 88-9, 250-2

Atos dos Apóstolos, 394, 414

Attar, Fariduddin, 440*n*

Atwood, Margaret, 247

Auden, W. H., 120, 122

Augusto, imperador romano, 215, 275

Auschwitz, 400, 402; como diferente do inferno, 393; língua como instrumento de resistência em, 391, 393; Primo Levi em, 387-91, 396-7

Áustria, 374

autômatos, 110

autoridade patriarcal, 250

avareza, pecado da, 316, 319-20, 323, 344

Aventuras de Alice no País das Maravilhas, As (Carroll), 191, 193-6, 198-9

Babel, Torre de, 37, 70; maldição de, 123-5

Bacon, Francis, 15, 123, 348, 408

Bacon, Roger, 302
Barbari, Jacopo de', 143-4
Barberino, Francesco de, 34
Barrows, Anita, 218
Basílio, são, 319
Bassani, Giorgio: *O jardim dos Finzi-Contini*, 382
Beard, Mary, 250
Beatriz: como guia de Dante na *Divina comédia*, 19, 37, 42, 78, 98, 181, 184, 199, 252, 278, 318, 424; venerada na *Vita nova*, 34-5
Beaumarchais, Pierre Augustin Caron de, 262
Beauvais, Pierre de, 280
Beauvoir, Simone de, 252
Beckett, Samuel, 14, 206
Beda, o venerável, 395
Bella Coola, índios, 270
Bellay, Joachim du, 63
Bello, Geri del, 46
bem, o, 423-4; a curiosidade como caminho para, 41, 45-6; a morte concebida como bem na tradição cristã, 377; bem supremo, 46, 99, 128, 377
Benevento, batalha de, 296, 299-300
Bento XI, papa, 32
Berlin, Isaiah, 43
Bernardo, são, 22, 28, 37, 41, 278, 380
Bezzuoli, Giuseppe, 300
Bhagavad Gita, 307
Bhartrihari, 168-74
Bíblia, 27, 39, 60, 113, 120, 131-2, 135, 140, 145, 374; *ver também* Antigo Testamento; Novo Testamento
Biblia rabbinica, 140
Bioy Casares, Adolfo, 18
bitcoins, 325

Boaventura, são, 37, 80, 145, 183
Boccaccio, Giovanni, 47, 123, 230, 275
Boécio, 30, 37, 364
Bolonha, 130, 137
bomba atômica, 292, 304, 307
Bomberg, Daniel, 139-43
Bonaiuto, Andrea di, 284
Bonet de Lattes, 137
Bonifácio VIII, papa, 30
bonobo, macaco, 166
Borges, Jorge Luis, 18, 127, 159, 171-2, 189, 356, 366, 382; "A Biblioteca de Babel", 171-2; "O Congresso", 356; *Ficções*, 17
Born, Bertran de, 46
Bosque dos Suicidas, 200, 206-7, 213
Bourbon, dinastia dos, 260
Bragadin, Pietro, 139
Brahma, 169, 171, 174
brâmanes, 172
Brasil, 330-2
Brendan, santo, 36
Breughel, Pieter, o Velho: *Torre de Babel*, 330
Bringhurst, Robert, 115-6
Brod, Max, 166, 238
Brodsky, Joseph, 120-1
Brossard, Nicole, 257
Browning, Elizabeth Barrett, 270
Bruni, Leonardo, 316
Brutus, 214
Bruxelas, 350-1, 354-6
Buber, Martin, 398
Buchan, James, 312
Buda, 336, 368
budismo, 42, 169, 172, 241; morte e, 368
Burroughs, Edgar Rice, 227
Byron, George Gordon, Lord, 296, 304

Cabala, 126-8
cabalistas, 114, 127
cabinet de curiosités, 348
Cacciaguida, 98, 277, 279
Caedmon, 192
cães: "cão" como termo insultuoso, 272, 275-6; como companheiros fiéis, 280-1; como constelações, 274; como presságio, 286; na *Divina comédia*, 272, 276, 283, 288; na literatura, 269-71; raiva/fúria corporificada por, 285-6
Cage, John, 105
Calígula, imperador romano, 365
Calvino, Italo, 173
campos de concentração, 379; *ver também* Auschwitz
Camus, Albert: *O estrangeiro*, 270
Canadá, 406
canhões, 302
Capdevila, Arturo, 152
Caravaggio: *Morte da virgem*, 329
Carlos de Anjou, 295, 299
Carlos III, rei de Nápoles, 110
Carlos Magno, 275
Carnegie, Andrew, 355
Carroll, Lewis (Charles Lutwidge Dodgson): *A caça ao Snark*, 225; *Alice através do espelho*, 172, 192, 196-7; *As aventuras de Alice no País das Maravilhas*, 191, 193-6, 198-9; linguagem e questionamentos na obra de, 193-9
Carson, Rachel, 216-7
Carvajal, Luis de, frei, 81
Casella, 402-3
Cassius, 214
Castelvetro, Ludovico, 68
Catão, 176, 215, 401-2

categorização, sistemas de: significados impostos de, 346-9
Cavafy, Constantin, 120
Cécrope, 250
Celestina, La (Rojas), 272, 377
centro do universo *ver* universo
Cérbero, 268, 285
Cervantes, Miguel de: *Dom Quixote*, 17, 75, 154, 187, 266
Cham (filho de Noé), 163
Champollion, Jean-François, 113
Chanson de Roland, 275
Chartier, Roger, 27
Chaumette, Pierre-Gaspard, 260
Chesterton, G. K., 104, 144
Chiaromonte, Nicola, 237
chimpanzés, 165-6
China, 106, 148, 168, 239, 301; armas de fogo inventadas na, 301
Cícero, 15-6, 35, 43, 172, 202, 284, 380, 395; *O sonho de Cipião*, 35
Cieza de León, Pedro, 116
Clemente V, papa, 273
climáticas, mudanças, 220-1
cobiça, pecado da, 319, 346
coleções e colecionadores, 341-9
Coleridge, Samuel Taylor, 192
Collodi, Carlo, 422
Columella, 215
Comentarios reales (Inca Garcilaso), 107-8, 114
Comissão da Verdade e Reconciliação (África do Sul), 419
Condorcet, marquês de, 260
Conegliano, Cima de: *O leão de São Marcos*, 130-1, 147-8
Congress for Cultural Freedom, 308
conhecimento, virtude como, 58
Constança, 255-6, 295, 308

Constantino, imperador romano, 297, 376

constelações, 274

Convivio (Dante), 37, 278, 327

Copérnico, 236

Corão *ver* Alcorão

Coríntios, Primeira Epístola aos, 424

Coríntios, Segunda Epístola aos, 35

Corpus Inscriptionum Latinarum, 381

Cortejarena, Domingo Jaca, padre, 201

Cousin, Jean, o Velho, 62

Covarrubias, Sebastián de, 27

Cranach, Lucas, o Velho, 359-60

Crátilo (Platão), 182-3

criônica: Instituto de Criônica de Michigan, 379

Crisóstomo, Dião, 69

Cristo *ver* Jesus Cristo

curiosidade: como força inquisitiva, 42; definições de, 27, 40-1; *encyclopédistes* sobre, 45; Hume sobre, 43-5; "máquinas de curiosidade", 66-7; métodos da, 66-7; Montaigne sobre, 12-3; na *Divina comédia* de Dante, 27-8, 46-7, 78-9; natureza da, 25-6; obstáculos à, 46-7; paradoxo inerente à, 66; perversões da, 40; punição para, 62, 64-5; questionamento e, 14, 16, 70, 72, 122-3; São Tomás de Aquino sobre, 39, 41; Sêneca sobre, 48; sobre a morte e os mortos, 381-2

curiosidades, colecionadores de, 348-9

Curiosity (nave exploratória), 71-2

Cusi, Meshullam, rabi, 139

d'Alembert, Jean Le Rond, 45

d'Este, Isabella, 347

Damian, Peter, 36, 366

De vulgari eloquentia (Dante), 96, 123-5, 175, 210, 391

Declaração dos direitos da mulher e da cidadã feminina, 264

Declaração dos direitos do homem e do cidadão, 258, 260

Dedalus, Stephen (personagem de Joyce), 224

Deleuze, Gilles, 83

Delfos, 88, 239, 250

Delle Vigne, Pier, 209

desflorestamento, 210, 218; *ver também* florestas; natureza

Deus como luz, 408

Deus, justiça de, 47, 99, 230-1, 272, 308; entendimento de Dante, 230, 232, 272, 286-7, 297, 308; entendimento de Tomás de Aquino, 231

Deus, palavra de, 126-7, 133-4, 163, 167, 395; interpretação da, 125-8, 167; Torá como, 126-7, 132-3, 135, 137, 147

Deuteronômio, livro do, 134, 136, 139

Dewey, Melvin, 351

Dewey, sistema decimal de, 351-2

Dexter, Timothy, 365

Dez Mandamentos, 63, 126

Dickens, Charles, 270, 323-4, 329; *A pequena Dorrit*, 324; *Oliver Twist*, 270; *Um conto de Natal*, 323

Diderot, Denis, 45

Dilúvio, 158

dinheiro, 311-2, 314; Aristóteles

sobre, 326; como símbolo, 311, 324-5

Diocleciano, imperador romano, 374

Diomedes, 54, 57-8, 387, 396-9, 408

direitos naturais: limitações dos, 260; manifestados durante a Revolução Francesa, 257-8, 260

Divina comédia, A (Dante), 17-8, 78-9; cães na, 272, 276, 283, 288; como catálogo de perdas, 278; como jornada através da floresta, 226-9, 242, 289, 376, 423; curiosidade na, 27-8, 46-7, 78-9; dilemas éticos na, 254-5; e *Um conto de natal*, de Dickens, 323-4; escrita da, 28-34; feras na, 316-7; geografia da, 232-5, 338; *Inferno*, 46-7, 101, 156-9, 163, 206-9, 219-20, 222, 228, 276-7, 297, 302, 304, 317-8, 320, 331, 337, 343, 409-11; influências antigas na, 395; influências islâmicas na, 372; leituras da, 18, 20-1; mapas dos três reinos da, 343-5; Montaigne e a leitura da, 20; morte na, 366, 369-70; mundo natural como descrito na, 206-10, 213, 218, 220; papel da linguagem na, 99-101; papel de Beatriz na, 19, 37, 42, 78, 98, 181, 184, 199, 252, 278, 318, 424; *Paraíso*, 40-2, 65, 78, 98-100, 124, 156-7, 183, 252, 296, 337, 345, 352, 424-5; primeiras cópias da, 33-4; prováveis fontes para a, 34-5; *Purgatório*, 21, 100-1, 122, 129, 184, 294-5, 297-8, 320, 338-9, 344, 401-2, 421; recitada por Primo Levi, 387-9; sofrimento humano na, 253-5; Ulisses como personagem na, 54-5, 58, 63-4,

68-70, 387-9, 393, 396; verdade poética inerente à, 410-6, 422-4; Virgílio como guia de Dante na, 35, 46, 57-8, 69, 100-1, 158, 162, 180, 199, 207-8, 229, 241, 288-9, 294-5, 303, 337-8, 401-2, 408-9, 411

Doação de Constantino, 297

Dodgson, Charles Lutwidge *ver* Carroll, Lewis

dogma cristão, conhecimento de Dante do, 178, 252, 338

Dom Quixote (Cervantes), 17, 75, 154, 187, 266

Domiciano, imperador romano, 373

Domingos, são, 282, 286

Donati, Corso, 32, 255

Donati, Forese, 254

Dostoiévski, Fiódor, 238-9

Doyle, Arthur Conan: *O cão dos Baskerville*, 27

Duckworth, Robinson, 190-3

Dürer, Albrecht, 235

Durrell, Lawrence: *Constance*, 224

Dürrenmatt, Friedrich, 294

Eclesiástico, 27, 44

Eco, Umberto, 130

ecopsicologia, 218

Édipo, 249

educacionais, instituições e métodos, 14, 194

Egito, 106, 114, 126, 224, 226, 249, 324, 328, 349, 395

Einstein, Albert, 294

Eliezer ben Hircano, rabi, 135, 138

Encyclopédie (Diderot & D'Alembert), 45

Enéas, 35, 55, 57, 208, 227, 240, 289, 397, 401, 415, 422

Eneida (Virgílio), 29, 35, 48, 55, 120, 129, 208, 396, 411, 417
Éolo, 71-2
Epicteto, 69
Epístola do perdão (al-Ma'arri), 372
Erasmo, 81, 92
escatologia cristã, 35
escolástica, 79, 82, 122
escravidão: Aristóteles sobre, 217; como instituição, 88; justificativa para, 249; na Roma antiga, 214
escrita: como tradução do visual, 96, 102; estética e utilidade da, 105, 108; invenção da, 103-5; *ver também* linguagem/língua; literatura
Espanha, 75, 81, 108-9, 132, 135, 347, 372
Espinosa, Bento de, 135
Estácio, 22, 129, 181, 316, 320
Estados Unidos, 76, 216, 305
Estíria, 374
estoicos, 21, 69, 380
Etiópia, 106
etruscos, 381-2
Europa, 15, 79, 81, 112, 139-41, 215, 224, 301-2, 323, 328, 347-8, 367, 377
Eva, como Pandora, 62-3
Êxodo, livro do, 134
Ezequiel, livro de, 133, 137, 373, 411

fantasia, 153
Faulkner, Barry, 134
Fernando, rei da Espanha, 136
Ficino, Marsilio, 233, 349
Filipe VI, rei da França, 312
Filo de Alexandria, 61, 132
Filóstrato, 85, 87
Flaubert, Gustave, 351, 426
Florença, 28, 30, 32-4, 98, 121, 228, 230, 233-5, 276-9, 282, 286, 323, 347, 395; vida doméstica em, 279-80
florestas: como metáfora, 227-8; na *Divina comédia*, 206-10, 226-8; *ver também* natureza
Földényi, László, 238-9
fotografia de trabalhadores em mina de ouro, 330-2
França, 38, 45, 62, 260, 264, 270, 273, 312, 355
Francesca, 209, 230, 254, 277
Freccero, John, 298, 412, 423-4
Frederico II, sacro imperador romano, 161, 295
Freud, Sigmund, 189
frígio: como língua primordial, 160-1
Frost, Robert, 120
Frye, Northrop, 225
Fucci, Vanni, 277
Fundo Monetário Internacional (FMI), 314-5

Gálatas, Epístola aos, 413-4
Galilei, Galileu, 234, 236, 338
gansos, 280
Garcilaso de la Vega, 75
Garcilaso de la Vega (o Inca), 108-9, 112-3; *Comentarios reales*, 107-8, 114
gauchos, 202-4
Gaza, Nathan de, 408
gênero, identidade de: e autoridade patriarcal, 250, 252; e igualdade social, 257-65; e papéis tradicionais, 249; manifestações gramaticais de, 256-7; na literatura, 246; representações simbólicas de, 256; *ver também* mulheres

Gênesis, livro do, 60-1, 158, 164, 182, 374
Geórgicas (Virgílio), 214, 219
Gerión, 321, 408-9, 410, 416, 425
Geschichte, 237-8
gibelinos, 30, 32, 296
Gigli, Octavo, 236
Gilgamesh, rei sumério, 106, 227
Giorgi, Domenico, 114
girondinos, 265
Giustiniani, Marco, 139
Goethe, Johan Wolfgang von, 51, 189, 224
Gordimer, Nadine, 419-20
Gouges, Olympe de, 260-6
Gracchi, irmãos, 214
Graffigny, Françoise de, 112-3
Gráfica Real de Nápoles, 110
Graham, Billy, 374
Grécia antiga, 61, 81, 83, 85, 106, 214-5, 251, 395; mulheres na, 249-50
Grimm, irmãos: *Contos de fadas* dos, 95-6, 362
Groves, Leslie, 306
guelfos, 30, 295-6
guerra: como jogo de xadrez, 299; justificativa moral para a, 307; morte na, 379
Guerri, Domenico, 158-9
Guignefort, são, 281
Guillotin, Joseph-Ignace, 293
Gupta II, Chandra, 170
Gupta, dinastia, 170
Gupta, Kumara, 170
Guthrie, W. K. C., 85

Hamlet (Shakespeare), 64, 185, 195-6
Harpias, 208, 211
hebraico, 123, 125, 127-8, 133, 139-42, 145, 159-61, 392; alfabeto,

126-7; preeminência do, 125-8, 159
Hebreo, León, 108
Hebreus, Epístola aos, 287
Hefestos, 61
Hegel, Georg Wilhelm Friedrich, 83, 238-9; a história na concepção de, 237-8
Heidegger, Martin, 81
Henrique VI, sacro imperador romano, 255
Henrique VII de Luxemburgo, imperador, 275
Heráclito, 69
Hermes, 62, 89
Hermógenes, 182
Hernández, José: *Martín Fierro*, 201-4
Heródoto, 160
Hesíodo, 61
Hevelius, Johannes, 275
hima, 215
hinduísmo, 42
Hípias, 69, 84-5, 88-92
Hiroshima, bomba atômica lançada em, 292, 307
história, conceito de Hegel sobre a, 237-8
histórias: importância das, 22, 59-60, 65; verdade inerente às, 22, 406
Hitler, Adolf, 355, 379
Homero: *Ilíada*, 20, 29, 59, 250, 397; *Odisseia*, 29, 56, 59, 71, 237, 250, 270
homofobia, 249
homossexuais, 70, 379
Horácio, 364, 401
Hu, Georgine, 311, 313
Hugo, Victor, 152
humanismo, 79

Hume, David: *Tratado da natureza humana*, 43, 418
hunos, 170
Huraryra, Abu, 371

Idade de Ouro, 192, 203, 211, 288, 369
Idade Média, 57, 120, 211, 213, 215, 328, 347, 367, 389
identidade, 178-9; adolescentes em busca de, 75-6; consciência da criança quanto à, 186; e lugar, 223-5; nome como, 182-3; *ver também* gênero, identidade de
Iehudá HaNassi, rabi, 127
Ilíada (Homero), 20, 29, 59, 250, 397
imaginação: a verdade corporificada na, 411-26; como instrumento de sobrevivência, 13; do escritor, 22; e a sensação de lugar dos humanos, 239
impressoras, primeiras, 109
Inca Garcilaso, o *ver* Garcilaso de la Vega (o Inca)
incas, 108-9, 112, 114, 116
inconsciente, o: Jung e, 187-8
Índia, 106, 168-70, 240, 405
"individuação", conceito de Jung de, 188
Inferno, Dante no, 100-1, 391-2
Inglaterra, 178, 224, 348
injustiça: justificações para, 292; Trasímaco sobre, 247-8
Instituto Internacional de Bibliografia (Bruxelas), 351, 353, 356
interrogação, ponto de, 15; *ver também* questionamento
Irineu, são, 63, 373
Isherwood, Christopher, 379
Isidoro de Sevilha, são, 280, 395

islã, 370-1
Israel, 51, 226, 269, 385, 399
Itália, 38, 69, 129-31, 296, 323, 372
I-Tsing, 168
Itzchak, Levi, rabi, 132
Itzchaki, Shlomo, rabi *ver* Rashi

jainismo, 42
James, Henry, 227, 353; *Os espólios de Poynton*, 353
Japão, 367; como alvo da bomba atômica, 292, 306; conceito de morte no, 367
Jardim do Éden, 57, 63-4, 101, 184, 193, 206-7, 233, 244, 289, 318, 416
Jardim dos Finzi-Contini (Bassani), 382
Jasão, 64
Jaucourt, cavalheiro de, 45
Jaynes, Julian, 104
Jeremias, livro de, 137, 316
Jerônimo, são, 131, 183, 376, 395, 414
Jerusalém, 56, 233, 239, 316, 343-6, 414
Jesus Cristo, 47, 57, 124, 190, 229, 256, 285, 289, 295-8, 327, 329, 345, 369, 371, 373-4, 394-5, 414
Jó, livro de, 13, 230
João Batista, são, 131
João da Cruz, são, 152
João Evangelista, são, 131
João, Evangelho de, 298
Johnson, Samuel, 450n
Joyce, James, 55, 57; *Portrait of the Artist as a Young Man* (Stephen Dedalus, personagem em), 224
judaísmo, 133, 135, 137-8; crenças relativas à morte, 369-70; *ver também* Cabala; Talmude; Torah

judeus, perseguições aos, 385-7; e a língua como instrumento de resistência, 392-3; aos *ver também* Auschwitz

Juízo Final, 178

Julius Caesar (Shakespeare), 210

Jung, Carl Gustav, 187-9, 198

Júpiter, 98-9, 220, 233, 345

justiça *ver* Deus, justiça de; sociedade justa; Sócrates: sobre justiça e igualdade

Kadaré, Ismail, 189, 276

Kafka, Franz, 166-7, 194, 238, 400; *A metamorfose*, 30, 341; *Na colônia penal*, 400

Kalidasa, 170

Kant, Immanuel, 237

Keats, John, 30

Kenny, Andrew, 292

Kerford, G. B., 80

Keynes, John Maynard, 325

Khaldun, Ibn, 56

Kipling, Rudyard, 97, 227

Knox, John, 374

Kommareck, Nicolas, 109

Krugman, Paul, 325

La Rochelle, Drieu, 203

Lacan, Jacques, 186

Lafontaine, Henri, 351

Landino, Cristoforo, 10, 24, 50, 74, 94, 118, 150, 176, 200, 222, 234, 244, 268, 290, 310, 334, 358, 384, 404, 427

Larousse, Encyclopédie, 350

latim, 27, 33-4, 36, 39, 79, 82, 96, 99, 123, 161, 289, 348, 372, 374, 381

Latini, Brunetto, 278, 280, 296, 313

Le Corbusier (Charles-Edouard Jeanneret-Gris), 355

Leão x, papa, 140

Lear, Linda, 216

lectura dantis, 20

leis: e escolhas morais, 421; visão de Hípias, 88

leitura: arte da, 22; como empreendimento infinito, 131; desafios inerentes à, 19; *ver também* literatura

Lerner, Gerda, 251

Lerner, Isaias, 75

Levi, Peter, 202

Levi, Primo, 387, 390, 396, 399-400, 402; em Auschwitz, 387-91, 396-7

Lévi-Strauss, Claude, 240-2

Liddell, Alice, 190-1, 193

Limbo, 124, 235, 343, 380

linguagem/língua: Bhartrihari sobre, 170-4; camadas de significado na, 394-5; como atributo humano, 165-6, 174; como dom, 57; como instrumento da curiosidade, 28, 54, 70, 72, 123-4; Dante sobre a história da, 123-5, 174; limitações da, 22, 100, 156-7, 405-6; origens da, 158-60; poder da, 390-1, 394-6, 401-2; teorias da, 103, 165, 167-8, 170-1, 173-4

literatura: cães na, 269-71; como espelho de nós mesmos, 189; como instrumento de compaixão, 254; criação da, 30; gênero e, 246, 247; revisitando a, 400

livre-arbítrio, 254, 256, 416; como dom de Deus, 393, 417; dilema do, 254, 413; e lei civil, 421; e moralidade, 418, 421

livros: arrumação de, 335-6; como oráculos, 120; formas alternativas de, 351-2; livros judaicos publica-

dos em Veneza, 138-43; *ver também* literatura; leitura
Livy, 110
loba, 316-8
lobos, 271
Lombardo, Marco, 416-7, 421
Lombardo, Pedro, 423
Lopez, Barry, 270-1
Lucas, Evangelho de, 229, 256, 298, 327, 359; Maria e Marta em, 327-8
Lúcifer, 163, 233-6, 319, 338, 343, 345
lugar: e identidade humana, 223-5, 236-42
Lugones, Leopoldo, 446*n*
luxúria, pecado da, 55, 317-9, 344, 408-9

Mabinogion (epopeia galesa), 299
Macário do Egito, 324
Madoff, Bernard, 324-5
Mago (cartaginês), 215
Maimônides, 128, 132-4, 147-8
Malaspina, Moroello, 28
Malot, Hector, 245
Malraux, André, 366
Mandela, Nelson, 418-20, 422
Mandelstam, Osip, 18, 191
Manetti, Antonio, 233-6
Manfredo: como símbolo, 297-8, 308; ferimentos de, 298, 300; na batalha de Benevento, 299-300, 366; visões conflitantes de, 295-6
Manguel, Alberto: AVC sofrido por, 151-4; infância em Tel Aviv, 51, 269, 385; reflexões sobre o fim da vida, 360-5
Manrique, Jorge, 322
Mântua, marquês de, 347
Manúcio, Aldo, 15

Manúcio, o Jovem, 15
Marcos, são, 131, 146, 148, 317
Maria Antonieta, rainha consorte da França, 264
Maria Madalena, santa, 131
Marie de France, fábulas de, 285
Martel, Carlos, 273
Marx, Karl, 78
marxismo, 76, 241
Masih-ad-Dajjal, 371
Mateus, Evangelho de, 69
Mazzotta, Giuseppe, 18
Medici, Lorenzo de', 233
meditação, 392
Meier, Melchior: *Apolo e Mársias*, 157
Melville, Herman, 193
memória, 388-9
Méricourt, Théroigne de, 265
Mesopotâmia, 251
Messias, o, 126, 128, 137, 256, 369
Meung, Jean de, 299
México, 367
Michelet, Jules, 263-4
Mil e uma noites, As, 17, 96
Millais, John Everett, 329
Milton, John, 207, 228
Minerva, 250-1, 274
Mishima, Yukio, 367
Mishnah, 127, 134, 138
misoginia, 249
Moisés, 105, 134-5, 143, 185, 394-5, 399, 403
moksha, 42
Montaigne, Michel de, 12-4, 17, 20-1, 92; *Ensaios*, 12-3; sobre Dante, 20-1
Montesquieu, 112
Montfaucon de Villars, abade, 110
morte e além-mundo, 359-65; Apo-

calipse e, 373-6; budismo e, 368; cristianismo e, 373-6; experimentada como ausência de outros, 380; iconografia da, 367; islã e, 370-1; judaísmo e, 369-70; metáforas da, 373; na *Divina comedia*, 366, 369; personificação da, 362; Sêneca sobre a, 380; visões proféticas da, 368-9; zoroastrismo e, 368

Mouisset, Anne-Olympe, 261

mulheres: como mercadorias, 251; direitos das, 260-5; durante a Revolução Francesa, 257-65; função "subserviente" da, 61; na Grécia antiga, 249-50; no mundo de Dante, 252-5; papel tradicional da, 249-52; *ver também* gênero, identidade de

Mundaneum, 354-6

Museu de Papel, 348-9

Nabokov, Vladimir, 340-1

Nachman de Breslau, rabi, 65, 226

Napier, John, 374

Napoleão Bonaparte, 260

Nápoles, 38, 106, 109, 111, 115, 133, 296, 299, 366

Narciso, 184, 197-8

Nardi, Bruno, 42, 409

natureza: Aristóteles sobre, 214-5, 218-9, 221; como descrita na *Divina comédia*, 206-10, 213, 218, 220; nostalgia pela, 203-4; relações humanas com a, 202-4, 211-21; violência contra a, 210; *ver também* florestas

nazistas, 356, 385; resistência aos, 392-3

Needham, Joseph, 301

Nefilim, 158

Nemrod, 124, 158-60, 162-4, 172, 235-36, 421

Neruda, Pablo, 271

Netuno, 59, 64, 250-1

Newton, Isaac, 43

nirvana, 42

nomes como identidade, 182-4; Sócrates sobre, 182

nominalistas, 103

Novo Testamento, 409

Nyâyas, brâmanes, 172-3

Odisseia (Homero), 29, 56, 59, 71, 237, 250, 270

Odisseu, 35, 55, 72, 90-1, 227, 237, 266-7, 269

Oppenheimer, J. Robert, 304-8; comparado a Manfredo, 304-5

oração, judeus e, 392

ordem, inclinação humana para a, 340-6

Ossola, Carlo, 68

Otlet, Paul, 350-6

Ouaknin, Marc-Alain, 143

Ovídio, 30, 242; *Metamorfoses*, 35

Painel Intergovernamental sobre Mudanças Climáticas (IPCC), 220

paisagem *ver* florestas; natureza

Países Baixos, 328

Paixão de Cristo, 57

palavras: como representação de pensamentos, 96; e significado, 171, 173; *ver também* escrita; linguagem/língua; tradução

Pandora, 62-4, 70, 252; Eva como, 62-3; jarro de, 62

Pânini, 170, 173

Paolo, Francesca e, 254

Paolo, Giovanni di, 101
Paracelso, 111
Paraguai, 385
Patanjali, 170
"patética falácia", 218
Patmos, João de, 367, 373, 411
patriarcal, autoridade, 250
Patrício, são, 36
Pauli, Johannes, 281
Paulinus, 380
Paulo, são, 35, 318, 413-4
pecados, 21, 101, 180, 185, 242, 276,
    282, 289, 298, 304, 309, 317-9,
    323, 338-9; ver também avareza,
    pecado da; cobiça, pecado da;
    usura, pecado da
Pedro, o Venerável, 395
Pedro, são, 78, 296, 414
Penélope, 72, 250
pensamento, processo de: mapea-
    mento do, 153-4
Péricles, 88-9, 93
Perón, Juan, 314
Persico, Nicolà, 109
Persky, Stan, 359, 364
Peru, 108, 116
Pétain, marechal, 355
Petrarca, 34, 364
Pézard, André, 450n
Piccarda, 254-6, 339-40
pilpul, 65
Pinóquio (Collodi), 422-3
Pistoia, Cino da, 34
Pitágoras, 37, 214
planetas e estrelas, como influência
    no comportamento humano,
    273-4
Platão, 80-2, 85-6, 88-9, 92, 104, 122,
    130, 182, 186, 247-8, 395; A

República, 247-8, 266; Crátilo,
    182-3; sobre linguagem, 104
Plínio, o Velho, 214
Plutão (Pluto), 160, 320, 427
Plutarco, 85
Poe, Edgar Allan, 152, 378
poesia, poder da, 401-2
Polenta, Guido Novelo da, 32
Polidoro, 209
política: arte da, 88-9; visão de Sten-
    dhal sobre, 292
pólvora, uso primevo da, 109-10,
    301-2
Pompeia, 328, 367
Pompignan, Le Franc de, marquês,
    261
ponto de interrogação, 15; ver tam-
    bém questionamento
Porfírio, 214
Portinari, Beatriz, 283; ver também
    Beatriz
Portugal, 133
Poseidon, 250
Pozzo, Cassiano dal, 348
Prato, Felice da, 141
Príamo, 209
Programa Ambiental das Nações
    Unidas (Unep), 217
Prometeu, 61-2, 98
Protágoras, 89
Proust, Marcel, 17, 304, 307-8; No
    caminho de Swann, 304
Psamético, faraó, 160-1
Ptolomeu (astrônomo), 232

Québec, 405-6
quéchua, língua, 108, 113-4
Questio de aqua et terra (Dante), 36
questionamento, 14-6, 52; como ins-
    trumento da curiosidade, 28, 54,

69-72; em *Aventuras de Alice no país das maravilhas*, 193-9; linguagem como ferramenta para, 123-4, 156-7; livros como facilitadores de, 119-20

quipos, 106, 108, 111-6

Rabelais, François, 82-4
raciocínio, ideias sobre, 77, 78-81, 83, 85-6, 88-90
Ramelli, Agostino, 66
Rashi, 138, 141-2
realistas, 103
Reeves, James, 180
Reforma Escocesa, 374
Rei Lear (Shakespeare), 311
Reis Magos, 69
Revelação, livro da *ver* Apocalipse
Revolução Francesa, 257-8, 293
Ricardo de são Vítor, 395
Rifkind, sir Malcolm, 419
Rilke, Rainer Maria, 138; "A pantera", 161-2
Rimbaud, Arthur, 187, 387
Robespierre, Maximilien de, 258
Rojas, Fernando de: *La Celestina*, 272, 377
Roland, madame, 263
Roma, 30, 32, 57, 63, 106, 130, 137, 183, 213-5, 235, 239, 279, 282, 288, 295, 348, 353, 378, 380-2, 395, 405, 422
Roma, Immanuel de, 137
Romano, Iehuda, 137
Roosevelt, Franklin, 355
Roszak, Theodore, 218
Rousseau, Jean-Jacques, 52, 257
Ruggiero, cardeal, 272-3, 366
Ruskin, John, 206-7, 211, 218

Sacchetti, Franco, 280
Sacks, Oliver, 161
Sagrada Família, 329
Saint-Étienne, Jean-Paul Rabaut, 258
Salgado, Sebastião, 330-3
Salih, Tayeb: *Season of Migration to the North*, 224
Salmos e salmistas, 148, 187-8, 360, 370, 392
Salutati, Coluccio, 34
Samósata, Luciano de, 81, 87
sânscrito, 168, 170-1
Sansevero, Raimondo di Sangro: *Carta apologética*, 111, 113-5; e o quipo dos incas, 111-4; invenções de, 109-10
Sarmiento, Domingo Faustino, 204
Scala, Bartolomeo della, 32
Scala, Cangrande della, 29, 32, 412
Scalla, Alboino della, 32
Scholem, Gershom, 408
Schwab, Gustav, 152
Schwebel, Leah, 58
Sedakova, Olga, 18, 210
semânticos, signos (além da escrita), 106
Sêneca, 48, 69, 364, 380
Senefelder, Alois, 109
Serra Pelada: fotografia de trabalhadores em mina de ouro, 330-2
Shakespeare, William, 17, 54, 57, 185, 210, 316; *Hamlet*, 64, 185, 195-6; *Julius Caesar*, 210; *Rei Lear*, 311; *Troilo e Créssida*, 54, 316; *Tudo vai bem quando termina bem*, 185
Shass Polack, 145
Shelley, Percy Bysshe, 98, 422
Siemes, padre, 307
Siena, Gerard de, 322
Sieyès, abade, 259

Silesius, Angelus, 393
Sinon, 47-8
siquismo, 42
sociedade justa, 266; Sócrates sobre, 247-8; *ver também* direitos naturais
Sócrates, 28, 58, 80, 85-92, 182-3, 247-8, 266; raciocínio de, 88-92; sobre justiça e igualdade, 247-8, 266; sobre nomes, 182
sofistas, 80-3, 85-7, 89, 93, 182
Sófocles: *Édipo em Colono*, 249
Stein, Gertrude, 11
Steiner, George, 92
Stendhal, 292
Stephenson, Craig, 181
Stevenson, Robert Louis, 63
Stone, I. F., 86
Stroessner, Alfredo, 385
Sudão, 106
suicidas, 178, 209-10; na *Divina comédia*, 206-7
sumérios, 106
Sutherland, Donald, 11
Suzuki, David, 452*n*
Swenson, May, 363

Talmude, 20, 126, 138-9, 142-7, 164, 369; da Babilônia, 132, 140-2
talmúdica, tradição, 65, 99, 125, 136, 138, 142, 146; morte e, 369
Tasso, Torquato, 56
tatuagens, usadas em campos de concentração, 385-6
Tel Aviv (Israel), 51, 269, 385
Telêmaco, 250
Tennyson, Alfred, lorde, 56, 64
Teócrito, 202
Teodoro, são, 146
Tertuliano, 63

Tetragrama, 127
Thatcher, Margaret, 419
Tibbets, Paul, 307
Timóteo, Primeira Epístola a, 318
tipografia, 107, 115-6
Toland, 110
toltecas, 367
Tomás de Aquino, São, 37-9, 122, 167, 230-1, 283, 319, 423; Aristóteles como influência em, 39; *Suma Teológica*, 39, 123
Torá, 126-8, 132-7, 140, 143, 147, 398; *ver também* Talmude
Toscana, 30, 32, 275, 280, 282
Toscanella, Orazio, 66-8
trabalhadores, representados na arte e na literatura, 328-31
Tradescant, John (pai e filho), 341, 346, 348
tradução, 167; conceito de, 95; escrita como, 96, 102
Trasímaco, 247-9
Tratado da natureza humana (Hume), 43, 418
Très Riches heures du duc de Berry, Les (manuscrito do séc. XV), 329
Troia, Cavalo de, 48, 58
Troia, Guerra de, 57, 397; *ver também* Ilíada (Homero)
Troilo e Créssida (Shakespeare), 54, 316
Tsevetaeva, Marina, 120
Tudo vai bem quando termina bem (Shakespeare), 185
Tungdal, rei irlandês, 36
Turannius, Sextus, 364-5

Ugolino, conde, 272, 366
Ulisses (Odisseu): como personagem na *Divina comédia*, 54-5, 58,

63-4, 68-70, 387-9, 393, 396; curiosidade de, 68-72; e o dom da linguagem, 57; encarnações literárias de, 55-6, 64; pecados cometidos por, 57

universo: centro do universo como concebido por várias culturas, 239; modelos do, 232-7

Upanishads, 169

usura, pecado da, 319, 321-3, 326, 330

Vâkyapadîyavrtti, 170

Valla, Lorenzo, 297

Valmiki, 156

Valois, Charles de, 30

Varazze, Jacopo de: *Legenda áurea*, 36

Varrão, Marco Terêncio, 215, 250

Vedas, 169-71

Vellutello, Alessandro, 234, 236

Veltwyck, Gerard, 141

Veneza, 31-2, 67, 121, 130-2, 136-40, 143-8, 283, 302, 328, 382; comunidade judaica em, 136-7, 142-3; livros judaicos publicados em, 138-43; raízes imaginárias e históricas de, 146-7

verdade: histórias como, 406; Hume sobre a, 418; mentira poética como, 411-26; na *Divina comédia*, 410-6

Verne, Júlio, 245

Victorino, 374, 376

Vida de Adão e Eva, A (texto apócrifo), 98

Vidas dos padres (anônimo), 36

Videla, Jorge Rafael, 292

Villani, Giovanni, 316

violência, contra a natureza, 210-1

Virgílio: como guia de Dante na *Divina comédia*, 35, 46, 57-8, 69, 100-1, 158, 162, 180, 199, 207-8, 229, 241, 288-9, 294-5, 303, 337-8, 401-2, 408-9, 411; como modelo para José Hernández, 202; e o mundo natural, 214; *Eneida*, 396, 411, 417; *Geórgicas*, 214, 219

Vita nova (Dante), 34, 36

Viviani, Vincenzo, 236

Volkov, Solomon, 120-1

Walcott, Derek, 57, 223

Webb, Jeremy, 379

Weil, Simone, 76

Weissmuller, Johnny, 168

Whitman, Walt: *Folhas de relva*, 337

Wilde, Oscar, 198; "O jovem rei", 331; *A importância de ser prudente*, 60; *Uma casa de toronjas*, 331

William, Just, 245

Williams, Charles, 217

Woolf, Virginia, 249, 270

Wunderkammer, 348

Xenófanes, 85

Xenófones, 86

Yeats, William Butler, 185

Yi Jing *ver* I-Tsing

Zéfiro, o Vento do Oeste, 72

Zend-Avesta, 368

Zênon, paradoxo de, 132

Zeus, 61-2, 89, 162, 186, 398

zoroastrismo, 368

1ª EDIÇÃO [2016] 1 reimpressão

ESTA OBRA FOI COMPOSTA EM MINION PELO ESTÚDIO O.L.M. / FLAVIO PERALTA
E IMPRESSA EM OFSETE PELA GRÁFICA BARTIRA SOBRE PAPEL PÓLEN SOFT DA
SUZANO S.A. PARA A EDITORA SCHWARCZ EM OUTUBRO DE 2021.

A marca FSC® é a garantia de que a madeira utilizada na fabricação do papel deste livro provém de florestas que foram gerenciadas de maneira ambientalmente correta, socialmente justa e economicamente viável, além de outras fontes de origem controlada.